谨以此书，献给所有即交面临重重困难，仍然不屈不挠地为中国银行业信息科技发展而奋斗的人！

吴礼方

构建银行数字化发展新图景

梁礼方 著

人民邮电出版社

北京

图书在版编目（CIP）数据

银行信息科技：构建银行数字化发展新图景 / 梁礼方著. -- 北京：人民邮电出版社，2022.11
ISBN 978-7-115-59329-0

Ⅰ. ①银… Ⅱ. ①梁… Ⅲ. ①银行业务－信息化－研究 Ⅳ. ①F830.49

中国版本图书馆CIP数据核字(2022)第093285号

内 容 提 要

本书基于作者30多年银行信息科技工作的实践、探索与研究，系统而翔实地介绍了银行科技管理与系统建设的方方面面，旨在引发银行信息科技建设相关人员的关注与思考，以及对银行数字化发展前景的期待。

全书共6篇47章。第1篇主要介绍中国银行业的信息化进程、银行信息系统的发展阶段及银行信息化的评价指标；第2~4篇详细介绍了银行科技架构、信息系统架构，以及信息系统的组成、设计原则、规划实现等；第5篇介绍了银行科技管理的相关内容，包括研发流程、项目进度管理、质量管理、软件测试管理、效益分析等；第6篇介绍了银行金融科技的发展、挑战和机遇等。

本书可作为银行的高级管理人员、银行科技部门的相关负责人、银行的首席信息官、信息系统架构师及信息系统相关产品的技术负责人等了解银行数字化发展的参考书，也可作为银行信息科技岗前培训手册。

◆ 著　　梁礼方
　　责任编辑　牟桂玲
　　责任印制　胡　南
◆ 人民邮电出版社出版发行　　北京市丰台区成寿寺路11号
　　邮编　100164　　电子邮件　315@ptpress.com.cn
　　网址　https://www.ptpress.com.cn
　　固安县铭成印刷有限公司印刷
◆ 开本：800×1000　1/16
　　印张：35　　　　　　　　　　　2022年11月第1版
　　字数：580千字　　　　　　　　2022年11月河北第1次印刷

定价：169.90元

读者服务热线：(010)81055410　印装质量热线：(010)81055316
反盗版热线：(010)81055315
广告经营许可证：京东市监广登字20170147号

推荐序一

收到梁礼方所著《银行信息科技：构建银行数字化发展新图景》的书稿，翻阅中，我深感这本关于银行信息科技的技术与管理专著的分量之重。长期以来，银行科技界一直期盼这样的科技力作出现，如今本书即将面世，我十分欣慰，不禁为他点赞。

梁礼方是国内资深的银行信息科技专家之一，是中国最早引进大型计算机的管理者之一，是中国银行业最大的软件中心的领导者之一，是中国银行信息科技最早的实践者之一，也是我深为佩服的银行信息科技专家之一。他于1975年进入中国人民银行并开始从事科技工作，成为我国第一代金融电子化的开创者、建设者。1984年，他转入中国工商银行（以下简称"工行"）工作，成为工行最早的科技骨干。截至2020年，工行已有科技专业人员3.48万人（人员比重为7.7%），这一强大的银行科技力量，保障了全球最大商业银行业务的稳定发展，引领了银行科技的发展方向，其中还涌现出了一大批技术业务专家。

我曾是梁礼方的直接领导，更是他的同事和知心朋友。1998年，我担任工行广东省分行行长时，最先遇到的严峻挑战就是数据集中的问题。当时，广东省分行有7个计算机中心，主要使用IBM和日立公司的两种大型计算机主机，还有各地的微机系统。这些系统彼此分割、并不兼容，给业务带来的烦恼就不必多说了。我起用了梁礼方担任广东省分行科技处处长，在总行的领导下安全、顺利地实现了数据集中。这是一次极其艰巨的技术挑战，开了先河，彰显了工行技术与管理的高度，也显示了梁礼方在银行业务与技术管理上的专业水准、处理复杂工程的优秀组织能力以及深厚的技术功底。

2002年起，梁礼方担任工行总行软件开发中心的总经理。在任职的8年间，他为建设强大的软件开发中心付出了辛勤努力，为推进工行电子化、信息化进程建功立业，从构建基础设施到 IT 软件工程的研发组织、流程、规范与标准化体系等一系列工作，处处做得有亮点、有特色。其间，工行的软件工程师与程序员从 200 多人发展到 3000 多人，他协助培养了大批的优秀科技人才，为工行的人才培养做出了重要的贡献。他在贯彻工行发展战略的过程中亲历了一系列重大的系统工程，获得过数十个奖项，发表了数十篇论文，被授予"全国金融五一劳动奖章"，享受国务院政府特殊津贴。他立足科技岗位，作为一个科技工作者，为中国银行业的技术进步做出了重要的贡献，也从另一个视角见证了我国金融电子化起步、发展、普及、深化的发展进程。退休后，他依然耕耘不息，继续为中国银行业科技发展发挥余热。像梁礼方这样的金融科技元老还有很多，他们为金融科技奠基，所有银行科技进步和成就的背后，处处有他们的功劳和奉献。他们在中国金融史上书写了科技工作浓墨重彩的一笔，怎么赞誉他们都不为过。我十分尊重、敬佩他们，全心全意地信赖、依靠他们，希望与他们一同完成工行服务经济、服务人民的金融重任。

梁礼方之特长，在于既熟悉业务作业，又精通技术，还善于管理。他的业务、技术与管理能力并重，既能领悟总行的发展战略要求，又能熟练把握、落实技术策略，还能施行管理到位的组织措施，这种综合能力是许多人不具备的。他的成长、成功来自工行大发展的实践，来自自身不断跟踪前沿技术、钻研学习和善于总结提高。这些都可从本书得到全面的诠释。商业银行科技管理与发展正需要这样的人才，这也正是我向业界推荐这本书的基本出发点。

如今全球已进入科技的时代，谈及科技在银行发展中的重要作用和地位，再也不会有人怀疑了。银行早已从手工操作型转变为现代技术型，信息化、数据化的发展更是增强了技术的力量。向前看，未来的银行一定是驾驭科技的银行，未来的金融人才一定是善用技术的人才。科技有其"神功"，银行会不断引入新科技来强化金融功能和作用，使自己更具竞争力，为实现建设中国特色社会主义市场经济提供动力。未来，科技的发展依然会由市场来引领，由业务做导航，靠人才来驾驭，靠创新上台阶。

科技要发展，首先要摆好与业务的位置，正如我在《银行与未来 商业银行特征、转型与发展趋势》一书中所述，业务是主，技术是仆，科技永远为保障金融发展服务。

金融驾驭技术，技术从属服务，不能本末倒置。"马有千里之程，无骑不能自往。"金融是骑手，技术如乘骑，不能颠倒。骏马使骑手跑得更快，但若没有骑手，骏马只是牲口。银行需要采用什么技术，市场需求与发展说了算。需求永远是导向，它使银行选择了技术，而技术应服务于业务。一旦"反仆为主"，业务很可能就会一团糟。技术不断地推陈出新、更新换代，一代一代地演进，而金融驾驭着新技术，犹如不断地换骑，从一个驿站驶向下一个驿站，使自己焕发新的活力。

金融市场自有规律，其中的定力就是金融的功能和力量。技术提高效率、提供机会、改善金融，但终究是为金融服务的。几百年以来，一项项重大的新技术都曾对金融业产生过深刻的影响，但都未能改变金融业的属性和本质。在完善的金融市场中，行业间职能的边界清晰，技术只是桥梁和通道，不能喧宾夺主。技术是为业务经营服务的，不用过度超前。它应当始终围绕信用、风控与成本，多关注服务、安全与盈利。千万不要过度创新技术，不要受媒体影响而迷失方向，不要盲目采用不成熟的新技术，不要搞价值不大、花里胡哨的应用，围绕银行经营的宗旨来发展才是最重要的。

银行信息科技有两大原则。第一，要确保安全运行，运行管理始终是银行科技首要的、核心的任务。缺少稳定可靠的系统及有效的技术管理的保障，经营就会如履薄冰、不得安宁。第二，坚持应用开发要跟进业务、技术要落脚经营的宗旨。关键是要建立使科技与业务保持良好关系的机制，让二者紧密合作，以共同应对市场的挑战。科技部门应始终围绕着这两大原则，不断地努力探索和实践创新。

本书的内容系统而丰富，包括中国银行业的信息化发展进程、银行科技架构、信息系统架构与建设、科技管理等内容，涵盖了银行信息科技的方方面面。我感受到，本书就是梁礼方先生30多年银行信息科技工作经验的积累与总结。当实践升华到理论，无数经验汇集形成文字，又辅以大量翔实的数据与实例，本书就具有了实操性，自然会成为一本银行信息科技管理宝典。它能为主管科技的银行行长、首席信息官、科技部门管理者、技术架构师以及业务产品创新部门管理者提供系统、翔实的银行信息科技介绍。银行有大小，银行信息科技业务有差异，但科技对银行的支撑功效与作用几乎是一样的。我向大家推荐本书，希望它如同一把技术的金钥匙，帮助每个人找到答案，消除困惑，有所启发。

　　随着中国银行业的快速发展，市场竞争日趋激烈。面对挑战与机遇，特别是当前涌来的金融科技浪潮，一些金融从业者难免觉得压力颇大，唯恐落伍。未来的发展路途上，银行科技如何定位，如何提升科技竞争力，如何培养一支强大的科技队伍，如何建设好科技体系，将成为各家银行面临的共同难题。科技有其内在的规律，无论是大银行还是中小银行，尽管技术装备上会有差别，但其核心系统架构、技术体系的建设与科技管理中的逻辑是一致的，配置是相似的，业务是类同的，管理是相通的，市场是共同的。让我们携起手来，共同去探索和发现未来银行业的新世界。

张衢
中国工商银行原副行长

推荐序二

我与梁礼方老师相识于他从辛勤耕耘近40年、获得无数荣誉的工作岗位光荣退休之后。作为中国银行业IT发展全过程的亲历者和见证人、"宇宙行"开发体系的重要设计师和建设者,梁老师是业内为数不多的兼具银行科技治理与管理深厚理论功底和丰富实践经验的专家。在职近40年,梁老师业绩斐然、桃李满天下,他本人及其领导的团队为中国银行业信息科技的蓬勃发展做出了杰出的贡献。

更加难能可贵的是,退休后的梁老师并未"淡出江湖、归隐南山",而是一如既往地关注和支持中国银行业信息科技的发展,孜孜不倦地学习和研究新兴金融科技,始终置身于行业发展前沿,保持着与时俱进的专业素养和良好的精神风貌,将自己多年积累的宝贵经验言传身教于数家中小银行及后辈从业者。

北京优智汇咨询有限公司非常荣幸地多次与梁老师合作,与梁老师共同完成了多个行业内颇具影响力和特殊意义的咨询项目,赢得了多家银行客户的赞誉。凡与梁老师合作过的同事和客户皆钦佩于他深厚的理论功底与丰富的实践经验,更为他平和、谦逊、亲切的人格魅力所折服。梁老师已成为我及许多优智汇同事、银行IT从业人员的人生楷模。

近两年来,为更广泛地共享梁老师的经验与智慧,我们利用新媒体的传播优势,在"优智汇咨询"微信公众号上开办了"金语梁言"专栏,分4季连载了梁老师的诸多佳作。感谢梁老师笔耕不辍、毫无保留地将其多年来对银行信息科技的认知与经验付诸笔尖。梁老师的文章涉及银行科技治理、架构、系统及研发管理等多个领域,是梁老师多年从业经历与经验的智慧结晶,承载了梁老师对银行IT方方面面的深刻思考与丰富经验。这些文章思想厚重、观点鲜明、内容翔实、操作性强、结构完整、逻辑清晰、文风洗练、简洁易读。自专栏开办以来,"金语梁言"圈粉无数,每篇文章都得到了业内人士的广泛转发或转载,一些银行的首席信息官还要求行内科技人员每篇必读。

今天,金融科技风起云涌,银行必须冷静地思考如何应对互联网及新兴技术带来的冲击与挑战,稳妥、安全地完成银行IT体系的转型与升级。此时,梁老师等老一辈从业人员对银行信息科技的敬畏心与严谨态度显得弥足珍贵。应广大"梁粉"和众多读者的要求,梁老师将"金语梁言"专栏中的多篇好文编订成集,精细地打磨出了《银行信息科技:构建银行数字化发展新图景》这本行业内不可多得的佳作,展现了老一辈银行信息科技人员的专业精神与无私奉献精神。我相信,书中的内容对新时代的银行信息科技从业人员定会有积极的指导作用与借鉴意义。此书既可以全书通读,以建立关于银行信息科技管理与系统建设全貌的认知;也可以作为工具书按需进行专项查阅,温故而知新。

老骥伏枥,志在千里。在本书付梓之际,我谨代表优智汇全体同事向梁老师表达衷心的祝贺与感谢,并祝愿梁老师身体健康,始终保有矍铄的精神状态,继续为中国银行信息科技的蓬勃发展贡献智慧与经验!

舒萍

北京优智汇咨询有限公司董事长

前言

本书的大部分文章成文于 5～10 年前。这些文章曾在一些金融科技杂志、电子媒体上发表过，现在我将它们收集、整理，形成本书。

在这 10 年里，全世界的信息科技发展迅猛。今天，金融科技的态势与 5 年前、10 年前相比，完全不可同日而语。银行信息科技的管理体系与管理方法、信息系统的架构与采用的技术，也发生了巨大的变化。

本文所阐述的银行信息科技的发展历史、状况、观点，反映了当时银行信息科技的情况。

我是在 20 世纪 70 年代，从中国银行业信息化进程一开始，就进入了银行信息化领域，一直到退休、到今天，从没有远离过。在工作的 30 多年加上退休后的近 10 年里，我参与、见证了中国银行业信息化的整个发展过程，并且在这个过程中贡献了自己的最大努力。我觉得我有责任把所了解到的中国银行业信息化进程与大家分享。同时，我还会根据自己几十年来从事银行信息科技工作的经验，与大家分享我对银行信息科技当前发展前景的一些看法。

这就是我出版本书的原意：总结过去，展望未来！

本书的目标读者主要是银行的高级管理人员、银行科技部门的相关负责人、银行的首席信息官、信息系统架构师及信息系统相关产品的技术负责人。

梁礼方

2022 年 5 月 10 日

目录

第1篇 中国银行业信息化发展进程

第1章 中国银行业的信息化进程 ··· 003
1.1 人民银行、工行30年信息化进程 ·················· 004
1.2 从电子化迈向数字化 ·········· 007

第2章 银行信息系统的发展阶段 ··· 009
2.1 诺兰模型 ····························· 009
    2.1.1 诺兰模型的6个阶段 ······ 010
    2.1.2 信息系统发展的6种增长要素 ······················· 011
    2.1.3 诺兰模型的意义与局限性 ··· 011
2.2 中国银行业电子化与信息系统的发展阶段 ····················· 012

第3章 银行信息化的评价指标 ······ 016
3.1 业务能力 ························· 016
3.2 技术水平 ························· 017
3.3 运行指标 ························· 018
3.4 自主可控 ························· 018
3.5 各阶段的详细定义 ·············· 018
3.6 基本评价 ························· 022

第2篇 银行科技架构

第4章 银行IT治理 ················· 024
4.1 IT治理的背景 ·················· 024
4.2 IT治理的相关概念 ············· 025
4.3 IT治理的组织架构 ············· 025
4.4 IT治理的范围与内容 ·········· 028
4.5 IT治理的标准 ·················· 030

第5章 银行科技的核心竞争力 ····· 031
5.1 什么是核心竞争力 ·············· 031
5.2 什么是银行的核心竞争力 ····· 031
5.3 什么是银行科技的核心竞争力 ··· 032
5.4 建立和提升银行科技的核心竞争力 ···························· 034

第6章　银行的科技架构 035

6.1 战略架构 036
6.1.1 科技战略目标 036
6.1.2 科技定位 037
6.1.3 科技资源配备 038
6.1.4 科技资源配置 041
6.1.5 科技管理 041

6.2 业务架构 041
6.2.1 客户与产品 042
6.2.2 信息系统的运维模式 042
6.2.3 信息系统的研发模式 042
6.2.4 测试模式 043

6.3 组织架构 044
6.3.1 科技顶层架构 044
6.3.2 科技本体架构 045
6.3.3 科技部门与业务部门的关系 046

6.4 信息系统架构与基础设施架构 046

6.5 科技架构存在的问题 047

第7章　科技研发架构 049

7.1 科技研发体系架构 049
7.2 科技研发中心内部架构 050
7.2.1 研发的阶段 050
7.2.2 研发团队所面向的应用架构 050
7.2.3 业务部门的组织架构 052
7.2.4 银行的业务架构 052

7.3 理想的科技研发架构 052
7.4 科技研发架构存在的问题 055
7.5 产品研发团队与业务部门产品团队紧密结合 056

第8章　科技团队 057

8.1 科技团队的核心竞争力要素 057
8.1.1 科技团队的数量 057
8.1.2 科技团队的质量 058
8.1.3 科技团队的人员结构 058
8.1.4 科技团队的人员配置 060
8.1.5 科技团队的精神面貌 061

8.2 科技团队存在的问题 062
8.3 团队建设 064

第9章　银行科技的企业文化 068

9.1 企业文化 068
9.2 企业文化的内涵 069
9.2.1 企业精神文化 069
9.2.2 企业制度文化 069
9.2.3 企业的文化设施 070

9.3 银行科技部门的企业文化 071
9.3.1 银行科技部门的精神文化 071
9.3.2 银行科技部门的制度文化 074
9.3.3 银行科技部门的文化设施 076
9.3.4 银行科技部门企业文化存在的问题 077

第 3 篇　信息系统架构

第 10 章　信息系统架构概述 ……… 080
- 10.1　好架构追求的目标 ………… 080
- 10.2　信息系统架构的维度 ……… 081
  - 10.2.1　总体架构 ………… 081
  - 10.2.2　横向架构 ………… 082
  - 10.2.3　纵向架构 ………… 083
  - 10.2.4　流程架构 ………… 083
  - 10.2.5　基础设施架构 …… 083
  - 10.2.6　其他架构 ………… 083
- 10.3　系统架构的发展 …………… 084
  - 10.3.1　系统的早期架构 … 084
  - 10.3.2　系统的模块化架构 … 085
  - 10.3.3　系统的烟囱式架构 … 086
  - 10.3.4　面向对象的架构 … 087
  - 10.3.5　面向服务的体系架构 … 087

第 11 章　面向服务的架构概述 …… 088
- 11.1　面向服务的内涵 …………… 089
- 11.2　SOA 的构成 ………………… 090
- 11.3　服务内涵与架构的关系 …… 092
- 11.4　正确评价 SOA ……………… 093
  - 11.4.1　SOA 的优点 ……… 094
  - 11.4.2　SOA 的缺点 ……… 095
  - 11.4.3　SOA 的适用范围 … 096
  - 11.4.4　SOA 建设的注意事项 … 097
- 11.5　SOA 建设路线图 …………… 097
  - 11.5.1　架构规划 …………… 098
  - 11.5.2　标准规划 …………… 098

第 12 章　松耦合 …………………… 100
- 12.1　松耦合的相关概念 ………… 100
- 12.2　松耦合的度量 ……………… 101
- 12.3　银行信息系统中的松耦合 … 104
  - 12.3.1　应用架构松耦合 … 104
  - 12.3.2　流转控制松耦合 … 107
  - 12.3.3　信息松耦合 ……… 108
  - 12.3.4　联机与批量松耦合 … 111
  - 12.3.5　其他方面的松耦合 … 112
- 12.4　松耦合的代价 ……………… 114

第 13 章　元数据 …………………… 115
- 13.1　元数据的相关概念 ………… 115
- 13.2　元数据的发展现状 ………… 116
- 13.3　标准元数据的重要性 ……… 116
- 13.4　定义元数据 ………………… 118
- 13.5　建立标准元数据面临的问题 ………………………… 122

第 14 章　标准接口 ………………… 125
- 14.1　什么是接口 ………………… 125
- 14.2　什么是标准接口 …………… 125
- 14.3　使用标准接口的必要性与可行性 ………………………… 127
  - 14.3.1　非标准接口的特点 … 127
  - 14.3.2　使用标准接口 …… 128
- 14.4　如何建立标准接口 ………… 130
- 14.5　标准接口的实施策略 ……… 131

第15章 服务组件 133
15.1 高内聚 133
15.2 松耦合 134
15.3 标准接口 135

第16章 服务总线 136
16.1 服务总线相关的概念 136
16.2 建立银行的企业服务总线 139
16.3 银行服务总线的标准功能 142
16.4 企业服务总线的架构 143
16.4.1 宏观架构 144
16.4.2 服务交付层的内部架构 145

第17章 应用架构 146
17.1 应用架构分层 147
17.2 应用架构各层次的内涵 150
17.2.1 应用群架构 150
17.2.2 应用群的内部架构 154
17.3 应用处理流程 156
17.4 SOA 的应用架构 158
17.5 应用架构规划 159

第18章 程序架构 161

第19章 数据架构 163
19.1 数据架构的相关概念 163
19.2 业务概念与数据主题 164
19.2.1 业务模型 165
19.2.2 业务对象 166
19.2.3 数据主题 167
19.2.4 数据主题之间的关系 176
19.2.5 数据主题在实际应用场景中的关系 181
19.3 数据模型 182
19.3.1 数据模型的内容和层次 182
19.3.2 数据建模 184
19.4 银行数据模型举例 185
19.4.1 概念模型举例 185
19.4.2 逻辑模型举例 190
19.5 信息系统数据库的分类 191
19.5.1 联机数据库 191
19.5.2 批量数据库 192
19.5.3 ODS 193
19.5.4 数据仓库 194
19.5.5 数据集市 195
19.5.6 联机日志 197
19.5.7 各数据库的定位 199
19.6 数据架构的规划 201
19.6.1 数据架构发展的现状 201
19.6.2 数据组织 203
19.6.3 数据分布与封装 204
19.6.4 数据流转与冗余 207
19.7 数据治理 208
19.7.1 数据治理的范围及规范 209
19.7.2 数据治理的工具 209
19.7.3 数据质量 213
19.7.4 数据安全、监控及维护 214
19.7.5 数据生命周期管理 215

第20章 技术架构 217
20.1 3层架构 218

20.2 整合技术架构 ················ 219
20.3 分层技术架构的优点 ······ 220
20.4 技术架构的构建要点 ······ 221

第21章 流程架构 ················ 222

21.1 银行电子化前后的流程架构 ··· 222
21.2 规划宏观的流程架构 ······ 223
 21.2.1 银行角色的划分 ······ 223
 21.2.2 跨行的概念 ············ 225
 21.2.3 用角色划分定义流程的好处 ························ 225
21.3 各种交易场景的处理流程举例 ······················· 226

第22章 基础设施架构 ········· 231

22.1 计算机的种类 ·············· 232
22.2 银行信息系统基础设施架构的发展历史 ·················· 233
 22.2.1 初始阶段 ··············· 233
 22.2.2 起步阶段 ··············· 234
 22.2.3 发展普及阶段 ········· 234
 22.2.4 电子化阶段 ············ 235
22.3 中小银行IT基础设施架构 ··· 237
22.4 面向服务的IT基础设施架构 ··· 237
 22.4.1 建立SOA ··············· 238
 22.4.2 基础设施云 ············ 239
 22.4.3 基础设施架构的举例 ······ 240

第23章 联机交易处理系统的系统设计 ····················· 242

23.1 系统设计 ····················· 243
23.2 数据库设计 ·················· 245
 23.2.1 大型机数据库的发展过程 ··· 245
 23.2.2 次键（次索引）······· 247
 23.2.3 排他控制 ··············· 248
 23.2.4 页 ·························· 249
 23.2.5 预开记录 ··············· 249
 23.2.6 其他设计 ··············· 249
23.3 联机程序的设计 ··········· 250
 23.3.1 联机程序的工作内容及其工作顺序 ················· 250
 23.3.2 联机程序的结束 ······ 252
 23.3.3 联机程序的架构 ······ 253
 23.3.4 联机程序的可读性 ··· 253
23.4 联机程序的接口 ··········· 253
 23.4.1 系统之间的接口 ······ 253
 23.4.2 系统内的接口 ········· 254
 23.4.3 SOA的接口 ··········· 254
23.5 外联设计 ····················· 255

第24章 联机与批量 ············· 256

24.1 联机与批量的相关概念 ··· 256
24.2 早期的联机交易与批量处理的分工 ·························· 258
24.3 当前的联机交易与批量处理的分工 ·························· 258
24.4 联机与批量的应对策略 ··· 259
24.5 联机批量与联机小批量 ··· 261
24.6 批量程序 ····················· 262

第 25 章 国际化应用系统 ……… 264
25.1 应用系统一体化的意义 ……… 264
25.1.1 公共系统 ……… 267
25.1.2 公共模块 ……… 267
25.1.3 地域特色 ……… 267
25.2 应用系统一体化要解决的技术问题 ……… 268
25.2.1 多时区 ……… 268
25.2.2 多语言 ……… 269
25.2.3 多种编码方式 ……… 269

第 26 章 软件产品化 ……… 273
26.1 什么是软件产品化 ……… 273
26.1.1 软件产品的外部特征 ……… 273
26.1.2 软件产品的内部特征 ……… 274
26.2 软件产品化的好处 ……… 275
26.3 如何将软件产品化 ……… 276
26.4 银行信息系统的产品化 ……… 277
26.4.1 银行应用产品化的意义 ……… 277
26.4.2 银行产品的分类依据 ……… 278
26.4.3 银行信息系统的组件化 ……… 278
26.4.4 组件内部的产品化 ……… 279
26.4.5 参数管理系统 ……… 280

第 4 篇 信息系统

第 27 章 新一代信息系统 ……… 283
27.1 业务能力 ……… 283
27.1.1 客户服务 ……… 283
27.1.2 内部管理 ……… 283
27.1.3 当事人管理 ……… 286
27.1.4 信息管理 ……… 286
27.1.5 流程管理（流程银行） ……… 286
27.1.6 多渠道 ……… 287
27.1.7 全球化 ……… 287
27.1.8 数字化 ……… 287
27.2 技术水平 ……… 288
27.2.1 标准与规范 ……… 288
27.2.2 应用架构 ……… 289
27.2.3 数据架构 ……… 291
27.2.4 流程架构 ……… 292
27.2.5 基础设施架构 ……… 293
27.2.6 安全架构 ……… 293
27.2.7 建立各类企业级公共服务平台 ……… 295
27.2.8 新信息技术的应用 ……… 297
27.3 运行指标 ……… 297
27.3.1 运行模式 ……… 297
27.3.2 系统可用性 ……… 297
27.3.3 系统可靠性 ……… 300
27.3.4 系统可维护性 ……… 302
27.3.5 系统变更管理 ……… 302
27.4 自主可控 ……… 303

第 28 章 信息系统的建设模式 ……… 304
28.1 外购、外包产品 ……… 305
28.2 自主研发 ……… 308
28.3 主导研发 ……… 308
28.4 定制研发外包 ……… 310

28.5　中小银行应用系统公共服务平台……310

第29章　中小银行应用系统公共服务平台的选择与建立……312

29.1　银行信息系统的建立条件……312
29.2　中小银行的发展状况……314
29.3　建立中小银行应用系统公共服务平台的必要性……314
29.4　建立中小银行应用系统公共服务平台的可行性……317
29.5　如何选择与建立中小银行应用系统公共服务平台……318
　　29.5.1　中小银行应用系统公共服务平台的建立模式……319
　　29.5.2　会员制应用系统公共服务平台的优点……321
29.6　中小银行应用系统公共服务平台的适用范围……321

第30章　银行产品管理架构……323

30.1　银行产品的相关概念……323
30.2　银行产品与银行科技信息系统产品的关系……324
30.3　产品管理……325
30.4　产品管理架构……326
30.5　管理模式……329
　　30.5.1　强管理模式……329
　　30.5.2　协调管理模式……330

第31章　银行产品体系……332

31.1　建立完整的产品体系的意义……332

31.2　银行产品体系的现状……333
31.3　银行产品的分类……333
31.4　银行产品的第一层分类……337
31.5　其他产品属性和分类维度……340
　　31.5.1　银行卡产品……341
　　31.5.2　按其他属性分类……341

第32章　银行产品与银行账户、核算的关系……346

32.1　银行产品与银行账户的关系……346
32.2　银行产品与核算的关系……347
　　32.2.1　账户的非核算处理……348
　　32.2.2　应用架构与效率……350
32.3　银行信息系统存在的问题及解决方案……351
　　32.3.1　系统解耦……351
　　32.3.2　核心银行系统解耦……351
　　32.3.3　核心银行解耦的可行性……352
32.4　产品工厂……353
32.5　核算工厂……354

第33章　企业级客户信息系统……357

33.1　客户信息系统的作用……357
33.2　银行的客户与信息系统的客户……358
33.3　个人客户信息……358
33.4　法人信息……360
33.5　银行企业级客户信息系统架构模型……361
　　33.5.1　概念模型……361

33.5.2 逻辑模型 …… 362
33.5.3 物理模型 …… 363
33.6 企业级客户信息系统的架构举例 …… 363
　33.6.1 数据存储与应用 …… 363
　33.6.2 客户信息的流转 …… 365
　33.6.3 信息冗余与同步策略 …… 366

第34章 银行的后台管理系统 …… 367
34.1 信息系统的内部客户 …… 367
　34.1.1 银行内部机构 …… 368
　34.1.2 银行员工 …… 372
34.2 如何建设后台管理系统 …… 373
　34.2.1 平台整合 …… 373
　34.2.2 渠道管理 …… 373
　34.2.3 客户管理 …… 374
　34.2.4 运行维护管理 …… 375

第5篇　科技管理

第35章 银行科技研发管理 …… 377
35.1 管理模式、考核方式及其选择 …… 377
　35.1.1 管理模式 …… 377
　35.1.2 考核方式 …… 378
　35.1.3 管理模式与考核方式的选择 …… 379
35.2 管理架构 …… 380
　35.2.1 组织架构 …… 380
　35.2.2 例会制度 …… 382
35.3 项目与产品的关系 …… 383
35.4 研发管理的模式 …… 384
　35.4.1 以项目为主线的研发管理 …… 385
　35.4.2 以产品为主线的研发管理 …… 385
　35.4.3 两种研发管理模式的选择 …… 386
　35.4.4 从面向服务的应用架构转变为面向服务的管理架构 …… 387
　35.4.5 从面向产品管理转变为面向客户管理 …… 387

第36章 银行科技的研发流程 …… 389
36.1 一般研发流程 …… 389
36.2 银行研发流程 …… 390
　36.2.1 项目立项 …… 390
　36.2.2 用户需求编写 …… 391
　36.2.3 需求分析 …… 391
　36.2.4 系统设计 …… 394
　36.2.5 应用设计 …… 394
　36.2.6 程序设计与编码 …… 395
　36.2.7 测试阶段 …… 396
　36.2.8 项目投产、结束、后评估与关闭 …… 396
36.3 各研发阶段的时间及人力资源投入 …… 397

第37章 银行研发规划管理 …… 400

37.1 生产指标 ·················· 400
　37.1.1 生产率 ··············· 400
　37.1.2 质量指标 ············ 401
　37.1.3 团队的生产指标 ····· 402
37.2 项目预算 ·················· 403
　37.2.1 项目规模评估 ······· 403
　37.2.2 项目效率评估 ······· 404
　37.2.3 效率悖论 ············ 405
　37.2.4 项目工作量评估 ···· 406
　37.2.5 项目工期评估 ······· 407
　37.2.6 解决人月神话问题 ·· 408
　37.2.7 项目质量评估 ······· 409
37.3 版本与项目规划 ·········· 409
　37.3.1 项目与版本的关系 ·· 410
　37.3.2 版本投产的频率 ···· 411
　37.3.3 版本投产规划 ······· 411
　37.3.4 项目的版本安排 ···· 412
　37.3.5 研发部门的项目规划 ··· 414

第 38 章　软件履历管理与配置管理 ·············· 415

38.1 配置管理的必要性 ······· 415
38.2 配置管理的内容 ·········· 416
　38.2.1 软件履历管理 ······· 416
　38.2.2 版本树管理 ·········· 420
　38.2.3 软件资源归档 ······· 421
38.3 备注与内嵌版本号 ······· 421
　38.3.1 备注 ··················· 421
　38.3.2 内嵌版本号 ·········· 422

38.4 版本的兼容 ················ 422
38.5 履历管理的修改内容 ····· 423
38.6 配置管理工具 ·············· 424

第 39 章　项目进度管理 ········ 425

39.1 制订项目进度计划 ········ 425
　39.1.1 时间进度计划 ········ 425
　39.1.2 人力资源使用计划 ··· 426
　39.1.3 各阶段交付物的数量与质量
　　　　　的计划 ················ 431
　39.1.4 具体项目举例 ········ 432
39.2 项目进度量化管理 ········ 434
　39.2.1 项目进度一览表 ····· 434
　39.2.2 延迟项目一览表 ····· 435
　39.2.3 研发团队项目进度
　　　　　一览表 ················ 436
39.3 项目人力资源投入管理 ··· 437
　39.3.1 各项目的人力资源投入
　　　　　情况 ···················· 437
　39.3.2 研发团队的人力资源
　　　　　投入 ···················· 440
　39.3.3 问题反思 ·············· 441
　39.3.4 人力资源管理工具 ··· 441
39.4 生产（项目）例会 ········ 442

第 40 章　质量管理 ·············· 444

40.1 质量管理相关因素 ········ 444
　40.1.1 研发工期、人力资源投入对
　　　　　质量的影响 ··········· 444

40.1.2 质量悖论 …… 446
40.1.3 银行信息系统大集中对质量的影响 …… 447
40.1.4 不同产品的效率与质量的平衡关系 …… 448
40.2 风险管理 …… 454
40.2.1 依赖管理 …… 454
40.2.2 风险管理 …… 454
40.2.3 问题管理 …… 455
40.2.4 风险升级 …… 456
40.3 变更管理 …… 456

第41章 软件测试管理 …… 460
41.1 测试目标 …… 460
41.2 测试阶段与测试内容 …… 462
41.3 测试工作 …… 465
41.3.1 制订测试计划与方案 …… 465
41.3.2 测试用例设计与编写 …… 473
41.3.3 测试与回归测试 …… 473
41.3.4 编写与提交测试总结和测试报告 …… 473
41.4 测试的进度管理 …… 474
41.4.1 人力资源进度管理 …… 474
41.4.2 用例消化进度管理 …… 474
41.4.3 缺陷清除进度管理 …… 475
41.4.4 问题管理 …… 477
41.5 非功能性测试 …… 478
41.6 自动化测试 …… 479
41.6.1 适应范围 …… 480
41.6.2 测试工具 …… 481
41.6.3 测试脚本与用例库 …… 481
41.6.4 测试背景 …… 481

第42章 银行科技的效益分析 …… 483
42.1 联机交易使用情况 …… 483
42.1.1 交易量最多和最少的交易分析 …… 485
42.1.2 按"二八定律"的交易分析 …… 485
42.1.3 少交易量的交易分析 …… 485
42.2 报表使用情况 …… 486
42.3 提高银行科技效益的方法 …… 488
42.3.1 资源合理分配 …… 488
42.3.2 产品效益分析与跟踪 …… 489

第6篇 金融科技时代

第43章 金融科技 …… 492
43.1 金融科技的内涵 …… 492
43.1.1 金融科技的新技术与产品 …… 493
43.1.2 金融科技公司 …… 497
43.1.3 新金融服务与服务模式 …… 499
43.2 新金融科技给传统银行带来的挑战 …… 501
43.2.1 新金融科技对银行传统业务及客户金融服务的挑战 …… 502
43.2.2 新金融科技对银行金融科技的挑战 …… 505

43.3 新金融科技给银行带来的机遇 ·············· 506

第 44 章　银行数字化转型 ············ 507
44.1 什么是数字化银行 ············ 507
44.2 向数字化转型 ············ 509

第 45 章　提高信息系统的研发效率 ············ 511
45.1 影响研发效率的因素 ············ 511
　45.1.1 质量因素 ············ 511
　45.1.2 应用范围 ············ 514
　45.1.3 研发体系与研发架构 ············ 516
　45.1.4 系统架构 ············ 518
　45.1.5 其他因素 ············ 519
45.2 如何提高研发效率 ············ 519
　45.2.1 应用范围 ············ 519
　45.2.2 系统架构 ············ 521
　45.2.3 研发体系与架构 ············ 523

第 46 章　信息系统自主、安全、可控 ············ 527
46.1 产品与技术的自主、安全、可控 ············ 527
46.2 系统架构安全可控 ············ 529
46.3 自主、安全、可控案例 ············ 529

第 47 章　金融科技新形势下的银行与科技 ············ 530
47.1 银行金融科技发展中面临的问题与挑战 ············ 530
　47.1.1 银行业务架构与组织架构的设立无标准 ············ 530
　47.1.2 个人消费信贷业务受限 ············ 531
　47.1.3 各种新概念涌现 ············ 531
47.2 正确面对金融科技 ············ 539

第 1 篇

中国银行业信息化发展进程

第 1 章　中国银行业的信息化进程
第 2 章　银行信息系统的发展阶段
第 3 章　银行信息化的评价指标

随着中国经济的迅速崛起，中国的金融行业也在快速发展。根据英国《银行家》杂志 2020 年发布的"全球银行 1000 强"榜单，中国四大银行再次包揽前四名。中国工商银行、中国建设银行、中国农业银行和中国银行连续 3 年位居该榜单前四名。其中，中国工商银行连续 8 年在该榜单排名第一，还连续 8 年在《福布斯》杂志的"全球企业 2000 强"蝉联榜首，连续 9 年在《财富》杂志的"世界 500 强"排名中蝉联全球商业银行第一。

从 21 世纪开始，中国银行业逐步摆脱了资产质量不高、利润低甚至亏损的局面，进入高速发展阶段。截至 2019 年年底，中国银行业金融机构共有法人机构 4607 家，资产总额达 290 万亿元；商业银行实现净利润 1.99 万亿元，中国工商银行更是以 3134 亿元的净利润连续多年成为世界盈利最高的银行。

更为难得的是，中国银行业的快速发展并未导致资产质量和抗风险能力下降。据统计，截至 2019 年年底，商业银行资本充足率为 14.64%，不良贷款率为 1.86%，拨备覆盖率为 186.08%。

在银行的高速发展中，银行科技是其动力之一。银行科技及银行信息系统在银行的发展中扮演着至关重要、不可替代的角色。

银行科技的广义概念包含银行的科技架构、银行的科技团队和银行的信息系统。为了实现可持续、稳健、快速发展，各银行都在关注如何构建科学的科技架构，组建优秀的科技团队，建设功能齐全、高效可靠的信息系统。

如何规划与构建银行的科技体系，是摆在各银行面前的亟待解决的问题。

第1章 中国银行业的信息化进程

中国银行业的信息化进程最早可以追溯到20世纪70年代中期。那时候，中国人民银行（以下简称"人民银行"）集中央银行与商业银行于一体，是中国实际上仅此一家的商业银行。当时，真正算得上用计算机来处理银行业务的，有人民银行广东分行国外业务部（中国银行当时对外挂的是中国银行的牌子，但它实际上属于人民银行的国外业务部），它在个别业务上用的是"理光"小型计算机，以及人民银行北京分行与清华大学合作、人民银行上海分行与复旦大学合作研制的国产计算机。其中，这些国产计算机的信息显示用发光管、数码管，输入用打字键盘和纸带，内存用磁芯，外存用磁鼓。其功能与性能不及今天一台普通微型计算机（以下简称"微机"）的百分之一。同时，这些国产计算机的稳定性较差、故障多，与国外的计算机差距较大。

从20世纪70年代末开始，中国银行业的状况有了比较大的变化。当时，中国农业银行恢复成立；中国银行、中国建设银行也分别从人民银行、中华人民共和国财政部分出。20世纪80年代初，中国工商银行（以下简称"工行"）又从人民银行中分出。20世纪90年代初，国家开发银行、中国进出口银行、中国农业发展银行成立。至此，中国四大专业银行政策性业务正式全部剥离。

到20世纪70年代末、80年代初，人民银行开始有计划、有规模地引进当时国际上先进的计算机应用系统，以处理银行的相关业务。从此，中国银行业的信息化进程真正开始了。在40多年的发展中，中国银行业的信息化经历了从无到有，从单机处理到联网处理；联网区域从小到大，从一个城市、一个地区到一个省，再到全国；联网范围从本行到跨行、跨行业；银行业务数据的分布也随着联网区域的集中发展到全国集中；最终，形成了今天中国银行业信息科技应用普遍发展的局面。如果以每5年时间计一个阶段，给每一个发展阶段命名，那么从"六五"开始，中国银行业在30年内经历了起步、打基础、上规模、网络化、大集中、电子化等6个阶段。从"十二五"开始，在中国银行业的信息化进程中走在前面的银行，在对外服务上其计算机应用水平已经与国外相差不多。而二者最大的差距还是体现在信息化上，包括信息积累、信息挖掘、信息利用，如内控管理、风控、市场分析和客户营销、预测与决策等。

在各个银行中，工行的信息化道路走得相对比较快。工行成立前，其主体前身其实是人民银行。下面以人民银行、工行为例，具体回顾一下银行业的这 6 个发展阶段。

1.1　人民银行、工行 30 年信息化进程

1."六五"期间（1981—1985 年）

1979 年，为了尽快缩小国内外计算机应用水平的差距，人民银行与中国人民保险公司（现为中国人民财产保险股份有限公司）合作，第一次在全国范围内有组织、有计划且较大规模地引进了 10 多套日本当时的中型计算机和小型计算机系统，用于处理银行和保险业务。同时，全国共有 60 多位由人民银行（包括中国银行，其当时还是人民银行的国外业务部）、中国人民保险公司选送的技术人员一起被派到日本学习计算机技术。虽然从目前的观点来看，这批计算机的性能还不如现在的一台普通微机，但比起引进这批计算机之前用的机器，已好了千百倍。这批计算机是采用当时最新的技术概念，用当时最新的技术手段制造出来的，其设计原理已与现在的计算机无质的区别。这批计算机的引进较明显地缩小了国内金融行业的计算机应用水平与国外的差距。而更重要的是，这是一个起步，是中国金融业在信息化征途上迈出的非常有意义的一步。从那时起，中国金融业的信息化进程正式拉开了帷幕。正是这批计算机的引入，催生了中国金融业的现代化计算机应用；也正是这批计算机的引入，培养了中国第一批属于自己的既熟悉金融业务，又懂计算机的技术人才队伍。

20 世纪 80 年代初，人民银行第一批成规模引进的计算机陆续到货安装。1981 年年底开始，对公应用系统在北京、上海、广州投产。1984 年，储蓄应用系统也开始在上述城市投产。1984 年，工行成立，人民银行各分行的计算机设备和科技人员基本由工行全盘承接。那时，工行拥有中型机 8 套、小型机 7 套、微机 100 多台。在北京、上海、天津、广州、南京、西安 6 个大城市及其他几个中小城市，共有几十个网点使

用计算机处理部分对公、对私业务。这就是中国金融业信息化的起步阶段，也是一个尝试阶段。

2. "七五"期间（1986—1990年）

"七五"期间是中国银行业计算机应用打基础的阶段。通过"六五"期间的尝试，银行信息化进程得到了工行领导的重视。工行在全行提出了"科技兴行"的发展方针。20世纪80年代中后期，随着微机的出现和发展，微机和小型机在中国金融业也得到了很好的应用。工行明确提出"大中型计算机与微机并举"的"两个并举"发展战略。

1986年，工行广州分行的第二代大机应用系统投产，网点覆盖全部对公网点和99个储蓄网点，并在国内率先在联网网点开展储蓄通存通兑业务，紧跟着又开办了用计算机处理代发工资、代收公共事业费等代理业务。1987年，工行广州分行推出工行的第一个银行卡应用系统，并向社会发行了工行的第一张银行卡——红棉卡，包含红棉借记卡和红棉贷记卡。

到20世纪80年代末，工行拥有大中型机56台、小型机200多台、微机2万多台。工行在23个大中型城市建立了大型计算机应用处理中心，在其他60多个城市建立了小型机、微机业务处理系统。全国电子化网点有6000多个，网点覆盖率达21%，柜台业务覆盖率接近40%。此外，工行在15个城市安装了ATM。

3. "八五"期间（1991—1995年）

"八五"期间是中国金融电子化迅速发展的阶段。到20世纪90年代中期，工行拥有大中型机99台、小型机近700台、微机5万多台。工行在37个大城市建立了大型计算机应用处理中心，在其他40个城市建立了小型机业务处理系统。计算机业务处理范围从原来的对公、对私扩展到银行卡、国际业务、办公自动化等多个方面。全国电子化网点超2.8万个，网点覆盖率达75%，柜台业务覆盖率超过80%，初步建成全行大中城市骨干网络。

1993年，工行广州分行推出第三代大机应用系统——国内银行中第一个以客户为中心的综合应用系统。该系统在全国首推定期存折、信用卡对账本等全新产品。这些产品后来广为国内银行仿效。该系统获国务院政策研究中心授予的"中华之最"的崇高荣誉。

4. "九五"期间（1996—2000 年）

"九五"期间是计算机应用网络化的时期。计算机应用发展从外延走向内涵，从数量走向质量。工行适时调整了计算机发展的战略，从"两个并举"转为"一网打尽"，提出"大机延伸"的发展战略。也就是说，在已经实现大机应用网络的骨干城市，要把网络范围延伸到其他还没有上机的网点，最终要延伸到所有原来已经上机的小型机和微机网点，实现"一网（大机网）打尽"。同时，工行提出电子化建设的"四个统一"原则。其中，在统一开发思想的指导下，1996 年，工行成立软件开发中心，开始集中开发工行的全国性第二代大机应用系统——综合业务处理系统。

到 1999 年年底，工行的大机网网点达 44500 个，日均业务 2000 多万笔，基本完成大机应用网络"一网打尽"任务；全国电子化网点覆盖率达 97%，ATM 装机超 1 万台，POS 装机超 10 万台。同时，工行完成了综合业务处理系统的核心系统建设。

同期，人民银行的网络基本延伸到了每一个县。

5. "十五"期间（2001—2005 年）

在"十五"期间，银行的计算机应用踏上了一条新的征途——大集中。

在 1999 年 9 月 1 日，工行对电子化进程做出了一个重要决定：实施计算机应用系统大集中工程，并把该工程称为"9991"工程。"9991"工程有以下几个重要内涵。

（1）统一应用。

大集中的前提首先是统一应用系统。为此，工行已经做好准备：工行的新一代综合业务处理系统基本建成，可以马上在全行范围内推广使用。

（2）物理集中。

工行把分散在全国 37 个分行的几十个数据中心的应用系统及数据按南北区域分别上挂到上海和北京两个数据中心，通过两大数据中心计算机系统的物理分区来运行。

（3）逻辑集中。

工行把所有已上挂的应用系统及数据全部移植到统一的、新的计算机并行耦合体系统中，最终实现真正意义上的应用系统及数据集中。

到 2002 年年底，工行历时 3 年的计算机应用大集中工程圆满完成。工行应用系统大集中的成功，为中国所有银行树立了一个典范。此后，其他银行也纷纷仿效工行，走上大集中的道路。从全球银行业计算机应用的情况来看，在大型银行计算机应用大集中方面，走得最彻底和最好的就是中国。在这方面，中国走在世界前列。

在"十五"期间，工行投产了全国集中式的第三代计算机应用系统。通过之后的一系列开发和完善，工行第三代计算机应用系统成为一个全系列的，包含前端、中端、后台服务，以及内部管理和风险控制等全功能的计算机应用系统。

6．"十一五"期间（2006—2010 年）

在"十一五"期间，国内各大银行都已经完成了计算机应用系统大集中。此时，工行又率先提出要建设新一代银行信息系统的战略目标。

此前，中国几乎所有的银行信息系统都是面向应用的，其最大的目标是把原来人工做的工作转换为通过计算机来实现，以提高工作的质量与效率。因此，系统的建设是被业务的发展推着前进的，这导致整个系统缺乏整体规划和统一的标准。

新一代银行信息系统的建设要跳出被动发展的局面，其目标主要有三个：一是要有出色、完备的业务能力，以完全满足对外服务与内部管理的需要；二是要充分体现现代以优质服务为目标的系统体系架构与先进的技术水平，使用统一的业务标准与技术标准，拥有充分的信息共享与强大的大数据挖掘能力，以支撑服务与管理的快速创新，使信息系统可持续发展；三是要有较高的系统可用性、可靠性与可维护性，保障系统的信息安全、运行安全，同时提高运行效率。

新一代银行信息系统的建成标志着银行已经完成了电子化，为银行最终走向数字化打下了坚实的基础。

1.2　从电子化迈向数字化

银行信息化的最终目标是实现银行数字化。在"十二五"（2011—2015 年）或之后，中国银行业信息科技发展走在前面的银行，有望逐步完成数字化转型、实现银行数字化的目标。

但现实中，当银行信息化发展到一定程度时，银行的具体经营状况与银行的信息化程度并没有表现为高度相关。这种情况在不同的银行之间、同一个银行的不同分行之间都有所体现。例如，某银行的信息化进程被普遍认为走在各银行的前面，但对比一些友行，其经营数据并没有领先，甚至在一些方面还存在差距。其原因很可能在于该银行的信息化进程没有从电子化进一步向数字化转型，没能把银行电子化的能力完全转化为生产力，使金融科技真正成为银行的核心竞争力。

那么，电子化与数字化的区别体现在什么地方呢？

1. 银行电子化

银行电子化意味着银行的计算机应用系统不仅完全覆盖银行的对外业务，也完全覆盖银行的内部管理，基本上能满足银行日常运营的全部需要。

但面对日新月异的金融科技发展和日益激烈的市场竞争，银行要实现可持续发展，就不能仅仅满足于维持日常的正常运营。因此，银行要进行数字化转型。

2. 银行数字化

什么是银行数字化？银行数字化的概念应该有哪些内涵？对于这个问题，目前业界并没有一个达成共识的答案。

银行数字化与银行电子化的最大区别在于，银行电子化只是改变了银行经营管理的手段，降低了银行经营管理的成本，提高了银行经营管理的效率，而银行数字化指的是在电子化运营手段的基础上，充分利用最新科技，通过挖掘从各方面获得的数据的内在价值，得到对银行经营管理有价值的信息，从而创新经营管理模式，使银行获得新的利润增长点。

把上一段文字的内容精简一下就是，银行通过挖掘所有能得到的数据的内在价值，将其转化为银行的经营利润。

本书后面会对数字化银行与银行数字化转型做进一步的阐述。

第 2 章 银行信息系统的发展阶段

银行的信息化进程与银行信息系统的发展密切相关。对信息系统的不同发展阶段进行定义有利于银行认识自己、找出差距,从而更好地、有针对性地实施信息化规划。

如何对中国的银行信息化与信息系统的发展阶段进行划分?行业内对此有多种说法。如上所述,对于工行,因为其在 1984 年才成立,所以工行曾经的说法是:"七五"打基础、"八五"上规模、"九五"电子化。也就是说,工行认为其信息化进程从 20 世纪 80 年代中期成立开始,到 20 世纪结束,可以划分为 3 个阶段。

不同的银行成立的时间不一样,其信息化进程自然也不一样。所以,在某一个时点,不同的银行的信息化进程几乎都不一样。后来成立的银行,由于可以参考前面银行信息化建设的经验,并且可以使用当时的最新技术,因此信息化起步虽然稍晚,但与前面先走一步的银行相比具有后发优势,发展会相对快一点。所以,我们不能用时间点来统一定义中国银行的信息化进程。

关于信息化进程的定义,国内还没有一个业界公认的统一标准,而国外引用比较多的是诺兰模型。

2.1 诺兰模型

美国管理信息系统专家理查德·L.诺兰(Richard L. Nolan)通过对 200 多个公司、部门发展信息系统的实践和经验进行总结,提出了著名的信息系统发展的阶段模型,即诺兰模型。

诺兰认为,任何组织由手工组织向以计算机为基础的信息系统发展时,都存在着一条客观的发展道路和规律。信息系统的发展涉及技术进步、应用拓展、计划和控制策略的变化以及用户状况等几个方面。1979 年,诺兰将计算机信息系统的发展进程划分为 6 个阶段。诺兰强调，任何组织在实现以计算机为基础的信息系统时，都必须从一个阶段发展到下一个阶段，不能进行跳跃式发展。

2.1.1 诺兰模型的 6 个阶段

诺兰模型的 6 个阶段分别是初始阶段、普及阶段、控制阶段、集成阶段、数据管理阶段和成熟阶段。这 6 个阶段的具体内容如下。

1. 初始阶段

计算机刚进入企业时，组织中只有个别人员具有使用计算机的能力。此时，信息技术与设备主要作为改善办公环境的设施与手段，应用场景非常少，通常用于完成一些报表统计与财务工作。

在这一阶段，企业管理者对计算机了解甚少，没有深入考虑信息技术可以为企业带来哪些好处、解决哪些问题。所以在这一阶段，信息系统的建立往往不讲求经济效益。

2. 普及阶段

企业对计算机有了一定了解，想利用计算机解决工作中更多的问题。于是，应用需求开始增加，信息技术应用开始普及。

这时，企业管理者开始关注在信息系统方面投资所获取的经济效益，但由于缺少计划与规划，计算机应用水平不高、使用效率不高，企业还不能实现对信息技术整体效益的控制。

3. 控制阶段

企业管理者意识到要对企业的信息技术发展进行整体的管理与规划。企业组建来自不同部门的用户委员会，共同规划信息系统的发展，并成立专门的信息系统管理部门，控制企业信息系统建设的内部活动，关注项目管理计划和信息系统发展方法论。这些都是为了能更好地发挥信息技术的作用。

4. 集成阶段

在控制的基础上，企业开始对信息系统重新进行规划设计。为了更有效地利用现有的信息系统和资源，使人、财、物等资源信息能够在企业内部共享，企业开始把内部的不同信息系统统一到一个系统中进行管理，建成统一的信息管理系统。企业的信息系统建设开始由分散和单点发展变成成体系发展。

5. 数据管理阶段

企业意识到信息战略的重要性，从管理计算机转向管理信息资源。此时，企业的信息化建设进入数据管理阶段。在这一阶段，信息系统开始从支持单项应用发展到在数据库平台下支持综合应用，企业内部实现资源整合、信息共享，信息系统的规划及资源利用更加高效。

6. 成熟阶段

到了这一阶段，信息系统已经可以满足企业各个层次的需求，真正帮助企业把信息技术与经营管理过程结合起来。通过信息系统，企业能充分整合和利用内部、外部的资源，信息系统从支撑事务处理发展到支持高效管理与决策，信息资源管理的效用充分体现出来。在这一阶段，信息技术与信息系统成为企业的核心竞争力。

2.1.2 信息系统发展的 6 种增长要素

诺兰模型还指明了信息系统发展的 6 种增长要素，具体如下。

（1）计算机硬软资源：从早期的磁带向分布式计算机发展。

（2）应用方式：从批处理方式到联机方式。

（3）计划控制：从短期的随机计划到长期的战略计划。

（4）信息系统在组织中的地位：从附属于别的部门发展为独立的部门。

（5）领导模式：开始时，技术领导是主要的，随着用户和上层管理人员越来越了解信息系统，上层管理人员开始与信息技术部门一起决定信息系统的发展战略。

（6）用户意识：从作业管理级的用户发展到中上层管理级的用户。

2.1.3 诺兰模型的意义与局限性

诺兰模型比较完整地总结出了一个组织、一个行业甚至一个国家的信息技术应用发展的进程，提出了信息技术应用的发展规律。诺兰模型既可以用于诊断当前的信息系统处在哪一个发展阶段，怎样管理对发展最有效，怎样科学合理地制定系统发展规划，也可以预测今后信息系统应向什么方向前进，以便与时俱进地采取变化的发展规划与策略，使信息系统顺利地转至下一个发展阶段。

诺兰模型指出，在信息系统发展的后面阶段，企业从管理计算机转向管理信息资源，企业的信息化建设进入数据管理阶段，而后企业通过信息系统从支撑事务处理发展到支持高效管理与决策，信息资源管理的效用充分体现出来，信息技术与信息系统成为企业的核心竞争力。这个论断，即使在 40 多年后的今天，也还具有非常强的现实意义。

但对于当前中国的银行信息系统，诺兰模型也有其局限性。

1. 时效

诺兰模型的最后完成时间是 20 世纪 70 年代末，到今天，已经过了 40 多年。在这 40 多年里，整个社会与技术的发展，特别是信息技术的发展，远远超出了当时的人们的想象。影响与标识信息技术发展阶段的一些因素，如计算机资源、应用方式、人们对信息技术的认识等已经发生了翻天覆地的变化。因此，诺兰模型对信息系统发展各阶段的划分与定义，已经不能科学地反映当代信息技术应用的各种场景。

2. 效益

诺兰模型对信息系统发展阶段的定义偏重强调信息技术的效益，对信息系统本身发展的广度与深度的具体标识分析不足。

3. 国情与行业特征

诺兰模型产生时，中国现代信息技术应用的先行者——银行业的信息化刚起步，而诺兰模型是基于当时发达国家多种行业的信息技术与信息系统发展的宏观总结。所以，诺兰模型几乎不可能对中国，特别是中国银行业信息系统的发展有较强的指导意义。

2.2 中国银行业电子化与信息系统的发展阶段

鉴于诺兰模型的局限性，我们可以借鉴诺兰模型，结合中国银行业电子化与信息系统发展的广度与深度，把中国银行业电子化与信息系统的发展进程划分为以下 6 个阶段。

1. 起步阶段

计算机应用局限在一个银行的部分分行或局限在部分业务上。

2. 普及阶段

计算机应用开始在银行的各分行普及,并从部分业务扩展到更多的业务;但其应用主要还是在对外客户服务中替代手工操作与簿记,信息技术的绝大部分投入也是在对外客户服务上。

3. 管理阶段

计算机应用基本覆盖全国各分行,信息系统完成全国联网,走向全国集中,已经基本完成了传统对外服务业务的电子化。

银行信息系统建设的重点由替代传统对外服务的手工操作,逐步转向对外服务的电子化创新与银行内部管理的电子化。信息系统在内部管理上的投入,逐步追赶上在对外服务上的投入。

4. 集成阶段

信息系统的发展得到重新规划。为了能更高效、更高质量地发展信息系统,信息系统的建设开始注重系统的内部建设,如统一内部的编码标准、命名标准、元数据定义、信息交换标准等。

规划与建设的新一代信息系统包括对外服务、内部管理的各种系统,使发挥单一作用的系统不再是一个个孤岛,而是形成相互关联、数据交互、数据共享的一个整体。

信息系统架构一体化使包括多种业务与应用的技术架构平台实现整合与共享,国内外应用架构一体化使系统具备支持国际化的多时区、多语言、多币种、多监管的能力。

在这一阶段的信息系统建设的研发投入中,产品创新、内部管理、系统自身建设的投入分别占 40%、40%、20%。

5. 电子化阶段

在这一阶段,新一代信息系统已经建成。系统采用了最新的概念与技术,包括面向服务、云服务、企业服务总线(Enterprise Service Bus,ESB)、企业级客户信息系统等。银行创新能力与效率的提升,为对外服务与内部管理提供了前所未有的强大支撑。

所有的银行对外服务、内部管理已经能由信息系统来支持,并且新的产品、新的管理均立足于信息系统。银行信息化的重点从面向事务处理转变为面向数据管理。

为了实现数据资源整合、数据共享,信息系统广泛使用操作型数据库、数据仓库、数据集市,成为银行的联机信息分析、数据挖掘与分析平台。数据利用现已成为银行发展的新增长点，为银行带来了持续发展的新动力。

6. 数字化阶段

随着科学技术的快速发展，各种金融科技技术与手段日益完善。其中，大数据技术在数字化阶段占有非常重要的地位。所谓大数据，包含以下 3 方面的内涵。

一是大自然、社会与人类活动产生的海量信息，如银行个人客户与法人客户、现存客户与潜在客户的各种属性、生存状况、行为模式，以及市场与社会的活动、发展、变化信息等。

二是如何把这些信息数字化并通过各种途径加以收集、整理、存储。

三是通过对这些数据进行分析、挖掘，从中取得对银行经营管理有价值的信息。例如，市场与社会的发展趋势与风险，以及银行各类客户的信用、偏好等，为银行的获客、营销、风控提供依据，为银行的经营管理决策提供依据，使银行产生新的业务模式、新的收入与利润增长点。

数字化阶段的特点如下。

·在数字化阶段之前，人们考虑的是如何把业务与管理交给计算机，以提高经济效益。但在数字化阶段，人们要考虑的是自己通过信息系统能够做些什么。

·随着金融科技技术、大数据技术的发展，人们有了新的战略、新的理念。银行利用所掌握的数据创造出了新的商业模式，有了新的利润增长点。

·信息系统不光支持银行的日常经营管理，还为银行提供了决策与长远规划的平台。

·信息系统无论在业务能力、技术水平还是运行指标上，都达到一个比较理想的水平，而且会不断随着信息技术和经营管理的发展而发展。银行信息技术应用的能力已成为银行的核心竞争力。

·信息系统自主可控。这一点非常重要，其中包括基础设施、中间平台、应用 3 个层次的自主可控。

银行数字化可以说是所有银行信息化发展的最终目标。

按上述 6 个阶段的定义，对于某个银行来说，如何具体衡量其信息系统的发展进程已经到了哪一个阶段呢？

衡量一个银行信息系统的发展阶段最重要的标志，是该银行的信息科技架构是否科学与完备；科技团队的素质是否够高、人员是否充足；信息系统是否满足经营管理的需要且能够实现可持续发展；基础设施建设是否安全、可靠、自主可控。但不同的银行规模不一样，市场定位不一样，其科技的研发与运维模式、组织结构与团队规模、基础设施的建设未必完全可比。例如，一些规模比较大的银行，其科技管理、研发、运行职能会明确分工，独立分设机构；它们采取自主研发的方式，科技团队规模会比较大。又如，一些银行采取数据中心外包方式，它们就不需要考虑数据中心的建设。

所以，一个银行的信息化建设处于什么阶段，我们虽然不能通过其信息科技的规模来判断，但可以通过其信息系统的建设进度来判断。而要具体评价一个信息系统，我们可以根据信息系统的业务能力、技术水平、运行指标、自主可控性进行分析与定义。

第 3 章　银行信息化的评价指标

根据第 2 章银行信息系统发展阶段的论述，我们可以从银行信息系统的业务能力、技术水平、运行指标、自主可控来大致判断一个银行的信息化建设处于哪一个阶段。

下面列出各种评价指标的名称和简要说明。指标内容的详细说明，请参考本书后续内容。

3.1　业务能力

不同的银行对新一代信息系统也许有不同的期望。从业务角度来看，以下几项功能应该是新一代信息系统需要具备的。

（1）客户服务。

丰富的银行产品，包括传统前台业务、中后台业务、新业务及相应功能等。

（2）内部管理。

完善的内部管理，包括产品管理、账户管理、定价管理、营销与销售管理、财务与绩效管理、人力资源管理、企业资源管理、风险管理、各业务条线内部管理、综合办公管理等。

（3）当事人管理。

当事人管理包括客户管理、员工管理、内部机构管理等。

（4）信息管理。

信息管理包括信息分析、决策支持、信息发布与提供等。

（5）流程管理。

（6）多渠道服务。

（7）全球化。

（8）数字化。

3.2 技术水平

新一代信息系统的技术水平主要体现在系统架构与科技技术的应用上。

（1）标准与规范。

银行建立了完善的企业级标准体系，包括以下内容。

①编码与字符集规范。

②命名规范。

③元数据定义。

④代码定义。

⑤标准接口。

⑥其他相关的信息系统标准。

（2）系统架构。

①面向服务的体系架构（Service –Oriented Architecture, SOA）。信息系统内各系统间、应用间，实现面向服务的架构；拥有企业服务总线；实现云服务。

②信息系统的技术架构。实现基础设施、中间平台、应用三层的信息系统技术架构。

③程序架构。

④数据架构。

⑤流程架构。

⑥基础设施架构。

（3）安全架构。

安全架构包括信息安全、访问安全、运行安全（高可用）和网络安全。

（4）建立各类企业级公共服务平台。

（5）先进的经营决策手段。

（6）新信息技术的应用。

3.3 运行指标

运行指标包括以下内容。

（1）运行模式。

（2）可用性，包括系统可用率和系统性能。

（3）可靠性，包括生产问题、灾备等级、恢复时间目标（Recovery Time Objective，RTO）和恢复点目标（Recovery Point Objective，RPO）。

（4）可维护性，包括可监控、可统计、可操作、流量控制、故障隔离等。

（5）变更管理。

3.4 自主可控

对于信息系统的自主可控，中国银行业前些年一直没有给予足够的重视。自主可控指银行对自己购买的各种设备与产品，包括基础设施、系统软件、中间平台、各种应用等的掌控能力。上述设备与产品的自主可控能力具体体现在以下几个方面。

（1）供应链的安全可靠。

（2）供应链的多样化。

（3）产品的售后维护。

（4）外购产品的知识转移。

（5）应用自主研发的能力。

3.5 各阶段的详细定义

根据上述信息系统 4 个方面的各项评价指标，下面具体分析信息系统各阶段应该具备的能力和水平。

1. 业务能力

信息系统在各阶段应具备的业务能力如表 3-1 所示。

表 3-1 信息系统的业务能力

业务能力	阶段	一 起步	二 普及	三 管理	四 集成	五 电子化	六 数字化
客户服务	传统前台业务	◐	◕	●	●	●	●
	中后台业务		○	◐	◑	●	●
	新兴业务		○	◐	◑	◕	●
内部管理	产品管理			◕	◑	●	●
	账户管理		◐	◑	●	●	●
	定价管理				◐	◑	●
	营销与销售管理			◐	◑	●	●
	财务与绩效管理			◐	◕	●	●
	人力资源管理			◐	◕	●	●
	企业资源管理			◐	◕	●	●
	风险管理			◐	◕	●	●
	各业务条线内部管理		◐	◑	●	●	●
	综合办公管理		◐	◑	●	●	●
当事人管理	客户管理		◐	◑	●	●	●
	员工管理			○	◑	●	●
	内部机构管理			◐	◑	●	●
信息管理	信息分析				◐	◑	●
	决策支持				○	◑	●
	信息发布与提供				○	◑	●
	流程管理			◐	◑	●	●
	多渠道服务		◐	◑	●	●	●
	全球化			○	◑	●	●
	数字化				○	◑	●

注：空白→ ○ → ◐ → ◑ → ◕ → ● 表示业务能力从无到理想状态。

2. 技术水平

信息系统在各阶段应具备的技术水平如表 3-2 所示。

表 3-2　信息系统的技术水平

技术水平	阶段	一 起步	二 普及	三 管理	四 集成	五 电子化	六 数字化
标准与规范	编码与字符集标准			○	◐	◕	●
	命名规范		○	◐	◕	●	●
	元数据定义			○	◐	●	●
	代码定义			○	◐	●	●
	标准接口			○	◐	◕	●
系统架构	SOA组件化			○	◐	●	●
	企业服务总线			○	◐	●	●
	云服务				◔	◐	●
	技术架构层次				◔	◐	●
	程序架构			◔	◐	◕	●
	数据架构			◔	◐	◕	●
	流程架构			○	◐	◕	●
	基础设施架构			◔	◐	◕	●
安全架构	信息安全			○	◐	◕	●
	访问安全			○	◐	◕	●
	运行安全			○	◐	◕	●
	网络安全			○	◔	◐	●
公共支撑平台				○	◔	◐	●
先进的经营决策手段				○	◐	◕	●
新技术的应用				○	◐	◕	●

注：空白→○→◔→◐→●表示技术水平从低到理想状态。

3. 运行指标

信息系统在各阶段的运行指标如表 3-3 所示。

表 3-3　信息系统的运行指标

运行指标	阶段	一 起步	二 普及	三 管理	四 集成	五 电子化	六 数字化
	运行模式	○	◔	◐	◕	●	●
可用性	系统可用率		○	◐	◕	●	●
	系统性能			◔	◐	◕	●

续表

运行指标	阶段	一 起步	二 普及	三 管理	四 集成	五 电子化	六 数字化
可靠性	生产问题			◐	◕	●	●
	灾备等级			○	◐	●	●
	RTO、RPO			○	◐	●	●
可维护性	可监控		○	◔	◐	●	●
	可统计			◐	◕	●	●
	可操作			◐	◕	●	●
	流量控制			◐	◕	●	●
	故障隔离			○	◐	●	●
	变更管理			◐	◕	●	●

注：空白 → ○ → ◔ → ◐ → ◕ → ● 表示运行指标从低到理想状态。

4. 自主可控

信息系统在各阶段的自主可控水平如表3-4所示。

表3-4　信息系统的自主可控水平

硬件与软件	阶段	一 起步	二 普及	三 管理	四 集成	五 电子化	六 数字化
基础设施	服务器			○	◐	◕	●
	存储			○	◐	◕	●
	网络设备		○	◐	◕	●	●
	外围设备		○	◐	◕	●	●
	机房设备	○	◔	◐	◕	●	●
	云				◐	◕	●
系统软件	服务器操作系统				◐	◕	●
	服务器数据库				◐	◕	●
	网络系统软件		○	◔	◐	●	●
	外围设备操作系统			◐	◕	●	●
	外围设备数据库			◐	◕	●	●
中间件	联机交易平台			○	◐	●	●
	电子商务平台			○	◐	●	●
	数据挖掘分析平台			○	◐	●	●
	办公平台			○	◐	●	●
	管理、运维、工具平台			○	◐	●	●

续表

硬件与软件	阶段	一 起步	二 普及	三 管理	四 集成	五 电子化	六 数字化
各种应用	核心银行			○	◐	◕	●
	各外围系统			○	◐	◕	●
	管理、办公系统	○	◐	◑	●	●	●
	大数据系统			○	◐	◕	●

注：空白→○→◐→◑→◕→●表示自主可控水平从低到理想状态。

3.6 基本评价

通过上述分析，对照我国当前银行的信息系统发展情况，我们可以得出的基本评价是：我国银行信息系统的发展中，个别银行处在第三阶段，大部分银行处在第四至第五阶段，在信息化发展中走得比较快的银行正向第六阶段迈进；但在自主可控方面，我国所有银行均有很长的路要走。

第 2 篇

银行科技架构

第 4 章　银行 IT 治理
第 5 章　银行科技的核心竞争力
第 6 章　银行的科技架构
第 7 章　科技研发架构
第 8 章　科技团队
第 9 章　银行科技的企业文化

第 4 章　银行 IT 治理

4.1　IT 治理的背景

当前,银行信息化已经进入一个关键的阶段。信息技术的快速发展为银行带来了新的机遇与挑战,具体表现在以下方面。

(1)银行的经营与管理已经完全建立在信息系统上。

(2)银行的信息技术(Information Technology,IT)能力,信息系统的可靠和高效运行,以及信息的安全、共享、挖掘与利用等,与银行的经营状况有密切关系。

(3)不断涌现的新信息技术,包括基于网络的服务、移动技术、大数据技术等,将为银行带来新市场、新客户。如何让银行成为信息化银行,为新老客户提供新服务渠道、新产品,让银行的服务扩展并嵌入客户的日常生活、工作等各种场景里,让客户有更好的体验,是各银行面对发展新机遇时所遇到的新挑战。

(4)IT 需要巨大的投入,但银行的董事会、管理层未必都能真正对 IT 有深刻的理解。一旦一些 IT 战略决策有偏差,将可能导致几年的岁月蹉跎以及成千上万的资源消耗,还有无法估算的资金开销。

(5)IT 隐含了巨大的风险。如何控制 IT 风险,发挥 IT 效能,是每一家银行都面临的新问题。

以上问题不但银行业要面对,几乎所有与 IT 密切相关的行业都要面对;它们不但在中国存在,在国外也存在,而且某些国家的银行业更早就意识到这些问题。针对上述问题,IT 治理的概念应运而生。

4.2　IT 治理的相关概念

IT 治理是公司治理的一部分。要了解什么是 IT 治理，就要先知道什么是公司治理，IT 治理与公司治理的关系，以及治理与管理的区别。

1. 什么是公司治理

所谓公司治理，指的是制定一种架构，以明确与平衡公司诸多利益相关者（包括各大小股东、董事会、公司管理层、公司员工）的责、权、利关系，并建立起相应的监督与激励机制，提高公司管理者的战略决策能力，使之能充分利用资本供给者提供的资产及公司可利用的各种资源，为公司客户与潜在客户创造和贡献他们最为关注的、核心的、根本的价值，使公司能持续发展，同时为股东创造最大的投资回报，并承担起相关的社会责任。

2. IT 治理与公司治理的关系

IT 治理指的是企业采用有效的机制，确保 IT 的发展方向与企业的业务目标一致，提升企业 IT 的核心竞争力。IT 治理是公司治理在信息时代的重要发展，IT 治理是公司治理的一部分。通过治理，企业能充分利用信息技术，掌控 IT 风险，发挥 IT 的最大作用，推动业务发展，使经营管理效益最大化，实现企业的战略目标。

3. 治理与管理的区别

治理与管理是两个不同的概念。它们之间的区别就在于，治理是决定什么是高阶规则以及如何制定这些高阶规则，最根本的是要决定由谁来执行哪些决策与决策的流程；管理就是在高阶规则框架下制定具体的实施规则，并根据所有的实施规则做出具体决策。

4.3　IT 治理的组织架构

下面，我们针对中国银行业，就 IT 治理的相关问题进行研讨。

在当前的社会发展历史时期，IT 无疑是银行非常重要的核心竞争力，银行拥有的 IT 资源无疑是银行的战略资源。对于战略资源，银行最高管理层（董事会）的直接监管至关重要。另外，当前银行的信息化已经带来新的商业模式和业务流程的重组，这些改变会引起银行内部责权与利益的再分配。在这种情况下，IT治理已经远远超出信息化部门的职责和权力范围。银行必须建立起强有力的IT治理组织架构，这样才能有效推进IT的发展，实现业务战略目标。

IT治理的组织架构主要包括如下内容。

1. IT治理委员会

IT治理的组织架构要求在董事会下设立一个由相关董事、高级管理层、IT部门和主要业务部门代表组成的IT治理委员会，即信息科技管理委员会，由该委员会具体承担董事会在IT治理方面的工作。同时，委员会会在董事会和高级管理层需要做IT决策时提供支持，使投资巨大的IT项目处于可控状态，使银行通过其IT能力获得更大的竞争优势。

信息科技管理委员会的职责包括以下几个方面。

·遵守并贯彻执行国家有关信息科技管理的法律法规和技术标准，贯彻各监管部门的相关监管要求。

·审定、批准银行信息化战略与规划，确保其与银行战略和重大业务策略相一致。

·确保IT治理工作所需资源的充分配备与合理配置，这些资源主要包括资金资源与人力资源。

·在建立良好的公司治理的基础上进行IT治理，形成分工合理、职责明确、相互制衡、报告关系清晰的IT治理组织架构，并由该组织架构负责监督各项职责的落实。

·监管并定期向董事会和高级管理层汇报信息科技战略规划的执行、信息科技预算和实际支出、IT治理的整体状况。

·掌握主要的信息技术风险，确定可接受的风险级别，确保相关风险能够被识别、计量、监测和控制。评估信息技术及其风险管理工作的总体效果和效率。

·确保内部审计部门进行独立有效的信息技术风险管理审计，对审计报告进行确认并落实整改。

·配合监管部门做好信息技术风险监督检查工作，及时向监管部门报告本机构发生的重大信息技术事故或突发事件。每年审阅并向监管部门报送IT治理的年度报告，并按照监管意见进行整改。

- 促进信息化专业队伍的建设，建立人才激励机制。
- 确保本法人机构所涉及的客户信息、账务信息以及产品信息等核心信息资产的安全。
- 审理重大的IT工程与研发项目。
- 履行IT治理的其他相关工作。

信息科技管理委员会通常由主任委员、主管科技的行领导、各科技部门的主要负责人以及与科技密切相关的部门负责人组成。主任委员通常可由独立董事担任。信息科技管理委员会应该至少每季度举行一次全体委员参加的会议。

2. 首席信息官

银行的IT治理要求银行设立首席信息官（Chief Information Officer, CIO），并作为银行高管加入信息科技管理委员会，直接参与IT决策。中国银行业监督管理委员会[①]（以下简称"银监会"）在《中国银行业信息科技"十二五"发展规划监管指导意见（征求意见稿）》和《中国银行业信息科技"十三五"发展规划监管指导意见（征求意见稿）》中，也提出了银行设立CIO的要求。

CIO的职责包括以下几个方面。

- 确保本银行的信息科技战略和信息系统开发战略符合本银行的总体业务战略和信息科技风险管理策略。
- 参与本银行与信息科技密切相关的业务发展决策。
- 参与构建银行信息科技组织架构的决策。
- 代表银行管理层具体管理本银行信息科技中所有与技术相关的工作，确保银行信息科技按要求履行信息科技预算和支出，信息科技策略、标准和流程，信息科技内部控制，信息科技项目研发和管理，信息系统和信息科技基础设施的运行、维护和升级，信息安全管理，灾难恢复计划，信息科技外包和信息系统退出等职责。
- 确保信息科技风险管理的有效性，并使有关管理措施落实到每一个相关内设机

---

① 中国银行业监督管理委员会设立于2003年3月，撤销于2018年3月。与此同时，我国将中国银行业监督管理委员会和中国保险监督管理委员会的职责整合，组建中国银行保险监督管理委员会（简称"银保监会"）。

构和分支机构。

- 组织专业培训，提高人才队伍的专业技能水平。

3. 其他 IT 治理的组织

银行应该设立 IT 风险管理组织，负责协调和制定有关信息科技风险管理的策略。尤其是在涉及信息安全、业务连续性计划和合规性风险等方面时，该组织要为业务部门和信息科技部门提供建议及相关合规性信息，实施持续性的信息科技风险评估，跟踪整改意见的落实，监控信息安全威胁和不合规事件。

银行还应该设立 IT 审计组织，负责制定信息科技审计制度和信息科技审计计划，对信息科技的整个生命周期和重大事件实施审计。

4.4　IT 治理的范围与内容

通常认为，IT 治理的范围包括 IT 战略、IT 组织、IT 系统架构、IT 基础设施、IT 风险、信息安全、IT 运营等方面。其中，IT 运营包含 IT 决策流程、IT 项目管理、IT 运维管理、IT 采购管理、IT 绩效管理等。

根据上述 IT 治理的范围，对于中国的银行业，IT 治理的具体内容有哪些呢？

对于当前的中国银行业来说，其 IT 建设从 20 世纪 70 年代末开始，经过了几十年的发展，已经取得了非常大的成绩。银行的对外业务与服务、内部管理已经离不开银行 IT，银行 IT 已经能基本维持银行的日常经营管理需要。但是，银行业务部门对 IT 的普遍反映是，银行 IT 仍然存在很多问题，具体如下。

- 银行 IT 的建设还是跟不上银行业务的发展，满足不了银行经营管理越来越高的要求。
- IT 总体能力不足，相关人员的数量有待增加、素质有待提升。
- 要减少对 IT 外包的依赖，提升自主研发或主导研发的能力。
- IT 项目建设周期长，项目质量不理想。
- IT 系统整体规划不足，各 IT 产品之间的信息不能共享，存在多种 IT 风险。

可见，银行 IT 的发展远没有达到理想状态，IT 治理还有很大的发展空间。

对中国银行业而言，IT 治理最主要的目标是确立 IT 的战略目标与定位，理顺 IT

的各种关系，提升IT的核心竞争力，让IT能围绕银行的战略更好地为银行的业务与管理提供支持与服务。其中，IT治理的核心目标是提升IT能力和IT核心竞争力。

银行IT核心竞争力的具体内容体现在银行的IT架构、IT团队、IT系统、IT基础设施、IT企业文化上，如图4-1所示。

图4-1　银行IT核心竞争力的具体内容

1. IT架构

银行的IT架构包括IT的战略架构、业务架构、组织架构，还包括信息系统架构与基础设施架构。IT架构治理包括明确架构的层次、各层架构的内涵与内部运作机制，以及它们之间的关系。

2. IT团队

银行的IT团队是银行IT最重要的核心竞争力，也是IT治理要关注的一个非常重要的对象。IT团队治理需要解决的问题有人员的配备、配置，人员的培养、考核和职业生涯发展。

3. IT系统

银行的IT系统的治理包含了非常广泛的内容。其治理的目标要根据IT系统存在的各种问题来定。这些问题主要表现在IT系统的可靠性、安全性、运行效率、开发效率、产品创新、信息共享等方面。要解决上述问题，最重要的是做好IT系统的架构治理。IT系统架构属于IT架构的一个重要组成部分。IT系统架构要兼顾效率与灵活、安全与方便、集中与分布。IT系统架构可细分为应用架构、程序架构、数据架构、数据治理（含信息标准与规范）、流程架构、信息安全架构等。

4. IT基础设施

IT基础设施治理指的是如何根据IT运行需要，满足性能、容量与安全的要求，结合技术发展，配备与配置这些硬件和软件。

5. IT企业文化

IT企业文化治理指的是如何树立银行IT的正确价值观，健全各种IT制度与规范，建立与完善各种企业文化设施，并使优良的企业文化发扬光大。

4.5 IT 治理的标准

　　IT 治理是信息科技体系控制领域中一个相当新的理念，到 21 世纪初才形成相对完整的概念并引入我国。所以，对于怎样才算达到 IT 治理的目标，目前国内还没有出现完整而权威的说法。不过，根据国际上 IT 治理的实践，在一些方面，我们可以参照相关的国际标准。

　　目前，国际上实践通行的 IT 治理标准就是基于各个对象治理的成熟的方法论和工具，包括 ITIL[①]、COBIT[②]、ISO/IEC 17799、PRINCE2[③] 等。

　　国内各金融监管机构在不同的阶段会发布各种 IT 监管的条文或意见。所以，除了参照上述国际实践外，国内银行还应该贯彻国内监管部门的相关要求。

　　总之，我们希望通过 IT 治理，使银行信息科技得到一个理想的 IT 架构：拥有明确的战略目标、合理的组织形式；拥有一支朝气蓬勃、能"战斗"的 IT 团队；建设一个满足银行经营管理、能持续发展的 IT 系统；具备安全、可靠、完善的 IT 基础设施；掌控 IT 风险，使 IT 能力真正成为银行的核心竞争力。

[①] ITIL 是英文 Information Technology Infrastructure Library 的缩写，中文译为信息技术基础架构库。
[②] COBIT 是英文 Control Objectives for Information and Related Technology 的缩写，中文译为信息及相关技术控制目标。
[③] PRINCE2 是英文 Project in Controlled Environment 的缩写，中文译为受控环境下的项目管理。

第 5 章　银行科技的核心竞争力

所有企业都在谋求做大、做强，都在争取可持续发展。要做到这一点，关键是要建立起企业的核心竞争力。只有拥有核心竞争力的企业，才是拥有可持续发展能力的企业。

在第 4 章的银行 IT 治理中，我们提出银行 IT 治理的核心目标是提升 IT 能力和 IT 核心竞争力，而本章主要论述的是银行科技的核心竞争力。

为此，我们首先要探讨什么是核心竞争力，然后进一步探讨什么是银行的核心竞争力，银行科技的核心竞争力又是什么，以及如何建立和提升银行科技的核心竞争力。

5.1　什么是核心竞争力

核心竞争力是一个企业所特有的、能够帮助其获得长期竞争优势的、赖以实现可持续发展的能力。其具有以下两方面的特征。

- 从企业产品和服务的角度来看，核心竞争力是隐含在企业核心产品或服务里的能力，它能为享用该企业产品和服务的最终客户创造和贡献巨大的价值。它的贡献通常体现在实现客户最为关注的、核心的、根本的利益，而不仅仅是一些普通的、短期的利益。
- 企业的核心竞争力应该是竞争对手在短时间内难以轻易地实现复制和模仿的。

5.2　什么是银行的核心竞争力

那么，银行的核心竞争力是什么呢？

从核心竞争力的定义中我们可以得出，银行的核心竞争力是体现在银行的产品和服务里的能力，它能为享用银行产品和服务的最终客户创造和贡献客户最为关注的、核心的、根本的利益，并能使银行拥有可持续发展的能力。

在风险完全可控的前提下，银行可以方便、快捷地满足客户支付、核算、融资及其他中间业务服务、资产管理服务的要求，帮助客户安全、快速地实现资产增值的愿望；同时，围绕客户所有与金融直接或间接相关的活动生态、场景，银行可以提供方便、快捷的增值服务。对银行客户而言，这应该是他们最为关注的、核心的、根本的利益。

可见，银行的核心竞争力在于其产品和服务。但是，这不是一般的产品和服务，而是现代科技支撑下的包含了现代知识和技能的银行产品和服务。只有高科技含量的产品，才能提供上述安全、快速、方便、全方位的高质量金融与增值服务。因此，产品的科技含量往往决定着产品的成败。并且在现实环境下，一些新兴的金融产品如果脱离了科技，根本就不能存在。所以，很多银行都提出"科技兴行""科技是银行的第一生产力""科技引领"的口号。

银行的核心竞争力也许体现在多个方面，但显然，银行产品和服务中的科技正是银行最重要的核心竞争力之一。

科技是银行最重要的核心竞争力之一，体现在：

- 科技给银行带来了新的服务渠道；
- 科技给银行带来了新的产品；
- 科技提高了银行服务的效率与质量；
- 科技能提高银行既有客户的黏度，让银行发现潜在客户；
- 科技能为银行落实全面风险控制提供平台；
- 科技能为银行内部精细化管理提供支持；
- 科技能为银行经营管理的科学决策提供依据。

5.3 什么是银行科技的核心竞争力

那么，银行科技的核心竞争力又是什么？表现在哪些方面？

通过对核心竞争力的定义进行分析，我们可以得出，银行科技的核心竞争力主要表现在以下几个方面。

1. 科技架构

银行的科技架构是银行企业架构的一部分。银行的企业架构与银行的战略目标、业务定位、组织架构、管理文化相关。科技为银行的经营管理服务。银行的科技架构包括科技的战略架构、业务架构、组织架构、信息系统架构、基础设施架构。银行的科技架构决定了科技的战略目标、发展方向、运作模式，决定了科技的能力与科技的先进性。银行的科技架构是根据银行的企业架构进行搭建、完善、发展的，竞争对手难以在短时间内轻易地模仿、复制。

2. 科技团队

科技团队无疑是银行科技最重要的核心竞争力，毕竟没有人就没有科技发展。

科技团队因素包含团队带头人、团队的人数、团队的人员结构、团队人员的素质和经验、团队的精神面貌、团队的组织架构等。

团队带头人是科技团队组成的最重要的因素之一，因为千军易得，一将难求。团队人数的增长需要一个过程；人员素质的提高更需要具备多方面的条件，包括时间、培训、教育、实践等；团队的精神面貌也涉及多方面的因素，包括外部的物质环境和制度环境、内部的企业文化，特别是员工的发挥空间和职业生涯发展前景，以及员工的绩效评价和考核等。所以，一个满足银行业务发展需要的科技团队不可能在短期内形成，更难以被竞争对手模仿、复制。

3. 信息系统

核心竞争力实际上是隐含在企业核心产品和服务里面的知识和技能的集合体。银行的信息系统就是银行科技产品的总体现。

信息系统的知识和技能体现在系统的发展历史和积累上，体现在信息系统面向服务的应用架构上，体现在信息系统所使用的先进的技术架构上，最终体现在信息系统拥有丰富且与时俱进的产品线，能为银行及银行客户的核心利益做出贡献上。一个完善的能满足银行经营管理需要的信息系统不可能一朝一夕建成，并且任何银行的信息系统均与该银行的战略目标、业务种类、组织架构、管理文化密切相关，竞争对手不可能在短时间内简单复制。

4. 基础设施

银行科技的基础设施指的是使银行信息系统安全、高效地运行所需要的一系列硬、软件设施，包括信息系统的运行中心、研发中心，银行各分支机构的机房、动力、空调、消防设施，以及银行使用的各种计算机、专用设备、网络通信设备，各种操作系统、数据库、中间件、应用工具等。所有这些基础设施都要随着银行科技的发展而不断发展，并按需要持续建设和完善。对于一些小银行来说，每年科技基础设施建设的投入要以千万元来计；对于一些大中型银行来说，每年的投入甚至有上百亿元。所以，银行科技的基础设施不是一朝一夕能建成的，竞争对手难以在短时间内模仿、复制。

5. 企业文化

银行科技的企业文化是银行企业文化的一部分，包括企业的精神文化、企业的制度文化、企业的文化设施。企业文化体现企业的价值观和道德观，体现企业的战略目标。

一个企业要形成优良的企业文化，与企业的创始人和企业历代管理者的世界观、价值观、管理风格相关。一个拥有良好企业文化的企业，其员工往往具有奉献精神、凝聚力、战斗力，并最终体现在企业产品生产的质量与效率，以及企业服务的方便、及时和周到上。只有拥有好的企业文化，企业才能实现可持续发展。一个企业的企业文化需要在一个很长的阶段里不断倡导、宣传，才能发扬光大，竞争对手不可能在短时间内模仿、复制。

5.4 建立和提升银行科技的核心竞争力

可见，科学的科技架构、优秀的科技团队、先进的信息系统、完善的基础设施、优良的企业文化是银行科技的核心竞争力。

银行科技的核心竞争力能否形成，这些核心竞争力能否给银行科技带来可持续发展的空间，最终是看银行科技能否高效、高质量、源源不断地向银行提供优秀的金融产品，为客户创造和贡献核心利益，得到这些客户较高的满意度。这些客户不仅包括银行的客户，还包括银行内部的员工、各级机构和领导。

只有保证核心竞争力长久存在，银行科技才能随着银行的发展实现持续发展。而要核心竞争力长久存在，就必须让这些核心竞争力本身不断地发展、完善。

为此，银行要通过IT治理与时俱进，持续改进架构、建设团队、发展信息系统、完善基础设施、培育企业文化。

第 6 章　银行的科技架构

一个理想的银行科技架构是银行科技拥有核心竞争力的首要条件，也是银行科技最重要的组成部分。

银行的科技架构是银行企业架构的一部分，是银行企业架构的其中一个维度。一般认为，银行的科技架构可以分为 5 个层次，如图 6-1 所示。

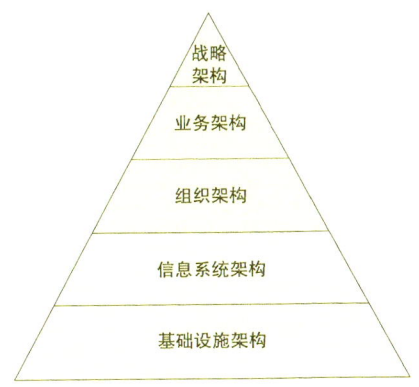

图 6-1　银行的科技架构

银行科技架构的 5 个层次可划分为 2 个部分。上面 3 个层次是上层架构，关系到银行本身的战略、业务、组织等架构。这 3 个层次的架构的构建决策主要来自银行的领导层而非科技本身。下面 2 个层次的架构与科技的信息系统及基础设施相关，科技可以在其中发挥主导作用。在这 5 个层次的架构中，上层架构的具体构建对下层架构的构建通常具有决定性的影响。

前面说到，科技架构是科技核心竞争力最重要的组成部分。我们从科技架构的 5 个层次来看，科技架构与科技核心竞争力的直接关系如图 6-2 所示。

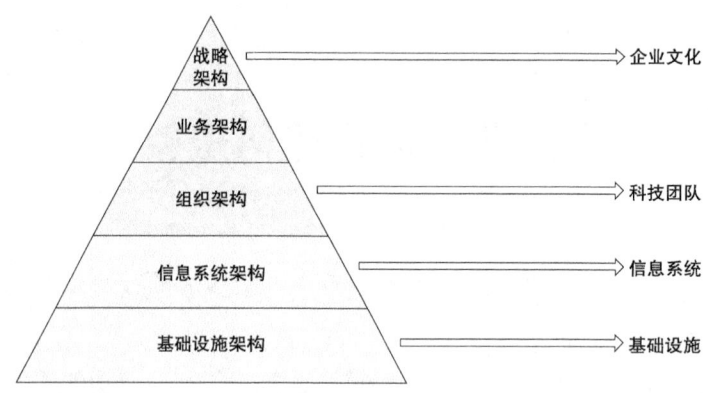

图 6-2 科技架构与科技核心竞争力的直接关系

也就是说,在银行科技的核心竞争力要素里,企业文化、科技团队、信息系统、基础设施 4 个要素是否有一个好的架构,直接决定这 4 个方面能否形成核心竞争力。

下面,我们对这 5 个层次的架构进行进一步的探讨。

6.1 战略架构

银行科技战略架构是银行战略架构的一部分,银行科技战略为银行战略服务。银行科技战略体现银行科技的战略目标和实现目标的措施,包括为实现银行科技战略的科技定位、科技资源(包括资金资源、人力资源的配备与配置)、科技管理体系。银行科技战略架构的制定,为银行科技架构的所有下层架构规范了方向。

6.1.1 科技战略目标

银行的科技战略目标是银行战略目标的一部分,是围绕银行战略目标制定的,为银行战略目标的实现提供支持的科技愿景。

例如,某银行的战略目标是要成为盈利最多、最优秀、最受尊重的国际一流现代金融企业。那么,其相应的科技战略目标显然应该是要有一流的科技能力,为银行与客户提供和配备最高效、最优秀、最令人满意的、国际一流的现代金融服务与支持系统。

又如，某银行的战略目标是以客户为中心，由科技引领，打造一流数字生态银行，推动银行实现高质量发展。那么，其相应的科技战略目标显然应该是建设一流的科技团队与一流的信息系统，为银行与客户提供一流的数字生态。

可见，要建设一流的银行，就要有一流的科技！要实现科技愿景，除了要有科技战略目标外，更重要的是实现战略目标的战略措施，包括科技定位、科技资源配备、科技资源配置和科技管理。

6.1.2 科技定位

科技定位指的是在银行的诸多业务与机构中，科技所处的战略位置。如有些银行会提出"科技引领""科技兴行""科技是第一生产力"等口号，也有些银行提出"科技与业务融合""科技保障"等口号。

通常认为，科技定位基本可以分为如下3类：

- 科技引领；
- 科技与业务融合；
- 科技保障。

实际上，科技在银行的真实定位不是看表面上的口号，而是看银行在科技上投入的资金与人力资源，看一些与科技定位有直接关系的因素，包括科技机构的数量、级别与等级，科技人员的级别、等级、职称、薪酬、福利与其他待遇、职业生涯发展空间、实现自我的工作环境等。

例如，一些银行实行了全行统一的机构等级与行员等级的人力资源制度。对于各级机构，银行均按照其重要性、贡献等因素，为每一类机构定义一个等级，并让不同等级在分配上拉开差距。那么，某银行的某个科技机构定位为1等或者3等，其被银行认同的重要性与贡献肯定不一样。另外，机构的数量，机构内的各种编制数，如科技辖下的部门数、各级职数等不同的组织划分也包含了不同的意义。

例如，某银行总行的科技部门有"一部三中心"，包括一个科技部、两个数据中心、一个开发中心，均为总行的一级部门，并定位为总行一线部门，等级为一级；而另外一个银行的总行只有一个科技部，定位为保障部门，且科技部内部既有负责运维的部门，也有负责开发的部门。相比而言，两个银行对科技的重视程度显然是不一样的，前者的重视程度明显高于后者。

行员的定位也一样。在已经实行行员制的银行中，从最基层的行员到最高层的行领导，不同职务、不同岗位都会对应某个行员等级。在同一行员等级内，银行可能还会根据岗位资历、历年的考核情况等细分不同的级别。例如，职务可以分为行员、经理、高级经理、总经理等，岗位可以分为管理岗、专业岗、销售岗、运营岗等，专业岗里还可以细分为财会、人力资源、信贷、风险、科技等。对于科技岗位，还可以再细分为管理、研发、测试、运维等岗位。那么，对于相同的职务，科技部门与业务部门对应的等级和级别是一样、更高或稍低时，银行科技的重视程度也一样、更高或稍低。

6.1.3 科技资源配备

科技资源配备主要包括物质资源与人力资源的配备。

物质资源中比较关键的是资金资源。有了充足的科技资金投入，就可以解决科技的场地，硬件、软件及服务的采购，科技运转费用，以及科技人力费用等方面的问题。

人力资源配备的关键是科技人员的配备，包括人员的数量与质量。拥有越多高素质的科技人员，银行越能发挥科技对自身业务发展的保障与促进作用。

科技资源配备越充足的银行，用在科技上的资金越多，科技人员的数量占比越大，说明该行对科技越重视。当然，这样的银行对科技的期望会越高。反之，如果一个银行的科技资源配备低于行业平均水平，则无论如何也难以体现该行对科技的重视。

1. 科技资金

根据银监会相关数据，截至 2015 年年底，中国银行业的总资产约为 200 万亿元，税后利润约为 2 万亿元，中国银行业当年的科技投入约为 1136 亿元。

从上述数据可见，中国银行业的科技投入与其税后利润相比，约为 5.7%。

上述占比只是一个平均值。实际上，银行科技的投入占比与银行的规模有关。由于规模效应，越大的银行，尽管其投入绝对值高，但其投入占比反而略低；而越小的银行，尽管其投入绝对值低，但其投入占比反而略高，如图 6-3 所示。

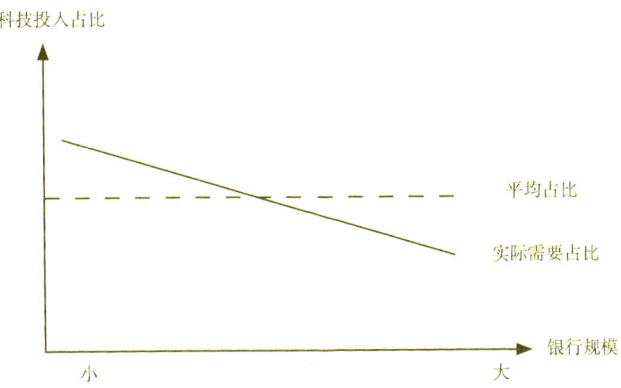

图 6-3　不同规模的银行科技投入的占比

上述数字仅是国内银行业科技投入的相关数据。中国银行业在银行科技设备、研发上的投入与某些国外银行相比，有较大差距。从银行的成本收入比来看，这种差距可见一斑，如图 6-4 所示。

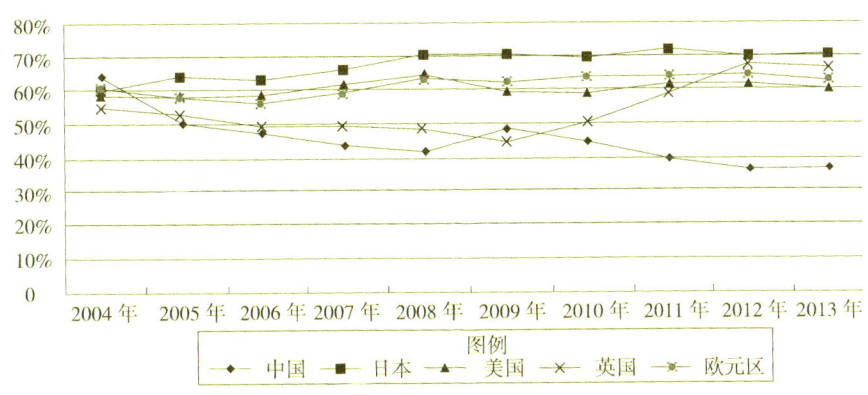

图 6-4　部分国家及地区银行业成本收入比

这里引用了公开发布的相关统计资料。在 2004 年，中国银行业的成本收入比为 63.9%；到 2013 年，该比值降到 36.6%。而同期发达国家银行业的成本收入比均呈波动上升趋势，2013 年的成本收入比都在 60% 以上。近几年，中国银行业的成本收入比还在下降。根据银监会的统计，2015 年我国商业银行的成本收入比为 30.6%，一些大型商业银行的成本收入比在 2015 年更下降到 25% 左右。对比 2004 年，商业银行的成本收入比降幅近40%。也就是说，国外银行每收入100元，成本在60元以上，而中国的商业银行每收入100元，只需要花费约30元。

企业的盈利靠的是增收节支。增收就是要创新，增加营业收入；节支就是要减少开支。但节支要有一个度，过低的成本收入比往往表明企业为了盈利把该投入的都省了下来，没有随着业务的发展而加大投入。这会造成企业发展后劲不足，使可持续发展变为一句空话。

2. 科技人力资源

银监会在《中国银行业信息科技"十三五"发展规划监管指导意见（征求意见稿）》中提到：加强信息科技人力资源保障，原则上，大中型银行信息科技人员占比应不低于4%，城市商业银行、具有独立系统的农村商业银行信息科技人员占比应不低于3.5%，省级农村信用联社信息科技人员占服务机构总人数比例不低于3%。

按银监会的相关统计，截至2015年，银行业共有科技人员78000多人，科技人员占比平均达到2.28%，远低于银监会的要求。

上述数字只是一个平均数。一个银行的科技人员占比与科技采购的投入占比一样，都与银行的规模有关。由于规模效应，越大的银行，尽管其科技人员绝对数高，但其人员占比反而略低；而越小的银行，尽管其科技人员绝对数低，但其人员占比反而略高，如图6-5所示。

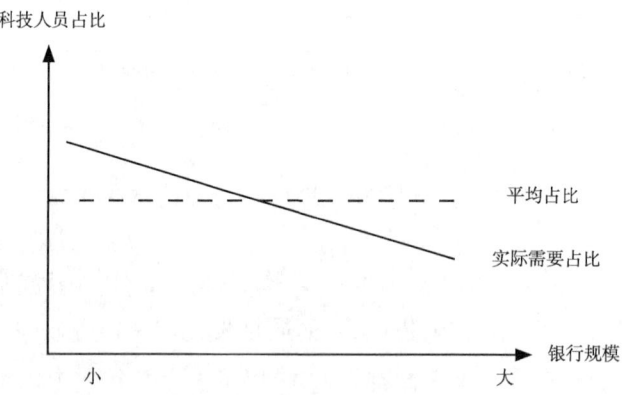

图6-5 不同规模的银行科技人员的占比

6.1.4 科技资源配置

除了科技资源的充分配备外,银行还要考虑如何配置科技资源。科技资源的配置有几个维度。一是总行、分行、支行与网点的区域分布维度;二是科技管理、科技研发、测试、系统运维等科技职能维度;三是硬件、软件、服务的投入方向维度;等等。

现实的情况是,不管哪个银行配备了多少科技研发人员,对该银行的各个业务部门来说,总是觉得科技研发满足不了业务发展的需要,每个部门都希望能够抢到更多的科技资源来为自己服务。据了解,几乎没有银行配备了仲裁机构,以解决科技资源如何在不同的业务条线上进行科学配置的问题。这就导致一些业务部门为了能争取到更多的科技资源,要么夸大待研发项目的重要性;要么努力争取领导的格外支持,从而获得研发资源。但大部分银行均认同科技资源属于战略资源,而一个企业战略资源的配备与配置应该由该企业的最高决策机构——董事会来决定。

总之,科技资源是一种有限的战略资源,只有根据各银行的战略目标并结合实际情况来通盘考虑、合理分配,才能实现资源利用效益的最大化。

6.1.5 科技管理

科技管理指的是银行针对科技建立的管理体系。

对于银行科技部门的行级主管领导,一些银行是由副行长来担任,一些银行是由CIO来担任,还有一些银行是由CIO与副行长共同担任。

另外,银行还会通过一些行级的跨部门委员会,如IT治理委员会、信息科技管理委员会、产品创新委员会等对科技进行宏观管理。

银行对科技的管理还涉及银行的相关职能部门,如人力资源、财务、内审、风险、采购、法律等部门。

6.2 业务架构

科技架构的第二层是科技的业务架构。

通常，一个企业的业务架构主要包括产品划分和定位、客户细分与定位、市场与销售策略，以及业务流程、内控风险管理等。银行也大体如此。银行的业务架构是为了完成银行的战略目标而制定的。

科技的业务架构与银行的业务架构相关，又有其独特之处。其中最主要的内容是客户与产品、信息系统的运维模式、信息系统的研发模式、测试模式等。

6.2.1 客户与产品

银行科技的客户与产品同银行的客户与产品有密切的联系，但二者的概念不一样。

银行科技除了为银行客户服务外，还为一些与银行业务有关的第三方机构、监管机构服务；为银行的内部管理、银行内部的各机构和员工提供相关科技信息服务；为科技本身，如为信息系统的开发和运维人员提供服务。所以，银行科技的客户有3类：银行客户与相关机构、银行内部机构与员工、科技本身。

对应客户，银行科技的产品也可以大致分为3类：银行客户产品、内部管理与办公产品、科技运营支撑产品。

6.2.2 信息系统的运维模式

在中国银行电子化的进程中，信息系统的发展经历了从分散到集中的过程，信息系统的运维模式自然也是从分散逐步变为集中的。随着银行形态的多样化和信息技术的发展，银行的信息系统运维模式会面临新的选择。

规模比较小的银行会考虑是否还需要建立独立的系统、独立的数据中心；规模中等的银行也许还是会建立独立的系统、独立的数据中心，但在规划灾备方案时，他们会考虑是否需要建立独立的灾备中心。

另外，当前一些公有云、公有平台也可以为银行提供一些金融业务托管服务或金融产品货架，银行可以考虑将某些产品上云或者托管。

6.2.3 信息系统的研发模式

信息系统的研发模式关系到银行科技产品的生产方式。银行科技的核心竞争力主要体现在银行的信息系统有合适的研发模式上,这关系到银行能以最理想的方式来建立自己的核心竞争力。

通常,不同规模的银行,其信息系统的研发有以下几种模式。

(1)完全自主规划与研发。

(2)自主规划、关键组件自主研发、其他组件主导研发。

(3)部分自主规划、部分主导研发。

(4)基本外包、外购。

自主研发与研发外包的含义是比较清晰的,这里不做过多阐述。下面介绍主导研发的主要含义。

- 自主定义系统的各种标准、架构。
- 直接对包括外包在内的所有研发项目负责,并为项目上线后的维护负责。

在上述4种研发模式中,前两种可以认为是自主可控的研发模式。

不同的银行由于规模不一样,可用于信息系统建设的资金与人力投入不一样,研发团队的能力不一样,选择的信息系统的研发模式就会不一样。一般来说,大型商业银行的资产在10万亿元以上、年利润在千亿元以上,应该采用完全自主规划与研发的模式。大型股份制银行的资产在万亿元以上、年利润在百亿元以上,应该采用自主规划、关键组件自主研发、其他组件主导研发的模式。其他资产为数千亿元、年利润为数十亿元的中等规模的银行,可以采取部分自主规划、部分主导研发的研发模式。

6.2.4 测试模式

一个完整的产品研发项目,在宏观上通常有三大阶段。一是项目定义与概要设计,二是详细设计与编码,三是各阶段的测试。但在当前的许多中小银行中,项目的集成测试、系统测试、用户验收测试都由业务部门或第三方测试公司去实施。

项目测试的重要性不言而喻。没有高质量的测试,就很难有高质量的产品,从而很难保证产品安全可靠地运行。由业务部门牵头、组织并实施项目测试时,由于业务部门没有专业且固定的测试人员,可能会存在如下问题。

- 测试人员的质量不能保证。
- 测试人员的数量不能保证。

- 测试人员知识、经验、案例的积累不能保证。
- 测试的综合管理与协调困难。

其结果往往是项目测试的效果不能保证，从而不能保证项目的质量。所以，项目测试往往是中小银行在研发过程中的一个痛点、软肋。如何选择合适的测试模式，涉及整个信息系统的质量与运行质量。

6.3 组织架构

银行的组织架构是为了满足业务架构的要求而制定的组织保障架构。组织架构要能与业务架构、业务流程相适应。银行的组织架构包括业务部门的组织架构和科技部门的组织架构。

科技部门的组织架构有 3 层含义：一是指科技顶层架构；二是指各科技本体架构，包括各科技部门的设立、职能和它们之间的关系架构；三是指各科技部门与业务部门的关系。

6.3.1 科技顶层架构

一个完善的科技顶层架构应该包含的主要内容，请参考本书 4.3 节内容，这里再补充讲解一下。

（1）CIO。

根据银监会的指导意见，有条件的银行应该设立 CIO。关于 CIO，前文已有论述，这里不再展开。

（2）信息科技管理委员会。

信息科技管理委员会的职能与前文所说的 IT 治理委员会有重叠，通常也可以合并为一个委员会。如果两个委员会同时存在，通常 IT 治理委员会对董事会负责，信息科技管理委员会对管理层负责。而治理与管理的区别在于制定规则与执行规则。

（3）产品创新委员会。

产品创新委员会与上述两个委员会的职能也有重叠，可以合并为一个或两个委员会。

产品创新委员会主要聚焦于产品创新方面的规划与决策，特别强调协调解决业务部门的需求与相对稀缺的科技研发资源之间的矛盾关系。产品创新委员会在重大研发投入上要评价业务需求的效益与可行性，从而评定项目研发的优先级。

（4）科技风险管控与审计部门。

科技顶层架构的设置，体现了银行顶层希望如何掌控银行科技的战略方向，协调科技与业务的关系，让科技在既定的投入下为银行创造最大的效益。

6.3.2 科技本体架构

科技本体架构指的是科技部门本身的组织架构。科技部门的组织架构与科技的业务架构有关。

从垂直角度来看，银行科技部门的组织架构主要有总行级的科技部门与分行级的科技部门，若按职能划分，可分为科技规划、科技管理、应用系统研发、测试、系统运行等。

在分行，科技部门主要承担的是分行级的系统运维及一些局部的应用研发。

在总行，上述科技职能会归属到一个或几个部门内。部门间有的是平级关系，有的虽然是平级关系，但要接受科技管理部门的业务管理。尽管总行科技部门的组织架构不尽相同，但基本可分为两大类。在这里，我姑且将其定义为一体化架构与非一体化架构。

1. 一体化架构

一体化架构的科技体系表现为，由一个牵头的科技部门在业务上管理与协调整个银行的科技体系。在这种体系下，科技部门基本作为一个整体面向业务部门，做到统一规划、统一研发、统一运行管理。

2. 非一体化架构

非一体化架构的科技体系表现为，各种科技职能归属于两个或两个以上的科技部门。这些科技部门基本是同级平行运作的部门，它们之间的关系由科技部门主管行长或CIO协调。

银行科技部门的组织架构展示如图6-6所示。

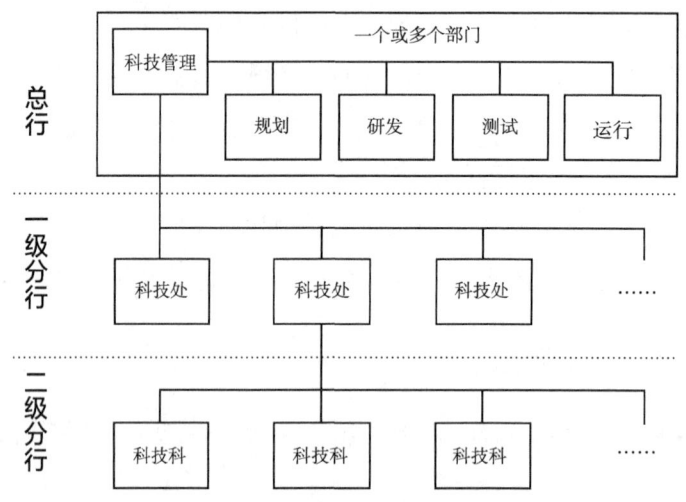

图 6-6　银行科技部门的组织架构展示

不同的银行应该根据自身的条件建立合适的组织架构。规模越大的银行，分工可以更细一点儿，机构可以更多一点儿；规模不大的银行，组织架构可以精简一点儿。但无论如何，一体化架构通常比非一体化架构更利于科技管理。

6.3.3　科技部门与业务部门的关系

从上述科技本体架构的描述可见，不同的本体架构，科技部门与业务部门的关系会有所不同。对于一体化架构，科技部门作为一个整体面对各个业务部门。对于非一体化架构，整个科技是由多个基本平行的部门构成的，不同的银行，根据具体不同的部门构成，不同的科技部门与业务部门的关系会不一样。这里就不一一举例说明。

6.4　信息系统架构与基础设施架构

科技架构的两层底层架构是信息系统架构与基础设施架构。

信息系统架构通常简称为系统架构，包括应用架构、数据架构、流程架构、技术架构等。信息系统架构是银行信息系统为了满足银行的经营、管理目标而建立的信息系统体系，与科技架构的业务架构、组织架构相关。

基础设施架构指的是为了使信息系统安全、高效地运行所需要的一系列软、硬件设施。软件指的是系统软件，如操作系统、数据库、系统平台等；硬件包括计算机和网络通信设备等设施。广义的基础设施还包括计算机系统的运行环境，如园区、机房、办公室及配套的"风、火、水、电"等。

由于信息系统架构与基础设施架构的内容非常多，本书在后文用了专门的章节进行探讨。

6.5 科技架构存在的问题

如上所述，理想的架构通常是上层架构决定下层架构，下层架构要满足上层架构的要求，基于上层架构而构建。但在现实中，对于某个银行来说，其科技架构也许并不理想，未能充分发挥科技的作用。要了解其主要原因，我们可以从以下几个方面来分析。

从战略架构层面来看，我们要判断银行最高层领导是否已形成清晰的科技定位与发展战略，该科技的发展战略是否符合与满足银行战略目标的需要，银行对科技的期望与投入是否匹配，科技资源的配备和配置是否充足与恰当。

从业务架构层面来看，我们要判断银行的业务架构是否与时俱进、适应形势发展；是否有利于战略目标的实现，有利于实现银行信息化；科技的研发模式与运维模式与银行业务的需要是否吻合。

与时俱进的业务架构如果没有相应的组织架构作为保障，也不容易落实；而组织架构的变动会涉及许多人员的安排，涉及许多权力、利益的再分配。这是一个非常敏感的问题。基于历史原因和人事关系，银行往往虽然意识到应该进行相应的组织架构变更，但还是不容易做到或者不能彻底做到。

科技与业务部门的关系有一个认识和发展的过程：当前银行业务与科技的组织架构是否有利于理顺业务与科技的关系，使业务部门与科技部门能紧密合作、相互促进；是否有利于理顺科技内部的科技管理、科技规划、系统研发、测试、运行、维护的关系，使各方面各司其职、相互配合，使整个科技部门整体高效运行。

科技技术本身发展得很快，以前被认为不能实现的东西，随着技术的发展已经成为可能。例如数据中心的大集中在以前是一个高风险的决策，但现在，中国在这方面已经走在世界前列。而运维模式的变化，往往带来管理、研发和运维的集中，带来科技组织架构的变化。

银行的信息系统架构也在不断发展和完善。随着技术的发展，人们对应用架构的看法也在不断变化。理想的应用架构模型一直在变化和完善，它是银行追求的终极目标。

基础设施架构一方面随着应用架构的变化而变化，随着技术的发展而发展，但另一方面，基础设施架构还有一个投入与产出的权衡问题，而权衡本身是一件比较主观的事情。所以，理想的基础设施架构也是一个不断变化和完善的银行追求的终极目标。

总之，在现实中，与科技相关的这5层架构一般不能完全做到上下匹配、相互适应。最终的结果是，支撑银行对外业务与内部管理的信息系统不能完全弥补科技架构的各种缺陷，对银行的经营管理支撑不力，降低了银行相关领导与部门对科技的满意度。

第 7 章　科技研发架构

在科技本身的组织架构中,研发团队占比最大,往往超过所有科技人员的一半。我们说 IT 是银行的核心竞争力,IT 团队是银行 IT 的核心竞争力,那么,研发团队就是 IT 团队的核心竞争力。所以,这里有必要对科技研发架构做进一步探讨。

7.1　科技研发体系架构

国内不同的银行,其科技研发体系架构也不尽相同,基本可以分为独立架构与非独立架构两种。

1. 独立架构

所谓独立架构,就是科技研发部门与科技管理部门分为两个独立的部门。研发部门的研发直接面向业务部门。在独立架构里,研发部门有以下两种模式。

(1)单一研发基地。

这是指整个研发部门集中在一个地方。

这种模式的管理成本和沟通成本比较低,但只适合研发团队比较小的银行。

(2)多研发基地。

这是指由于研发团队比较庞大或为了增强竞争力、吸引人才,研发团队分散在几个地方,由其中一个中心机构进行统一管理。

这种模式有利于研发团队的横向扩充和发展,但管理成本和沟通成本比较高。

2. 非独立架构

在这种科技研发体系架构里,研发团队属于科技部门的一个下属部门,研发团队不管是集中在一个地方,还是分散在不同地域,均对科技部门负责,不一定直接面向业务部门。

7.2 科技研发中心内部架构

不管科技研发体系架构如何，当前，大部分银行都成立了相对独立的科技研发中心。科技研发中心的内部架构一般包含开发团队、测试团队、维护团队等，还可能会有架构管理、项目管理、后勤管理等职能团队。随着科技研发中心人员的增长，拥有一个科学的内部架构是非常重要的。那么，当前什么样的内部架构才是科学的、合理的呢？

科技研发中心内部架构与下面几个因素相关。

7.2.1 研发的阶段

一个完整的研发流程一般包括需求分析、总体设计、详细设计、编码、各阶段的测试、交付投产、运行维护等阶段。不同的阶段对于研发团队有不同的要求，需要由拥有不同资质的人员去完成。研发团队只有根据不同的研发阶段进行分工，才能做到让合适的人做合适的事。

7.2.2 研发团队所面向的应用架构

如果应用架构是合理的，那么，研发团队应该根据应用架构的划分进行分工。这样可以减少系统建设项目的交叉和沟通成本，并有利于通过时间的积累来培养应用专家和专业团队。

关于银行信息系统的应用架构，不同的银行会有不同的视图。根据业界的主流观点，银行信息系统在宏观上可以分为交易系统（与银行客户直接相关，为银行客户直接提供服务的系统）、内部管理系统（银行各管理部门对应的管理系统、办公自动化系统等）与信息分析系统（从交易系统、内部管理系统和其他渠道收集银行感兴趣的信息，对信息进行挖掘、分析，以帮助银行提高经营管理的水平）。

典型的交易系统应用架构如图 7-1 所示。

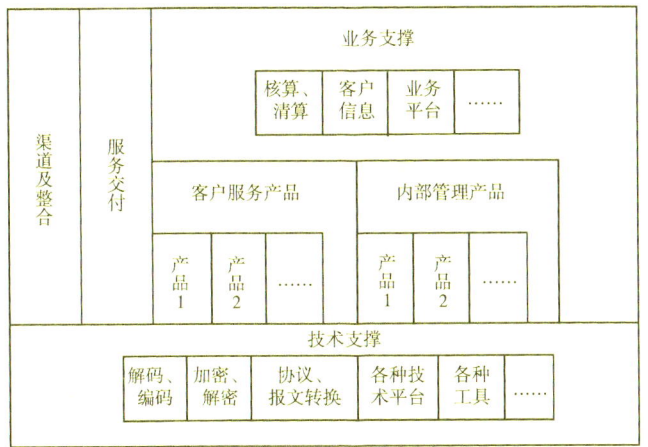

图 7-1 典型的交易系统应用架构

图 7-1 所示的交易系统应用架构由 5 个应用板块组成。

1. 技术支撑板块

本板块提供不需要业务人员关心的、与业务逻辑没有直接关系的、为其他板块提供各种技术支撑的功能,如解码、编码,解密、加密,协议、报文转换,各种技术平台,各种工具等。

2. 渠道及整合板块

本板块把不同渠道输入的不同协议、不同格式的交易信息整合成统一的银行内部服务请求报文,提交给内部处理系统。然后,把处理的结果重新编码为不同协议、不同格式的输出信息,返还相应的渠道。

3. 服务交付板块

本板块对渠道及整合板块输入的服务请求报文进行分析,按需把一个综合服务请求分解为对应的几个基本服务,按顺序调用产品板块相应的基本产品服务,完成综合服务,将结果返还渠道及整合板块。

4. 业务支撑板块

本板块把一些产品共有的功能抽取出来,形成一些规范的业务处理服务,如核算、清算,客户信息管理,产品管理等,还会包含一些公共业务处理平台,使产品板块的应用能更专注其产品特有的功能。

5. 产品板块

产品板块的产品有很多，可以分为两大类：一类是银行对外服务的客户服务产品（银行产品），另一类是内部管理产品。在两大类产品之下，特别是对外的客户服务产品，还可以进一步细分出多条产品线。

从对应用架构不同的构成部分的分析中可以看出，不同的应用板块要解决的问题不一样，对业务知识、技术知识的要求也不一样，需要不同的团队去面对。

7.2.3 业务部门的组织架构

研发团队在银行内部属于技术保障部门，是直接服务于银行业务部门的。根据现代企业管理理论，企业可持续发展的关键在于客户对企业的产品和服务的满意度。

银行业务部门对研发团队的满意度，与研发团队的产品、服务的效率和质量有直接关系。尽管本来可以对效率和质量进行客观的度量，但业务部门对研发团队的某种效率和质量是否满意的度量却是主观的。

所以，研发团队获得业务部门的了解和理解非常重要。如果研发团队的分工能兼顾业务部门的组织架构，这样就可以使业务部门与研发团队有更明确的一对一的沟通途径。例如，研发团队相关产品线的负责人就是对应业务部门的客户经理，而客户经理的主要任务就是提高客户满意度。

7.2.4 银行的业务架构

银行的信息系统是直接为银行的业务服务的。如果银行的业务架构合理，信息系统的应用架构就应该与业务架构相适应，这样才能使信息系统紧跟业务的发展而发展。前面说到，研发团队的分工应该与信息系统的应用架构相关，而信息系统的应用架构又应与业务架构相关，所以，科技研发中心的内部架构应与业务架构相关。

7.3 理想的科技研发架构

规模比较大的银行研发团队，其科技研发组织架构展示如图 7-2 所示。

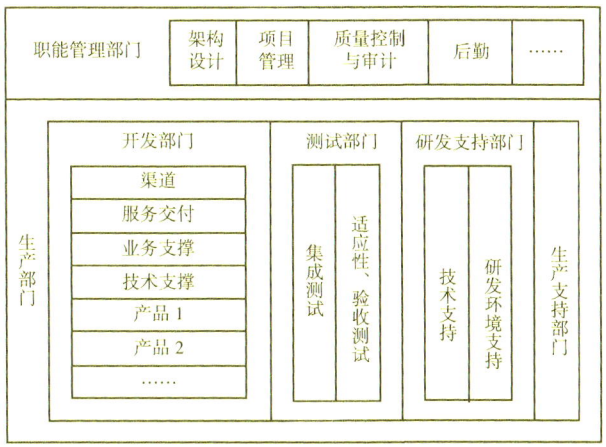

图 7-2 科技研发组织架构

根据研发流程、应用架构、业务部门组织架构和银行业务架构,科技研发部门的组织架构大概可以划分为两大部分。

1. 职能管理部门

职能管理部门可以再细分为架构设计、项目管理、质量控制与审计、后勤等。

2. 生产部门

生产部门可以细分为如下部门。

(1) 开发部门。

对于规模比较大的科技研发中心,开发部门可以按应用架构和产品线分设,具体如下。

① 基础框架开发部门。

- 渠道开发部门。
- 服务交付开发部门。
- 业务支撑开发部门。
- 技术支撑开发部门。

② 银行产品开发部门。

- 产品线 1 开发部门。
- 产品线 2 开发部门。

……

③内管产品开发部门。

· 内管产品1开发部门。

· 内管产品2开发部门。

……

（2）测试部门。

测试阶段的划分和分工是值得我们认真探讨的。一般认为，一些规模较大的银行，其投产版本动辄几万到几十万功能点，涉及成百个项目和应用（产品线）。因此，其完整的测试阶段应该划分得更细一点。例如，测试可分为5个阶段：单体测试、集成测试、产品测试、版本集成测试和适应性测试。对于研发中心来说，测试阶段分工的首要原则是一定要设立独立于开发部门的测试部门，让其负责最后一些阶段的测试。科技研发中心的规模越大，独立的测试部门就可以负责越多测试阶段的测试。这样做的好处是，可以使后面的几个测试阶段出现明显的监测点，让一些关键问题尽快暴露、升级并得到解决。

比如，某大银行的研发中心有几个研发基地，每个研发基地都有几个开发部门，每个开发部门都负责几条产品线的开发。在这种情况下，该银行可以对测试阶段进行如下分工：单体测试由编码人员自己承担；集成测试由开发部门内部的专职测试人员承担，以减少沟通环节；产品测试由基地独立的测试部门承担；至于版本集成测试和适应性测试，应该由整个科技研发中心统一的测试队伍去组织实施。

对于规模不是很大的银行，其专门的测试部门可以细分为以下两个部门。

· 集成测试部门。

· 适应性测试与验收测试部门。

（3）研发支持部门。

研发支持部门还可以细分为以下两个部门。

①技术支持部门。

该部门可以为研发提供操作系统、数据库、网络以及各种厂家提供的应用平台方面的技术研究与支持服务。

②研发环境支持部门。

该部门主要提供与维护整个研发团队的软、硬件研发环境，并负责研发系统的运行管理,相当于研发部门内研发环境的管理与运维中心。

(4)生产支持部门。

该部门面向银行的信息系统运行,为科技运行管理部门提供维护与支持服务。

7.4 科技研发架构存在的问题

对照上述理想的科技研发架构,当前银行的科技研发架构主要存在如下问题。

1. 管理职能薄弱

在系统建设中,绝大部分中小银行无论是在架构管理还是项目管理上,都存在投入不足的问题。

架构管理薄弱使系统标准、规范欠缺,架构凌乱。系统建设一事一议。

项目管理薄弱使项目进度、项目质量的随意性大,从而影响版本质量,影响运行安全,并且不利于科技人员的绩效考核。

2. 研发支持投入不足

研发支持包含研发的技术支持与环境支持。绝大多数中小银行的研发部门没有独立的研发支持部门,甚至没有设立负责研发支持的岗位,其研发支持多由科技管理部门或科技运行部门兼顾。

研发技术支持不足,在研发的过程中碰到纯技术问题时,解决方案往往因人而异、五花八门。

研发环境支持不足,研发的过程中会经常因为环境问题而影响研发进度和研发效率。

3. 测试投入不足

测试投入不足几乎是所有中小银行共同的问题。随着银行计算机应用向广度与深度发展,该问题暴露得越来越明显。

测试投入不足会严重影响银行产品的质量,给银行和银行客户带来非常大的不良影响。

总之,上述的所有投入不足,归根结底是银行没有意识到,随着科技和信息系统的发展,要不断加大对科技管理与科技保障的投入,并且这种投入与银行规模增长的比例不是线性的。

首先，管理的难度与规模增长的比例不是线性的。银行规模越大，管理的难度呈非线性增长。其次，银行规模越大，所有相关者（包括银行、银行客户、监管部门）对科技质量的期望值越高，对科技差错的容忍度就越低。所以，管理的投入应该先于、大于科技发展本身。

7.5 产品研发团队与业务部门产品团队紧密结合

通过本章对科技研发中心内部架构的探讨，我们可以了解到，银行产品与内部管理产品研发团队是整个研发团队中重要的组成部分。并且，他们与业务部门的关系可以实现更紧密的耦合，甚至可以直接与业务部门的产品团队合并，这样会极大地提高产品研发的效率，提高银行业务部门对科技部门的满意度。关于这点，本书在后面会详细论述。

第 8 章　科技团队

科技团队无疑是银行科技核心竞争力中最重要的组成部分。

科技团队的核心竞争力体现在团队的人员数量、团队人员的质量（业务与技术素质）、团队的人员结构、团队的人员配置、团队的精神面貌上。

8.1　科技团队的核心竞争力要素

科技团队的核心竞争力要素可分为客观要素和主观要素。其中，客观要素包括科技团队的数量、质量、人员结构和人员配置，主观要素主要指科技团队的精神面貌。

8.1.1　科技团队的数量

随着社会的快速发展，信息技术也在快速发展。社会对金融行业的服务手段与服务质量的要求也越来越高。为了适应市场竞争与发展需要，银行需要不断地快速推出新的金融产品与金融服务，银行对信息技术的依赖比过去任何时候都高。拥有一支能满足银行发展需要的科技团队就成为银行的当务之急。

科技团队的数量是维持团队核心竞争力的最基本要素，团队人员数量不足的问题困扰了大多数银行。实际上，科技团队人员的数量与银行科技的战略定位、银行对科技的期望有密切的关系。

那么，科技团队究竟要有多大的规模才能满足银行的需要呢？

不同的银行信息科技发展的策略不一样，对科技团队的规模有不同的要求。规模相对大的银行，其科技团队的规模自然比较大；反之，规模小的银行，其科技团队的规模自然比较小。传统商业银行如果满足于只提供传统银行服务，所需要的科技团队规模可以相对小；但面对金融科技的发展，银行如果要发展新兴金融产品、发展网络金融产品、尝试新的商业模式或向零售银行转型，就需要规模相对较大的科技团队；向混业经营发展的银行如果要发展金融衍生产品、投资银行业务等，也需要规模比较大的科技团队。

毕马威对包括大家熟悉的支付宝、网商银行、财付通、微众银行、京东金融、陆金所、众安保险等中国50家领先的金融科技公司的相关调查数据显示，科技人员在这些公司的员工里占了非常高的比例。

在这些公司中，11%的公司的科技人员占比相对低，但也有40%；59%的公司的科技人员占比为60%；30%的公司的科技人员占比竟高达80%。

参照以上数据可知，国内银行的科技团队的相对规模远远不如金融科技公司。（前面已经提到过，在"十二五"末期，银行业金融机构的科技人员占比平均为2.28%。）事实上，许多银行除了自身配备科技人员外，还通过外包方式使用了大量的外包科技人员。

8.1.2　科技团队的质量

科技团队的核心竞争力除了要有人员数量外，还要有质量，也就是科技团队人员的职业素质，包括业务知识与科技技能。许多银行的科技建设起步较晚，科技人员普遍比较年轻，岗位资历浅，科技技能与业务知识不能完全满足岗位的需要。

要使科技团队的质量满足银行业务发展的需要，需要有一个过程。人员素质的提高涉及多方面的因素，包括人员招聘、培训、教育、实践等。

8.1.3　科技团队的人员结构

科技团队的人员结构有几个维度，包括学历、专业、年龄与资历、性别、校招或社招、行员或外包等。

1. 学历

一些中小银行的科技人员相对少，通常大量使用外包人员，他们在校招聘科技人员时，会强调只招聘硕士甚至博士学生。一些沿海城市的银行在招生时，会强调只招聘"双一流"院校的学生。

银行无论大小，其科技团队理想的人员学历结构应该是不同的工作岗位有不同的学历要求，不一定都需要出自特别好的学校。阿里巴巴的人员招聘策略是反其道而行之，他们强调跨级招聘人才。他们把这种人力资源策略称为让平凡的人做非凡的事。也就是说，如果你的岗位需要有博士学位的人，你就到硕士里挑；如果你的岗位需要有硕士学位的人，你就到学士里挑。

通常，银行科技团队中硕士与博士的占比建议维持在30%左右。

2. 专业

今天的金融科技几乎涉及IT技术的各种最前沿的技术，如大数据、人工智能、生物识别、信息安全及其他各种网络技术。所以，为了实现自主可控，科技团队最好能有来自多个专业的人才。

3. 年龄与资历

在科技团队组建初期，许多银行的科技人员都比较年轻，从事科技工作的资历也比较浅。我们要尽早规划科技团队发展的蓝图，并按照规划使员工得到发展。这样，经历几年的发展，就可以形成合理的年龄和资历梯队。

4. 性别

鉴于银行科技工作长时间接触计算机、三班倒、经常加班、不时有突发事件发生等特点，会给女性员工，特别是怀孕、哺乳、带小孩的女性员工带来非常多的实际困难，所以建议女性员工占比保持在1/3左右。

5. 校招或社招

在实施科技团队发展蓝图时，许多银行会纠结应该进行校招还是社招。

首先要看可行性。有些银行所在的地方院校不多或者没有，这时校招会有一定的难度。如果校招、社招都可行，银行可以做如下选择。

在科技团队初创时，银行对相关科技人才的需求比较急，或需要了解某些比较前沿的科技技术，如人工智能、数据挖掘、数据分析模型等，此时社招可以比较快地解决人才问题。

当科技团队架构已基本建成，骨干队伍已相对成熟，团队建设重点放在数量增长上时，校招就比较有效。一方面，校招的规模可以很大，一些大银行的科技部门、大科技公司每年校招动辄数百人。另一方面，通过校招获取的人才通常没有多少工作经验，便于进行统一的培养，员工归属感、忠诚度也比较高。

6. 行员或外包

通常认为，使用外包人员的成本比较低，并且不需要负责外包人员的"五险一金"，所以中小银行科技部门大量使用外包人员。一些银行的科技外包人员是行员的3~5倍。

实际上，正是外包人员的特点，决定了使用外包人员存在以下各种问题：

- 由于外包价格比较低，外包人员的素质普遍比较低；
- 外包人员归属感低，忠诚度低，流动性大；
- 基于上述两点，外包人员产出物的效率与质量通常较低，知识、经验难以沉淀与积累，产品后续维护成本较高；
- 外包人员的管理比较困难；
- 知识产权、信息安全风险高。

在计算机应用的发展历史中，最初最大的成本是购买硬件，之后是购买软件；计算机应用发展到今天，在整个系统应用的生命周期里，硬件的投入、软件生产或购买的投入已远远低于应用投产后系统维护的成本。大量使用外包人员，也许在软件生产环节节省了一些成本，但却极大地增加了日后维护的成本。对照银保监会对银行的自主可控要求，大量使用外包人员还存在很大的自主可控风险。

长远来看，使用外包人员的代价并不比使用行员低。所以，银行应该逐步提高自身科技人员的比例，逐步从外购、外包的研发模式转向自主可控的研发模式。

8.1.4 科技团队的人员配置

解决了人员数量、质量与结构的问题，还要解决人员的配置问题。

对于大多数信息系统已经集中的银行，其人员配置有几个维度。一是总行与分行的人员如何配置；二是在IT管理、研发、测试、维护等不同职能间的人员如何配置；三是行员、外包人员的比例。

不同的银行可以根据不同的研发模式来配置研发人员。

简单起见，我们把不同职能的研发人员分为三大类。第一类是标准、规范、架构设计人员。这类人员在整个研发人员里占比较低，可以在10%左右。第二类是详细设计、项目管理、研发支持人员。这类人员比第一类人员稍多，可以在20%左右。第三类是编程与测试实施人员。这类人员占比最高，其中编程人员占比为40%左右，测试实施人员占比为30%左右。这三大类人员构成一个金字塔形的配置结构。

另外，根据此前我们对银行研发模式的分类，不同的研发模式，其行员与外包人员在这三大类人员里的配置，大致如图8-1所示。

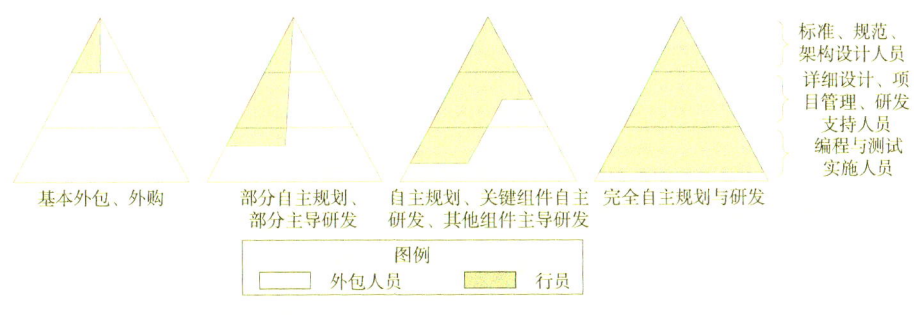

图8-1 各研发模式的人员配置

- 采取完全自主规划与研发模式：上两层的人员全是行员，编程与测试实施可有少量外包人员。
- 采取自主规划、关键组件自主研发、其他组件主导研发模式：顶层的人员全是行员，第二层主要是行员，第三层有比较多的外包人员。
- 采取部分自主规划、部分主导研发模式：由于比较多的产品是外购，不能完全主导标准、规范、架构设计，所以各层次都存在不少外包人员。
- 采取基本外包、外购模式：科技人员基本是管理人员，自身的研发人员很少。

以上人员配置仅是一个例子，各银行应该根据不同岗位的分工情况、自身管理的成熟度来构建合理的人员配置。

8.1.5 科技团队的精神面貌

科技人员的数量、质量、结构、配置基本上是科技团队核心竞争力的客观要素。科技团队的精神面貌是科技团队核心竞争力的主观要素。

科技团队的精神面貌也涉及各方面的要素。要想使整个科技团队人尽其力、人尽其才，发挥科技团队的最大作用，一是要有合理的薪酬待遇，二是要有优秀的企业文化，包括正确的价值观、良好的工作氛围、给予员工发挥的空间、科学的绩效评价与考核机制、光明的职业发展前景等。

8.2 科技团队存在的问题

随着国内银行电子化进程的快速推进，银行的科技团队也在迅速成长。一些走自主研发道路的银行为了满足快速增长的业务需求，在一段时期内不断扩大招聘需求，其科技人员连续几年以每年百分之几十的速度高速增长。

这些快速壮大的银行科技团队中的成员普遍都非常年轻，他们的工作资历也较浅。但就是这些人支撑起了银行的科技工作，让中国银行业能在快速发展的金融市场上取得辉煌的成绩。但另一方面，这也带来了一些问题。

（1）大部分的科技人员都是大学毕业后直接来到银行工作，他们一方面对银行业务不熟悉，另一方面对已经存在的软、硬件环境也不熟悉。无论他们被分配到科技部门的哪一个软、硬件岗位上，他们所做的工作都是在前人建立的基础上进行发展和维护，光凭他们从学校学到的知识根本不能满足岗位的需要。

（2）银行科技部门长期的人手短缺、超负荷的生产压力，使大部分新员工一到岗就马上投入工作，且只能从基础开始。复杂的大系统，紧张的工作节奏，使得许多科技人员只顾低头拉车，顾不上抬头看路。这种工作环境不利于他们快速建立对系统的完整概念，不利于他们学习进步。

（3）许多老一辈的银行科技人员都有这样的感受：在科技创业早期，科技团队的规模比较小，科技条件远没有现在好，做的工作远比现在累，收入也不高，但大家工作时很开心、效率高，也非常有成就感；现在，银行科技团队的规模大了，科技条件完全不能同日而语，收入也比以前高，可员工工作的主动性和效率好像远不如从前，往往还有不少意见，满意度也远不如从前。

上述问题是许多企业在实现规模发展以后都会碰到的：第一代创业者都是意气风发的，而第二代的发展者与守业者却好像不如前人。

以上问题存在的原因如下。

（1）在科技创业初期，科技团队规模小，基本上是小团队作战，每一个人几乎都需要独当一面，都得对自己负责的工作进行思考、做决策，然后实施。他们能把自己的想法体现在工作中，实现自我，但也要为自己的想法承担责任。他们既经常享受成功的喜悦，有时又不得不吞咽失败的苦涩。科技工作的各种成果就像他们自己的孩子，他们对这些成果充满了感情。随着科技事业的发展，他们也在成长，并且在工作中充分体会到了成就感。

随着科技的发展，科技团队在发展，信息系统也在迅速发展，科技团队面对的是一个庞大的、包含了各种各样应用和技术的应用系统。这些应用和技术面对的业务不一样，使用的基础设施不一样，技术平台也不一样。由于人员增加，科技分工越来越细，相当一部分的基层科技人员对整个系统的了解有限，难以形成整体的概念。他们从事的并非很有创造性的工作。例如大量的研发编码人员，他们需要的是按图施工、完成任务，更像是生产线上的技术工人。他们远离市场，既不能直接感受市场需求，也难以看到最终集成产品的全貌。个人劳动远离最终成果。科技成果是他人的"孩子"，他们难以体验到成就感。

（2）大团队生产靠的是规范、流程控制，不提倡个人英雄主义。在团队面前，每个人只是大机器里的一颗螺丝钉。局部利益要服从整体利益。个人的一些创意，从局部来看，也许有价值，但在权衡整体架构等多种因素下，方案通过各层的评审并由高层决策者最终拍板决定后，个人的作用会淹没在大团队的海洋中。个人的话语权小了，所承担的责任相对小了，项目的成败与个人的关系也小了。

（3）随着银行科技的发展，银行的经营与管理几乎已经完全建立在科技上。在科技对银行发展的促进作用越来越大的同时，科技出问题对银行的不良影响也越来越大。所以，几乎所有银行与监管部门对科技出错的容忍度都越来越低。在这样的形势下，银行科技慢慢积累了某种"问责文化"。在这种文化下，大家工作兢兢业业，没有激情，不求有功，但求无过。这种情绪会极大地影响科技人员的创新精神。

（4）很多人会说，现在科技人员的主动性不够、没有主人翁精神。究其根本，在于大部分科技人员对系统没有完整的概念，对决策没有发言权。他们的工作更多是在实现他人的想法，而不是在实现自我。他们更像是系统中的操作员，自然不会认为自己是系统的主人。要让不是主人的人有主人翁精神，显然是不切实际的。

其结果是，在大团队里，不少人显得激情不足，效率不高，满意度也不高。

8.3 团队建设

科技是银行的核心竞争力，而科技团队就是科技的核心竞争力。针对银行科技的特点，培养和打造一流的银行科技团队，让他们快速成长，发挥他们的主观能动性，是银行科技部门的一项重要工作。

银行必须牢固树立人才资源是第一资源的思想，把"以人为本"体现在各项具体工作中，把培养和造就优秀人才、调动广大人才的创新积极性作为科技部门的一项基本工作。

1. 选拔优秀的科技带头人

一个银行的科技工作想要满足银行发展战略的需要，除了领导要重视外，还要选对科技带头人。

银行的科技带头人包括 CIO 与科技各部门的最高领导。

科技带头人必须胸怀大志、有眼光、有激情、有进取心、善于学习、有开拓精神，他们不但要懂技术，还要了解银行业务、关心银行经营状况；他们要善于与人相处、与人打交道；他们要会带团队。

2. 提前储备

回顾许多银行的科技发展进程，我们会发现，无论它们当初如何强调快速壮大科技人员队伍，但在后来总会觉得人手不够，后悔当初没有采取更具进取性的发展措施。所以，我们要尽早形成一个有科学性、前瞻性的科技团队建设规划。今年招收的年轻学生在三四年后，就是有三四年工作经验的成熟科技人员；坚持每年的人员发展规划，八九年后，我们就有各年龄、资历层次的骨干，就具备自主可控的条件。反过来，如果我们现在不提前规划，三四年后，就很难拥有一批有着三四年资历的、能独当一面的科技人才。

3. 加强培养

实施人才培养战略，优化入职培训和岗位培训制度；保证员工的培训时间，做好员工的培养，包括银行业务知识培训、工作岗位技能培训、思想素质教育。

银行应该让员工，特别是有工作经验的骨干员工到对应业务部门的岗位上体验工作。一方面让他们在实际工作环境中熟悉银行业务，了解市场的变化和业务部门的真实需求；另一方面让他们了解信息系统的应用情况，全面提高骨干人员的业务素质，打造复合型人才队伍。

加强对新员工一对一的"传、帮、带"工作，在短期内提高新员工的实际动手和操作能力，使新员工能更快地融入科技工作，快速得到成长。

促进学习型队伍建设，鼓励员工自我学习，推进岗位资质认证，扩大岗位资质认证范围，提高员工素质水平。

4. 赋予重任

要想让员工更快地成长，银行就要把一定的工作或任务的担子压在他们身上，让他们对某一项工作或一项工作中的某一部分负责。负责的重点是不光让他们去完成该项工作，还应该鼓励并放手让他们去决定如何完成该项工作。

我们可以跨级培养人才，就像前面提到的阿里巴巴的人力资源策略一样——让平凡的人做非凡的事，赋予一些资历相对浅的员工暂时超过他们能力范围的担子。从实践来看，似乎没有比在工作中锻炼更快的成长途径了。对于一个有一定技术基础并愿意成长的员工，如果你把他放在更高的位置上，那么即使他不能很快地完全拥有该位置所需要的各种素质，但经过一段时间，他至少会接近你的期望。

5. 营造和谐的工作环境

银行要积极营造和谐的工作环境，信任员工，尊重员工发表的意见，特别是要鼓励员工改革创新。银行可以拓宽各种与员工交心的途径，认真对待员工的诉求，尽力满足同一员工在不同工作阶段的不同需求，以及不同员工在同一工作阶段的不同需求。银行也可以通过各种丰富的文化活动来增强凝聚力，比如创造更多的员工相互交流的场景，包括各种论坛、沙龙，让创意的想法、行之有效的成果得以推广和发扬，让员工在交流中快速成长。

6. 绩效考核

制定完善的员工绩效考核评价体系，可以让员工的工作在定量和定性的基础上得到科学的衡量与评价。这样可以发挥每个科技人员工作的积极性，保证科技团队的整体战斗力。

对员工所取得的成绩，即使是点滴的进步也要及时给予表扬。除了采用奖金或物质的方式鼓励外，银行要注重对员工的精神奖励，通过各种评奖活动表扬有贡献的员工，给予优秀员工荣誉称号等。

7. 容错与试错机制

要鼓励科技人员创新，就要有完善的容错与试错机制。科技工作，特别是软件研发，发生错误是难免的。出了错误，要分析科技人员是否已经足够努力，要多从客观上找原因，如规范、流程、制度有没有问题；不要轻易对科技人员进行严厉的问责，否则会限制科技人员的创造性与主动性。

8. 人员流动

要健全科技人员流动机制，包括科技部门内部流动及外部流动。

科技岗位轮岗有利于培养人才、发现人才。除了部分专家外，大部分科技人员应该每四五年轮岗一次。轮岗可以在部门之间、不同研发职能（管理、设计、开发、测试、运维等）之间进行。轮岗可以扩大员工的视野，加速员工对科技架构的全面了解，增进不同部门、不同岗位的相互理解，使整个科技部门形成团结协作的战斗集体。

要舍得让科技人员流向业务部门，特别是对于年龄相对大的员工。

科技骨干流动到业务部门，从短时间来看，似乎是科技的损失；但从长远看，对各方面都有好处。对业务部门来说，多了懂科技的人员，有利于与科技部门建立密切的关系，提高沟通效率；对科技部门来说，可以有更多让年轻人奋斗的岗位，从而激发他们的创造性。

9. 增强员工成就感、发挥主人翁精神

按马斯洛的需求层次理论，人类由低到高的各层次需求分别为生理需求、安全需求、社交需求、尊重需求、自我实现需求。

要增强员工的成就感，最好的办法是满足员工的最高需求：让员工能自我实现。这是团队建设中非常重要但往往容易被忽略的关键点，也是许多现代企业一直在追求的目标。

当一个人能在越大的范围、越深的程度去影响事物的发展并取得成功，且为众人所认可时，他就越有成就感。成就感越大，人就越感觉到自我实现需求得到满足。

可见，要让员工有成就感，就要让员工能在更大的范围、更深的程度上产生影

响，让他们真正觉得自己是银行科技事业的主人。只有这样，才能让他们发挥主人翁精神。

我们在对员工、各层团队的管理上，要以目标管理为主、过程管理为辅，给大家提出最终目标，让大家自主发挥。只要符合制度和规范，我们应该允许团队有个性、允许员工有个性。要发挥员工的积极性，就要进一步提高员工的成就感。每个人工作的成就感取决于其在工作中的影响力和通过影响力所取得的成就。我们可以让一线研发人员直接参与需求分析和研究，制定研发方案；安排员工参与客户体验，直接感受产品的优点和不足。要为每一个员工搭建展示自己的工作舞台，让每个员工能在自己的舞台上彰显智慧、发挥能力。只有成为主人，员工才可能有主人翁精神，从而才能激发自身的积极性。

10. 银行与员工共同发展

要建立一支过硬的科技团队，一个合理完善的科技岗位设计与职业生涯发展图谱必不可少，包括完善的岗位职责、清晰的职业发展前景等。银行应使每个员工通过努力工作做出贡献后，感受到在银行科技发展的同时，自己也在成长。

科技部门除了在各种工作岗位上需要一大批技术人员外，还需要在各方面培养出一批专家，要有自己的架构师、系统分析师、项目管理专家、安全专家等。当科技部门不但在数量上，而且在质量上真正拥有称职的一大批技术人员和一批专家时，我们可以认为银行与员工实现了共同成长，获得了双赢。

第 9 章　银行科技的企业文化

我们在探讨银行科技的核心竞争力时，谈到优良的企业文化是银行科技核心竞争力的重要组成部分。那么，什么是企业文化？银行科技的优良企业文化又体现在哪里呢？

9.1　企业文化

要了解什么是企业文化，首先要了解什么是文化。

从广义上说，文化是人类社会历史实践过程中在创造物质财富的同时所创造的精神财富的总和；从狭义上说，文化是社会的组织机构、制度以及与之相适应的意识形态。

社会文化包含了民族文化、地方文化、企业文化、家庭文化等。可见，企业文化是社会文化的一个子集。企业文化是企业在长期的实践活动中所形成的，并且为企业成员普遍遵循和认可的具有本企业特色的价值观念、团体意识、工作作风、行为规范和思维方式的总和。企业文化通过企业生产经营的物质基础和生产经营的产品及服务，反映出企业的生产经营特色、组织特色和管理特色等，还反映出企业在生产经营活动中的战略目标、群体意识、价值观念和行为规范。企业文化重视人的因素，强调精神的力量。企业文化可以凝聚企业员工的归属感、积极性和创造性，引导企业员工为企业和社会的发展而努力。

综上所述，我们可以对企业文化做如下定义：企业文化是社会文化的一个子集，企业文化是通过企业的产品及服务，反映企业的战略目标、群体意识、价值观念和行为规范。

其中，最核心的定义是，企业文化是通过企业的产品及服务，反映企业的战略目标和价值观念。

企业文化总是随着企业和社会文化的发展而不断发展，因此，企业文化的建设是企业永恒的主题。

9.2 企业文化的内涵

对于企业文化包含的内容，有各种各样的分类方法。但最通常的说法是，企业文化的主要内容包含企业精神文化和企业制度文化。另外，也有更广泛的说法，例如企业文化还包括企业的行为文化、文化设施等。

9.2.1 企业精神文化

企业精神文化是企业用以指导开展生产经营活动的目标、群体意识和价值观念，企业精神文化的核心是企业的价值观念体系。

我们知道人具有精神，企业精神这一概念其实是把企业人格化了。企业精神是企业在长期的生产经营活动中经过企业家有意识地概括、总结、提炼而逐步确立的思想成果和精神力量。它集中体现了一个企业独特、鲜明的经营思想和个性风格，反映着企业的信念和追求，是企业群体意识、优良传统的结晶，也是维系企业生存发展的精神支柱。企业精神具有号召力、凝聚力和向心力，是一个企业最宝贵的经营优势和精神财富。它不是可有可无的，而是必不可少的。

9.2.2 企业制度文化

企业制度文化是由企业法规、企业形态、企业组织架构和规章制度等要素构成的。它是企业文化中最重要的组成部分，是企业对战略目标和价值观的培育、弘扬、落实的具体体现。企业制度文化能确保更好地把企业所提倡的精神文化转化为企业的物质产品。企业制度文化对外约束企业的行为，对内约束企业内每个人的行为，使企业文化朝着希望的方向发展。

企业法规是国家与企业之间、企业与企业之间在生产经营或服务中所发生的对外经济关系的法律规范的总称，体现了社会文化对企业的约束和要求，体现了企业制度文化的共性。不同国家的企业法规，都是以国家的性质、社会制度和文化传统为基础来制定的，体现了国家的意志，对本国的企业文化建设有着巨大的影响和制约作用，是依法管理企业的重要依据。

企业形态主要指的是企业体制及企业的所有权、经营权间的责权利关系。现代企业有许多形态，如私营企业、合伙企业、股份制企业等。企业形态在企业法规下，通过其所有权和经营权间的责权利关系，体现企业各自的经营管理特色。企业形态通过企业所有者授权，体现企业所有者意志，反映企业制度文化的个性，达到强化企业的经营责任、增强企业活力的作用。

在企业法规和企业形态下，企业的组织架构和规章制度反映了企业管理者的意志和观念。虽然企业法规和企业形态影响和制约着企业文化发展的总趋势，但真正决定企业文化个性的因素是企业内部的组织架构、规章制度。企业的制度与企业的经营理念有着相互影响、相互促进的作用。合理、严密的制度必然会促进正确的企业经营理念和员工价值观念的形成；而正确的企业经营理念和员工价值观念又反过来促进制度的正确制定、贯彻，使员工形成良好的行为习惯。

作为企业的管理者，如何建立企业的制度文化，是摆在企业管理者面前的首要任务。企业法规一般由国家制定，企业通常无法左右。企业形态一般由企业所有者决定，企业管理者可以通过与企业所有者的沟通，力争更宽松的经营条件。因此最重要的就是，企业管理者能在企业组织架构和规章制度的基础上，体现自己的经营理念。

9.2.3　企业的文化设施

企业的文化设施是企业文化的外在表现和支撑。完善的文化设施既为弘扬和培育企业的精神文化提供了坚实的基础，也展现了健康的企业文化。

企业的文化设施包括企业的形象设施、文化环境、文娱设施以及各种文化支撑系统。这些系统包括企业外部门户、内部门户、内部论坛及各种办公、生产管理系统。

9.3 银行科技部门的企业文化

尽管银行的科技部门不是一个独立的企业，但由于其特殊性，大多银行科技部门的管理都相对独立。与独立的企业一样，银行科技部门存在如何建设企业文化的问题。下面将从精神文化、制度文化、文化设施3个方面来探讨银行科技部门的企业文化建设。

9.3.1 银行科技部门的精神文化

银行科技部门的企业精神是什么呢？银行科技部门的战略目标和价值观又是什么呢？

一个企业的产品通常可分为两类：一类是有形的产品，一类是服务。银行科技部门也一样。银行科技部门的产品是金融电子产品，银行科技部门通过生产、运行、维护这些电子产品而直接或间接地为客户提供各种各样的服务。

更多、更快、更高质量地推出金融电子产品，提供高质量的服务，满足银行业务发展的需要，满足社会对金融服务的需要：这就是银行科技部门的战略目标。不断提高银行其他部门对科技部门的满意度，提高银行客户、社会对银行的满意度，在银行业务发展与银行科技发展的同时，让所有员工在事业上得到成长和发展，让员工满意：这就是银行科技部门的价值观。

通过"多""快""好"的产品和服务，一是满足银行业务的发展，二是让银行客户满意，三是让银行员工满意，四是满足社会需要。这就是通常所说的企业追求的最高境界：让企业、客户、员工、社会"四赢"。其实，这是一个有着因果关系的过程。如果我们能不断"多""快""好"地提供产品和服务，我们就能更好地履行社会责任、不断提高客户满意度；客户满意，企业就有发展的空间；企业发展，就容易让员工满意并得到成长；企业发展、员工满意，就能更"多""快""好"地提供产品和服务。在这个过程里，最关键的是"多""快""好"的产品和服务。没有它，企业就难以实现其他的追求。

1. "多""快""好"的产品和服务

影响银行科技产品和服务是否"多""快""好"的因素既有主观的，也有客观的。主观的因素包括科技团队的管理水平，参与研发人员的素质、精神面貌等。

客观的因素包括整个银行的科技体制与架构，研发使用的平台、语言、工具，研发条件是否完备等。

研发条件又包括人力资源是否充足，研发时间是否充足，研发的生产环境是否完备（包括硬件、软件、数据）等。

这里要注意的是，"多""快""好"都是相对的概念。特别是银行科技部门自主研发的产品与外部产品之间、自主研发的产品与产品之间，未必具备很高的可比性。如何评价某种既定的产品或服务，其实与产品或服务针对的对象，即银行科技部门客户的主观认定有很大的关系，与他们的满意度有很大的关系。

2. 让客户满意

银行科技部门的直接客户是银行内部人员，包括银行的各类员工和各级管理者。进一步分类，其中包括提出各种研发需求的业务部门，银行内部与银行科技关系密切的财务、人事、内部审核等管理部门，以及各级领导。银行的外部客户是银行科技部门的间接客户。通常，银行客户的满意度会通过银行内部人员反馈给银行科技部门。所以，银行科技部门的客户满意度，关键是看银行内部人员对银行科技是否满意。而银行内部人员对影响"多""快""好"因素的了解与理解，直接影响其对银行科技部门的评价与满意度。

毕竟，任何企业的产品或服务都不可能做到绝对的"多""快""好"。它在某一个历史时点，并且只能在这个时点的客观和主观条件下生产出某种水平的产品。如果把绝对的"多""快""好"产品比喻为一杯装满的水，那么大多数产品只能算半杯水或者大半杯水。对事物的评价有所谓的"半杯水"原理：一个杯子里盛了半杯水，从积极的角度来评价，可以认为已经有半杯了，不错；从消极的角度来评价，可能会认为怎么才半杯水，还差得远。因此，评价的关键是评价人认为被评价人是否已经尽了力。

所以，要想让业务部门满意，银行科技部门就要让业务部门了解和理解当时的历史条件，让他们看到银行科技部门做出的努力。银行科技各产品线部门要建立与业务部门对应的专门的客户经理队伍，要做好与业务部门沟通的工作。在项目可行性分析和需求编写阶段，银行科技部门要派出得力骨干参与，争取在前期与业务部门达成共识。在研发阶段,银行科技部门要积极邀请业务人员全程参与,让他们了解研发过程中遇到的所有困难,并参与解决困难。银行科技部门要做到想业务部门所想,急业务部门所急,真正从业务出发,结合计算机处理的特点给业务部门的需求提建议,让业务部门的产品研发人员与科技部门的研发人员完全结合在一起,共同承担产品研发的压力和风险,共同分享产品成果。只有让业务部门对研发过程充分了解和理解,并通过自己的努力,银行科技部门才能获得业务部门的满意。

对于各管理部门,银行科技部门必须严格按照各种管理要求做好各方面的工作,并把各方面的相关工作情况尽量向各管理部门报告,主动听取他们的建议与意见。对他们的意见,银行科技部门要落实整改、举一反三。

对各级领导,银行科技部门应该尽力了解他们的想法和意图,急他们所急,并利用各种机会主动将银行科技部门的情况向他们汇报,争取得到他们的了解、指示和支持。

银行的外部客户也是银行科技部门的客户,银行科技部门应该通过各种机会去了解他们的体验。一方面,可以在每一个版本投产后,到网点、应用一线了解该版本的应用情况,听取应用系统的直接使用者的意见。另一方面,银行科技部门的所有人员应该同时是本银行的客户,从而更多地直接使用和享受本银行的服务,体验银行的应用系统,也就是自己感受所研发系统的优劣。毕竟,要让别人满意,首先应该让自己满意。

3. 让员工满意

让员工满意,这是任何一个企业都要解决的问题。那么,如何才能让员工满意呢?

通常的说法是,如果企业本身是一个稳定发展的企业,那么只要员工待遇和福利好,工作环境好,工作不要太辛苦,有好的职业发展前景,员工就应该满意。

但问题不是那么简单。我们经常听到许多就业者说,待遇并不是最重要的,关键是要工作得开心。那怎样才能让员工工作开心呢?

按照马斯洛的需求层次理论,待遇解决了生理需求,工作环境解决了安全需求,但这只是解决了人类低层次的需求。比较关键的是,要解决社交需求、尊重需求以及自我实现等高层次的需求。其中,最重要的是让员工感觉自我实现的需求得到满足。

自我实现指的是人们能够实现个人理想、抱负,能够发挥个人的能力到最大程度,富有成就感。通常的说法是感情留人、事业留人,这样才会使他们拥有最大程度的开心与快乐,从而实现员工满意。

4. 社会满意、企业发展

最终,良好的企业文化会让企业发展形成良性循环:员工满意—"多""快""好"的产品与服务—客户满意—社会满意—企业发展—员工满意。

9.3.2 银行科技部门的制度文化

企业的制度是为企业的经营目标、经营理念、价值观念服务的。银行科技部门的目标是为银行发展与社会需要更快地提供更多高质量的产品和服务,让客户满意。所以,银行科技部门的所有制度都要围绕这个目标来展开。下面以银行研发中心制度为例展开说明。

与所有企业类似,银行研发中心的制度主要有两大类:一类是行政管理制度,一类是生产管理制度。每个制度最多包含几部分,如办法、规范或标准、实施细则、文档模板、支撑管理系统等。

行政管理制度包括办公管理、人力资源管理、财务管理、后勤管理、党团工会管理等。生产管理制度主要包括研发管理、支持服务管理等。

下面简单阐述银行研发中心的生产管理制度。

银行研发中心最主要的工作就是研发,所以研发管理制度占了较多的内容,其中包括项目管理、架构管理、开发管理、测试管理、技术支撑管理、生产环境管理、信息安全管理、绩效管理、支持服务管理、其他管理等制度。

1. 项目管理制度

项目管理制度包括项目文档模板,项目规模、项目周期、质量评估管理,版本管理,进度管理,质量管理,风险管理,变更管理,配置管理,专利管理等制度。

2. 架构管理制度

架构管理制度包括各类架构标准与规范,应用架构管理,数据架构管理,技术架构管理,运维架构管理,架构、技术评审管理等制度。

3. 开发管理制度

开发管理制度包括各类开发标准与规范及执行管理，人员投入与进度管理，风险、质量管理，阶段评审管理，阶段提交物管理等制度。

4. 测试管理制度

测试管理制度包括各类测试标准与规范及执行管理，人员投入与进度管理，单体测试管理，集成测试管理，系统测试管理，版本集成测试管理，适应性测试管理，验收测试管理等制度。

5. 技术支撑管理制度

技术支撑管理制度包括操作系统管理、技术平台管理、数据库技术管理、网络技术管理、基础设施维护管理、安全技术管理等制度。

6. 生产环境管理制度

生产环境管理制度包括开发环境管理、测试环境管理、办公自动化环境管理、基础设施使用管理等制度。

7. 信息安全管理制度

信息安全管理制度包括配置管理、文档安全保密管理、桌面系统管理、信息安全管理、数据生命周期管理等制度。

8. 绩效管理制度

这里的绩效管理制度主要针对的是研发绩效。当然，由于银行研发中心的主要工作是研发，所以研发绩效是构成整个中心绩效的主要组成部分。

绩效管理制度包括绩效指标管理、绩效评定管理、内部审计管理、外部审计管理、过程改进管理等制度。

9. 支持服务管理制度

支持服务管理制度包括投产支持管理、生产支持管理、系统监控与优化管理、事件与问题管理等制度。

10. 其他管理制度

上述管理制度是一般的银行研发部门都会有的制度。但不同的银行，由于研发管理体制不一样，还可能会有其他相应的制度。

9.3.3 银行科技部门的文化设施

为了能更好地弘扬和培育企业文化,企业要建立相对完善的文化设施。企业的各种管理系统是企业文化设施的重要组成部分。下面以银行研发中心为例展开说明。

银行研发中心的各种管理系统为落实研发中心的制度打下了坚实的基础。这些管理系统主要有办公管理系统、生产管理系统。

1. 办公管理系统

办公管理系统又包含以下系统。

(1) 办公系统。

办公系统通常要具备邮件交流、公文传递及调阅、报告审批及流转、会议管理、表决管理等功能。

(2) 人力资源管理系统。

人力资源管理系统通常要具备人员花名册、人员信息管理,人员考核管理,人员岗位、薪酬、奖惩履历管理等功能。

(3) 考勤系统。

考勤系统通常要具备人员考勤记录、请假审批、加班审批管理,以及考勤统计及分析等功能。

(4) 财务管理系统。

财务管理系统通常要具备日常财务收支管理,人员薪酬、货币福利发放及个人费用、税负的扣收管理,财务计划执行监控与分析,固定资产台账,办公用品库存及领用登记等功能。

(5) 安保管理系统。

安保管理系统通常要具备各种门禁管理、各种监控管理功能。

(6) 内部门户、论坛。

内部门户、论坛通常要具备信息发布、知识库、信息交流等功能。

2. 生产管理系统

生产管理系统包括以下子系统。

(1) 项目管理系统。

项目管理系统通常要具备配置管理、项目管理（计划、人力资源安排、实际人力投入、进度）、阶段监控、风险监控、质量监控等功能。

（2）架构管理系统。

架构管理系统通常要具备数据字典管理、应用系统资源（界面、交易、程序、接口、数据库表等）管理、方案评审管理等功能。

（3）开发管理系统。

开发管理系统通常要具备人力资源配置管理、开发进度与质量管理、阶段评审管理、阶段提交物管理等功能。

（4）测试管理系统。

测试管理系统通常要具备人力资源配置管理，测试进度与质量管理，测试案例库管理，自动测试、压力测试、回归测试管理等功能。

（5）支持服务管理系统。

支持服务管理系统最主要的功能是事件及问题的接收、创建、流转、处理、反馈，最后关闭系统。

9.3.4 银行科技部门企业文化存在的问题

在企业文化建设上，银行科技部门普遍存在以下问题。

1. 精神面貌

- 没有树立明确的企业发展战略目标。
- 没有长远的、可持续发展的规划。
- 自我感觉良好，安于现状，斗志不足，不思进取。
- 对客户满意度不够重视。

2. 规章制度

- 标准不足，特别是数据标准、接口标准。
- 有制度却不落实。

3. 文化设施

关键管理平台缺失或不完善，具体表现在如下几个方面。

- 标准管理。

· 架构管理。

· 项目管理，包括规模、工期、质量、人力资源投入、进度、风险等模型与实操管理。

· 绩效管理。

· 员工职业生涯管理。

第3篇 信息系统架构

第10章 信息系统架构概述
第11章 面向服务的架构概述
第12章 松耦合
第13章 元数据
第14章 标准接口
第15章 服务组件
第16章 服务总线
第17章 应用架构
第18章 程序架构
第19章 数据架构
第20章 技术架构
第21章 流程架构
第22章 基础设施架构
第23章 联机交易处理系统的系统设计
第24章 联机与批量
第25章 国际化应用系统
第26章 软件产品化

第10章 信息系统架构概述

一个完整的信息系统是由各种硬、软件组成的。硬件包括各种计算机设备、网络设备，以及相关的机房动力、空调设备、消防设施和园区安防设施等。软件除了包括随计算机而来的操作系统、数据库、系统平台、工具等系统软件外，还包括各种中间件、各种应用程序。所有这些硬、软件是组成信息系统的部件。因此，研究信息系统的架构，首先需要回答如下几方面的问题。

1. 各种部件的分工

面对如此庞大的信息系统，各种硬、软件应该承担什么功能，承担多少功能？

2. 各种部件的内部结构

各种部件的内部结构应该如何构建？

3. 各种部件之间的关系

部件间的关系包括系统的层级结构，各部件的关联、交互机制和原则。如程序与程序之间的关系应该如何？数据库与数据库之间的关系应该如何？程序与数据库之间的关系应该如何？应用程序与应用平台、系统软件的关系应该如何？原来用手工完成的业务流程，如何构建为信息系统的处理流程？支撑信息系统正常运转的各种硬件基础设施应该如何构建？软件与硬件的关系应该如何？

10.1 好架构追求的目标

前面说到，信息系统规模越来越大时会形成软件危机，影响系统研发的效率与系统的可靠性。由此，我们可以提出，一个好的架构要追求以下4个方面的目标。

1. 可靠性

信息系统对于用户的经营和管理来说极为重要，一个好的信息系统架构要能使信息系统更可靠和安全。

2. 可用性

信息系统用户要面临激烈的市场竞争，一个好的信息系统架构必须使信息系统更易于使用，为客户提供更优质的有价值的产品和服务，并满足用户内部管理的需要。

3. 可维护性

信息系统的维护包括两方面：一方面排除可能出现的错误，另一方面是将新的业务需求反映到现有系统中。一个好的信息系统架构必须使信息系统更易于维护，降低维护成本。可维护性一方面体现在能有效地控制错误对信息系统造成的不良影响，快速地诊断与修复错误；另一方面体现在能提高信息系统的研发效率，使信息系统可以快速响应市场变化，使系统用户能保持在行业中的领先地位。

4. 松耦合

要实现上述信息系统的可靠性、可用性、可维护性，关键是从架构上让组成信息系统的各种部件之间松耦合，包括程序与程序间松耦合、应用与应用间松耦合、数据与数据间松耦合、程序与数据间松耦合、软件与硬件间松耦合、服务与地域间松耦合等。

10.2 信息系统架构的维度

根据前面所提到的信息系统架构的概念，我们可以从以下几个维度来探讨信息系统的架构应如何构建。

10.2.1 总体架构

信息系统架构主要是研究组成信息系统各硬、软件要素的构成与定位问题，包括要素的分类、分组、分层以及将各要素、各组、各层配置在信息系统的哪个位置。

信息系统部件的位置配置有横向配置与纵向配置，如图10-1所示。

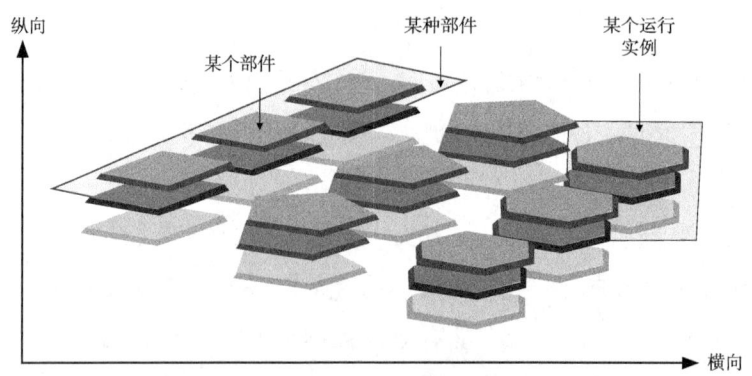

图 10-1　信息系统部件的位置

图 10-1 中的各个形状代表一个个信息系统部件，例如某个程序；相同形状相同颜色的部件组成一组相关的部件，例如某种应用；应用内程序之间的关系组成某个应用的内部架构。所有相同颜色的各类部件组成信息系统的横向架构，相同形状但不同颜色的各类部件组成信息系统的纵向架构。例如底层的部件组成信息系统的底层架构，代表信息系统的基础设施架构；中间层的部件代表信息系统的各种应用平台；而顶层的部件代表信息系统的各种应用。

一个能实际运行的应用实例，通常都包含了应用、应用平台、基础设施，如图 10-1 右上角所示。

10.2.2　横向架构

信息系统的横向架构要研究的问题包括程序架构、应用架构和数据架构。

1. 程序架构

这里指的是信息系统里各个程序的内部结构。

2. 应用架构

这里指的是信息系统里的所有程序如何分类、分组形成不同的层次并构建整个信息系统，具体表现为各层级间的定位与关系、层级内部各组件的定位与关系。

3. 数据架构

这里指的是信息系统的数据定义、数据存储、数据分布与流转、数据治理等，具体有数据的组织与分布、数据间的关系、各种各样的数据（数据资源）与各种各样的程序（逻辑资源）之间的关系等。

10.2.3 纵向架构

我们将信息系统的纵向架构定义为技术架构。

一个信息系统里包括多个应用实例，自下而上通常可以分为3层：

- 底层为基础设施层，包括物理设施（服务器、存储器、网络等）、系统软件（操作系统、数据库等）；
- 中间层为平台层，包括各种中间件与应用平台；
- 顶层为应用层，由具体应用组成。

技术架构指的是在信息系统里，这3层的各组成部分的定位与相互关系。

10.2.4 流程架构

信息系统的横向架构与纵向架构属于一种静态架构，流程架构则属于动态架构。流程架构研究的是如何把业务流程更优地转化为信息系统的信息流程与控制流程。由于信息系统的静态架构有横向与纵向之分，实际上流程架构也有横向与纵向之分。

随着信息系统的发展，信息系统几乎可以承担所有原来由人工完成的工作与管理。流程架构的目标是在信息系统里构建流程，一方面更好地完成已知的工作与管理，另一方面能适应业务发展，快速定制流程，以满足新业务的需要。

10.2.5 基础设施架构

基础设施架构包含两方面的内容：一方面是基础设施本身的架构，如服务器、网络的配备与配置、数据库的配备与配置等；另一方面是基础设施与各种中间平台、应用的关系。在信息系统里，基础设施要与平台、应用松耦合，与地域松耦合，因此需要根据平台、应用的具体情况，部署与配置各种各样的基础设施架构。

10.2.6 其他架构

其他架构，如安全架构等。

> **小结**
>
> 无论哪一种架构,如果光从名称看,它们似乎只提供了构建信息系统架构的概念与方法。但如果对其进行深入探讨,会发现无论哪一种架构的内涵都是非常丰富的。比如面向服务的架构(具体内容参见第 11 章),如果我们想要在一个系统中真正实现面向服务的架构,就需要更深入地探讨有关架构的各方面更具体的问题。

10.3 系统架构的发展

可编程的计算机从 20 世纪 40 年代被发明以来,已经经历了好几代的发展。一般认为,20 世纪 40 年代至 50 年代的计算机为第一代计算机,当时的计算机主要用于数值计算。20 世纪 50 年代末至 60 年代,计算机发展到第二代。这一代计算机的操作系统发展得越来越完善,随之而来的是事务处理中间件的研发成功。计算机开始越来越多地涉及事务处理。这也就有了用于事务处理的系统,从而需要考虑事务处理应用系统的架构问题。

随着计算机应用的发展,事务处理应用系统的架构也经历了面向机器—面向过程—面向对象—面向服务几个发展阶段。

10.3.1 系统的早期架构

在事务处理的早期,人们使用汇编语言进行编程。汇编语言是一种面向机器的语言,它与机器指令是逐一对应的。所以,人们通常把用汇编语言编写的程序称为面向机器的程序。

后来,编程语言发展为高级语言。但那时计算机用户关注的仍是如何用机器代替手工,以提高事务处理的效率。由于各种应用比较简单,一般是有多少不同的事务处理需求,就编写多少个模拟手工流程的事务处理程序。以银行应用系统为例,早期的系统架构如图 10-2 所示。这种系统架构的结构简单,程序与数据相对独立,程序之间相对松耦合,能对需求迅速做出响应。

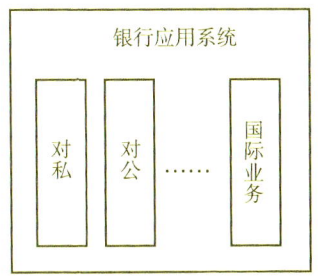

图 10-2　早期的银行应用系统架构

可以说,早期的银行应用系统是一种无架构可言的系统。

10.3.2　系统的模块化架构

随着应用系统要处理的事务越来越多,人们发现在事务处理过程中,有某些处理是相似的甚至是相同的。如果用不同的处理程序处理同样的事情,有 3 个缺陷:一是浪费资源;二是不同的处理程序是由不同的人编写的,处理相同事情时的处理方式不一样,难以保证处理的质量和效率;三是如果相同的事情有改变的需要,则需要修改所有相关的处理程序,系统维护和升级开销大。

针对这种情况,人们提出应用系统模块化的概念。也就是说,把程序中相似或者相同的逻辑功能抽取出来,交给专门的人开发,形成一些公共程序。各程序需要使用这些功能时,就去调用这些公共程序。例如,银行应用系统的模块化架构如图 10-3 所示。

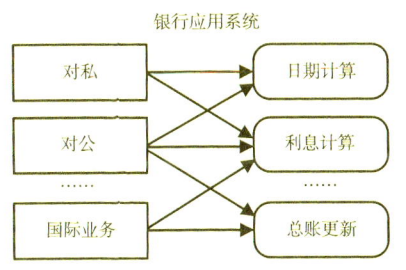

图 10-3　银行应用系统的模块化架构

从图 10-3 可知,模块化架构是一种多对多的架构。

随着应用系统的进一步发展,模块化编程方法带来了另外一些问题。

- 公共模块实现的一些功能往往是相对基本的核心功能，这要求公共模块编写人员有较高的专业素质。系统质量和效率的表现与公共模块有较大关系，公共模块往往成为系统开发和运行的质量和效率的瓶颈。
- 对公共模块的调用一般使用固定的接口信息，当公共模块由于功能的完善、变化、增加而需要修改时，只要接口修改了，不管该修改是公共模块本身的需要或者是某个使用该公共模块的程序的需要，除了公共模块本身以及与变化直接相关的程序需要修改外，所有调用该公共模块的程序都需要修改。
- 随着应用系统的发展，程序与公共模块会不断增加。公共模块的不受控增长，使程序与公共模块之间多对多的关系发展为一种复杂的网状架构。
- 程序的可读性大大下降。

所有这些均成为系统维护与发展的噩梦。

10.3.3　系统的烟囱式架构

在一段时间里，模块化架构遭到不断的质疑，而一种新的应用架构——烟囱式架构受到人们的追捧。烟囱式架构摒弃了对公共模块的极致追求，把公共模块严格管理起来。该架构把一些大部分应用都会涉及的、面向系统而非面向应用的功能，或相对独立的与应用其他功能相对松耦合的应用功能抽取出来，形成应用系统的底层架构。该底层架构作为所有应用的一个公共平台，而所有应用均在该平台上向上展开。例如，银行应用系统的烟囱式架构如图10-4所示。

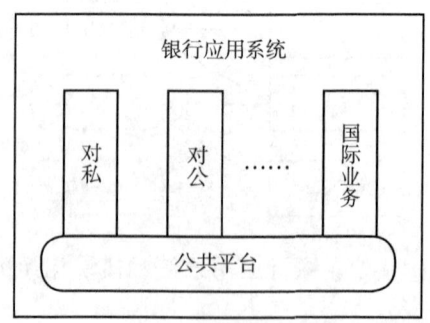

图10-4　银行应用系统的烟囱式架构

从图10-4可知，烟囱式架构与早期的架构相像。

烟囱式架构兼顾了前两种架构的优点，既避免了程序与公共模块间的紧耦合，又通过公共平台共享了一些公用功能。

前面介绍的3种架构基本上属于面向过程的架构。

10.3.4 面向对象的架构

前面提到的各种程序架构都算是结构化的编程方法。结构化的编程方法往往在解决一些问题后又带来了一些新问题，其根本原因在于该编程方法主要是面向过程的。其本质是对需求的整体目标功能按实现过程进行分解，自顶向下不断地把复杂的处理分解为按处理先后顺序的多个容易实现的子处理，然后用相应的处理过程解决逐个功能。因此，结构化的编程方法是围绕实现处理功能的"过程"来构造系统的。然而，随着系统的发展和完善，用户需求的变化大部分是针对功能的。如前所述，这种变化对基于过程的设计来说是灾难性的。需求的变化往往造成系统结构的较大变化，从而需要花费很大的代价才能实现这种变化。

20世纪六七十年代，相关专家开始提出面向对象（Object Oriented，OO）的编程方法。关于面向对象的编程方法有许多论著，这里不进行详细介绍。它与模块化最大的区别在于，公共模块程序一般仅是一些公用逻辑代码行的集合实体，而在面向对象的概念里，对象是封装了数据和操作这些数据的代码的逻辑实体。通过这种封装，该实体将其说明（用户可见的外部接口）与实现（用户不可见的内部实现）显式地分开，实现对数据和代码不同级别的访问权限。

面向对象的概念在20世纪八九十年代获得长足发展，出现了面向对象的程序设计语言和面向对象的数据库。

10.3.5 面向服务的体系架构

面向服务的体系架构（Service-Oriented Architecture，SOA）是更传统的面向对象的架构的替代架构。虽然基于SOA的系统并不排斥使用面向对象的设计思想来构建单个服务，但是作为一个整体，SOA却不是面向对象的，其整体设计是面向服务的。

什么是SOA？面向服务的内涵是什么？这些问题我们将在下一章进行详细解答和论述。

第 11 章　面向服务的架构概述

随着中国金融市场业务的发展，中国银行业的信息系统也面临着新的问题。一些大银行的信息系统已经使用了好几年，到了需要更新换代或改造的时候；一些原来的农村信用合作社（以下简称"农信社"）、城市信用合作社合并为规模较大的农村商业银行（以下简称"农商行"）、城市商业银行（以下简称"城商行"），它们需要构建新的信息系统。所有这些，使中国银行界对银行信息系统有了新的要求。中国的银行在建设新一代信息系统的时候，都会不约而同地面对同一个问题，即新一代信息系统应该采取怎样的架构，才能适应当前中国金融业高速且多变的业务发展状况。SOA 可能是他们听得最多的一个词。很多厂家、服务商都说，他们能向银行提供 SOA 的系统。一些银行也号称近期投产的系统已经是 SOA 的系统。但是，SOA 的系统应该是怎么样的，或者怎么样的系统才算是 SOA 的系统，业界似乎并没有一个统一的说法。笔者总结了各种对 SOA 的论述，大致可以对其进行如下定义。

SOA 是一个组件模型，其最大的特点是，它将信息系统的不同功能单元组成相对独立、封闭、边缘清晰的组件。组件内封装了逻辑代码和数据，形成信息系统的各种子服务。组件与组件之间通过标准的服务接口实现服务的调用与被调用，实现相互之间的控制信息与数据传递。标准接口采用自描述的中立方式进行定义。它应该独立于实现服务的硬件平台、操作系统和编程语言，使系统中的各种服务可以通过统一和标准的方式进行交互。

SOA 是面向对象架构的替代架构，但它与面向对象有质的区别。由于面向对象的架构没有规定对象相互之间的信息传递必须使用标准接口，所以面向对象的架构没有解决组件间紧耦合的问题。而在紧耦合的情况下，程序不同模块之间的接口与其功能和结构是紧密相连的，当需要对某些应用程序进行某种形式的更改时，往往需要修改接口。而接口的修改会影响所有使用该接口的其他程序。这样，它们相互影响，整个系统会显得非常脆弱。而 SOA 由于在组件间使用具有中立定义的标准接口，使组件的服务与被服务之间能实现松耦合。这种松耦合系统最直接的表现是,当组成整个应用系统的某个服务组件的内部结构和实现方式发生改变时,只要这种改变不影响对外服务的界面,其他组件就不需要做任何改变。

SOA 的系统中,整个系统内部的架构设计和每个组件内部的架构设计,同样应该相对独立于其运行的硬件平台、操作系统和编程语言。这样做的意义在于,当运行环境的基础设施发生了变化(这种变化往往是由于技术的升级、业务量的增加或者其他采购成本的变化而产生的)时,应用系统的变化最少,甚至只是一些配置参数发生了变化。

可见,SOA 的关键概念主要有以下两个。

· 把整个应用系统对外提供的服务按功能划分为一个个子服务,每个子服务对应一组程序。这些一组组的程序组成一个个的服务组件,服务组件包含了能够完成子服务的逻辑和数据。整个服务通过这些组件的服务调用和被调用过程来完成。

· 在组件间的服务调用和服务结果的返回过程中,其信息交流通过独立于实现服务的硬件平台、操作系统和编程语言,以自描述的中立方式进行定义的标准接口来完成,以实现组件之间的松耦合。

根据上述对 SOA 的定义,下面,笔者尝试对银行信息系统的 SOA 实现程度做一个量化的度量。

要分析这个问题,我们可以先从两个方面着手:面向服务的内涵,以及 SOA 的构成。

11.1 面向服务的内涵

大家都说要面向服务,但如何才算是面向服务呢?

1. 服务分解

面向服务的信息系统能把客户的总体服务要求分解,以对应一个个有序实现的信息系统子服务。这些子服务可以是基本服务,也可以是复合服务。一个复合服务,可以通过被进一步分解为若干个基本服务来完成。所有这些服务或者复合服务均对应信息系统的一个服务组件。完成复合服务的组件,可以再内嵌一些基本服务组件。

2. 服务资源

在 SOA 里,满足服务所需要的各种资源,包括信息资源与处理能力资源,由服务方自己解决，不需要被服务方关心与提供。

3. 服务关系

SOA 最重要的特征是能实现系统架构的松耦合。松耦合的内涵除了包括服务与服务之间的松耦合外，还包括服务本身与硬、软件平台松耦合，以及与地域松耦合。这意味着服务方与被服务方可以在不同的地域使用不同的硬、软件平台。

松耦合还意味着，只要服务的要求与根据要求所提供的服务内容不变，不管服务方与被服务方各自内部有什么变化，均不会由于一方内部的变化而需要另一方做出相应的变化。另外，即使服务的外特征有所变化，也仅需要在与变化有关的方面做相应的修改，而与变化无关的所有其他方面都不需要做修改。

要实现上述松耦合，SOA 要求在服务的信息交换中使用中立定义的接口（报文，下同）。也就是说，服务的申请、服务的返回、交换的信息都是一种通用且标准的信息。这样，只要服务方或被服务方给对方的交换信息标准不变，它们内部的任何变化，如地域的变化、硬件的变化、软件的变化等，都不会影响对方，也不会影响服务。

4. 服务调度 – 云服务

在 SOA 的高阶境界中，被服务方只需要知道能够满足其某种服务需求的服务方的名称，就可以向服务方交付控制申请，让服务方向其提供服务，而不需要知道服务方在哪里、其物理构成与逻辑构成，也不需要了解服务的具体流程、服务是如何实现的。

5. 服务支撑

要做到面向服务，需要有好的服务支撑工具，以便能更高效地在 SOA 下进行服务调度、系统建设与维护。这些服务支撑工具包括对服务进行控制的服务总线，对整个信息系统的各种软件资源进行管理与硬控制的软件资源管理系统，对标准接口报文进行解包、组包的标准接口解析器，以及其他工具。

11.2　SOA 的构成

要满足面向服务的要求，信息系统的架构需要相应具备以下要素。

1. 服务组件

把整个信息系统划分为若干服务组件，服务组件与服务对应。服务组件应该有如下特征：
- 有清晰的功能及约束条件，能独立配置、安装、运行；
- 具备封装服务所需数据；
- 可再内嵌组件；
- 可与外部逻辑通过标准接口（报文）进行信息交换；
- 可与环境松耦合，能低成本地在不同的硬、软件平台上重用、移植。

2. 数据封装

整个信息系统的所有数据需要按服务分解，并分别封装在不同的服务组件里。组件里封装的数据要能满足本组件提供的服务对数据的要求。组件所封装的数据只能由本组件访问。

数据冗余策略可以提高服务之间数据共享的效率。

3. 服务规范

服务规范包含 3 部分内容。

（1）命名规范。

定义信息系统中所有有名称的资源项的命名规范。

（2）元数据。

元数据定义信息系统中所有基础数据项的物理格式、名称，以及逻辑名称、应用名称。

（3）标准接口报文。

最能体现 SOA 的服务关系并实现该架构的最大特点——松耦合的目标，就是在服务与被服务间使用标准接口报文。标准接口报文有以下特征：

- 独立于任何硬、软件平台；
- 内容与格式自描述；
- 有效基础数据项是标准元数据；
- 协议与报文均在一定范围内作为标准并被遵守；
- 标准相对稳定，在可见的几年内保持不变。

4. 服务总线

服务总线是实现 SOA 的一个重要组成部分，是服务分解与服务调度的一个关键工具。

与各种各样的总线一样，服务总线把服务的网状架构变为树状架构。

服务总线实现服务交付控制功能，包括服务的分析、分拆、转发、路由控制、流程控制、结果打包。

通过服务总线，信息系统把不同渠道的客户服务申请整合为统一的标准服务，然后通过总线，把一个完整的客户服务分解为一串有序执行的子服务。

总线结构可以是多层的结构。

5. 服务支撑系统

服务支撑系统要满足 SOA 对服务支持的各方面的管理要求。

（1）软件资源管理系统。

· 管理信息系统所有基础数据项——元数据及各层级元数据之间的关系。

· 管理所有元数据与数据库表、文件、接口的关系。

· 管理数据库表、文件、接口与程序的关系。

（2）工具。

标准报文转换工具把自描述不定长的接口报文与固定格式的接口进行相互转换。

11.3 服务内涵与架构的关系

前面从服务与架构两方面对 SOA 的内涵进行了分析。其实，架构是为了实现服务而存在的。表 11-1 一方面展现了架构与服务的对应关系，另一方面可以量化 SOA 的程度。

表 11-1 架构与服务的对应关系及 SOA 程度权重

	服务分解	服务资源	服务关系	服务调度	服务支撑	合计
服务组件	20%					20%
数据封装		10%				10%
命名规范			5%			5%
元数据			10%			10%
标准接口报文			25%			25%
服务总线				15%		15%

续表

	服务分解	服务资源	服务关系	服务调度	服务支撑	合计
多级总线				5%		5%
资源管理系统					5%	5%
报文转换工具					5%	5%
合计	20%	10%	40%	20%	10%	100%

在表 11-1 中，第一行是 SOA 的服务内涵，第一列是信息系统架构对应 SOA 相关服务内涵的内容，灰色的单元格表示信息系统架构对应的服务内涵及其对 SOA 程度的贡献权重。

从表 11-1 中的数字可以看出 SOA 的关键要素：从服务的维度分析，服务分解、服务关系、服务调度的权重分别是 20%、40%、20%；从架构的维度分析，服务组件、标准接口报文、服务总线的权重分别是 20%、25%、15%。

例如，从服务的维度分析，如果某个信息系统不能够实现服务与被服务之间的松耦合关系（命名规范、元数据、标准接口报文），就算它在其他所有方面都已经做到满分（实际上这是不可能的），该信息系统实现 SOA 的程度最多只能评价为 60 分。

又如，从架构的维度分析，如果某个信息系统没有采用标准接口报文（自然没有报文转换工具），也没有实现服务总线结构，就算它在其他方面都已经做到满分，该信息系统实现 SOA 的程度最多只能评价为 55 分。

通过上述对 SOA 内涵的具体分析，可以看出，SOA 对信息系统的要求还是比较高的。当然，表 11-1 是笔者根据自己对 SOA 的理解做出的一个评价体系表，有识之士也可以使用其他的评价体系。但对于中国在建的或已经投产的比较新的银行信息系统，不管是用表 11-1 还是其他的评价体系，估计得分都不会很高。

11.4 正确评价 SOA

目前，信息系统采取 SOA 是一种比较时髦的说法。实际上，SOA 有它的特点：它既能带来服务的松耦合，也带来额外的开销。基于上述对 SOA 的定义，我们下面就应该如何正确评价 SOA 进行进一步的探讨。

11.4.1 SOA 的优点

SOA 的最大优点无疑是服务的松耦合以及信息系统内部应用架构的松耦合,而这些松耦合正是系统架构师们历来孜孜不倦追求的目标。

面向服务及服务的松耦合带来的好处不言而喻。这让我们的系统设计师们能够更关注业务架构而不是应用本身。它让业务创新变得更容易实现,包括使服务变更、服务功能重组、服务流程再造等变得更快、更容易。这使得信息系统所服务的业务更能适应市场的变化和发展。

应用架构内部的松耦合带来的好处就更多了,具体如下。

1. 解决了系统发展瓶颈

随着信息系统的不断膨胀,系统遭遇了所谓的软件危机:系统越来越复杂,应用模块之间的关系也越来越复杂。通常,原来的东西谁也不愿意改,也不敢改,新功能只能像补丁一样一个个地打在系统上。系统的负担越来越重,危机越来越大。人们用软件爆炸来形容这种软件危机。而信息系统服务拆分及其之间的松耦合从根本上解决了信息系统由于规模膨胀引起的系统发展瓶颈。

2. 简化了系统结构

总线架构把多对多的网状结构变为一对一的星形结构,简化了信息系统的宏观结构,简化了应用模块之间的关系。

3. 提高了系统发展与维护效率

由于系统的复杂性,系统的发展与维护会涉及越来越多的方面。所谓牵一发而动全身,系统的发展与维护效率会随着系统的膨胀而急剧下降。应用架构松耦合能很好地应对系统的变更。松耦合意味着任何应用组件的内部变化均不需要其他组件做出相应的变化。即使组件外部功能有变化,也仅与该变化功能涉及的组件相关。松耦合使变更仅局限在需要变更的模块,而不会祸及其他模块。这极大地减少了系统维护的工作量,使系统发展与维护的效率变高,系统维护的成本自然就降下来了。

4. 业务可快速创新

如果我们建成完善的企业服务总线,服务粒度就能分解得比较小,我们几乎可以仅通过子服务的组装与流程的配置、无须编程就能快速生产出新产品。

5. 安全

安全是最重要的一个好处。由于信息系统架构松耦合，局部的修改不会影响其他部分。修改面小了，测试面自然就小了，从而可以测试得更充分。并且，由于修改是局部的，万一修改出了问题，影响往往也是局部的，不会涉及整体，故障定位也很容易。

11.4.2 SOA 的缺点

SOA 的缺点主要体现在以下 3 个方面。

1. 系统开销

SOA 使系统架构在宏观上变简单了，但在微观上使环节变多、变复杂了。所以，SOA 也带来了系统开销的增加和系统运行效率的下降。

例如，服务间使用标准接口报文。由于报文采取中立而自描述的格式，这种接口通常比我们平常定义的程序之间的固定格式接口要复杂：没有固定格式和固定长度，不易读，不易理解；通常需要编写较复杂的程序去扫描接口本身，从而解码接口所表达的内容。一般的程序员对使用这种接口都会感到头疼。并且，接口解码、拆包均需要额外的机器开销，这会增加机器的处理时间，影响机器的处理效率。

又如数据封装，所有的数据基本上都分别封装在某个组件里，且只有该组件能够访问封装在组件里的数据。如果组件外的其他程序想取得封装在组件内的数据，必须向该组件进行服务申请，而不能直接访问该数据。这样，对比起直接访问，访问环节多了，内部信息传递的开销也大了。当然，为了提高数据共享的效率，我们可以通过数据冗余的策略让其他组件封装源数据的副本。但这样一来，又多了数据唯一性与数据同步的管理，这让系统的管理变得更复杂了。

2. 系统单点

总线结构让服务总线成为系统的单点瓶颈。服务总线的可靠性与效率直接关系到整个系统的可靠性与效率。所以，如果采用总线架构，服务总线的质量良好是建设 SOA 的关键。

各种基本服务也是单一的。如果某基本服务出了问题，它会影响所有包含该基本服务的客户服务。

3. 硬件成本

当然，系统开销与系统单点都不是不可解决的问题，我们可以通过提高对硬件的投资，以解决处理效率、服务多份多活等问题。但是，这样势必会增加硬件成本。

11.4.3 SOA 的适用范围

基于 SOA 的优缺点分析可以看出，不是什么信息系统都适用 SOA 的。一般来说，在如下情况中应该采用 SOA。

1. 复杂的信息系统

银行的传统业务、核心业务本来不算太复杂，但随着中国金融市场的发展，银行的各种中间业务、金融衍生业务、涉外业务越来越多。这些业务与银行核心业务有各种各样的关系，使整个银行信息系统变得越来越复杂。所以，业务品种越多的信息系统就越应该采用 SOA。

2. 大规模的信息系统

什么样的信息系统才算是大规模的信息系统呢？这没有一个绝对的说法。并且，随着时间的推移和应用的深入发展，几乎任何信息系统的规模都是越来越大的，大规模系统的标准也在随着时间发生变化。对于中国银行业的信息系统，几个国有控股的大银行和排在前面的股份制银行的信息系统都应该算是规模比较大的系统。其他资产在数千亿元、年利润在数十亿元的城商行和农商行的信息系统，也可以归入大规模系统。

3. 与外部系统交互多的系统

当一个系统需要频繁地与多个外部系统交互时，我们可以把该系统看作一个更大系统中的子系统。为了将外部系统与该系统的相互影响降到最低，该系统应该采用 SOA。

4. 相对成熟但变化较多的系统

如果系统面向的应用相对成熟但变化比较多，则应该采用 SOA。例如，一些银行的业务有核算的变化、流程的变化、监管的变化、业务组合的变化等。

11.4.4 SOA 建设的注意事项

尽管 SOA 是当前信息系统建设中一个比较常见的目标,但银行还是要注意以下事项。

·并非任何系统都适合采用 SOA。规模比较小的系统,基本可以应付变化的应用,采用 SOA 带来的好处未必能抵消 SOA 带来的额外开销的坏处。

关于 SOA 带来的额外开销,有关人员曾经做过一个分析。在其他因素不变的前提下,在提升机器整体处理能力上的开销大概会比原来提高 50%～100%。也就是说,采用 SOA 时,在机器处理能力上的投资要比原来高 50%～100%。

·建设 SOA 完全可以是一个渐进的过程,可以按照先外后内、先易后难的进程来建设。外特征越成熟稳定的业务,越可以先做。等积累了经验,新兴业务相对成熟后,再做那些业务。

·在当前的硬、软件技术条件和系统规模下,不主张把 SOA 极端化。也就是说,组件的粒度不宜太小。设想一下,如果我们把原来大而紧耦合的信息系统划分为 10 个组件去建设,这就把系统的集中度下降了一个数量级,也把系统的复杂度下降了一个数量级——这已经是一个非常大的进步了。如果组件的粒度太小,在机器处理能力上的开销就不是增加 50%～100% 了,而会更高。

·根据摩尔定律,相同的价钱所能买到的计算机的性能,每隔 18 个月将翻一番。这一定律揭示了信息技术进步的速度。随着硬、软件技术的快速发展,也许在不远的将来,机器处理能力的价格会进一步大幅度下降。那时候,机器处理能力的开销已经不再是我们首要考虑的问题,我们更希望系统能与时俱进。这时,我们可以更深入地推进对 SOA 的建设。

11.5 SOA 建设路线图

随着信息系统的功能越来越多,系统会越来越庞大,一个完整业务流程的环节会越来越多,程序之间的关系也会越来越复杂。一个大规模的系统如果不采用 SOA,最终极有可能会走向所谓的软件危机。

但由于服务的标准化，服务的对象和服务本身都需要为标准化付出额外的开销。所以，SOA 的建设要权衡松耦合、系统开销、效率几方面的因素。以银行信息系统的 SOA 建设为例，银行应该从架构规划与标准规划两条线并行来进行 SOA 建设。

11.5.1 架构规划

银行在进行架构规划时，应注意以下几个方面。

- 银行产品体系的科学划分是银行服务划分的基础，而服务划分是应用架构规划与组件规划的重要基础。
- 整个信息系统应该进行科学的应用架构规划。
- 数据的松耦合是应用松耦合的基础，所以要在产品分类与应用架构的基础上进行数据的架构规划。
- 在充分考虑了系统开销增加的前提下，应用架构里的主要组件应该建设成为包含数据的组件。组件的建设可由外到内，先解决外部服务，再考虑内部服务。相对成熟的容易标准化的服务应该优先进行组件的建设。
- 企业服务总线的规划。
- 流程架构规划。
- 其他相关规划。

11.5.2 标准规划

要建立企业级的数据标准，在建立标准时就要注意以下两方面。

一是在制定企业级的数据标准时，一定要参照相关的标准。已经有国际标准的，尽量采用国际标准；没有国际标准的，应该采用国家标准；国家标准都没有的，应该采用行业标准。仅在上述所有标准都不能参考的情况下，才能采用自创的企业标准。

二是所有的标准规划最好能够在原有系统的基础上进行综合和归纳，而不是闭门造车、凭空想象。原有系统毕竟已经支撑了当前所有已上线的业务，用原有系统作为基础，覆盖面、可行性比较有保证。

标准规划包括以下内容。

- 数据编码标准。在计算机的发展过程中，需要编码的信息容量不断增大，数据编码（内码）标准也在不断变化发展，从最早的5位编码到8位编码（8位编码属于单字节编码，从ASCII发展到EBC），后来又从单字节编码发展到双字节编码、多字节编码。目前，一个信息系统里往往存在多种编码方式，这不利于信息系统的内部信息交换。
- 命名规范。命名规范是系统资源管理的基础，包括各种程序、数据库表、文件、接口、基础数据项等资源项的命名。
- 完善的元数据定义、数据字典管理。这是建立其他标准，如标准接口的基础。
- 代码定义。代码定义包括各种各样代码的内部格式与取值范围，当其取不同值时，所代表的准确意义也不同。比较典型的例子是错误代码定义。
- 协议和报文标准化是建设SOA的关键，也是建设SOA的难点。如果是对原有系统进行改造，则改造的工作量最大，应优先规划。
- 其他标准。

SOA建设路线图如图11-1所示。

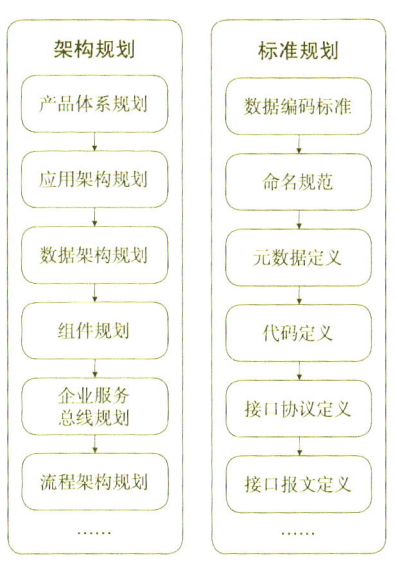

图11-1 SOA建设路线图

第 12 章　松耦合

随着信息系统的发展，信息系统越来越庞大、越来越复杂。面对这种情况，业内人士认为系统架构应松耦合。但是，什么是松耦合？松耦合究竟包含哪些内容？怎么样才算是做到松耦合呢？下面我们来探讨一下这些问题。

12.1　松耦合的相关概念

与松耦合相关的概念有耦合、耦合方、耦合点和耦合度。

1. 耦合

在世界的各类事物里，总是有需要相互联系和沟通的。这种联系和沟通可能发生在人与人之间、组织与组织之间、物理设备之间、应用程序之间等。通常，联系是为了沟通，沟通是为了达到某种目的。

所谓"耦合"，从简单的概念来分析，就是指两个事物的连接。在软件领域，在计算机信息系统里，"耦合"一般指系统组件之间的连接。

耦合有多种维度。例如组织耦合，指的是在构建整个系统内部组件时，组件相互之间相对静态的依赖。又如运行耦合，指的是在系统运行时，组件相互之间相对动态的依赖。在信息系统里，运行耦合主要有流程耦合与信息耦合，此外还有空间（地域）的耦合、时间的耦合等。总之，事物之间的联系是千丝万缕的，它们之间的任何一种联系事实上都是一种耦合。

2. 耦合方

耦合在一起的各方，称为耦合方。

一个系统的内部有许多相互有关系的部件，这些有关系的部件组成了系统的各耦合方。在系统运行中，两个耦合方中的一方为了某种目的会向另一方发起一个运行耦合的要求，而另一方要对该要求做出响应。我们把运行耦合的发起方称为主叫方，把响应方称为被叫方。例如，两个人为了沟通而打电话，拨号呼叫的一方就叫主叫方，接电话的一方就叫被叫方。

3. 耦合点

一个耦合方与另一耦合方耦合在一起时，两者之间一定要有一些连接点才能沟通。我们把连接点称为耦合点或耦合路径。这里还是用打电话举例。在用电话通话时，我们认为通话双方的耦合点是电话和连接双方电话的通信线路。

耦合点存在单点耦合与多点耦合的情况。单点耦合就是某耦合方与其他耦合方只有一个耦合点。只要该点取消，该耦合方与其他耦合方的耦合关系就不存在，如上述的两人通电话可以认为是单点耦合。在另外一些场合，为了实现某种目的，某个耦合方需要多个耦合点。例如我们使用电视机，为了让电视机能正常工作，电视机需要电源与电视信号的输入，这样，电视机与外界之间就需要两个耦合点。

4. 耦合度

耦合度是指为了实现某种目的连接，连接方相互之间依赖的程度。它可以是紧耦合，表示连接方相互之间的依赖程度高；也可以是松耦合，表示连接方相互之间的依赖程度低。

12.2　松耦合的度量

人们认为，一个大系统的组件之间应该松耦合。那么什么才算是松耦合呢？业界对松耦合有许多的论述，但没有一个统一的标准。从宏观的角度来看，松耦合的含义应包括以下两个方面：

- 如果耦合一方的内部改变没有导致其外部特征产生变化，那么就不会影响到耦合的另一方；
- 当耦合是一对多时，"多方"中的某个耦合方需要"一方"做出某种外部特征变化，该变化仅与"多方"中那个要求变化的耦合方有关，而对"多方"的其他耦合方没有影响。

上述是对松耦合的一个定性的说法。那么从定量来看，我们可以从哪几方面来实现松耦合呢？我们可以从哪几方面来衡量耦合的松紧度呢？

1. 耦合点越少越好

耦合方与其他耦合方的耦合点越少越好,因为任何一个耦合点发生变化都会引起耦合双方的变化。耦合点越多,由于耦合点的变化而引起耦合方变化的可能性就越大,如图12-1(a)所示。最好的情况是,任何耦合方都只有一个耦合点与所有其他耦合方进行耦合,如图12-1(b)所示。这就是说,该耦合方作为系统的一个组件,只有一个出入口,所有其他组件与其打交道都只能通过该出入口进行。与"千丝万缕"的联系相反,该组件与其他组件的联系是单线联系,关系极为简单。

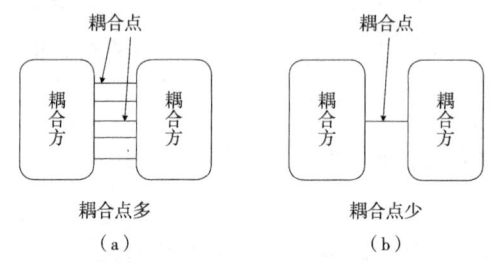

图12-1 耦合点的多少

2. 每一耦合点越小越好

耦合点越小越好,否则,我们把原来多个耦合点拼成一个,似乎就可以达到松耦合的目的。要求耦合点小的内涵是,耦合点里包含的内容越少越好。例如,一个程序要调用另一个程序,除了发出调用命令外,呼叫程序通常还需要通过通信区把一个接口信息传递给被叫程序。该通信区就是两个程序的一个耦合点。该通信区越短越好,里面包含的信息个数越少越好,如图12-2(b)所示。反之,如果耦合点很大,耦合的内容很多,由于耦合内容变化而引起耦合方变化的可能性就越大,如图12-2(a)所示。

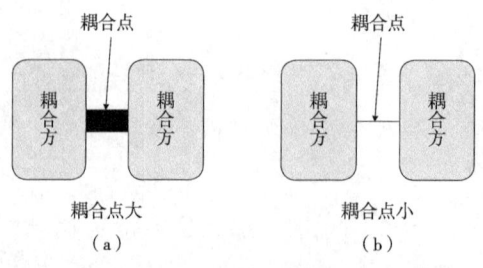

图12-2 耦合点的大小

3. 耦合方越少越好

系统的一个组件通常要与系统的其他组件连接，才能发挥该组件在整个系统中的作用。所以，耦合是必需的。但是，某个组件与其他组件的关系越简单越好。也就是说，对某个耦合方而言，与其耦合的其他耦合方越少越好。最好的情况是，一个组件只与另外一个组件耦合，如图12-3（a）所示。

另一种情况是，假设一个系统有5个组件，每个组件与其他组件都有关系，那么每个组件的耦合方都有4个，如图12-3（b）所示。

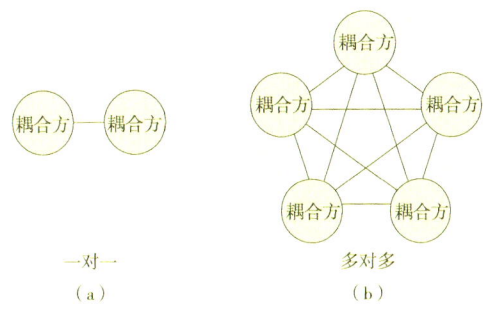

图 12-3　耦合方的多少

显然，多对多的耦合不是一种松耦合，因为不管哪一个耦合方有变化，都会影响其他耦合方。并且，随着系统组件的增加，耦合点会随着耦合方数量的增加而急剧增加。

4. 耦合点种类越少越好

耦合点是耦合方的连接处。对于程序来说，耦合点就是程序之间的通信接口。接口的种类越少，对于整个系统或各个程序来说，需要关注与适应的内容就越少，变动引起的变更就越少，需要维护的东西就越少，管理成本就越低。

5. 耦合点越标准、越规范越好

如果耦合点采用的是某种标准，那么只要耦合方的变动没有违反标准，肯定不会影响其他耦合方，从而达到松耦合。

现实中最规范的耦合点的例子，是人们日常生活中经常会使用到的各种标准件。其中的紧固件——各种螺栓、螺母采用的就是世界标准规格。这样，我们在需要使用这些紧固件时,只要按规格设计,根本不需要担心所需要的紧固件是否合适。

再如程序接口,在金融卡交易里,业界流行的标准接口是"ISO 8583"。由于该标准是国际标准,几乎在所有金融卡交易里都被采用,所以任何一个耦合方只要采用了该标准,并且所有变动没有违反该标准的规范,就肯定不会影响第三方。另外,"ISO 8583"一共只有5对报文,其接口(耦合点)种类非常少。

6. 对主叫方要求越低越好

通常,被叫方要对主叫方的呼叫做出相应的处理与应答。但处理与应答所需要的资源最好全部由被叫方自己解决,而不应依赖主叫方提供。如果能做到这一点,主叫方关注的东西就少了,不需要在耦合双方之间传递大量信息,从而实现了松耦合。

7. 对被叫方了解越少越好

如果主叫方不需要知道被叫方在哪里,不需要知道被叫方的物理构成与逻辑构成,也不需要了解被叫方的具体内部运作流程与处理机制,那么就意味着被叫方的所在地域、物理构成与逻辑构成、内部运作流程与处理机制和主叫方基本无关。所以,这些内容的改变也与主叫方无关。

实现了上述第六和七点,就在很大程度上实现了主叫方与被叫方的松耦合。

12.3 银行信息系统中的松耦合

基于以上对松耦合的分析,我们可以从以下几方面来研究银行信息系统如何能做到松耦合。

12.3.1 应用架构松耦合

在计算机应用领域里,信息系统架构的松耦合是最需要关注和最重要的内容,具体包括以下几方面。

1. 组件松耦合

对于比较大的信息系统,我们会人为地将其划分为若干个大的组件,以便能对系统进行更好的规划与管理。

组件应该有如下特征,以实现组件松耦合的目标:
- 有清晰的功能;
- 封装实现功能的数据;
- 可以独立配置、安装、运行、更新、替换;
- 与外界的接口是标准接口;
- 与运行的硬件、软件没有强依赖关系,能低成本地在不同环境里被移植、重用。

2. 接口松耦合

组件松耦合的一个条件是使用标准接口。标准接口的定义主要涉及以下 3 方面。

(1) 中立。

标准接口应该独立于实现服务的硬件平台、操作系统和编程语言。

(2) 自描述(自解析)。

标准接口包含了对本身有效数据的完整描述。

(3) 成为一定范围内被遵守的标准。

由于接口是在一定范围内被遵守的标准,所以能隔离使用标准接口的组件内部的变化,使之相互松耦合。

3. 应用与数据松耦合

在计算机应用发展的初期,人们对应用与数据的关系没有严格的定义,通常是将所有数据都放在那里,谁需要哪些数据就直接访问哪些数据。这样,应用与数据之间是多对多的关系,如图 12-4 所示。

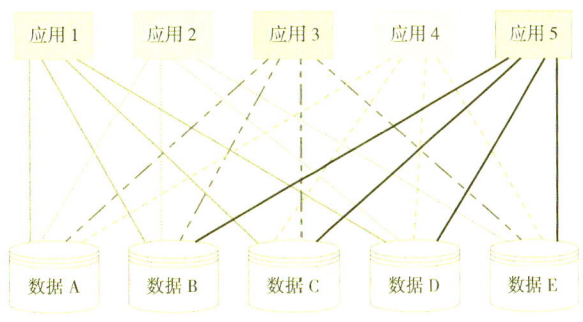

图 12-4 应用与数据的多对多关系

显然，从松耦合的角度来看，图12-4所示的是一种多对多的耦合，而多对多肯定不算是松耦合。

要使应用与数据松耦合，我们应采取数据封装的做法，具体如下。

· 信息系统的所有数据都被分别封装在不同的应用里。

· 应用里的数据只能通过该应用本身去操作。

· 当其他逻辑单元要访问封装在某个应用里的数据时，要向该应用提出数据服务要求，由该应用提供相应的数据。

这样，我们能实现应用与数据一对一的关系。

4. 结构松耦合

为了尽量减少多对多的耦合，信息系统在大组件间采用总线结构的耦合方式，把耦合从多对多变为一对一，降低组件之间的耦合度，如图12-5所示。

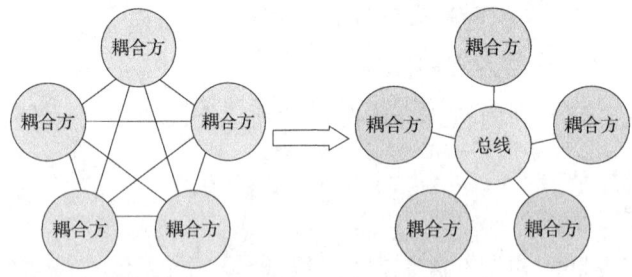

图12-5 网状结构变成总线结构

总线结构实现了任何一个组件只与一个组件（总线）耦合，从而达到松耦合的目的。

我们可以把应用与数据松耦合与结构松耦合叠加在一起，如图12-6所示。

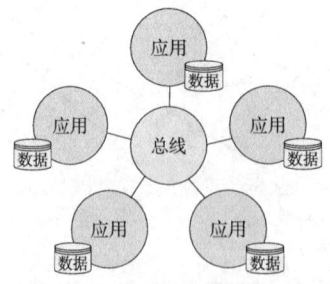

图12-6 应用、数据、结构松耦合

对比一下图 12-4 和图 12-6，可以发现图 12-6 的结构简单了很多。

5. 程序与硬件、软件平台松耦合

应用架构松耦合还要求应用程序与其运行平台之间没有强依赖关系。也就是说，应用与数据的设计应该使应用程序能低成本地在不同的平台上移植与重用。

运行平台包括以下两种。

（1）硬件：大机或开放平台服务器，不同厂家、不同品牌的服务器。

（2）软件：不同的操作系统、平台、编程语言、数据库。

12.3.2 流转控制松耦合

流转控制松耦合也是信息系统松耦合的一个重要指标，具体包括以下 4 个方面。

1. 产品与核算松耦合

在银行的业务处理系统中，凡是涉及银行客户在银行的资产、负债类责权变化的交易，均会涉及银行的内部核算。而银行的内部核算规则会随着银行在不同经营阶段的管理思想、监管要求而变化。这些变化大多与客户及银行产品本身关系不大。为了减少银行内部核算规则的变化对产品的影响，在应用设计时，银行可以把产品与内部核算流程分开处理，也就是通常说的产品与核算分离。

2. 流程顺序松耦合

早期的应用程序属于面向过程的结构，处理流程由事前设定的指令流按部就班地执行来决定，流程变化相对较少。

现代的应用程序要求面向服务。一方面，流程可配置；另一方面，流程可由事件与消息驱动，可以根据不同场景、接口信息的不同内容来动态调整。

3. 地域松耦合

流转控制松耦合还包括支持分布式处理流程。也就是说，在一个完整的服务流程中，各服务阶段与地域没有强依赖关系。这里有 3 个方面的内涵：一是服务可以在不同地域分布式部署；二是申请方不需要知道服务方在哪里，是在局域还是在广域，系统能实现智能动态寻址、动态路由；三是任何服务组件如果需要进行运行实体部署的地域迁移，只需要简单地修改服务的地域配置，而不会影响整个信息系统的架构与运作。

4. 外连松耦合

流转控制松耦合要求本系统与他系统连接时，采用异步连接方式。所谓他系统，指的是本系统的所有权人不能指挥与控制的其他系统（如他行系统、第三方系统等）。用异步连接方式可以更好地把本系统与他系统隔离起来，以免他系统的故障蔓延到本系统。

12.3.3 信息松耦合

信息松耦合也是信息系统需要关注的一个松耦合，具体包括以下两个方面。

1. 编码松耦合

在现实世界中，我们为了识别事物的个体，通常会对个体进行命名。例如，某个人叫张三，另外一个人叫李四。但这种无规则的命名经常会重复。例如，我国公安部发布的《二〇一九年全国姓名报告》中显示，叫张伟、王伟的人各有近30万，叫李娜、王芳的人也有27万多。这种个体无规则命名的做法，由于存在大量的重名，往往会失去命名的意义。

在许多场合，我们需要个体的命名具有唯一性，以便通过某个命名能准确定位某个个体。为此，人们在某些方面对个体的命名采取了统一的命名规则。例如，在中国，每个人有不同的身份证号码；在美国，每个人一出生就可以申请一个社会保障号码。无论是中国的身份证号码还是美国的社会保障号码，每个编号都要求是全社会唯一的编号。

在计算机信息系统中，为了处理的需要，我们也需要对许多处理对象使用某种唯一的代码作为个体的标识，如账户使用的账号，银行卡使用的银行卡号，客户使用的身份证号码等。

个体编号的编码方法通常有以下两种。

（1）分段表意法。

这种编码方法把整个编号分成若干部分，让每一部分隐含着某种意义，各部分合起来组成一个完整的个体编码。

例如，中国的身份证号码是由18位数字（最后一位也可能是字母）组成的，其中第一、二位数字表示所在省份的代码；第三、四位数字表示所在城市的代码；第五、六位数字表示所在区县的代码；第七至十四位数字表示出生年、月、日；第十五、十六位数字表示所在地的派出所的代码；第十七位数字表示性别，其中奇数表示男性，偶数表示女性；第十八位数字（或字母）是校检码。

在计算机信息系统里，使用得最普遍、最多的是账号。对于账号的编码，也有不少系统采取分段表意法，如第一段表示账户的所属科目，第二段表示账户开户的地域，第三段表示账户开户的网点，第四段表示顺序号，第五段表示校验码等。

（2）顺序分配法。

与分段表意法对应的编码方法是顺序分配法。这种编码方法也可以分段。每段的编码按序分配出去，但每一段的编码不会与某个固定的意义紧密结合。例如，用这种方法对 16 位的账号进行编码时，我们可以让系统使用两级账号分配器。第一级分配账号的第一段（例如 10 位，按地域动态分配），第二级分配账号的第二段（例如 6 位，在地域内分配）。假设每段都从 0 开始，第一个地区第一个开户的客户得到的账号是 0000000000-000000（为了方便理解，这里在编码的两段中间加上了短横），该地区第二个开户的客户得到的账号是 0000000000-000001。以此类推，当该地区头 100 万账号资源已经用完，下一个开户的客户得到的是另外 100 万账号资源里的第一个账号，例如 0000000088-000000，那么再下一个开户的客户得到的账号为 0000000088-000001，以此类推。

以上两种编码方法的特点如下。

（1）分段表意法的特点。

· 编码本身可以隐含大量的信息，可以直观地从编码中对编码对象有初步的认识。

· 个体相关信息已经包含在编码里，要取得这些信息，系统开销小、效率高。

· 编码本身与所隐含的信息紧耦合，当编码对象的相关属性发生变化时，编码也需要变化，这往往会引起系统的重大变更，使得这种变化的代价非常大。

· 编码显性地包含个体信息，对信息安全不利。

· 由于个体属性的离散性，编码资源消耗大。

例如身份证号码，由于身份证号码隐含了大量的地域信息，我们可以通过简单的方法知道一个人的居住历史；但当该人搬家后，该地域信息的意义就不大了。特别是身份证号码隐含了性别信息，当一个人转换性别后，不知是否应该更换身份证号码。

又如账号，表意编码里的账号隐含了开户场所的信息，而该信息通常又被系统用于区分账户的一些功能限制,如能否通存通兑,通兑是否要收费,能做一些比较关键的操作。此外,这些信息还会涉及内部核算归属等。当银行营业机构变化时(如网点的撤并),就需要变更账户的账号。众所周知,由于账户的存折、卡等介质在客户手上,这种变更是非常麻烦且漫长的一个过程。

(2)顺序分配法的特点。

顺序分配法的特点与分段表意法的刚好相反,具体如下。

· 编码本身没有含义。

· 个体相关属性通过链接与编码个体联系,编码与属性松耦合。当编码对象的相关属性发生变化时,直接改变该属性不会引起系统的其他变更。

· 个体信息不包含在编码里,要取得这些信息会产生系统开销。

· 从编码本身不能了解编码所包含的个体信息,信息相对安全。

· 由于编码是按顺序分配,所以可以节约编码资源。

从上述分析可以看出,顺序分配法是一种松耦合的编码方法。

2. 主题松耦合

在信息系统里,我们会面对许多要处理的业务对象。系统设计人员会对一些比较主要的处理对象进行归纳,将其作为信息系统要处理的数据主题。在银行信息系统里,这些主题主要有当事人、访问标识、账户、协议、产品等。

在银行信息系统里,所有这些主题都是相互关联的。例如,银行的客户(当事人)可以通过各种账号、卡号、用户名(访问标识)访问他在银行的各种账户,并根据他与银行签订的各种协议获得各种服务(产品)。

在银行没有实现电子化或者电子化程度不高的时候,上述主题的关系相对简单。某个客户到银行开了某个账户,银行会把代表该账户的某些介质,如存折、卡、支票等交给客户。当有人持这些介质到银行时,银行就认为他可以取得该介质对应账户的服务(产品)。(最多再加上一些简单的认证,如核对印鉴等。)

当银行的电子化深入发展,特别是电子自助渠道得到普及时,银行大部分的业务已经能通过电子自助渠道完成。在电子自助渠道里,特别是在新电子自助渠道——网银、手机银行里,银行需要认证的物理介质已经不起作用,取而代之的是对访问标识的认证。而访问标识不一定就是账号、卡号,它可以是任何其他的用户名、别名。访问标识所能访问的账户、所能获取的服务，也未必仅限于某个或某种账户。许多银行允许客户拥有多个访问标识，并且在不同的场景中，不同的访问标识可以访问多个不同的账户，享受多种服务，而且这是可以定制的。

这就是信息系统的主题松耦合的一种表现，它体现的是客户与访问标识的松耦合、访问标识与账户的松耦合。在这种场合，如果刚好使用账号或卡号作为访问标识，系统会认为这只是偶然而不是必然。该账号或卡号已经不是该账户或该卡的唯一访问标识，而是多种访问标识中的一个。

反之，我们可以硬性规定某个客户只能使用某个访问标识，而某个访问标识只能访问某个账户。这种情况最常见的是使用某账号只能访问对应的账户，使用某卡号只能访问对应的卡户。这种情况就是一种主题紧耦合。

主题松耦合在技术上体现在主题之间的多层次、可动态调整的链接上。

12.3.4 联机与批量松耦合

对银行的业务处理系统而言，其处理方式主要有两种：一种是联机处理，另一种是批量处理。本文的批量处理，如果没有特别说明，是指日终批量处理，不包括白天的联机小批量处理。

在银行计算机应用早期，通常联机处理在白天进行，批量处理在晚上进行，两者互不相干，对耦合度没有严格要求。但随着银行计算机应用的深入发展，当前大多数银行的联机系统都是24小时运行的。日终批量处理时，还有联机业务在运行。要使日终批量处理不影响联机运行，就要研究联机与批量的松耦合问题。要让日终批量处理对联机业务的影响降到最低，就要考虑如下两个方面。

1. 数据库的松耦合

在设计系统的时候，联机更新的数据库与批量更新的数据库最好分开。也就是说，联机不需要更新需要批量更新的数据库；反之，批量也不需要更新需要联机更新的数据库。不然，系统中会产生联机与批量的资源冲突。当然，双方可以"只读"对方所用的数据库。

2. 批量窗口

由于联机系统24小时运行，所以日终批量窗口越来越小。为了减少日终处理的数据量，减轻日终批量处理的压力，银行可以把一些非必须在日终才能处理的业务，特别是那些账务应该反映在日切前日期的业务，安排在白天机器比较空闲的时候用小批量进行处理。

12.3.5 其他方面的松耦合

除了上述松耦合外，还有其他方面的松耦合，如投产松耦合、版本松耦合、项目松耦合、功能松耦合和系统级的松耦合等。

1. 投产松耦合

银行的信息系统都有一个建设、积累、完善的过程。整个信息系统是通过完成一个个的系统建设项目，把多个系统建设项目组成一个个的投产版本进行投产而建设起来的。

对任何信息系统而言，安全运行的最大挑战来自系统变更，而一个个版本的投产是最典型、最严重的系统变更，它对信息系统的稳定、安全运行发起了一次次冲击与考验。版本不是不能投产，但如何把版本投产对系统的冲击降到最低，把新版本隐藏的缺陷给系统安全运行带来的风险降到最低，是一个值得考虑的问题。

分步投产、试点投产（也就是所谓的灰度发布）是一种很有效的措施。它一方面可以把风险分散，另一方面可以把风险的影响范围限制在可接受的范围之内。所谓分步投产，可以按以下几个维度来实行。

·空间维度。银行可以把新版本的适用范围限制在某个空间范围内，例如某个地区、某个分行。这样就算新版本出了问题，其影响也限制在一个局部的空间范围内；待新版本稳定后，再逐步推广。

·功能维度。银行可以把新版本的新功能分批逐步释放，待前期释放的功能稳定后，再释放下一批功能，这样也可以达到分散风险的效果。

·时间维度。新版本上线带来的生产问题在不同的时间段会给生产系统造成不同程度的损害。大型银行的交易系统在交易高峰阶段，每秒钟有几千笔交易。如果新版本中有一个交易存在问题，该交易占总体交易量的几千分之一，那么在交易高峰期，一秒就会产生几个问题。如果从问题产生到发现问题，再到问题得以解决，花了2小时（应该算是很快的了），那么，新版本在这段时间里会产生几万个问题，从而给生产系统造成非常大的损害。反之，如果我们把新版本的使用控制在交易低谷时段，那么问题造成的损害程度就会大大降低。

要实现上述几个投产策略，相当于把一个物理的投产版本分割成若干个逐步释放的业务版本，需要在新应用的设计方面考虑新版本与适用范围、适用功能间的松耦合策略。

2. 版本松耦合

版本松耦合是同一个运行实体可同时兼容内部组件的不同版本，不同版本间的功能可以不同。这就是通常所说的版本兼容问题。

在现实中，许多场合必须允许不同的版本兼容。例如在一个系统里，同类的设备可能有不同的厂家，同一个厂家生产的设备也可能有不同的型号，如银行的柜台设备、ATM（自动柜员机）等。不同厂家的设备，其机器程序可能完全不一样。就算是同一个厂家，新旧型号设备的功能也可能不一样。如果系统不能兼容多个版本，最严重的情况是系统根本不可能得到发展（因为一些旧设备已经买不到了，又不可能在每一次设备扩充时都把旧设备全扔掉），或者至少不能发挥新设备的新功能。

又如上述提到的投产松耦合，在分步投产中，当新版本、新功能还不能适用于整个系统时，信息系统就必须同时面对不同的版本。

3. 项目松耦合

一个投产版本里会包含许多在同一个时间段里建设的项目，因为项目开发进度中难免有不可控制的因素，使版本计划里的某些项目不能按期完成。项目松耦合指的是，一个版本里的项目相互之间最好不要有强依赖关系，使整个版本不会因为某个项目不能按期完成而延误投产。

4. 功能松耦合

前面提到的投产时逐步释放功能，是功能松耦合的一种体现。另一方面，从系统安全运行的角度看，系统的一些主要功能之间应该松耦合，特别是一些辅助功能、增值功能、组合功能，最好能做到与基本功能松耦合。功能松耦合的含义是，当某些功能出现问题或故障时，信息系统能做到问题功能隔离、故障隔离，使故障局限在问题功能范围内；当那些非基本功能出现问题时，信息系统可以退而求其次，仅实现一些基本功能。

5. 系统级的松耦合

上述各方面的松耦合都是应用级的松耦合。实际上，在系统级方面，也有许多地方可以考虑采取松耦合的定义策略。由于各银行使用的系统都不一样，这里就不一一列举了。

12.4 松耦合的代价

对于紧耦合，许多从业人员可能都深受其害，并对此深有感触。而关于松耦合的好处，已有许多论著。那么，是否在任何时候、任何场合都要追求松耦合呢？答案是否定的。我们说在应用的宏观架构上一定要松耦合，但松耦合也是有代价的。

1. 开销

松耦合的架构会导致系统开销的增加。例如，使用自描述的标准接口，增加了接口的解释开销；使用数据封装，带来了非封装数据服务时的流程开销与信息传递开销。

2. 效率

系统开销增加了，系统的处理效率会相对降低。

3. 宏观架构简化，微观复杂化

对于应用架构的松耦合，从宏观上看，信息系统的架构更清晰、更简单；但在微观上，为了能在松耦合的架构上完成本来是相互关联的服务，微观架构变得更复杂了。例如，自描述的接口比传统的固定格式接口更复杂。又如，异步处理的方式比同步处理的方式更复杂。另外，为了改善数据封装的效率而采用的数据冗余策略，使保证数据一致性的处理也变得更复杂。

总而言之，当信息系统比较小、比较简单时，系统的开发与维护并没有受到紧耦合压力的影响，追求系统的处理效率可能是更重要的考虑。但当信息系统发展到一定阶段时，松耦合是必须要走的道路。如果不提前规划、提前准备，一直坚持紧耦合的系统发展，最终只能是死路一条。但具体如何使松耦合落地，要平衡多方因素来决定。越是庞大的系统，越要从宏观松耦合的角度去考虑系统的架构。

第 13 章 元数据

在第 11 章中介绍 SOA 时，我们知道服务规范包括命名规范、元数据和标准接口报文三部分内容。本章将重点介绍有关元数据的概念与内涵。

13.1 元数据的相关概念

计算机业务处理系统通常叫作信息系统，也叫作数据处理系统。那么，究竟什么是信息、什么是数据呢？

1. 信息

从本质上说，信息是反映现实世界的运动、发展和变化状态及规律的，通过客观世界物质载体发出和传递的信号与消息。这种信号与消息可被接受对象接收和感知，并会对接受对象产生影响。

2. 数据

数据是可以被记录的、按一定规律组织起来的、可以被解析的符号的集合。数据的表现形式繁多，最常见的有数字、文字、图像、音频、视频等。

3. 信息与数据

数据是记录信息的载体，是经过加工并使之可表现的信息。信息是数据所包含的意义，是数据中有价值的内容。

4. 元数据

元数据的通常定义是数据的数据。至于更详细的定义，业界没有一个统一的版本。本书中所说的元数据，指的是构成信息系统所有数据的最基础的、不可再细分的数据单元。如果把信息系统中所有数据的集合比作一本书，信息系统里的各子系统、应用、程序所包含的数据库表、文件、接口数据等，就相当于书里的各篇、各章、各节；而元数据，则相当于书里所使用到的字词。

各种各样的元数据通过各种组合，形成了计算机的所有数据资源，如数据库表、文件、程序接口、程序变量、人机界面接口等。

13.2　元数据的发展现状

据了解，目前国内金融行业里，一些信息系统定义了系统使用的数据项标准，并建立了标准数据项的应用规范。但是，在整个企业范围内，定义了覆盖整个企业的元数据，并能通过数据字典对系统进行硬控制，彻底实施了企业级的元数据管理的却绝无仅有。大多数系统对元数据的管理没有有效措施，其结果是数据项标准与规范形同虚设，各种数据项的数量无限膨胀。一些系统的基础数据项数量达到万甚至十万的数量级。其造成的后果是，在不同的场合、不同的应用或程序里，明明是同一种东西，却有不一样的叫法；而相同的叫法，却可能代表不同的东西；就算是相同的东西有相同的叫法，也许其内在的格式不一样、长度不一样、精度不一样，根本不可能直接用作数据交换或运算操作。程序与程序之间、程序与数据库之间只能一对一地解决数据项的对应关系，其维护和管理的工作量难以想象。

元数据定义不规范，会导致信息系统之间信息交流困难，各个信息子系统的数据难以共享，形同信息孤岛，就像人类没有公共的交流语言，交流需要翻译一样。

13.3　标准元数据的重要性

建立企业级的标准元数据，其重要性与好处显然易见，主要体现在以下5个方面。

1. 有利于数据交换与共享

数据交换能顺利并正确地进行的前提，是数据交换的各相关方对交换数据的含义有共同的理解。这就需要数据交换的各相关方对交换数据的含义有一个事前的约定。在没有标准时，这种约定只能是一种双边约定。当需要与多方进行数据交换时，这种约定会变得非常多，各个约定的标准可能不完全一样。并且，由于这种约定仅限于对交换数据的约束，而数据交换双方内部使用的数据标准也许与交换数据的标准不一样，各方往往还需要对交换过来的数据进行代码或格式的转换。

相反，如果在一定的范围内有一个统一的数据标准，且所有数据交换方都遵守该标准，那么起码在该范围内，数据交换会变得比较简单与方便，并且很容易实现数据共享。

2. 为标准接口打下基础

在数据交换的实际运作中，交换的不是单个的数据，而往往是一组数据，我们把这种用作交换的数据组合称为数据报文。标准的元数据定义是标准报文的基础。当然，标准报文除了其组成的基础数据是标准元数据之外，还需要定义这些元数据的组合规范、定义报文的底层交换协议，这就是标准接口。

3. 为企业级软件资源管理打下基础

为了落实企业级的元数据标准，我们要建立元数据管理系统，对元数据进行硬控制。

在元数据管理的初级阶段，元数据管理系统可以称为元数据的数据字典。该字典的作用主要是保证数据规范的落实。数据字典供程序员查阅，并对程序员提交的程序进行扫描检查，以保证所有引用的数据项的规范性。

在元数据管理的中级阶段，元数据管理系统可提升为软件资源管理系统。通过对元数据的进一步管理，我们可以先管理元数据与所有数据库表、文件、程序接口、人机界面接口的关系，再管理数据库表、文件、程序接口、人机界面接口与使用这些资源的程序的关系。所以，一个好的软件资源管理系统应该能管理哪些程序使用了哪些表、接口、定义，而这些表、接口、定义又使用了哪些元数据。

在元数据管理的高级阶段，还可以进一步提升其管理功能。可以通过该系统来直接定义与产生各种数据资源，包括数据库表、文件、接口等；直接定义所有逻辑资源，包括各种程序、函数、过程等需要引用的数据资源。这样，我们就可以从源头上对整个信息系统的数据标准进行硬控制，省掉日后所有与数据标准的治理有关的工作。在这个阶段，我们对整个信息系统的软件资源，包括数据资源与逻辑资源及它们之间的所有关系有了全面的管理。

当需要进行某种系统维护时，我们可以知道该维护会涉及哪些数据。另外，当该维护真的会改变某些元数据的某些属性时，我们可以知道这些元数据还被哪些其他的软件资源所引用，从而可以正确评估维护的影响范围，以及为了保证该维护不会殃及其余而需要投入的维护人力资源。

4. 数据质量得到极大提升

建立元数据标准并推广实施后，就保证了数据的准确性与唯一性，确保了系统之间数据交换的标准性，从而可以极大地提高数据质量与数据共享的可行性。

5. 节省管理成本

信息系统实现标准元数据后，如果所有系统都纳入了元数据管理，由于从源头上保证了数据的质量，所以也就从源头上保障了数据项的数据治理。这样会极大地减少后期数据维护与数据治理的工作，极大地节省数据治理成本。

13.4　定义元数据

定义元数据时，涉及以下相关标准与工作。

1. 相关标准

在定义元数据前，最好先定义各相关标准，具体如下：

- 命名标准；
- 英文缩写标准；
- 各种代码标准，如国家或地区代码、币种代码、性别代码、错误代码等；
- 数据编码（内码）标准。

上述所有标准的合理性与质量都会影响元数据标准的最终结果。

2. 元数据的定义内容

元数据的定义包含以下内容。

（1）名称。

名称通常由英文字母、合法的字符、数字组成。组成元数据名称的字符序列必须是有规律并且最好是容易辨认的。名称的长度最好在程序与数据库规范允许的范围内尽量长，以增加名称的可读性。

（2）意义、使用条件及约束。

这一点包含该元数据严谨的意义、使用条件及约束等。

（3）数据类型、长度、精度。

这一点是指元数据的具体格式类型，如字母型、字符型、数字型。数字型又分为定点数、浮点数，还可分为整型、压缩十进制型、二进制型等。数据是定长还是变长，如果是定长，有多长。如果是数字型数据，小数点后有多少位。这些均需要统一描述标准。

（4）取值范围。

通常，代码类的数据有规定的代码取值与对应的含义，一些数值数据也可能会有取值范围的限制。

（5）引用场所。

这一点是指所有引用该元数据的数据资源的名称列表，这些数据资源通常包括数据库表、文件、程序接口、人机界面接口等。这一点非常重要，也是数据字典维护和数据治理的最主要的工作。做到了这一点，我们就能通过数据字典对信息系统的管理和维护进行硬控制；做不到这一点，数据字典就会成为一个"花架子"。

（6）其他一些辅助管理信息。

这一点包含该元数据的创建日、修改履历、修改权限等。

3. 元数据的层次

元数据是一个宏观的概念。根据元数据的内涵，元数据至少可以分为技术元数据、业务元数据及应用元数据等若干个层次。

（1）技术元数据。

技术元数据也可以称为物理元数据，指的是元数据的物理特征，如元数据的数据类型、长度、精度等。所有物理特征完全相同的元数据，可以认为是一种相同的物理元数据。例如，技术元数据"日期"，我们定义其物理属性：长度为8位，数据类型为数字型，具体格式为"yyyymmdd"。那么，不管是出生日期还是存款日期，只要它采用上述"yyyymmdd"的格式，其技术元数据都是"日期"。

银行信息系统的技术元数据数量估计在百的数量级。

（2）业务元数据。

业务元数据也可以称为逻辑元数据，是技术元数据的展开。实际上，一个技术元数据通常会对应多个业务元数据。业务元数据表示不同的业务场合所使用的有着相同技术元数据格式的数据。如上述提到的"日期"，出生日期与存款日期的业务概念肯定不一样，但这些日期的数据类型完全一样，都对应"日期"这一技术元数据。在这里，技术元数据"日期"就派生出多个业务元数据，它们分别代表不同的业务信息。

银行信息系统的业务元数据数量估计在千的数量级。

（3）应用元数据。

应用元数据是对业务元数据的进一步展开。同一个业务元数据由于多种原因（如数据冗余策略或操作、运算过程的需要），会在不同的子系统数据库、不同的程序里同时存在。由于可能会在同一个数据处理场合里同时面对这些相同的业务元数据，为了能区分是哪一个的引用，需要对同一个业务元数据做进一步区分。例如，"存款日期"需要再区分为"渠道输入存款日期"和"数据库存款日期"，不然计算机的操作不可能正确地指向不同的引用。

银行信息系统的应用元数据数量可能会有几千甚至上万的数量级。

技术元数据与业务元数据都是一种归纳的概念，应用元数据才是银行信息系统里真正用作操作与运算的数据实体。

元数据的 3 个层次的概念，可以用人们生活中的一个典型例子来做比喻。

中国有一个非常有哲理性的成语：白马非马。从哲学逻辑上展开，其意义是，马只是一个抽象的概念，世界上根本没有马这种东西，有的只是白马、黑马。

从这点再展开，世界上其实连白马、黑马都没有，有的只是具体的张三拥有的那匹白马和李四拥有的那匹黑马。

在这里，马就是物理概念；白马、黑马就是逻辑概念；张三的白马、李四的黑马就是应用概念——这才是最终的实体。

4. 源数据与辅数据

所有的应用元数据可以分为两大类：源数据与辅数据。

（1）源数据。

在整个信息系统中，同一个业务元数据由于数据冗余策略，可能会存放在不同的信息系统子系统的某个数据资源里。为了保证所有这些被存放在不同数据资源里的业务元数据的唯一性，我们会把某个子系统的某个数据资源里的业务元数据定义为源数据。也就是说，该数据资源存放的业务元数据是其他数据资源里相同业务元数据的唯一源头。同时，源数据所存储的数据资源只允许其数据资源所在的子系统访问，不允许其他子系统跨系统访问。

如何从众多数据资源的相同业务元数据中选出源数据，是一个需要认真探讨的问题。通常，我们可以为信息系统里的每一个业务元数据都指定唯一的业务部门作为该业务元数据的主人（Owner）。该主人对该业务元数据的业务属性定义与内容维护有最终决定权。这样，我们就可以把该业务部门对应的业务子系统里相应的数据资源中的该业务元数据指定为源数据。

（2）辅数据。

除了上述唯一的源数据，在其他数据资源里存储的与源数据相同的数据项，我们将其定义为辅数据。所有辅数据均是其唯一源数据的复制版本。

一般情况下，辅数据所在的子系统对辅数据仅能进行只读访问。除了在需要进行数据同步时会收到源数据所在子系统的指令外，该子系统无权对辅数据进行修改，这样才能保证辅数据与源数据的一致性。

5. 元数据命名举例

在元数据命名上，可以采取英文缩写分段表意法。不同的段分别对应技术元数据名称、业务元数据名称、应用元数据名称，如中文的"日期"—"存款日期"—"数据库存款日期"一样。

假设，我们定义完整的元数据命名最长为30位，格式分为若干段，为了区分不同的段，每段第一个字符必须是大写的字母。并且，我们还定义从左边开始，第一段为元数据的应用标识；倒数第二段为元数据的物理标识；最后一个大写字母用于区分源数据与辅数据，S为源数据，A为辅数据；中间几段为元数据的逻辑标识。此处还是以"数据库存款日期"为例，元数据命名如下：

- "日期"的技术元数据名为Dt；
- "存款日期"的业务元数据名为DpstDt；
- "数据库存款日期"的应用元数据名为DbDpstDt；
- "数据库存款日期源数据"的全名为DbDpstDtS。

上述名称转换为未缩写的英文为Database-Deposit-Date-Source。

13.5 建立标准元数据面临的问题

在信息系统发展的现阶段，许多人都了解了元数据标准化的重要性，但为什么没有几个企业能真正建立起企业级的标准元数据呢？其原因是在标准元数据的建立与实施推广中，企业会面临各种挑战。

1. 技术标准参照系缺失

通常，企业要建立某种标准，最理想的情况是存在技术标准参照系。例如，已经有国际标准的，可以参照国际标准；没有国际标准的，可以参照国家标准；连国家标准都没有的，可以参照行业标准。而当前的情况是，定义金融活动的元数据所涉及的多方面标准，如英文单词缩写标准、命名标准、代码标准等，包括元数据标准本身都没有可简单参照的标准。这给企业级元数据标准的建立带来了很大的困难。

2. 业务标准缺失

不仅技术标准参照系缺失，数据标准的建立基础——业务标准也缺失。目前，大多数银行没有完整、完善的企业级业务标准，使信息系统元数据标准的定义缺少业务标准的支撑。

3. 工程浩大

建立企业级的标准元数据是一项浩大的工程，其中包括标准制定与标准实施推广两个方面。

（1）标准制定。

标准制定本身是一项大工程，至少要完成以下工作：

- 收集现存所有系统既有的数据项定义；
- 把收集到的成千上万的数据项定义进行综合、归纳、抽象；
- 平衡个性与共性的关系，确定元数据分层策略、分层标准；
- 在上述工作的基础上合并相同内涵的数据项，形成各层级的企业级标准元数据；
- 根据选择的标准，为各层级的企业级标准元数据命名、定义；
- 使已定义的标准与所有现存数据项一一对应；
- 开发元数据管理系统。

在上述标准制定的工作中，最大的困难不是庞大的工作量，而是保证收集到的数据的准确性与覆盖面。一方面，一些程序没有相应的文档，某数据项的准确含义无法获取。更糟糕的是，一些程序可能已经找不到源程序，不知道它使用了什么数据。

收集到的数据的准确性与覆盖面还体现在能否把定义好的标准与现存的所有数据项进行一一对应。这是一项不允许出错或遗漏的工作，无论是出错还是遗漏，都会在日后的实际实施推广中引起数据的混乱与系统出错。

（2）标准实施推广。

标准实施推广涉及实施推广成本与实施推广进度两方面。

①实施推广成本。

要彻底实施企业级的元数据标准，最终就要改造或重建所有系统。这需要投入系统改造成本。全部的系统改造有两种方法。一种方法是，通过一个大工程来一次性重建所有的系统。这意味着要一次性进行一笔巨大的人力资源与资金的投入，还要承受巨大的系统变动风险。另一种方法是，由于任何系统都有一个生命周期，因此我们可以在每个系统的生命周期行将结束时，通过对这些系统的重建与改造，来逐步建立起企业级的标准元数据。这种方法的总投入成本相对高，但风险相对低。

另外，对于研发以外包为主的银行而言，其许多应用系统都是通过外购然后客户化建立起来的，如果需要这些外购系统完全遵守统一的元数据标准，就也会增加系统外购或外包的成本。

②实施推广进度。

就像很多标准的实施推广一样，其效益都有一个规模效应。标准实施的范围、规模越大，其效益往往越大、越明显。但如上所述，出于对风险与工作量的考虑，绝大多数银行都会采取逐步改造、逐步实施推广的模式。这使得标准实施推广工程的完成周期长且见效慢。当标准仅在局部范围实施推广时，一方面，标准还没能成为真正的标准，银行未能享受到标准带来的好处；另一方面，由于受标准的约束，银行往往会感觉到麻烦而低效，可能未见其利、先见其弊。

4. 开发文化

在没有元数据标准时，数据定义对于开发人员来说相对自由。在需要进行数据交换时，最多也就是与交换的对方协商一下。所以，在推行元数据标准时，最大的阻力往往来自开发人员。特别是在元数据标准建立之初，使用元数据的各种条件也许还不够完善，标准元数据的使用会影响开发的效率与进度。

5. 软件资源管理系统

要实施企业级的元数据标准并将其效益最大化，一个完善的软件资源管理系统必不可少。

任何标准的建立都相对容易，但标准的实施推广与普及是比较困难的。许多企业都建立或宣称遵循一些标准，但如果没有落实的手段，这些标准也许最终会形同虚设。

而要落实企业级的元数据标准，就必须建立完善的企业级软件资源管理系统，一方面方便标准的使用与维护，另一方面能对标准的执行进行硬控制。所以，企业级标准元数据最终是否能完美实施，除了与标准的合理性有关外，还依赖于是否有完善的软件资源管理系统。

6. 系统维护

由于是企业级的标准，所以标准的建立与完善会有一个过程，并且随着形势与业务的发展，标准本身也需要发展。所以，要有一个常设团队对标准及软件资源管理系统进行管理与维护，如按需要增加元数据、增加与完善软件资源管理系统的功能等。

总之，建立企业级的标准元数据的好处有很多，但也必须面对各种问题，包括投入巨大、实施推广周期漫长等。所以，建立与落实元数据标准会非常考验决策者的眼光、信心与魄力。

第 14 章 标准接口

在 SOA 的概念里,要实现 SOA 有两方面的要求:一是要把整个信息系统划分为一些大的服务组件;二是服务的提交和返回要使用服务之间定义的标准接口。

14.1 什么是接口

通常,接口的定义是使两个实体(物理、逻辑)在满足某种规范下,能够相互连接并得以沟通,以实现某种新功能(物理或逻辑)的部件。

在本书中,如果没有特别说明,接口均是指计算机程序间的接口。程序接口是计算机信息系统不同程序之间按某种事先约定的规范进行信息的交互。规范包括通信协议、信息格式等。两个程序只要遵循该规范,通过规定的信息格式进行信息沟通,就能实现约定的功能。

14.2 什么是标准接口

可通过以下几方面特征来判断该接口是否为标准接口。

1. 中立

所谓中立,就是接口应该独立于实现服务的硬件平台、操作系统和编程语言。也就是说,标准接口是任何程序(不管它是基于什么硬件平台、操作系统和编程语言而编写的)均能解读的信息流。

2. 自描述(自解释)

所谓自描述(自解释),就是标准接口信息流里通常包含以下信息:

- 信息流的总长度;
- 信息流里包含了什么数据;

- 这些数据的格式（长度、类型、精度等）；
- 数据本身。

由于标准接口自描述的内特征，所以它具有几个明显的特征。一是必须通过对接口的扫描，才能最终知道接口包含的具体数据内容。这一点给使用这类接口的程序带来了不便，造成了额外开销。二是在不违反接口规范的前提下，接口包含的具体数据内容的变化不需要事前声明。这一点就是使用这类接口的程序相互之间能够松耦合的最根本原因。三是接口信息流的长度会随着其包含的内容不同而不同。

3. 数据项是标准元数据

标准接口信息流里除了一些注释项外，其基本数据项应该使用标准元数据。另外，标准接口除了包含一些必选的数据项外，通常还定义了一些可选数据项、自定义数据项。可选数据项根据不同的具体服务可以取舍。自定义数据项是提供给一些特殊需要的双方私下约定的数据项。由于存在可选数据项与自定义数据项，接口的长度不固定。但也正因为有可选数据项与自定义数据项，标准接口才有充分的柔软性与适应性。

4. 在某个范围为人所公认

标准接口之所以称为标准，是因为它是在一定的范围内为所有人共同遵守的。例如，国际标准就是在国际范围内为大家所遵守的。此外，国家标准、行业标准、企业标准等也有相应的遵守范围。标准接口至少应该是在整个信息系统里为所有组件接口所遵守的标准。

5. 相对稳定

标准接口的标准应该相对稳定。其中包含两个含义：一是标准在可见的几年内不会变化；二是即使在几年后会有变化，但新标准应该能兼容旧标准。

6. 协议与报文

标准接口通常包括标准的交换协议与标准的报文。协议就是构成接口的语言和如何解读接口的语法。例如，我们用XML语言构造接口，那么协议就是XML。报文就是对应不同服务接口的分类。对于每一类、每一个报文，标准都会规定它应该包含哪些必选项，还可能包含哪些选项，哪些自定义数据项，以及这些数据项的内容是什么、如何排列等。

根据上述判断标准，可以断定金融交易卡信息交换格式标准（ISO 8583）就是这种中立的标准接口。

ISO 8583 与使用的计算机环境无关，它是一种自描述的接口。它的长度不固定，属于国际标准，在涉及金融交易卡的信息交换场合中，几乎为所有计算机系统所采用。它的协议基本上是一种二进制数据流。它的报文有 5 对，包括授权交易、金融交易、查询交易、冲正交易、管理交易。

14.3 使用标准接口的必要性与可行性

实现自描述的标准接口，是实现 SOA 进程里最难、成本最高但又不能不实现的一个关键点。

在提倡使用自描述标准接口前，大多数程序之间的信息交换使用的是一种双方约定的固定格式的信息交换接口。这种接口的优点是简单明了，没有多余的信息，方便引用。但当信息系统越来越大，系统内部的功能组件越来越多，它们之间的关系越来越复杂时，使用双方约定的固定格式的信息交换接口的问题就会变得越来越突出。

14.3.1 非标准接口的特点

非标准接口采用的是固定格式、固定长度的模式。在不同的应用环境中，其针对不同的硬件、不同的软件、不同的编程语言有不同的展现。

非标准接口的优点是简单明了、好读、易于理解、使用方便、效率高。但非标准接口存在的问题是实现松耦合要求的根本障碍，其问题主要有以下 5 点。

1. 与程序紧耦合

由于非标准接口的特点，接口都是针对特定场景而设，与使用接口的程序相互之间呈紧耦合状态。

2. 系统维护开销大

由于接口与程序紧耦合，无论出于什么原因要修改程序，只要该修改涉及程序与外部的信息交换，与程序相关的接口都需要同步修改。这样，不管接口有什么变化，即使是最小的变化，所有使用该接口的程序都要修改，而不管该修改与其他使用该接口的程序是否相关。这种状态使系统的维护和继续发展受到制约，系统维护开销大，极大地影响了系统创新的效率。

3. 接口数量庞大

由于接口都是针对特定场景而设，所以接口的数量会随着应用场景的增加而急剧增加。再加上非标准接口缺乏统一管理，新接口的产生与接口格式通常由程序员决定，就算是类似的场景，只要不是由同一个程序员决定，其接口也不能保证是一样的。这样，接口数量会更加不受限制地膨胀。某银行多年前曾经对其联机交易处理系统的接口进行统计，发现经常使用的接口就有近2000个。

4. 管理成本高

管理成千上万的接口以及所有接口与程序相互之间的关系，使系统管理成本剧增。

5. 系统的可靠性与安全性低

由于众多程序与众多接口呈现复杂的多对多关系，系统维护难免百密一疏。这给系统的安全运行带来了极大的危害，容易形成所谓的软件危机。另外，非标准接口带来的系统紧耦合的问题，也已经成为系统发展的瓶颈。

14.3.2 使用标准接口

SOA的最大优点是能使紧耦合的系统变为松耦合。松耦合主要体现在服务与被服务双方不要求使用相同的硬、软件平台，只要服务要求不变，双方内部的变化就不影响对方。

根据标准接口的特点可以得出，只要在服务方与被服务方之间使用标准接口，就可以满足松耦合的要求。

可见，为了在宏观架构上获得松耦合，建立SOA和在组件间使用标准接口是必需的。

下面讲解使用标准接口的可行性。

对于一个覆盖银行所有外部服务和内部管理的信息系统而言，在各渠道上传送的信息主要是各种各样的交易信息。交易的种类成千上万。为了使服务交付层能有效完成其服务管理功能，渠道整合层需要把成千上万的交易信息转变为标准的服务要求。

如何把成千上万的交易信息整合为有限的标准的服务要求呢？这也是SOA进程的

一个关键步骤。其关键是要制定系统之间和系统内部的标准信息交换报文。这种报文既要涵盖银行的所有交易服务要求，又要高度概括这些要求，否则就没有所谓的标准化。此前在金融界的一些金融活动中，已经有一些金融数据的交换标准，例如：

·金融交易卡信息交换格式标准（Financial Transaction Card Originated Messages Interchange Message Specification，ISO 8583）；

·电子数据交换（Electronic Data Interchange，EDI）标准；

·环球同业银行金融电信协会（Society for Worldwide Interbank Financial Telecommunication，SWIFT）标准。

当然，上述标准是金融活动往来中某一方面的数据交换标准，并没有覆盖所有金融活动的数据交换。

还有一些比较成功的案例，如美国银行的 IFX（Interactive Financial Exchange，交互式金融交易）标准。

IFX 标准是由美国银行、软件开发商和服务提供商联合开发的金融行业数据通信的通用模型。该标准独立于网络技术或计算平台，使信息可以在金融机构与客户之间、金融机构与服务提供商之间、金融机构之间，甚至客户之间共享。IFX 标准为金融机构、服务提供商和软件开发商提供了一个数据交流的通用模型。IFX 标准把银行的各种服务、支付、管理活动的交易信息归纳为约 300 对标准报文。IFX 标准已经发展为使用最普遍的银行信息交换标准。

另一个需要特别关注的标准是 ISO 20022。

ISO 20022，即《金融服务 金融业通用报文方案》，是 2004 年由国际标准化组织（International Organization for Standardization，ISO）在 ISO 15022 的基础上制定并发布的国际标准，是国际金融业务与 IT 技术紧密结合的产物。它以 XML 语言描述报文定义，使金融报文在互通性、开放性及扩展性方面得到极大的提升。它提供了一种面向业务建立通用报文的解决方案，目前标准制定主要由 ISO、SWIFT、IFX 等组织主导。

ISO 20022 的主要目标是制定并推动金融标准整合，使所有与金融机构往来的单位或使用者及金融机构本身，可以使用唯一的标准与对方的信息系统进行信息交换、往来交易，实现跨产业协同运作的理想。

ISO 20022 对整体金融产业，无论是金融机构还是金融机构服务厂商、金融机构间跨行服务业者都会造成影响。当前，ISO 20022还在不断地完善与发展中。从长远的情况看，该标准未来将成为各国金融业间信息交换的统一标准。

实现标准的协议和报文是有代价的。就拿ISO 8583来说，它可以算是一个早期的自描述标准接口。所有类似的这种接口通常都比我们平常定义的程序之间的接口要复杂，其解读均需要额外的编程开销。这是自描述标准接口的缺点。

但是，恰恰是标准接口的自描述特征，使接口有足够的柔软性，使所有使用这类接口的程序相互之间能够实现松耦合。这是使用自描述标准接口的最大优点。所有使用过ISO 8583的人都知道，程序是通过解析接口、各取所需的方法去使用接口的。只要接口规范不变，接口的内容变化已经包含在接口的自描述中。只要服务功能不变，使用者从来不需要因别人的内部改变而修改自身的系统。

14.4 如何建立标准接口

要建立信息系统的标准接口，最理想的情况是有一个符合要求的现成的国际标准、国家标准或者行业标准作为参照。但是很遗憾，据了解，目前还有没一个成熟的、能覆盖国内银行全部服务的标准。

那么，我们只能使用另外的办法，如可以参照某些类似标准来建立自己的企业标准。

以银行交易系统为例，要建立自己的企业标准，以下工作是必须要做的。

1. 元数据定义

标准报文的基础是标准的元数据定义。我们首先要定义好将要使用的所有基础数据也就是元数据，包括这些数据的名称、属性（如数据类型、展现形式、长度）等。只有数据是标准的，才可能有标准接口。

2. 落实报文协议

报文协议是报文的具体展现格式和规范。通常，最好选择一些公开的自解释标准协议，如XML、JSON等。

3. 接口梳理

根据需要实现标准接口的范围与粒度，把范围内所有对应的应用、组件之间的信息交换接口全部收集并进行整理、综合、抽象、归纳。这是一项庞大而细致的工作，不能出现遗漏或差错。

4. 定义报文

把上述收集整理后的接口进行同类合并。通常，不同类型的报文应该在百的数量级（如 IFX 标准，报文约有 300 对）。报文过少，每一个报文承载的信息量会过多，报文会比较复杂；报文过多，管理成本较高，并且报文越多，越趋向于没有标准。

如果要参照某些标准（例如参照 ISO 20022），那么就对比整理的交换信息种类是否已经被参考标准的所有报文所包括。如果存在参考标准覆盖不了的，那么就参照参考标准自己定义一些新报文。如果完全自创，那么就要把所有当前不同的接口交换信息归纳转换为新创的各种报文。

这是实施标准接口最关键的一项工作，定义报文工作质量的好坏，直接影响日后标准接口的落地能否顺利进行。

5. 工具

为了使程序员能更方便地使用自解析接口，最好是能预先编写接口的解包和打包工具程序，让程序员直接调用工具程序，把自解析接口变为程序员习惯使用的固定格式接口。

14.5 标准接口的实施策略

最好是在标准元数据的基础上实施标准接口；对于原来不是使用标准元数据和标准接口的信息系统，要实施标准元数据和标准接口，可以使用以下两个实施策略。

1. 一次性实现

所谓一次性实现，就是通过一个大工程，对信息系统需要改造的所有元数据、接口进行同时改造，然后一次投产。这是一种最具革命性的改造方法。理论上，使用这种方法的总投入，包括财力、人力、时间是最节省的，见效也是最快的。该策略最适合在新建系统的时候使用。

但是，该策略由于是对整个系统进行一次性的改造，涉及面广、工作量大，所以风险也大。另外，对于一些系统建设以外包为主的银行，一次性系统重建除了资金投入可能有困难外，让所有外包公司同步改造的可行性也比较低。

2. 分步实现

相对于一次性实现，另一个策略是分步实现。

所谓分步实现，就是视需要对信息系统里的各系统（或子系统）进行逐步改造。因为所有系统都有一个生命周期，所以我们可以挑选那些生命周期行将结束的系统先进行改造。

分步实现的好处是每一步的工作量比较小，所以每次资金与人力的投入也相对小；且由于每一个分步的改造涉及面相对小，所以每次改造的风险也相对较小。这是分步实现的最大优点。

但如果信息系统是分步改造的，那么在所有的改造完成之前，信息系统就存在两类系统：一类是已经改造完毕的系统，另一类是还没有改造过的系统。在相当长的一个周期里，每一个子系统都可能会同时面对这两类系统，要视对应的系统是否已经进行了标准接口改造而采取不同的策略。也就是说，系统可能要同时支持两类接口。并且，随着一个个的系统不断地改造，与之相关的系统可能也要同步地进行接口变换的改造。

可见，从整体改造成本来看，分步实现的成本要比一次性实现高，整个标准接口实施的周期更长。特别是对于那些先行改造的系统，要随着后续改造的系统不断地反复改造其外部接口。这是分步实现的最大缺点。

实施标准元数据与标准接口的改造时，改造的内容也可以有以下两种选择。

（1）彻底改造。

彻底改造是在系统内部进行标准元数据与标准接口的彻底改造。

（2）外部改造。

外部改造仅改造子系统的外特征。也就是说，把子系统与外部系统的所有信息交换接口改为标准元数据与标准接口，至于子系统内部如何则视情况而定，甚至可以完全不改造。

第 15 章　服务组件

在 SOA 的概念里，要实现 SOA 有几方面的要素，其中之一是面向服务的信息系统应用架构要由面向服务的各种服务组件组成。

根据 SOA 的概念，服务组件本身应该是以明确且有限的服务为目标的、对服务对象的硬软件条件不苛求的、一个相对独立的逻辑与数据组合体。

服务的粒度可大可小，我们可以把服务分为基本服务与综合服务。与服务对应的组件也一样，其粒度可大可小。组件可以认为是一个完整系统里的子系统。根据系统的概念，系统可大可小，系统内可以有子系统，子系统下面还可以有下一层子系统。组件也一样，可大可小，组件内部也可以有子组件。

一个基本服务通常对应一个基础组件，一个综合服务可以对应一个组合组件。组合组件是一个大组件。它可以通过自身包含的各组件来完成对应的综合服务。当然，一个综合服务也可以对应若干个组件，通过有序的服务调用来完成整个综合服务。

通常，一个单独运行的基础组件未必能完成一个完整的客户服务。但由于组件是面向服务的，所以它能够并且容易装配到不同的系统环境里，与其他组件进行协调运作，以满足客户服务的要求。

要做到以服务为目标，组件就应该满足高内聚、松耦合、标准接口等条件。

15.1　高内聚

高内聚主要指有清晰的边界、封装数据和可内嵌组件。

1. 清晰的边界

组件有清晰的服务功能及约束条件，可以独立部署和独立运行，也可以独立替代和独立更新。

2. 封装数据

高内聚的另一个重要条件是封装数据。

组件不光意味着一组功能代码的集合，还应该管理一组完成服务所需的必要数据。这些数据包含了一些静态数据（服务需要参考的）和动态数据（服务需要变更的）。

组件封装数据还有如下的一些含义。

- 信息系统的所有数据都被分别封装在不同的组件里面。
- 组件里面的数据只能通过组件本身去操作，不允许其他逻辑单元访问。
- 服务对象提出服务要求时，仅需要提供与要求直接相关的少量标志数据，其他所需相关数据由提供服务的组件自己解决。
- 如果还有需要的数据没有包含在组件里，可以要求其他组件通过另外的服务提供。
- 各组件里允许一些必要的数据冗余，这样可以提高系统的效率，减少组件的交叉调用。冗余的数据必须在适当的时机与源数据同步，以保证数据使用的准确性。从这点来看，数据冗余增加了系统的复杂度。所以，什么数据可以冗余、如何冗余是数据架构设计的关键点。

3. 可内嵌组件

大的服务组件可以内嵌一些小的服务组件。

15.2 松耦合

松耦合分为服务的松耦合和运行环境的松耦合。

1. 服务的松耦合

通常，某个组件可以为被服务对象提供一种（一类）服务。服务的松耦合意味着以下几种情况成立。

- 组件本身可以与其他组件在相同的环境里运行，也可以在一个与其他组件完全不一样的环境里运行。不同的组件，即使是服务与被服务的组件，使用的硬件平台、操作系统和编程语言也可以不一样。
- 只要某个服务对象的服务要求没有改变，不管该服务对象有什么改变，服务者本身不需要因此而改变。

- 只要某个服务对象的服务要求没有改变,不管服务提供者本身有什么改变,该服务对象不需要因此而改变。
- 服务对象不需要知道服务提供者在哪里,如在本地还是在远程;不需要知道服务提供者的逻辑构成与物理构成。

2. 运行环境的松耦合

组件本身的架构应该对组件的运行环境没有强依赖关系。也就是说,组件应该能低成本地在不同的硬件平台、操作系统、数据库、编程语言环境下移植,能低成本地在不同环境里重用。

15.3 标准接口

SOA 的一个重要概念是服务之间使用标准接口。也就是说,作为 SOA 组件,组件在提出服务请求、接受服务要求和返回服务结果时,都要采用标准接口。是否采用标准接口,是检验组件是否是 SOA 组件的基本标准。

标准接口的定义在此前已有说明,主要包括中立、自描述、标准协议与报文等。

第 16 章 服务总线

在探讨信息系统的 SOA 概念时,其中一个非常重要的概念是企业服务总线。可以说,企业服务总线也是 SOA 的核心构成部分。要真正实现应用架构完善的 SOA,简化 SOA 组件间的关系,就一定要建设好信息系统的企业服务总线。

16.1 服务总线相关的概念

1. 总线

世界上的各类事物总有需要相互联系和沟通的。在没有总线的概念前,这些联系与沟通是自然发展并建立起来的,一开始通常都呈现为点对点的连接方式,如图 16-1 所示。

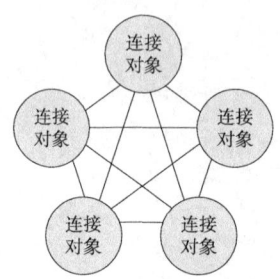

图 16-1 5 个连接对象点对点连接

点对点的连接方式在连接对象比较少的时候,确实是一种简单和高效的连接方式。但其最大的问题是,当连接对象比较多的时候,连接路径会呈指数级剧增。连接路径数与连接对象数之间的关系如下:

$$连接路径数 = 连接对象数 \times (连接对象数 - 1) \div 2$$

具体数字可见表 16-1。

表 16-1 连接路径数与连接对象数的关系

连接对象数	4	5	6	7	8	……
连接路径数	6	10	15	21	28	……

可见,点对点的连接方式有明显的缺陷,具体如下。

·如果连接对象比较多,连接路径会非常多。连接拓扑图是一个复杂的多对多的网状结构。

·如果连接对象各自的连接方式有差异(如对于程序的连接而言,沟通的语言、文字、格式、方法等有差异),则每一个连接方都要同时支持和维护多种连接方式。

·当某一个连接对象的连接方式发生变化时,会引起其他所有与之连接的连接方发生变化。

基于以上几点,在多点互连的情况下,点对点的连接方式成本高,可用性和可维护性低,显然不是一种好的连接方式。

随着技术的发展,另外一种连接方式开始逐步取代点对点的连接方式,这就是总线连接方式,如图 16-2 所示。

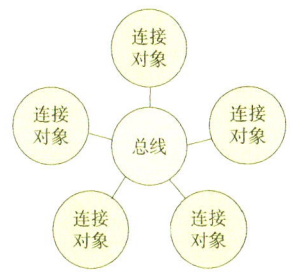

图 16-2 总线连接方式

与点对点的连接方式最大的区别是,总线连接方式把多对多的连接方式变成一对一的连接方式:所有连接方均与总线连接,然后再通过总线连接到需要连接的对方。这样,无论连接对象有多少,其连接路径数与连接方的数量永远一样。整个连接拓扑图是一个简单的星形结构。

不同的连接对象如果连接方式有差异,可以通过总线完全屏蔽掉,做到对连接对象透明,无须各个连接对象关心。

总线连接方式最早在许多硬件设计上得到广泛的使用，如处理芯片的数据总线，网络节点的交换机，大型计算机系统处理器与外围存储设备连接的集线器等。通过总线连接方式，原来复杂的网状结构变成了简单的星形结构，极大地提高了硬件的可靠性和可用性。

2. 服务总线和企业服务总线

随着计算机信息系统的发展，信息系统越来越庞大、越来越复杂，总线的概念也引入信息系统的架构建设中。根据SOA的概念，信息系统的总线通常叫作服务总线，而成体系的服务总线称为企业服务总线。

关于企业服务总线的概念，业界有许多种定义，但其中的一些基本定义是一致的，现归纳如下。

·企业服务总线是一个具有标准接口，实现了互连、通信、服务路由，支持实现SOA的企业级信息系统基础平台。它提供消息驱动、事件驱动和文本导向的处理模式，支持基于内容的服务路由。

·SOA将各应用服务器（包括异构的服务器）上的各种服务连接到服务总线上，支持分布式的存储及分布式的处理、异步处理，为信息系统的真正松耦合提供了架构保障，简化了企业的整个信息系统，提高了信息系统架构的灵活性，降低了企业内部信息共享的成本。

通常认为，企业服务总线需要具备如下功能。

（1）服务统一管理。

为整个系统提供一个统一的、标准的、可靠的、可扩展的服务管理平台。

（2）集成服务。

提供基础的服务与定制的服务，支持集成服务模式，支持服务的分解、服务调度和路由、服务封装、服务组合。

（3）公用服务。

提供内置的各种公用服务，例如认证服务、日志服务。

3. 企业服务总线产品

企业服务总线是一个相对新的概念，其产品也是一些较新的产品。从目前的应用案例来看，能称得上成熟、完善、通用、成功的案例不多。不同的企业服务总线产品，其功能会有所侧重，使用环境也会有所限定。

一些厂家提供的企业服务总线产品还具备如下一些功能。

①服务协议转换。

通过把不同的通信协议转换成标准的报文,屏蔽异构系统的底层技术差异。

②服务监控。

提供服务等级管理及流量管理,提供多角度的服务实时监控、报警与交易分析报表。

③安全体系。

提供多种安全机制,并支持和第三方安全系统的有效集成,提供有效的安全监控机制。

16.2 建立银行的企业服务总线

企业服务总线无论在概念上还是在产品上,到目前为止,还处在成长阶段,没有普遍成功的案例。但银行信息系统的发展,切实需要我们实践这个概念。我们可以外购某个相对成熟的产品,通过大量的客户化来形成自己的企业服务总线。另外,从发展新一代信息系统的角度,我们可以探讨如何建设自己的企业服务总线。

假设我们的应用系统有两大部分——渠道系统和业务系统。渠道系统又有两大类——柜台终端和自助终端,这两类终端各自有自己的前置服务器。业务系统分为三大系统——个人系统、卡系统、法人系统,这三大系统各自也是配置在不同的服务器上。每一类渠道系统都可以访问任意一个业务系统,三大业务系统间也会有业务关联。在没有建立总线结构时,它们之间的逻辑连接如图 16-3 所示。

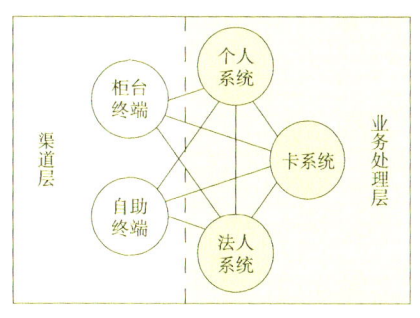

图 16-3 应用系统的连接

从图 16-3 可以看出，我们的应用系统被划分为两个层次——渠道层与业务处理层，分别用两个方框来表示。这两层共包含了 5 个子系统，分别用 5 个圆圈来表示。这种架构就是前面所说的点对点连接的架构，系统间关系复杂且维护成本高。根据服务总线的概念，我们需要将其改造成为企业服务总线架构，如图 16-4 所示。

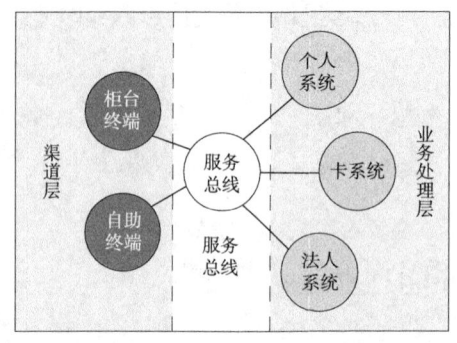

图 16-4 企业服务总线架构

从图 16-4 可见，应用系统在渠道层与业务处理层的基础上增加了一层，被划分为 3 个层次。这一层就是为了实现服务总线而划分出来的。

从服务总线的定义可知，服务总线承担的功能比较多。在服务总线里，我们可以对相关功能再进行细分。例如，把企业服务总线功能中的一些辅助功能，如服务协议转换、服务认证、服务等级管理、服务流量管理等功能分拆到渠道整合中去。功能进一步分拆后的服务总线如图 16-5 所示。

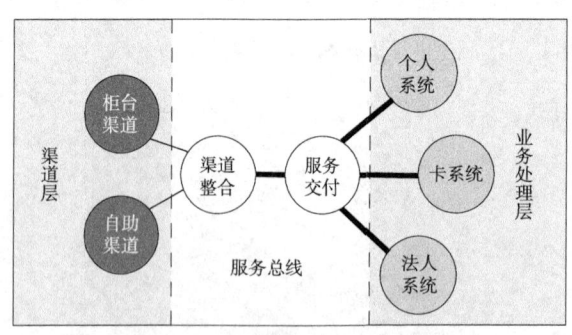

图 16-5 分拆出渠道整合

从图 16-5 可以看出，此时的服务总线包含了两部分：一部分与各种不同的渠道连接，接收各种各样的服务申请；另一部分与业务处理连接，根据接收到的服务申请进行服务交付。

从图 16-3 变换成图 16-5，表面上好像变化不大，但从概念上看，已经有了一个质的变化。

从宏观来看，我们把面向过程的计算机处理变成面向服务的计算机处理。图 16-5 中的每一个圆圈代表的是一种服务，其软件构成的是一个服务组件。其中包括了以下 7 种服务：

- 柜台渠道服务；
- 自助渠道服务；
- 渠道整合服务；
- 服务交付服务；
- 个人系统服务；
- 卡系统服务；
- 法人系统服务。

所有这些服务之间的关系是服务申请方和服务提供方的关系。每一个服务组件，一方面接收处于服务流程上游的服务组件的服务申请，为其服务；另一方面，可以向处于服务流程下游的服务组件提出服务申请，要求其为自己服务。

以上几个组件构成了整个应用系统的四大应用板块层次：

- 渠道层；
- 渠道整合层；
- 服务交付层；
- 业务处理层。

其中，作为服务总线的渠道整合层与服务交付层，一个对外，一个对内，以实现企业服务总线的一系列功能。在划分应用系统架构时，可以将其划分为同一个层次，也可以把渠道整合层与渠道层划分为同一个层次。

在企业服务总线的具体设计上，要注意以下两点。

1. 渠道整合

从总线的概念来看，渠道整合应该是服务总线的一部分，建立渠道整合服务层有 3

个作用：一是如上所述，把一些属于服务总线的辅助功能从服务交付组件中剥离，使服务交付组件的功能更为单一；二是屏蔽各种渠道的物理差异，使服务交付组件仅面对一个服务对象；三是把从各渠道传递上来的服务申请信息转换成标准的、有限的服务要求信息，这是最重要的一点。

2. 标准服务接口

从服务总线的概念可知，服务总线提供的是一种统一和标准的服务管理。为了做到这一点，服务交付应该使用统一和标准的协议和报文。

图 16-5 中较粗的连线，使用的就是标准的协议和报文。

16.3 银行服务总线的标准功能

银行信息系统的企业服务总线只提供有关客户服务的管理功能，如服务分析、服务分拆与转发、服务流程与信息流转控制、服务路由控制、服务结果打包与最终返回等，不提供客户服务本身的服务功能。也就是说，所有业务功能全部交给其他业务处理系统去实现。

1. 服务分析

通常，应用系统的客户通过应用系统的各种人机交互界面向应用系统提交服务要求。该服务要求通过系统的各种渠道送到系统的渠道整合层。渠道整合层把客户各种各样的服务要求整合为标准的服务申请报文，送到服务交付层。这些标准报文的头部通常都有相应的服务交易代码或功能代码。服务交付层通过对交易代码进行分析，就能知道该服务申请的具体服务要求。

2. 服务分拆与转发

服务交付层知道客户服务要求的具体内容后，要把服务交给后面的具体服务组件去完成具体的服务。客户服务有许多种类型，有简单的服务，也有复杂的服务。所谓简单的服务，就是一个服务组件就能完成的服务。对于这种服务，服务交付层直接把服务要求转给相应的服务组件去完成即可。但大多数的服务要求都不是简单的服务，需要通过若干个服务组件甚至一些系统外的信息系统共同服务才能完成。这时，服务交付层要把一个客户服务要求拆分为若干个子服务，把子服务有序地分别转发给相应的服务组件去完成。

3. 服务流程与信息流转控制

对于复杂的服务，一方面，服务交付层要把服务要求拆分成若干个子服务，按一定的顺序把这些子服务交给相应的服务组件。由于各子服务之间通常有一定的因果关系，前一个服务的输出往往是下一个服务的输入，所以服务总线通常还要把上游服务的某些处理结果打包给下游服务。

另一方面，服务交付层还要控制整个服务流程的走向。因为复杂服务的处理流程比较长，所以每一个服务环节都会出现一些影响后续服务流程的结果。这些结果包括一些正常的流程选择条件和非正常事件。对于正常的流程选择条件，服务总线根据不同的条件选择不同的流程，让服务正常持续下去。而对于出现的非正常事件，服务流程将不能正常完成。这些非正常事件有些是提交的服务要求不完全符合业务规则，如密码不符或余额不足等；有些是环境的原因，如网络问题等。当某一个服务环节出了意外，整个服务流程也许不能完整地走下去，需要转到另外的错误处理流程。

4. 服务路由控制

服务交付层要把各子服务转发给各服务组件，就要知道服务组件的物理位置。根据 SOA 松耦合的概念，松耦合既包含了软件模块之间的松耦合，也包含了软件与硬件之间、与地理位置之间的松耦合。应用系统的架构不强制规定哪一项服务配置在哪种机器里，也不强制规定该机器是在本地还是在远程。服务交付层通过解析服务配置表，找到相应组件的名称和位置，把子服务转发给各服务组件。

5. 服务结果打包与最终返回

除了服务转换间的信息打包外，当所有的子服务返回的结果均为正确时，服务交付层会把服务最终结果整理打包后返回渠道整合层。相反，只要有某个子服务出现意外，服务交付层就会马上中断正常的服务流程，根据不同的意外情况，向渠道整合层返回不同的错误代码。

16.4　企业服务总线的架构

建立了上述的服务总线后，解决了信息系统各应用大板块之间的松耦合，实现了宏观的总线架构。下一步，总线架构还可以在大板块内进一步展开。

16.4.1 宏观架构

随着信息系统的各业务处理系统不断发展，其处理不光覆盖了核心银行业务，还包括客户管理业务、代理业务、内部管理业务等。所有这些业务可以分类组成若干个大的业务板块。其中有一些板块不光包含了许多业务，而且板块内部的各种业务之间关系比较密切，与板块外部业务的关系相对松散。对于这些大的业务板块，如核心银行板块，包含了个人、法人、卡等系统。我们可以在板块内建立总线架构，如图16-6所示。

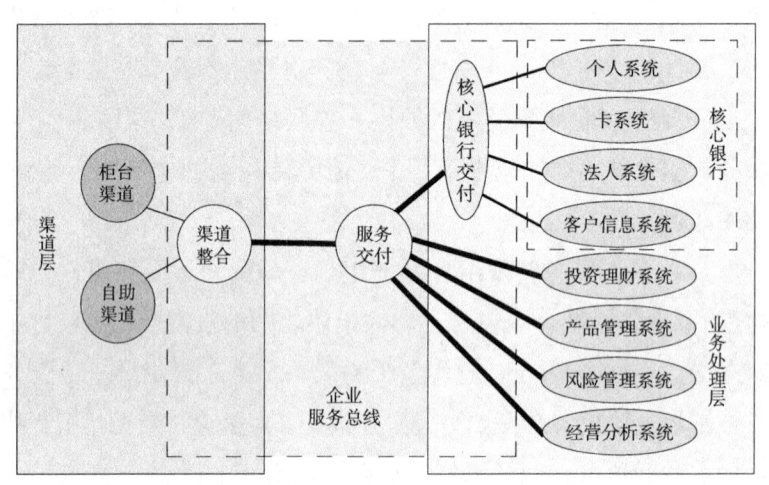

图 16-6　多层总线架构

在图16-6里，对于核心银行板块，与图16-5相比，服务交付由一层变为两层：服务交付与核心银行交付。这种变化对于核心银行里原来的各个服务以及其他所有服务来说，完全是透明的。假设银行有一个客户服务是代发工资。在图16-5的服务交付对应配置表里，配置了两个子服务，首先是法人系统的工资转出服务，然后是个人系统的工资转入服务。但在图16-6的服务交付对应配置表里，只配置了一个核心银行服务，即把服务转发给核心银行交付；而在核心银行交付的对应配置表里配置了两个子服务——法人、个人服务。从这个例子中，我们可以看出企业服务总线的灵活与方便。

在图16-6里，从概念来说，渠道整合、服务交付以及各板块的交付合在一起，构成整个企业服务总线。但在物理配置上，各业务板块的服务交付应该靠近各业务板块，或者与各业务板块配置在同一个服务器里。因为在板块内设置服务交付的前提是我们认为该板块内的各种应用是关系密切的，它们之间会有比较多的交互，把服务交付设置在板块内可以提高效率、减少开销。当然，如果板块内部的应用关系并不密切，我们就未必需要设置两层的服务交付。

多层服务总线架构与多层网络架构的概念完全一样。众所周知，比较大的网络体系通常会采取3层架构——核心层、汇聚层、接入层，各层通过其节点交换机——核心交换机、汇聚交换机、接入交换机，完成多层的数据传递与交换。相对于银行信息系统，如果采取两层的服务总线结构，服务交付相当于核心交换机，核心银行交付相当于接入交换机。通过系统的两层总线，完成服务的交付与流程的控制。

16.4.2 服务交付层的内部架构

服务交付层的内部架构主要有两部分：服务交易引擎和配置表。

1. 服务交易引擎

服务交付层的基本架构是由一组结构大致相同的程序组成的。对于这一组程序，我们可以把它称为服务交易引擎。每一个服务交易引擎通常对应一个标准报文，对应一类客户服务、一类交易，并对应与该类服务相关的一组子服务、一组程序。

2. 配置表

服务交付层还有一组与交易相对应的配置表。配置表的内容有完成该交易所需要的各子服务名、子服务物理路由、子服务后续流程条件码、条件码对应后续服务等信息。服务交易引擎就是通过检索配置表来解释其中内容，以确定交易的具体服务内容，并确定服务组件名、服务组件路由、服务流程、服务返回内容等。

通过建立完善的企业服务总线，整个信息系统形成一个以服务总线为中心、逐层往外扩展的星形网络。分散的渠道把各种服务要求分层汇集到渠道整合层，服务交付又分层地把服务分解为各子服务，再分发到各个具体的服务组件，然后汇集各个子服务的处理结果，原路返回服务的提交处。

第 17 章　应用架构

银行的信息系统，通常指的是银行所有涉及经营、管理、办公自动化的计算机应用系统的集合。银行信息系统包含了各种各样的应用系统，如银行对外的客户服务交易系统、银行的内部管理系统、银行的信息分析与决策系统等。

从客户的维度来看，银行的交易系统通常可以分为个人客户系统、法人客户系统等；从功能的维度来看，银行的交易系统通常可以分为渠道系统、业务系统、账务系统等。

本书此前论述过，从宏观上看，一个完整的信息系统架构如图 17-1 所示。

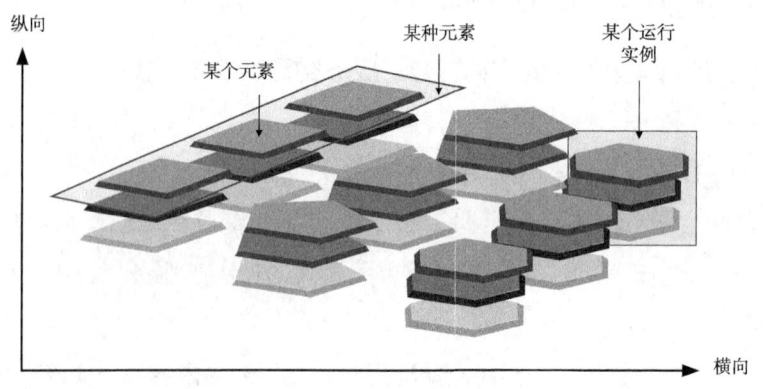

图 17-1　信息系统架构

应用架构探讨的是系统架构的一个横向视图，聚焦在图 17-1 纵向 3 层的顶层（"某种元素"层），即应用程序的功能划分与程序的层次划分，以及它们之间的关系。

任何庞大而复杂的系统，其所有功能都是由一个个程序通过它们之间调用和被调用的过程来完成的。为了更好地理顺各程序的定位以及它们之间的关系，我们首先要把庞大而复杂的系统所需要的所有功能进行逐步分解。将最终分解成的各种基本子功能与相应的程序对应起来。这种经过预先规划的功能逐步分解所形成的程序体系，就称为系统的应用架构。每一步的功能分解形成的程序体系成为信息系统的一个应用架构层次。

17.1 应用架构分层

一个好的应用架构应该是一个倒树形结构。以信息系统下分4层的架构来举例，如图17-2所示，处于最顶部的树干代表整个信息系统。树干往下会分成若干个树杈，第一层的树杈代表整个信息系统的几大部分的功能板块，可称为应用群；再往下，每一个功能板块树杈会再各自分出不同的下一层的树杈，第二层的树杈我们可以将其定义为应用组；再往下分，我们可以将第三层树杈定义为应用；应用架构树的最底层就是树叶，对应的是一个个程序。

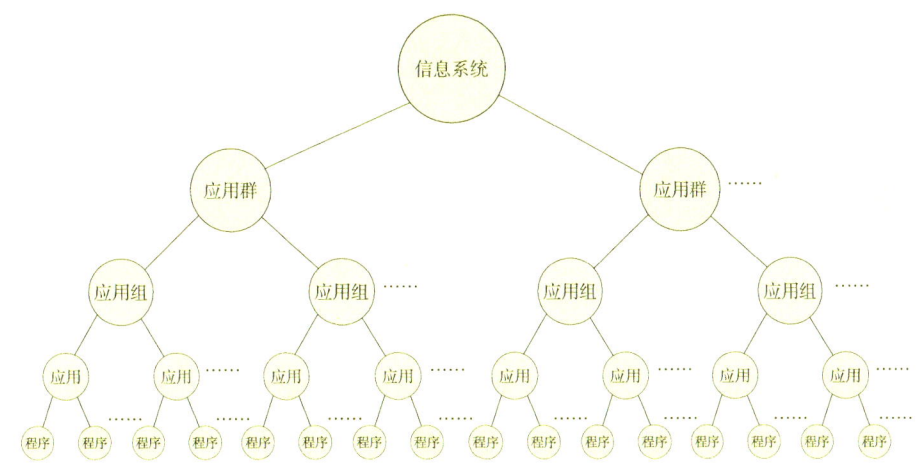

图17-2 应用架构分层

图17-2仅表示应用架构的层次递属关系。实际上，上层与下层还有一种包含关系，如图17-3所示。

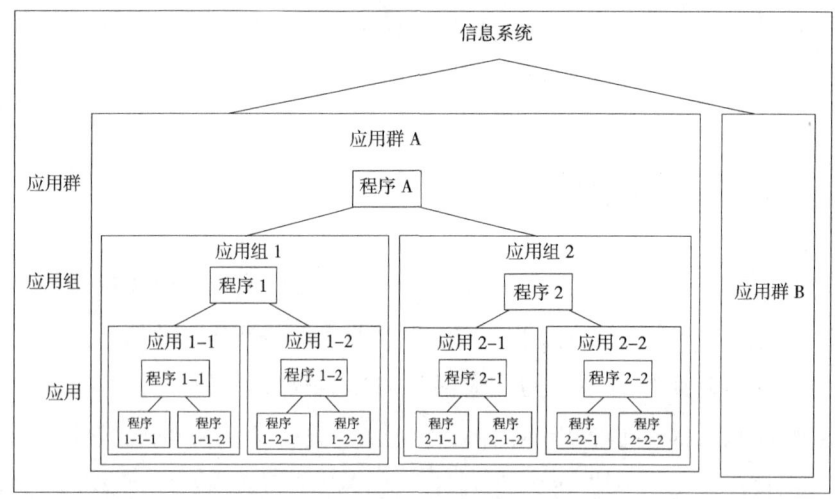

图 17-3 应用架构

下面对应用架构的每一层进行详细分析。

1. 程序

在信息系统里，最基础的构成逻辑单元是程序。通常，程序指的是可以单独编译的源程序。

原则上，一个程序包含的功能不应太多，规模不应太大。有专家认为，一个程序应该只包含一项主要功能（为了完成主要功能，可能还要包含一些其他的辅助功能），逻辑代码行应在数百行内。对于这种要求，许多人都认为不易做到，但最起码相关性不高的功能不应该在一个程序里实现；否则，程序规模太大、太复杂，对程序的维护及排错极其不利。由于对程序规模的限制，通常单个程序不能独立完成信息系统的用户对信息系统的某个服务要求所对应的全部逻辑功能。但通过编译、连接，我们可以把若干个源程序连接成为一个更大的、可执行的逻辑实体，这种逻辑实体叫作模块。

2. 应用

应用是一组关系密切程序的组合，是信息系统的基本逻辑分类。所谓关系密切程序，就是为了完成信息系统的用户对信息系统的某个服务要求所对应的基本逻辑功能、要动用到的程序。

信息系统里有各种各样的应用，它们是实现信息系统对外服务功能的基础逻辑组合。因此，应用有时也称为信息系统的产品，简称为产品。在这里要注意的是，信息系统的用户与银行的用户概念不一样，信息系统的产品除了为银行客户服务外，还为其他非银行客户的客户（如银行内部的各种人员与机构）服务，因此信息系统的产品与银行产品的概念也不一样。其中，只有一部分（比较大的部分）与银行的产品基本对应。故此产品非彼产品。

3. 应用组

应用组是一组关系密切应用的组合，是信息系统的一个中层逻辑分类。所谓关系密切应用，就是为了完成信息系统的用户对信息系统的某类服务要求所对应的基本逻辑功能、所涉及的应用。

信息系统里有各种各样的应用组，它们是实现信息系统对外的某类服务功能的逻辑组合。所以，应用组有时也称为信息系统产品线，简称为产品线。同样，在这里要注意的是，该产品线与银行产品线不是相同的概念。其中，只有一部分（比较大的部分）与银行产品线基本对应。所以，此产品线非彼产品线。

4. 应用群

应用群是应用组的组合，是信息系统的一个最高层逻辑分类。信息系统里一般只有几个应用群。应用群的分类通常面向信息系统本身，主要按应用组在信息系统内部的逻辑功能定位进行划分（注意：不一定是按业务功能进行划分），与信息系统面对的业务不一定有强对应关系。产品应用群中所包含的各种各样的应用组——信息系统产品线，其中的许多组可以与银行产品线对应。但是，产品应用群里的产品线不光对应了银行对外销售的产品线，还包含了为银行内部管理服务的各种产品线。

5. 公共模块

为了降低程序的冗余度，研发人员往往把信息系统里许多程序、应用、应用组都使用的逻辑抽取出来，用一些公共程序去实现。这些公共程序的可执行模块叫公共模块。公共模块实现的功能包括一些与业务没有直接关系的技术逻辑，如代码转换、格式转换等；也包含一些业务共通的逻辑，如业务流水的记录、账务的更新等。

公共模块可以存在于应用架构的各个层级。应用内的公共模块由应用内的程序共用，应用组内的公共模块由应用组内的应用共用，应用群内的公共模块由应用群内的所有应用组共用。可能还有一些公共模块是整个信息系统的各应用群都会使用的，我们可以将其配置在独立的公共模块应用群里。

关于公共模块具体配置在信息系统的哪一个层级，是一个需要慎重考虑的问题。我们规划应用架构的初衷就是减少程序之间的关系，让信息系统内部程序能够实现松耦合。一个大的信息系统，其中的程序动辄就是万的数量级。越是处于信息系统各分层的上层，其包含的程序数量越多。如应用群层，一个大系统通常只有几个应用群，那么，最大的应用群程序也许上万。如果我们配置了属于应用群或整个信息系统的公共模块，由于该公共模块由应用群内或整个信息系统所有的程序共享，一个由上万程序共享的公共模块，很可能会成为程序松耦合的障碍。

当然，不配置大范围使用的公共模块是理想的想法。实际上，如果不得不配置属于应用群或整个信息系统的公共模块，这种公共模块的功能和外接口一定要非常稳定。也就是说，该公共模块的内、外特性一般来说是不会变化的。否则，公共模块的修改会导致使用该公共模块的成千上万的程序要修改。配置这样的公共模块就得不偿失了。

6. 信息系统

本书所说的信息系统是各种应用系统的组合。信息系统指的是整个计算机处理系统，而应用系统指的是信息系统包含的各种业务应用处理系统。银行通常会把整个信息系统所包含的各种应用系统称为××应用系统，如银行交易应用系统、银行内部管理应用系统、信息分析与决策应用系统等。

17.2 应用架构各层次的内涵

下面分别介绍如何划分应用群，以及应用群内如何进一步划分应用组和应用。

17.2.1 应用群架构

在银行的信息系统里，银行的交易系统是一个最主要的组成部分。下面以银行交易系统为例，探讨其应用架构。

1. 基本架构

所有的交易系统,其基本的流程可以抽象为I-P-O,也就是服务申请要求信息的输入(Input)、申请的解析及处理(Process)、服务结果的输出(Output)。

可见,最简单的交易系统在应用群架构上都可以规划出渠道群、服务交付群、产品群等,如图17-4所示。

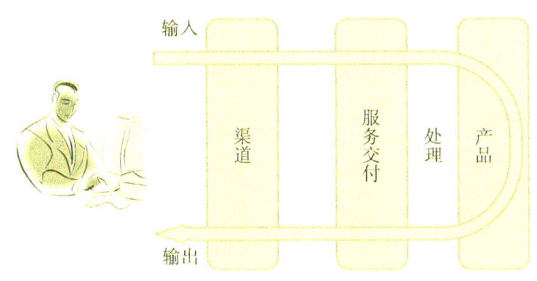

图17-4 最简单的交易系统应用群架构

一个完整的服务流程如下。

- 渠道群为用户提供人机界面,接收用户向应用系统提交的服务申请,并将其传送给服务交付群。
- 服务交付群分析渠道群送过来的输入数据,根据不同服务产生不同的子服务流程,并把相关数据有序地分别送到相应的产品群应用组里进行服务处理。
- 产品群里的各应用组处理结束后,把处理结果返回服务交付群。
- 服务交付群把产品群各应用组返回的处理结果整理打包,把最终结果返回渠道群。
- 渠道群把处理结果输出到对应的人机界面,返回给用户,完成一个完整的服务流程。

2. 银行交易系统的应用架构

银行的交易系统都比较庞大,其应用群可以比上述的基本架构设计得更细一点。在上面介绍的3个应用群的基础上,可以多规划一些应用群。

由于银行交易系统的产品群比较大,包含的产品比较多,可以再细分为如下4种产品。

（1）银行产品。

银行产品是银行用于对外服务的产品，包括银行的前台直接服务产品，如我们熟悉的对公服务产品、对私服务产品、银行卡产品等；还有间接对外服务的产品，包括中后台产品、各种业务支撑产品，如结算、清算、业务处理平台等。

（2）内部管理产品。

银行交易系统不光提供银行的对外服务，随着银行管理水平的提高，银行也要提高内部管理水平。所以，银行交易系统的产品包括银行内部管理系统和办公系统。

（3）企业级客户管理。

请注意信息系统的客户与银行客户概念的差异。信息系统的客户是所有能接触和使用信息系统的人员和系统。其中包括银行客户、银行员工及第三方系统等。在银行交易系统里，企业级客户管理应用群应该管理所有上述客户的客户信息、客户关系、客户行为和表现。

（4）支撑功能。

前面说到，为了降低信息系统的程序冗余度、减少研发人员的重复劳动，可以把许多程序、应用、应用组都使用的技术功能、业务功能抽取出来，形成公共模块。随着信息系统越来越大，这些公共模块也越来越多，所以有必要把一些信息系统级的公共模块集中组织起来进行管理。这样有利于规范公共模块的使用，提高公共模块的质量。

最终，银行的交易系统应用群及相关部分的应用组、应用架构逐步细分规划如图17-5、图17-6所示。

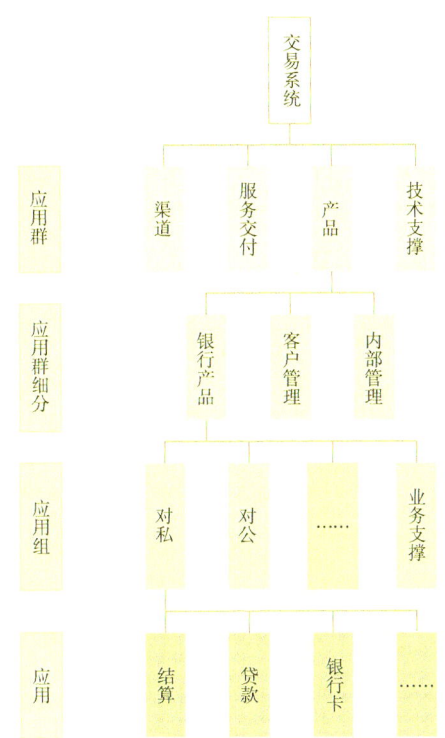

图 17-5　银行交易系统的应用架构

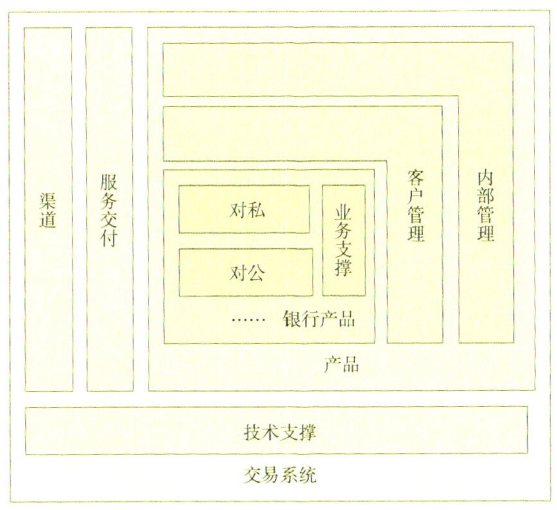

图 17-6　银行交易系统各层的定位

按图 17-5、图 17-6 的银行交易系统的应用群架构规划，从大分类看，银行交易系统应用群可以分为四大板块：渠道、服务交付、产品、技术支撑。如果把产品进一步细分，应用群可以分为六大板块：渠道、服务交付、银行产品、客户管理、内部管理、技术支撑。

17.2.2 应用群的内部架构

下面以渠道群为例，探讨应用群的内部架构。

前面已经介绍过，渠道群是为用户提供人机界面，接收用户向信息系统提交的服务申请，并将其传送给服务交付群，之后接收服务交付群送回的处理结果并将结果信息返回给用户。

这是一个非常宏观的描述。实际上，里面的处理环节要比这个描述复杂很多。

为了使银行能在各种不同场合为不同的客户群、不同的服务要求提供方便的服务渠道，银行的服务渠道种类非常丰富。不同的渠道，其终端的差异是较大的；就算是同一类终端，由于厂家不同，生产时间不同，也有不少差异。所以，银行有必要对各种终端进行分类分层管理。

对于银行来说，渠道可以分为人工渠道、传统自助渠道、电子银行渠道、合作方渠道、内部管理渠道等渠道组，而某个渠道组还可以细分为多种具体的渠道。

所以，渠道应用群的内部也可以再细分为两层——应用组和应用，如图 17-7 所示。

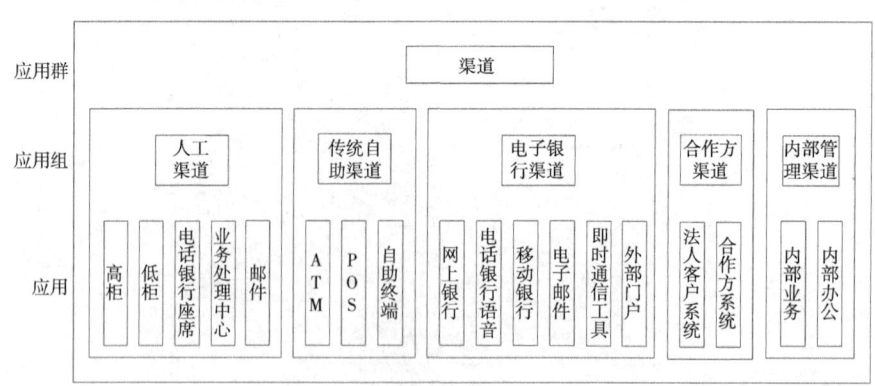

图 17-7 渠道应用群的内部架构

在渠道应用群内，应用层、应用组层和应用群层的程序具有不一样的功能。

1. 应用层

应用层的对外功能是与相对应的具体物理渠道——物理终端连接的，为其提供人机界面，接收输入信息，输出处理结果信息。例如，ATM 应用就与各种各样的 ATM 连接，POS（电子付款机）应用就与各种各样的 POS 连接。

应用层的对内功能是连接应用组层，对应用组屏蔽所连接的不同厂家、不同型号的终端差异。也就是说，尽管应用层连接着不同的终端，但应用层上传到应用组层的信息，或接收从应用组层返回的信息，其通信协议、报文格式都是唯一的。这里还是以 ATM 应用为例，ATM 的产品有国产、合资、进口的区分，还有不同时期的区分。假如这些 ATM 使用的系统不一样，其通信协议与通信报文就可能不一样。但从传统自助渠道应用组往外看，它从 ATM 应用上只看见了一种 ATM。因为在接收输入信息时，ATM 应用层把不同的协议和报文转换成相同的协议和报文；在信息输出时，ATM 应用层根据具体的输出对象，把相同的信息转换为对象终端能接收的协议和报文。应用层把同一类但不同品牌、不同时期生产的物理终端变换成一种逻辑终端。渠道应用层的应用业界通常叫 ×× 前置，如 ATM 前置、POS 前置等。

2. 应用组层

渠道应用组层对外连接不同的渠道应用，也就是间接连接不同种类的终端。通常，不同种类的终端其通信协议和报文会不一样。应用组层对内连接应用群层，其功能是对应用群层屏蔽不同种类终端的差异。

这里用传统自助渠道应用组举例，从应用组层往外看，它看到 3 类逻辑终端：ATM、POS、自助终端。但从渠道应用群往外看，它从传统自助渠道应用组只看见一种使用标准 ISO 8583 协议的逻辑终端。因此，通过应用组层，终端的整合度更高了。渠道应用组层的应用组通常叫 ×× 渠道整合，如传统自助渠道应用组可以叫传统自助渠道整合。

3. 应用群层

渠道应用群是渠道整合的最终环节。应用群对外连接各应用组，它往外看还能看到几大类的终端渠道，如传统自助渠道、电子银行渠道、合作方渠道等；面对的信息交换协议、报文可能有 ISO 8583、SWIFT 标准等。

渠道应用群对内连接服务交付群，对服务交付群屏蔽所有终端的差异。从服务交付群往外看，只看见一种经高度整合的终端。渠道应用群与服务交付群之间的信息交换使用的是整个系统规范的标准的自描述协议和报文。它们之间的关系是一种完全满足 SOA 的规范、服务与被服务的关系。渠道应用群可以叫作渠道整合层。

17.3 应用处理流程

任何一个单独的程序、应用、应用组甚至应用群，都不可能单独完成信息系统的对外服务。信息系统通过渠道应用群，把各种各样的服务要求进行逐层综合，交给服务交付群。服务交付群通过对服务进行初步的分析，把总体服务要求拆分为若干个子服务，按序交给对应的一些产品应用群。之后，通过应用群、应用组、应用的逐层分解，最终把服务分解为一个个由程序完成的子任务。信息系统就是这样通过服务交付—应用群—应用组—应用—程序这些内部逻辑单元自顶而下地调用和被调用、逐层返回的过程，完成信息系统用户向信息系统提出的服务要求的。当服务是一种比较复杂的复合型要求时，类似的调用、往返需要多次。

作为一个好的应用架构，除了要合理地进行程序的划分和架构定位外，还应该有规范的程序调用流程。否则，程序与程序之间的关系还是多对多的关系，应用架构的规划只是一个空架子。

所有程序在程序调用的流程里有 3 种序列关系：一是上下游关系，即处于调用与被调用的关系；二是平行关系，即没有直接调用关系；三是公共模块，即可被多个其他逻辑调用。

信息系统的应用架构是一个倒树形结构。其中的某个应用群是应用架构树上的一个树杈、一个节点。在每一个树杈下，分别有直属于它们的应用组、应用、程序，它们是下层的树杈或节点。直接连接在某个树杈下的节点，它们属于同一层的逻辑。从树形结构来看，不同树杈下的节点通常不存在相互调用的关系，即通常不能跨树杈进行直接调用（公共模块除外），也就是不能跨应用、应用组、应用群进行程序调用。用图 17-8 来举例，程序 1-1 可以调用程序 1-1-1 与程序 1-1-2，但程序 1-1-1 与程序 1-1-2 不存在直接调用关系；同理，程序 1 可以调用程序 1-1 与程序 1-2，但与程序 2

不存在直接调用关系。

如果一个服务分解后的子服务需要跨应用、应用组、应用群共同完成，就应该自顶而下向目标应用群、应用组、应用调用服务。下面用图17-8来举例说明，如果应用群A收到来自服务交付的一个服务A要求，该服务A最终分解为需要程序1-1-1和程序2-2-2提供子服务1-1-1和子服务2-2-2。其调用路径是通过应用群A的顶端程序A自顶而下进行调用，具体路径为程序A→程序1→程序1-1→程序1-1-1，然后逐层返回程序A；再从程序A→程序2→程序2-2→程序2-2-2，接着逐层返回程序A；最后通过程序A，把服务1-1-1和服务2-2-2的服务结果打包为服务A的结果，交还给服务交付。在这样的程序调用规范下，程序通常只被上层节点或同节点的上游程序调用，且只调用同节点的下游程序或下层节点，避免了程序在大范围内存在横向多对多的调用关系，规范了流程，简化了程序关系，最大限度减少了程序间的耦合度。

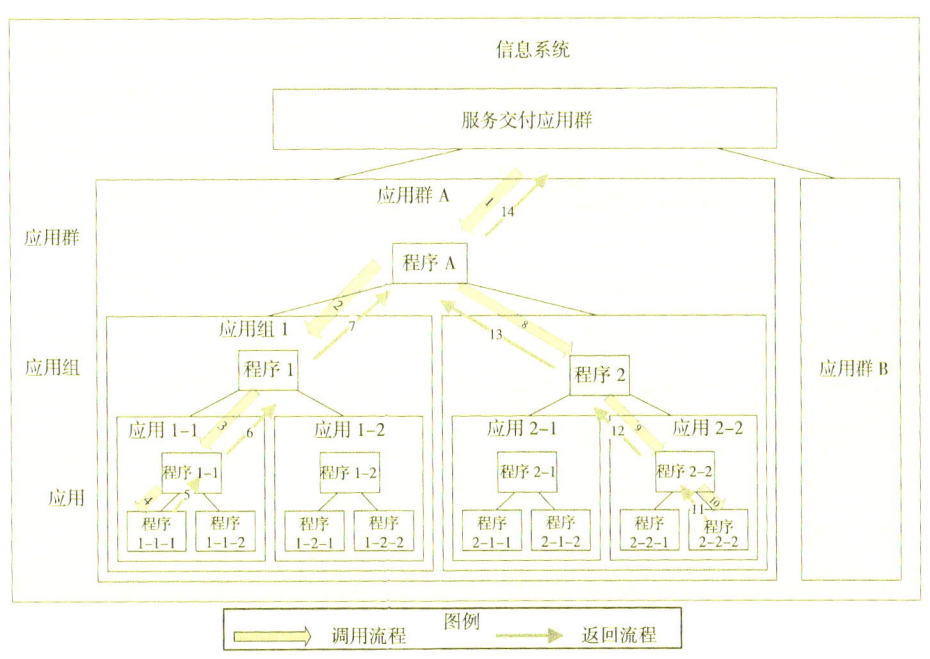

图17-8　程序调用流程

从另外的角度来看，如果由于实际需要，存在大范围的横向跨节点的程序调用（如上述例子），则调用环节会很多，流程会很长，会增加系统开销，影响系统效率。当然，上述情况应该是一个特例。如果服务 1-1-1 真的与服务 2-2-2 关系紧密，经常同时被需要，那么这样的应用架构设计就是一个失败的设计，因为应用架构设计的原则是，越是关系密切的程序，就越应该配置在架构树的同一节点下，并且越应该配置在同一个底层里。例如，应该把程序 2-2-2 配置在应用 1-1 里，或者把相关的功能从程序 2-2-2 中剥离出来。

从上述例子中我们也可以看到，认真研究程序的功能如何划分、程序在架构树中的定位是多么重要；否则，为了架构而设计架构，反倒提高了系统的复杂度、影响了系统的效率。

另外，公共功能的抽取、公共模块的规划和定位也是系统设计非常重要的部分。如果在某个范围内，许多服务都需要某种子服务，那么这种子服务的功能就应该抽象概括出来，形成公共逻辑，准确地配置在使用该功能的范围内，让该范围的程序共同使用。但是，绝不能让公共模块泛滥。我们可以想象一下比较极端的情况，如果所有程序都是公共模块，那么应用架构的概念就完全没有意义了。

17.4 SOA 的应用架构

在规划应用架构时，要贯彻 SOA 的概念。

具体到银行的应用架构要体现 SOA 的概念，关键是要实现 SOA 的组件化和组件接口标准化。如果我们把银行信息系统的架构如上述分为 4 层，哪一层的节点可以设计为组件，以服务的形式在信息系统里存在呢？

理论上，信息系统的每一个节点都可以设计为组件。但要知道，服务的标准化是有代价的。服务的对象和组件本身都需要为标准化付出额外的开销。所以，大家都知道 SOA 的好处，但是到目前为止，没有一个系统可以自称是完全成熟的 SOA 系统。

随着信息系统的不断发展，不走 SOA 的路，未来很有可能走向"软件爆炸"。我们要平衡松耦合和系统开销之间的关系，规划好架构。

应用群应该成为标准的 SOA 组件，这是 SOA 化的基础步伐。如果连这一步都无法实现，那么这个系统根本就不是一个 SOA 系统。

一些比较大的应用群，例如产品应用群，其本身非常庞大。它们下层的应用组，仅因为在信息系统里处于相同的逻辑位置（代表信息系统的一条产品线），才被归到一个应用群内。许多产品应用组通常就对应一类相对独立的银行产品。在许多银行信息系统里，它们甚至会独立部署。所以，产品应用组也完全可以构建为标准组件。

实现了组件化的应用组尽管在信息系统架构内，其逻辑地位还是应用组，但在程序调用定位上，它们可以享受应用群的待遇（如果它们是单独部署的话，就更应该如此），由服务交付直接调用。这样，图17-6就演变为图17-9。

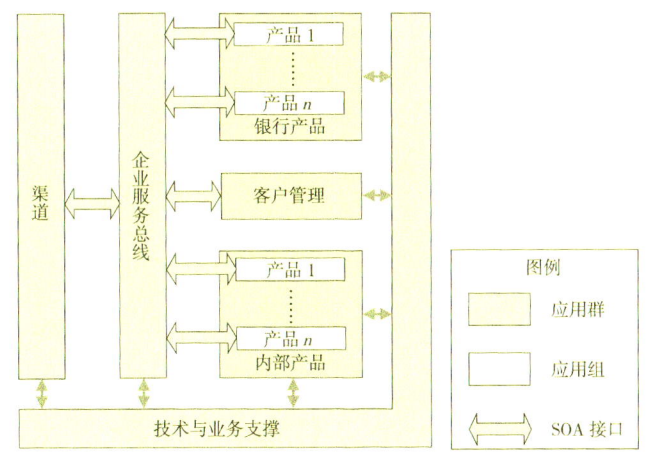

图17-9　SOA的应用架构

当然，随着信息系统的进一步发展，研发人员对SOA的概念会有更深刻的了解，对信息系统SOA化会有更迫切的要求。并且，随着计算机技术的发展，硬件成本不断下降，SOA化带来的系统开销成本也会不断下降。据了解，一些自描述协议的解析器已经固化到硬件上，这样无疑给使用这种协议带来了更高的效率和方便。这时，SOA化的步伐可以不断向前迈进，一直发展到所有的应用组甚至应用。

17.5　应用架构规划

前面所说的仅是应用架构的框架结构，也就是说，我们应该把信息系统中成千上万的程序按不同的功能、对应不同的层次自上而下地进行分类组合。至于整个信息系统架构应该分成多少个层次，如何把不同的程序分到不同层次的不同组合中，层次之间的关系、每个层次内各组合的关系如何定位，业界并没有一个现成的标准。这是因为一个银行信息系统的架构规划，一方面涉及不同银行的业务架构、组织架构、核算体系，另一方面还涉及不同银行的信息系统研发方式，完全自主研发与基本外包外购的研发方式在整个信息系统的架构规划上可选择的余地显然不一样。

总之，应用架构具体如何规划要根据具体情况而定，本书不具体展开。

第 18 章　程序架构

前面举例说明了应用群、应用组、应用的架构,下面以银行交易系统的联机程序为例,探讨程序的架构。

通常,联机程序的处理流程可以抽象为 I-P-O,即交易请求信息的输入,相关处理、数据库的操作,交易结果信息的输出。一个好的程序要做到高内聚、松耦合,特别是要落实程序与外部环境的松耦合,联机程序在 I-P-O 这 3 个环节的每一个环节中,一定与外界有信息交换。要做到程序对外的松耦合,那么这 3 个方面的外连均可通过外部接口对外、内部接口对内、中间加数据转换逻辑进行隔离,如图 18-1 所示。

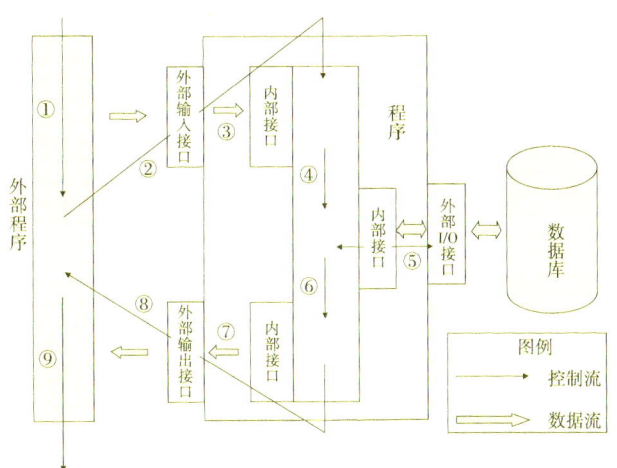

图 18-1　程序架构

在图 18-1 中,填充灰色的图形表示程序的外部环境。对银行交易系统的联机程序而言,一个程序的直接外连中,一是调用它的程序(在图 18-1 中称为外部程序),二是它需要访问的数据库。由图 18-1 可知,一个结构良好的程序针对其外部环境,一方面定义了与外部程序通信的外部输入接口、外部输出接口,定义了访问数据库的外部

I/O 接口，另一方面还在程序内部定义了对应的内部接口，并分别通过③、⑤和⑦程序逻辑进行外部接口与内部接口的数据转换。程序的其他内部处理逻辑使用的都是内部定义的接口数据。这样，如果外部环境（外部程序、数据库）有变化而引起外部接口变化，而该变化与本程序没有关系，那么本程序的主要处理逻辑均不用修改。这就实现了程序对外的松耦合。

　　上述程序架构在一些输入输出信息使用标准接口（如 ISO 8583）的程序中已经得到普遍应用，从而实现了与外部程序的松耦合。

第 19 章　数据架构

随着银行信息系统的发展，不仅程序越来越多，信息系统的各种数据库也越来越多，访问某个数据库的应用（程序）也越来越多。如国内一些大型银行信息系统主机侧的核心银行应用系统中，数据库表有数千个，文件近万个，程序有数万个。信息系统的开放平台侧就更不得了，数据库表有数万个，程序有 20 多万个。

如何配置、管理如此巨量的信息系统数据资源，程序与数据库的关系又是如何，是一个非常值得研究的问题。

19.1　数据架构的相关概念

计算机信息系统，其真正处理的对象是作为各种各样信息载体的、经过加工的数据，所以也可称为计算机数据处理系统。

计算机数据处理系统的系统设计通常可分为应用架构设计、数据架构设计和流程架构设计等。其中，最关键的设计是数据架构设计。数据架构一经定下，应用架构基本也能定下。并且对于计算机数据处理系统而言，最好不要对数据架构做修改，因为对数据架构的修改几乎都会涉及对其他两种架构的修改，代价巨大。相反，如果只修改应用架构和流程架构，修改可能被限制在局部范围内，代价相对比较小。

信息系统是为企业经营活动提供支撑服务的。面对经营活动中涌现的庞大信息，我们如何把要收集的信息整理、组织为可记录的、标准的、可共享的、方便处理的数据，就是广义数据架构要解决的问题。

通常认为，信息系统的广义数据架构包含了数据定义、数据存储、数据分布与流转、数据治理等，具体内容如下。

（1）数据定义。

· 元数据。

- 数据交换标准接口。
- 数据主题。
- 数据模型及建模。

（2）数据存储、数据分布与流转。
- 信息系统数据库分类。
- 数据分布规划（狭义数据架构）。

（3）数据治理。

19.2 业务概念与数据主题

一个信息系统存在的价值就在于，它是否能满足业务系统的各种需求。银行的信息系统就是为了满足银行业务的需求而建立的。为了实现这个目标，我们首先要把业务系统中一些需要计算机处理的主要对象，在概念上从计算机处理的角度来归纳和分析，以对其加深了解，才有可能满足银行业务的需求。

对信息系统涉及的各种主要的业务对象在概念上进行研究、准确定义，是建立数据处理系统的数据库、数据仓库的数据主题、数据模型、数据架构的基础。

所谓数据主题，就是通过对信息系统中要处理的各种主要业务对象进行综合、归类和分析而得出的一种概念。这些概念最终会对应相应的数据库数据模型的主题。每一个主题基本对应企业的一个业务领域中要计算机处理的某种对象。而各种主题之间的关系，就是这些数据库之间的关系。只要能把各种主要主题的概念、内容和增、删、改、查的规则弄清楚，把主题间的关系搞明白，我们就有了数据架构设计的依据。

也就是说，要使企业的经营管理信息化，首先要把企业需要处理的信息进行收集、归纳、综合、抽象、整理，以组织为计算机方便处理的数据对象。这种整理通常包含如下一个信息数据化的过程：

业务模型→业务对象→数据主题→数据模型

19.2.1 业务模型

银行的业务模型，就是根据银行日常的业务与管理的处理流程、处理对象、处理内容等业务要素，按不同的业务、不同的管理进行分类分析整理，得出的在类似的业务与管理里一些共通的、有规律的东西。我们就把这些类似的流程、处理对象、处理内容称为这些类似业务与管理的业务模型。

例如，一个银行的个人客户到银行的自动柜员机去取款，我们可以得出以下业务流程。

- 到某台 ATM 前进行取款的操作。
- 插入银行卡，ATM 读取卡号。
- 输入取款密码。
- 选择取款的服务，输入取款金额，按服务提交键。
- 银行信息系统根据客户的要求，判断客户的真伪与服务要求的合理性，满足或拒绝客户的要求。如果是满足要求，则银行要更新客户的分户账，并更新其他相应的内部管理数据。
- 把处理结果返回给客户。如果是满足客户的服务要求，把钱从 ATM 中吐出来。
- 银行把本次服务的内容记录下来。

又如，另外一个银行个人客户到银行柜台去转账，我们可以得出另一个业务流程。

- 到某个银行网点的柜台前要求转账。
- 银行柜员输入客户提供的银行卡或存折的号码。
- 让客户输入密码。
- 银行柜员选择转账服务要求，输入转账金额等服务要素，提交服务。
- 银行信息系统根据柜员的要求，判断客户的真伪与服务要求的合理性，满足或拒绝客户的要求。如果是满足要求，则银行要更新客户的分户账，并更新其他相应的内部管理数据。
- 把处理结果返回给客户。如果是满足客户的服务要求，把相关处理凭证交给客户。
- 银行把本次服务的内容记录下来。

通过上述两个案例，我们大概可以通过抽象与归纳得到银行个人客户结算类服务的业务模型，具体如下：

- 客户通过某种服务界面（ATM或柜台）获取银行服务；
- 向银行提交某种代码（如卡号、账号、用户号），表示自己的身份及服务涉及的账户；
- 通过某种方式（如密码验证）证实身份及账户拥有权；
- 选择服务种类，提交服务相关要素；
- 信息系统判断服务的合法性，满足或拒绝服务，并更新账户及相关数据；
- 把处理结果返回给客户；
- 记录服务。

业务模型的特点是反映业务现实，基于现有业务的现状进行抽象与归纳。不同类型的银行业务可以被归纳为不同的业务模型。银行要保证现有的各种业务可以被所归纳的所有业务模型覆盖。在将业务抽象为模型时，要平衡抽象与归纳的粒度。粒度太小，会增加信息系统模型落地的程序量与数据库量；粒度太大，每种模型会面对太多的不同细节，会增加落地时每个程序与数据库的复杂度。业务的抽象与归纳还要考虑模型的柔软性与扩展性，以更好地适应将来可能的业务变化与发展。

19.2.2 业务对象

通过对业务模型的分析可见，一些业务与管理的处理对象不光是面对某个业务或某种管理，而是面对许多业务与管理。我们把这些处理对象称为业务对象。不同类型的业务与管理可以划分出不同的业务对象。对于银行来说，我们要特别关注哪些业务对象被大多数业务或管理均视为处理对象，这类处理对象称为银行的重要业务对象。从上述业务模型的分析中，我们可以看出以下一些重要的业务对象。

（1）银行客户、柜员、合作方、内部管理人员。

这些业务对象是银行各种金融活动的参与者。

（2）服务界面（渠道）。

所有的金融服务都要通过某种服务界面来实现，如上述两个例子中的ATM、网点柜台。

（3）客户身份凭证与认证。

在客户首次获取银行服务时，银行会发给客户一个身份凭证。在银行没有完全实现电子化前，该凭证通常是一个物理凭证。银行客户凭此凭证，日后可获取银行的相应服务。在获取银行服务时，客户必须输入某个凭证号码，如上述的卡号、账号。

认证包括认证方式与认证信息。上述两个例子都是用密码进行客户身份的认证。

（4）银行金融产品。

银行是提供金融服务的机构，银行金融产品主要体现在各种各样的金融服务里。上述两个例子里的银行金融产品提供取款服务与转账服务。

（5）服务合约与条款。

服务合约与条款指的是银行与客户之间的责、权、利关系。银行根据与客户订立的合约，判断客户服务要求的合理性及获取服务的具体权利。

（6）银行账户。

银行账户有许多种，主要包括明细核算账户与综合核算账户。其中，明细核算账户指的是银行客户的分户账。客户分户账主要用于记录银行客户在银行的资产与负债的变化与实时情况。银行的许多基本金融服务均涉及客户的银行账户。

（7）登记簿。

银行的金融服务除了要记录客户的资产和负债情况外，还需要记录一些与客户资产、负债的变化没有直接关系的事件。根据这类事件的分类，银行分别设置各种登记簿，如开销户登记簿、挂失登记簿等。

（8）服务登记。

银行信息系统把每一项独立的银行服务作为一项金融服务加以记录，以便事后的对账、查询等。

（9）其他对象。

19.2.3 数据主题

有了业务对象，我们就可以把业务对象转换成相应的数据主题。

从概念上看，数据主题是面向业务对象的，可以与业务对象一一对应；但落实到具体的数据实体，落实到具体的数据架构、具体的数据库的建立，却未必是一一对应的。

如银行信息系统里的交易处理系统，出于便利与效率的考虑，架构设计在面向服务的前提下也要平衡考虑面向应用。此时，数据主题虽然保持与业务对象的对应关系，但一个业务对象也许会对应多个数据库。在这些数据库里，某些业务数据也可能有冗余而不是唯一的，并且这些数据库还可能放在不同的应用系统里。

又如银行信息系统里的信息分析系统，分析模型与分析用的数据主题是根据银行管理决策的特定目的而建立的，并随着银行管理的实际需要而不断发展变化。信息分析系统的特点是面向模型。它先有模型，然后根据模型的需要提出数据要求。当一个分析模型需要的数据主题局限在某个业务领域之内时，数据主题可以与业务对象对应；当分析模型所需数据主题跨越多个业务领域时，主题数据就会跨越多个业务对象。

下面，我们与业务对象对应，详细分析一些主要的数据主题。

1. 当事人

银行信息系统对当事人的定义是，所有信息系统会涉及的、为之提供服务的个人或法人（非严格定义的法人，而是泛指一些非个人的企事业、组织机构，下同），包含已经提供服务的、将来要提供服务的和其他潜在的服务对象。

当事人既包括银行的外部客户、第三方关系人，也包括银行内部的所有人员和机构。他们作为银行信息系统的内部客户，都与信息系统相关。

信息系统为了能更好地、有针对性地为所有外部和内部客户服务，需要为这些客户建立和保留其相关信息，以便信息系统参照或处理。这就是我们要关注和研究当事人的目的。

信息系统服务的当事人的分类如图19-1所示。

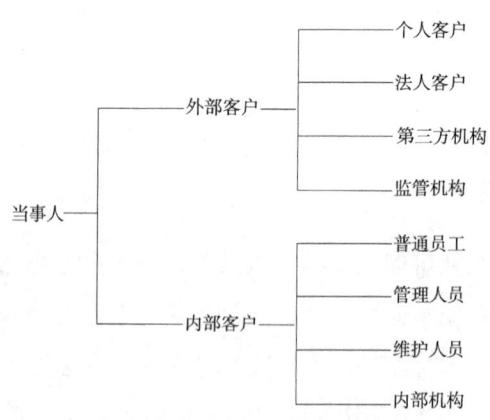

图19-1 信息系统服务的当事人的分类

信息系统服务的当事人从大类来看可分为两种。第一种称为外部客户。外部客户里的个人与法人客户，就是银行的客户。外部客户里的第三方机构，指的是银行通过他们间接为银行的个人客户或法人客户服务的机构，例如第三方支付机构、同业机构等。监管机构包括人民银行、银保监会及各种审计机构。第二种称为内部客户，他们是银行内部的员工和各级管理者、银行内部机构。外部客户可通过全自助式的方式进入银行的信息系统以获取银行的直接服务；另外，外部客户也可以通过银行内部操作人员的协助来获取银行的服务。这时，信息系统是通过直接为银行内部的操作人员提供服务，从而间接为外部客户提供服务的。

信息系统的不同客户，其身份是有重复的。例如，系统的内部客户完全有可能是本银行的客户，从而也是系统的外部客户。另外，银行内部的管理人员一般不直接操作信息系统的对外服务系统，而是由系统通过一些统计、分析报表来提供服务。但管理人员也会直接操作信息系统的内部管理系统（如办公系统），这时，他就是操作人员。又如，对于一些机构客户，当银行将其作为银行直接客户、为其提供服务时，他属于法人客户；但当银行是通过他向最终的银行客户提供服务时，他就变成了银行的第三方客户。

不同的客户与信息系统打交道的场景不一样，其关注点、偏好都有所不同。对于拥有多种身份的实体客户而言，信息系统应根据其使用信息系统的场景，以判别他的当前身份，从而确定其使用信息系统的责、权。

大多数信息系统对银行客户的管理会比较重视，但忽略了对内部客户的管理，而信息系统的最终目标是要满足各类系统客户的需求，提高各类客户的满意度。所以，信息系统应该对所有信息系统的客户进行相应的识别与管理。

2. 介质、访问标识、认证方式

本书对介质、访问标识、认证方式的定义是基于银行电子化后，对以前的一些银行概念的抽象。这些概念原来就有，只不过不一定用这个词来表示。并且，这里的定义仅是本书的定义，与人们在日常生活中的定义没有必然的相关性。

（1）介质。

介质是在银行客户要获取银行的某类服务前，经过银行的某种审核程序后，银行发给客户的一个物理凭证。日后，只要客户持此介质，银行仅审核介质的真实性，就可以让客户获得银行的相应服务。在银行实现电子化以前，客户一般要手持介质到银行柜台获取银行的服务。

介质有两个作用：一是证明持介质人已与银行有契约，可以享受银行提供的与该介质对应的相关服务，介质是一种契约凭证；二是通过介质上面的信息，银行能够把该服务需要的相关资料检索出来，以便处理。从银行的角度来看，看到介质就视为看到客户或获得客户授权（当然，某些重要服务还要经过某种认证，后述）。由此可见，介质在银行的服务过程中具有重要作用。所以，介质一般有如下性质。

· 可靠性。既然介质是一种契约凭证，为了增加其可靠性，银行要使其难以伪造或复制。银行一般会在介质上加一些防伪标志，如加凭证号控制，加盖印鉴或签名等。

· 介质上一般有一个访问标识（下面将详细描述）。在银行电子化前，该访问标识一般以显式存在，通常是一串数字，且一般代表某个账户的账号。银行员工通过该访问标识（账号），把相关的账户资料找出来以进行处理。一些数据容量比较大的介质（如活期存折），还会存放介质所对应账户的其他信息。这些信息通常包括账户的相关属性及账户变化的历史明细。

介质的种类有存折、存单、银行卡、支票及各种银行票据等。

（2）访问标识。

银行客户要获得银行服务时，要向银行提供某种信息，使银行能核对该客户的身份，并把该客户的服务要求所对应的银行资料检索出来。我们把用来核对身份并用于检索资料的信息称为访问标识。

在银行电子化以前，访问标识通常明显地展现在客户提供的银行介质上，例如存折上的账号、银行卡上的卡号等。银行柜员通过看到的访问标识，手工找出对应客户的资料以进行认证和业务处理。

银行电子化后，访问标识发展出了其他的形态，如早期的条形码、近期的二维码等。访问标识还会以电子的方式存储在某些介质的磁带、IC卡芯片中。访问标识形态的进化，使银行柜员能够通过柜台设备自动读入访问标识，也使银行客户可以在自助设备上通过机器的自动读入访问标识，取得银行的服务。

银行电子化后，由于客户与银行打交道的界面通常为计算机界面，前面所说的介质的作用便逐步弱化。实际上，计算机并不太关心介质的外特征，它仅关心能否正确读出介质所承载的数据信息——访问标识。对于计算机系统而言，如果介质所承载的数据被破坏，尽管介质表面上完好无损，但由于计算机不能够读出介质里的数据，计算机就会认为这是无效介质，客户将不能获取银行的服务。

需要指出的是，访问标识通常由一组数字或字符串组成。事实上，访问标识可以不依赖介质而独立存在，它可以仅存储在客户的记忆里。在银行电子化后，计算机处理的是电子信息，而这些信息不一定只能由计算机通过读取介质得到，还可以由人直接按键输入访问标识以获取银行服务。

在一些银行的客户自助服务渠道（如网上银行、移动银行等）中，已经只有访问标识的概念，此前存在的介质的作用已经完全消失。客户只需要在这些自助服务渠道上自行输入某个访问标识，并经过一定的认证，就可以获取银行的相应服务。

在一些传统的渠道（如柜台、ATM、POS）中，即便表面上还需要介质作为服务凭据，但实际上，在这些渠道里，信息系统通过渠道终端读进的仍然是访问标识。并且，该访问标识完全可以通过手工输入而不是通过读取介质输入。例如，不少银行提供柜台无折存款，提供ATM无卡取款功能。这就证明，无视介质的作用非不能也，是不为也。

可见，银行电子化后，在银行提供服务的过程中，信息系统需要取得并审核的信息是访问标识，与介质已没有必然联系。介质虽然还可以保留一些原来非访问标识具有的作用，如活期存折上记录的账户流水信息（但随着与客户的电子信息交换，这部分作用也逐步减弱），但其在银行服务中的重要性已经大大下降了。

理论上，访问标识可以是一串完全没有意义的字符串。例如，一些网站规定访问标识必须包含大小写字母、数字；一些网站允许用户使用容易记忆的别名或滑稽的绰号，甚至可以使用"猫""狗"之类的访问标识。这样的访问标识除了用作访问，已经不与任何现实事物对应。在银行，为了直观，也有使用账号、卡号或其他实际上有意思的字符串作为访问标识的。不过，从信息系统的角度来看，它并不认为这个访问标识就等于该账号或者卡号，两者相同只是偶然。账号、卡号所代表的含义往往已经超出所对应的银行账户。并且，用账号或卡号做访问标识有一定的安全隐患，万一丢失了账户凭证或银行卡，就等于泄露了进入银行的通行证。

访问标识在日常使用中，通常还被称为用户名、用户编号、登录号、用户别名等。

还要指出的是，随着金融科技的迅猛发展，生物认证技术日益准确、可靠，当前一些场景已经可以通过"刷脸"获取金融服务。这样看来,不光是介质,访问标识的作用也将日渐式微。

（3）认证方式。

银行在向客户提供服务时,除了需要取得访问标识以识别客户外,为了确认客户,通常还需要进行相应的客户认证。

认证方式有很多种。银行电子化前,主要的方式是印鉴、签名的核对,更高等级的认证就是本人持本人身份证件进行核对。银行电子化后,印鉴核对日渐式微,取而代之的是密码认证。随着电子技术的发展,目前,根据认证的重要性已发展出了许多种认证方式,如 USB Key 认证、生物认证、第二渠道认证、第三方认证等。

3. 协议

协议是两个或两个以上的当事人之间实际或潜在的约定。对于银行和银行客户来说,协议规定了在银行向客户提供某种产品和服务时,双方的责、权、利。

当一个银行客户购买了一种银行产品,与银行间正式确立了一种服务与被服务的关系时,银行与客户实际上已确立了一种协议关系。这种协议关系的确立,往往是由银行的监管机构或银行本身通过颁发一些产品说明、章程、规定而公开公布的。这类协议往往不需要单独显式签订,而是明确附属在某种银行产品或某种账户中,为所有拥有该产品或账户的客户共同享有和遵守。也就是说,不管是谁拥有银行的这个产品和服务,或者在银行开立了某种账户,他们与银行间的责、权、利关系都是一样的,例如一般的存款产品或存款账户。我们称这种协议为产品协议。

当然,根据不同的客户、不同的场合,也有一些协议会有个性化的条款。这些协议通常都是需要个别签署的。在这种情况下,银行会与客户通过柜台渠道或自助渠道签订纸质的或者电子的协议文本,例如一些贷款产品。我们称这种协议为个人协议。

还有一些协议仅与某个账户相关。例如,银行往往允许某客户指定他的某个账户的某些支付额度。我们称这种协议为账户协议。

某些协议与银行提供服务的渠道和场所等因素有关系。例如,一些银行规定,其客户使用借记卡在 ATM 上取款,一次只能取几千元,一天只能取一两万元等。这是渠道公共协议。此外,还有渠道个案协议。例如,一些银行允许客户在银行的限额内自定义其贷记卡 POS 消费每次能透支多少钱,一天一共能透支多少钱,还可以让客户自定义其在网银渠道中使用哪个访问标识可以访问哪个账户等。

不管协议是如何分类的,也不管是哪一类协议,协议通常都会描述该协议对应产品和服务的相关内容和规定。

由于一个客户通常会拥有一个银行的多个产品和服务,所以,实际上一个客户与该银行之间有多个协议。一个大银行的客户动辄上亿,如果这些客户所享用的银行产品与服务均是逐一签订协议的,那么协议的数量将是数亿甚至数十亿。如何分类和管理这些协议,是信息系统需要解决的大问题。

4. 产品

通常,人们把产品定义为能够提供给市场,引起人们注意,供人取得、使用或消费,并能够满足某种欲望和需要的任何东西。产品提供者通过对产品进行定价、销售而获取回报。

产品包括有形物品、服务、人员、地方、组织、构思或者这些实体的组合。

银行产品是指由银行创造、供市场和客户选择、能满足客户进行金融交易和服务的各种需求,银行可从中赚取各种实际和潜在收益的综合金融服务,例如个人存款、企业贷款、各种银行代理服务等。

银行的用户与银行信息系统的用户的概念不一样,银行信息系统的产品与银行的产品也是不同的概念。银行信息系统的产品大概可以分为三大类,如图19-2所示。一类是与银行(客户)产品相对应的应用,如个人应用系统、企业应用系统、银行卡应用系统等。另一类是银行内部管理应用,如营销管理、风险控制、绩效管理、办公管理等。还有一类属于科技支撑管理应用,如各类平台、工具等。

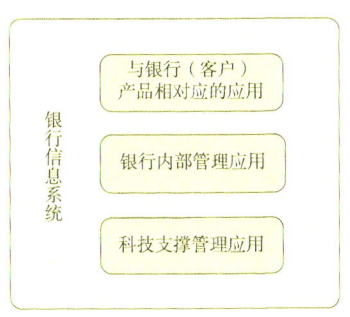

图 19-2 银行信息系统的产品

信息系统对产品的管理内容包括两部分。一部分是产品体系与分类信息，包括产品各分类层级的名称、各种属性、应用范围、应用条件与限制、生命周期等。另一部分是各产品的销售、运行管理、产品的成本效益分析等。

5. 账户

银行向客户提供的产品和服务有很多，一部分产品在客户购买或享受服务时会引起客户在银行的资产、负债或其他非货币权益类东西的数量变化。银行账户就是记录这些资产、负债或其他非货币权益类东西的变化历史与现状的簿记。

从业务的角度来看，账户的内容通常可以分为两大部分。一部分记录的是该账户的一些个性化的属性。不同业务的账户，这一部分会有比较大的不同。这些属性往往反映银行和客户的服务契约或服务协议。从概念来说，这部分内容可以归纳到协议主题中，相当于账户协议。另一部分记录的是银行向客户提供服务时，客户在银行的资产、负债或其他非货币权益类东西数量变化的历史变化情况及现状。这部分的主要内容在不同的账户中大同小异。

账户可以是客户账户，也可以是银行内部账户；可以是货币账户，也可以是非货币权益账户；可以是表内账户，也可以是表外账户。

例如，账户的种类有存贷款账户、基金账户、黄金账户、公积金账户、第三方存款账户等。以上账户用作银行的明细核算，通常叫分户账。

账户还有另外一种综合核算的形态，叫银行总账，简称总账。总账是根据银行会计核算的需要，对分户账进行分类统计的银行账本，是银行内部账。

通常，由于同一个银行客户很可能会拥有银行的多种产品和服务，所以，他们在一个银行里会有多个账户。

账户一方面是为了展现给客户看，使之能了解其在银行的资产、负债或其他非货币权益类东西的现状及变化情况，另一方面，账户可以用于银行内部的核算与管理。所以，账户在计算机中的物理结构与展现给客户看的结构不一定是完全一样的。

6. 登记簿

在银行的金融服务活动中，有相当多的服务或辅助服务并不涉及客户的资产负债变化，但这些服务活动却一定要记录留档以便日后核查。例如，客户的开销户，客户资料的修改，客户责、权、利的变更，账户的挂失与冻结以及客户的一些打印、查询活动等。所有这些必须记录的活动不是记录在客户的分户账上,而是记录在相关的登记簿里。

另外,一些银行内部非实时完成的处理流程也要建立相应的登记簿,记录各处理环节的处理时间与结果,以便跟踪落实核查。

7. 渠道

这里的渠道主要指信息系统对外服务的渠道。渠道是进行产品服务、客户沟通、市场营销、产品销售及内部管理的途径。

银行对外服务的渠道很多。对于客户而言,不同渠道的界面和风格不一样,有不同的特点,带给客户的感受也不完全一样。某些渠道除了可以让客户享受到银行的基本服务外,还可以让客户享受到一些附加服务或增值服务。对银行而言,不同渠道的服务成本不一样,安全等级的需要也不一样。

一般来说,除了现金业务,其他所有业务都可以通过各种电子渠道来实现。为了使客户能够在不同的渠道上得到同样的基本服务,银行有必要对渠道进行分类、整合。通过渠道分类、整合,核心系统得到的服务要求是一些标准的服务要求。

服务渠道分类的例子如图 19-3 所示。

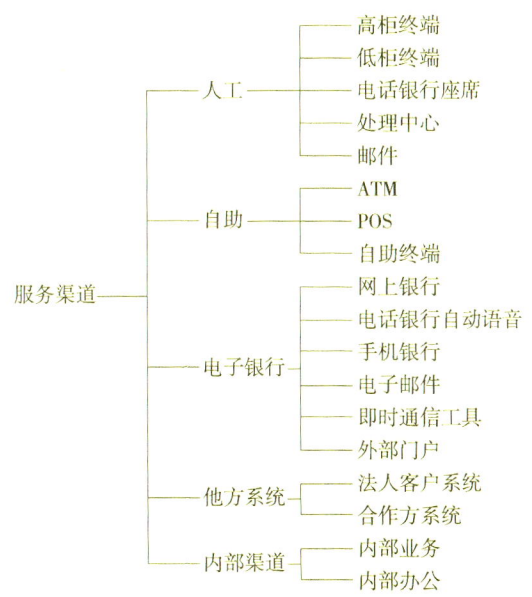

图 19-3　服务渠道分类

图 19-3 将银行的服务渠道分层分类展现，体现了渠道整合可以分层实现。通过整合，银行最终屏蔽了各种不同渠道的特点，把所有的渠道服务请求整合成一些标准的服务请求。

除了对外服务渠道，信息系统的数据处理还有内部的批量作业渠道。

大多数信息系统只重视面向银行客户的渠道建设，而对他方系统渠道，特别是内部渠道的建设，包括统一渠道、渠道整合、统一认证、单点登录等没有给予足够的重视。

8. 事件

事件通常指的是信息系统为客户提供的各种各样的服务。在提供服务时，信息系统把该服务作为一个系统事件记录下来。记录的内容包括服务发生的时间、场景、处理过程、处理结果等，以备后续的一些处理、查询、分析所用。

9. 其他数据主题

除了上述主要的数据主题外，根据业务对象的性质，还有一些其他的数据主题，受篇幅所限，这里不再一一列举。

19.2.4 数据主题之间的关系

前文已提到几个数据主题相互之间有一定的关系，下面对其逐步展开讲解。

1. 客户与账户的关系

一个客户如果拥有银行的多种类型的产品，一般会有多个账户。另外，不少银行还提供自助式对外转账的功能，这时信息系统还要管理该客户对应的一些非本人账户。客户与账户的关系如图 19-4 所示。

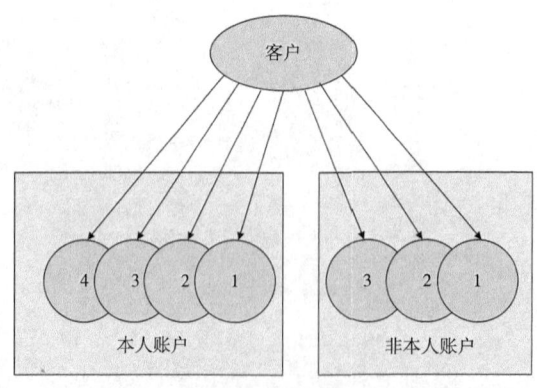

图 19-4 客户与账户的关系

2. 客户、访问标识、账户的关系

一个客户虽然可以同时拥有多个银行账户，但在享用某个银行的某种产品和服务时（称为与银行进行某个交易，下同），未必能够同时访问其所有的银行账户。例如，一些银行规定，不能用贷记卡在 ATM 上进行借记账户的取款交易，反过来也不能用借记卡透支贷记账户。在某个交易中，客户能访问哪个账户，取决于他在该交易中使用哪一个访问标识（访问介质）。

一个客户通常可以拥有多个访问标识，以对应该客户享受的不同的服务和访问不同的账户。不同的访问标识对应客户与银行之间不同的责、权。

一个访问标识可以对应该客户的多个账户。至于具体对应哪些账户，取决于银行的业务规则允许该类访问标识对应什么账户，以及客户愿意建立哪种对应关系。可见，一个账户也可能对应多个访问标识。访问标识与账户的对应关系由信息系统通过业务规则和客户指定而建立，与访问标识字符串的内容没有必然关系。只要这种对应关系成立，客户就有可能通过该访问标识访问这些账户。客户、访问标识、账户三者的关系如图 19-5 所示。

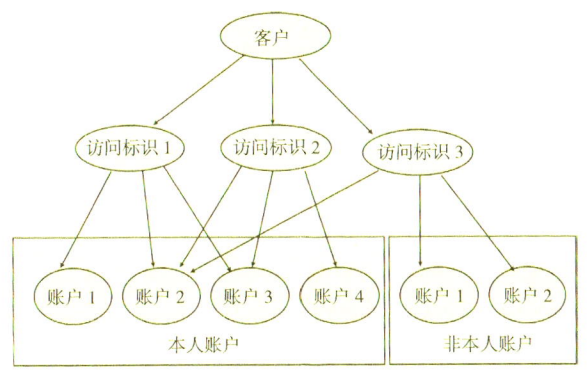

图 19-5 客户、访问标识、账户的关系

3. 访问标识、渠道、认证方式的关系

通过区分不同的访问标识、渠道、认证方式，信息系统得以确认客户的身份和客户在该次交易中所能享受服务的权限。在本次交易中，这些权限主要包括：

- 客户能涉及哪些账户；

- 客户能涉及的操作种类，如查询、修改资料、资产变动等；
- 客户能涉及的金额大小；
- 客户能否涉及第三方客户。

不同的访问标识在不同的渠道上通过不同的认证方式，客户所享受的银行服务的权限是不一样的。当然，客户所能够获取的一切权限，只能在客户与银行签订的实际或潜在的协议范围内。

如果某客户要进入银行的网上银行，他使用某个访问标识（用户号）和普通密码登录，通常只能查询该用户号下挂的账户。如果他需要一些更高的权限，比如给第三方转账，则银行通常需要他有更高等级的认证方式，如使用 USB Key 进行认证，或者再加上第二渠道认证等。

如果客户在 ATM 上取现金，由于目前 ATM 通常只支持密码认证，所以银行一般会规定一次只能取几千元，一天只能取一两万元。如果要进行大额现金交易，客户就要到柜台去办理。

一些重要的协议签订、客户资料的修改通常需要通过柜台渠道办理，并且需要身份证认证。在使用二代身份证后，系统可以通过阅读器直接读取身份证信息进行第三方认证。

4. 协议与相关数据主题的关系

从上文的论述可知，协议有许多维度，包括产品协议、个人协议、账户协议、渠道协议等。可见，协议本身与多个数据主题相关。下面对其进行进一步的分析。

（1）协议与产品、账户、客户的关系，如图 19-6 所示。

协议与产品、账户、客户的关系可以细分为产品公共协议、产品个案协议、账户公共协议、账户个案协议。

- 产品公共协议通常一个协议对应一类客户。例如普通的银行卡产品，其产品公共协议通过银行卡章程来体现。
- 产品个案协议通常一个协议对应一个客户的一个产品，如各种担保协议。
- 账户公共协议通常一个协议对应所有客户的同一类账户。例如银行个人账户的"一类账户""二类账户"等，其相关协议体现在监管部门的相关规定中。
- 账户个案协议通常一个协议对应一个客户的一个账户。例如银行贷记卡允许的透支额，不同的客户可以在不同的账户中分别设置不同的值。

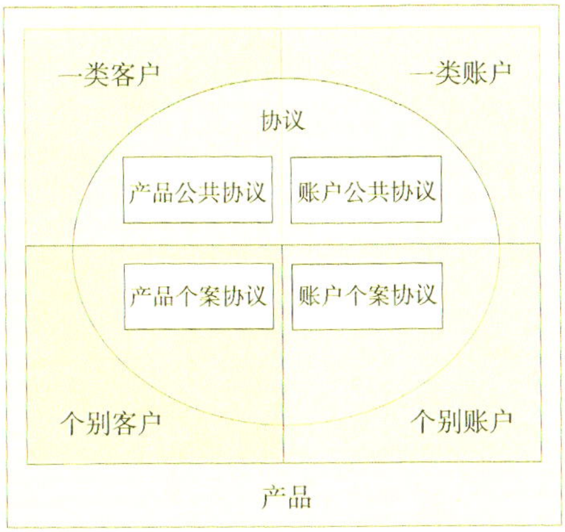

图 19-6　协议与相关数据主题的关系

（2）协议与渠道的关系，如图 19-7 所示。

与渠道相关的协议可分为渠道公共协议与渠道个案协议。

• 渠道公共协议：某种渠道对应某个公共协议。渠道公共协议除了与渠道相关，通常与认证方式也相关。

如定期存款支取、到期后的定期存款支取通常只要提供密码就可以办理；但如果是提前支取，客户在柜台办理则要提供身份证，在网银办理则要提供 USB Key。

• 渠道个案协议：与渠道、访问标识、认证方式、账户相关。

如网银转账业务，许多银行允许由客户定义将哪些账户挂在哪一个网银访问标识上，是否可以通过网银进行转账；对于一些大额转账业务，一些银行允许由客户选择使用哪一种认证方式，如是用 USB Key 还是用短信认证等。

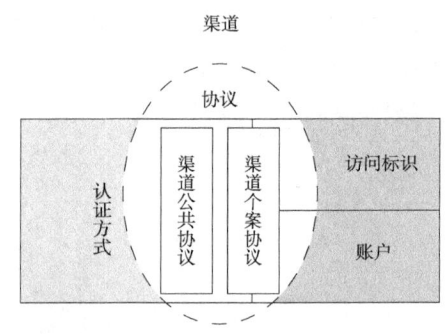

图 19-7　协议与渠道的关系

从上述分析可见，协议是信息系统对银行相关业务与客户的责、权、利关系的综合表述，是一个概括与抽象的概念。在具体的信息系统数据库设计中，为了提高效率，协议的不同内涵由于与不同的数据主题有不同的关系，可能会被分别耦合到不同的场合，如会分别存放在渠道、产品、账户或客户中。

5. 产品与账户的关系

（1）产品对应账户。

产品与账户的关系可以分为3类。

第一类是产品与某类账户有一对一的关系，我们可以把直接对应某类账户的产品称为基础产品，如活期存款产品。基础产品是一组围绕某类账户进行增、删、改、查处理的程序组合。

第二类是产品会对应两个或以上的账户，这些账户可能是同类账户，也可能是不同类账户，如转账类产品。例如，汇款对应两个账户。又如，代发工资对应多个账户。

第三类是产品不一定对应特定的账户，如咨询、评估等产品。

（2）账户对应产品。

账户除了直接对应基础产品外，通常还会对应其他各种产品，如附属产品（如账户月报）、增值产品（如账户余额变动短信通知）、组合产品（如贷记卡自动还款）、包装产品（如多币种账户）等。所以，一个账户通常对应多种产品，如图19-8所示。

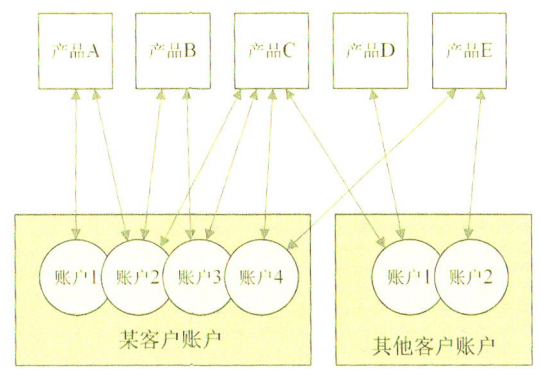

图 19-8 账户与产品的关系

6. 多种数据主题之间的关系

在实际的交易处理流程中,信息系统最初从渠道得到的数据通常包含一个服务请求和一个访问标识(有时还附带认证方式),交易的处理是从解析访问标识开始,到更新账户及相关信息结束。综合上文对各种数据主题及其关系的论述,我们可以得到多种数据主题之间的关系,如图 19-9 所示。

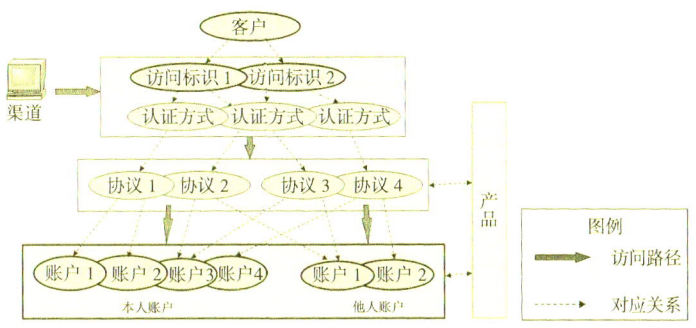

图 19-9 多种数据主题之间的关系

19.2.5 数据主题在实际应用场景中的关系

我们可以通过下面这样一个普通的应用场景来体现各种数据主题的关系。

银行客户(当事人)拿着银行卡(介质)到 ATM(渠道)取款。ATM 读取银行卡上的卡号（访问标识）并验证其输入的密码是否正确（认证方式）。然后，信息系统根据输入的服务要求及访问标识，找到该客户与本次交易有关的信息（协议），确认该笔交易合法后，进行相关处理并记账（账户）。然后，信息系统指令 ATM 吐钞。客户拿到现金，圆满获得在银行 ATM 上取款的服务（产品）。信息系统同时也把整个服务（交易）过程记录下来（事件）。

19.3 数据模型

信息系统是对信息进行收集、传递、存储、加工、维护的计算机系统。通过信息系统，信息将变为有标准、有规律、有组织的数据（数据库）。所以，信息系统通常也叫作数据处理系统。

要设计一个能满足要求的信息系统，关键就在于如何把信息系统要处理的信息通过抽象、综合、分类，定义为有标准、有规律、有组织的数据，进而定义与设计相应的数据库及对应的处理。我们把这些组织起来的各类数据与它们之间的关系称为数据模型，把其组织过程称为数据建模过程。落实信息系统的数据模型是信息系统数据架构设计的一个最重要的组成部分。

在数据库发展与使用的历史上，宏观上主流数据库的数据模型有 3 种：层次模型、网状模型和关系模型。对于计算机事务处理应用系统而言，由于前两种模型本身的不足，关系数据库逐步取代了层次数据库和网状数据库。

19.3.1 数据模型的内容和层次

由数据模型的定义我们知道，数据模型就是通过对所展现的客观事物的信息进行抽象、综合、分类，组织为具有某种结构的数据，并对这些数据结构、相互之间的逻辑关系、数据操作方式及约束进行描述。

1. 数据模型的内容

通常认为，数据模型所描述的内容包括 3 个部分：数据结构、数据操作、数据约束。

（1）数据结构。

数据模型中的数据结构主要描述两方面的内容。一方面是描述数据结构的类型、内容、性质，例如层次模型、网状模型及其记录型、数据项，关系模型及其关系、域等；另一方面是描述各数据结构之间的关系。

（2）数据操作。

数据模型中的数据操作主要描述各数据结构上对应的操作规则、操作类型和操作方式。

（3）数据约束。

数据模型中的数据约束主要描述数据结构内的数据及它们之间的制约和依存关系，以及数据动态变化的规则。约束条件可以按不同的原则划分为数据值的约束和数据间联系的约束、静态约束和动态约束、实体约束和实体间的参照约束等。数据约束可以保证数据的正确、有效和相容。

在上述数据模型的描述中，数据结构是数据模型的基础，数据操作和数据约束都建立在数据结构上。不同的数据结构具有不同的操作和约束。所以，本书下面的论述也主要是围绕数据结构展开。

2. 数据模型的层次

在建立数据模型的过程中，数据模型按不同的视图可分成3个层次：概念模型、逻辑模型、物理模型。

（1）概念模型。

概念模型是面向用户的现实世界的模型，主要用来描述信息系统要处理的现实世界的概念化结构。它使信息系统的设计人员在设计的初始阶段得以摆脱计算机系统及数据库的具体技术问题，集中精力来分析现实世界中数据以及数据之间的联系。概念模型与具体的数据库或数据管理系统无关，它必须再进一步转换成逻辑模型、物理模型，才能在具体的数据库中实现。

概念模型要面向现实世界：一方面，它要有较强的表达能力，能够方便、全面、正确地表达信息系统面对现实世界需要处理的数据的属性及它们的分类与关系；另一方面，它还应该简单、清晰，易于被非技术人员理解。在概念模型中，最常用的是E-R模型、面向对象模型等。

（2）逻辑模型。

逻辑模型是既面向用户，又面向某种数据库类型的数据模型，是具体的数据库管理系统所能支持的数据模型。把概念模型发展为逻辑模型，使之可以对应某种类型的数据模型，进而能在对应的数据库管理系统上实现数据库的建立。

（3）物理模型。

物理模型是面向具体计算机系统展示的模型。物理模型描述了数据在具体数据库产品与具体储存介质上的组织结构。它不但与具体的数据库有关，而且还与具体的操作系统和硬件有关。每一种逻辑模型在落实到具体的计算机系统时，都有对应的物理模型。通常，每种主流的计算机系统都提供了相应的数据库生成手段，使逻辑模型向物理模型转换的大部分实现工作由系统完成，而设计人员只需按照基本相似的方式，关注数据库的索引、视图、关系等各种内部结构设计。这样，各种数据库面对不同的操作系统与硬件，能保证其独立性与可移植性。

19.3.2 数据建模

把现实世界中需要处理的信息进行综合、抽象、组织，通过逐步求精的过程建立概念、逻辑、物理3个层次的数据模型，最终建立起我们的目标数据库，这整个过程可以称为数据建模。

（1）概念模型的建立。

在建立概念模型时，我们需要充分理解业务需求，把要处理的对象综合、抽象为一个个业务对象，并整理出与之对应的数据主题，以及这些数据主题的各种主要属性和相互之间的关系。其中，数据主题的主要属性一定要包含数据主题与数据主题之间的关联属性。数据主题之间的关联属性指的是概要关系、数量的对应关系、关联属性的依存与约束关系。

有了概念模型，就可以进一步建立数据实体的逻辑模型与物理模型。

（2）逻辑模型的建立。

在建立逻辑模型时，我们需要决定最终选择的数据模型（数据库）种类。因为不同的数据模型种类，其实现实体间关系的方法不一样。如对于网状模型来说，关系通常通过指针实现；而对于关系模型来说，关系通常通过共享键值、外键实现。另外，我们应该细化与完善对实体与关系的描述，使之可以在具体的数据库管理系统中生成相应的、具体的数据库对象。这些对象包括数据库的对应文件或表、记录或行、字段或列。此外，对象还包括主键、外键等。

以建模工具 erwin 对关系模型的逻辑模型展现为例，它既把概念模型中的实体展现为具体二维表的行与各列，又具体定义了实体的各索引键与它们之间的具体关系。

（3）物理模型的建立。

物理模型是对逻辑模型的进一步求精，是对真实数据库的完全描述，包括数据库中的一些对象，如表、视图、字段、数据类型、长度、主键、外键、索引、是否可为空、默认值等；并根据具体的计算机系统及使用的具体数据库管理系统，将在逻辑建模阶段创建的各种数据库对象生成具体的 DDL SQL 代码。通过运行这些代码，我们就可以创建相应的具体数据库对象。人们在具体的计算机系统中使用的大多数建模工具，大都可以通过物理模型的建立，自动生成相应的 DDL SQL 代码。

19.4　银行数据模型举例

下面以银行数据模型为例，详细讲解概念模型、逻辑模型的建立要点。

19.4.1　概念模型举例

在数据模型的 3 个层次中，概念模型只与现实世界里需要计算机对其进行数据处理的对象有关，与将采取什么样的数据库管理系统进行数据处理无关，更与具体的计算机系统无关。

为了能全面、准确地描述概念模型，比较常用的方法有"实体 – 关系方法"（Entity-Relationship Approach），它是描述现实世界概念结构模型的有效方法。其展现方式为实体 – 关系图，即通常所说的 E-R 图（Entity Relationship Diagram）。

实体 – 关系图提供了表示实体类型、属性和联系的方法，是用于描述现实世界的概念模型。它用矩形表示实体型，可在矩形框内写明实体名；用椭圆表示实体的相关属性，并用无方向连线将实体型与其相应的属性连接起来；用菱形表示实体型之间的关系，可在菱形框内写明两个实体间的关系概要，也用无方向连线将有关系的实体型连接起来，同时在菱形的两侧连线上标注关系的类型。关系的类型有3种：1对1（1:1）、1对多（1:m、1:n）、多对多（$m:n$）。

下面以银行交易系统为例，探讨如何建立需要处理的数据实体的概念模型。

在银行交易系统里，系统面对的要处理的数据实体有很多，这些数据实体都需要我们进行抽象、综合、分类，组织为具有某种结构的数据，并对这些数据结构及其相互之间的逻辑关系进行充分的分析，以便系统进行需要的处理。

例如，系统面对的最主要的数据实体有客户与账户。每个银行都会有许多客户，而这些客户会在银行开立各种各样的银行账户，以记录自己在银行的各种资产、负债的变化情况及现状。

根据此前对银行客户、访问标识、账户以及它们之间关系的描述，我们可以知道，银行客户要获取银行相关的账户金融服务，需要通过提交他的访问标识去访问他在银行拥有的账户。这样，我们可以建立如图19-10所示的实体-关系图。

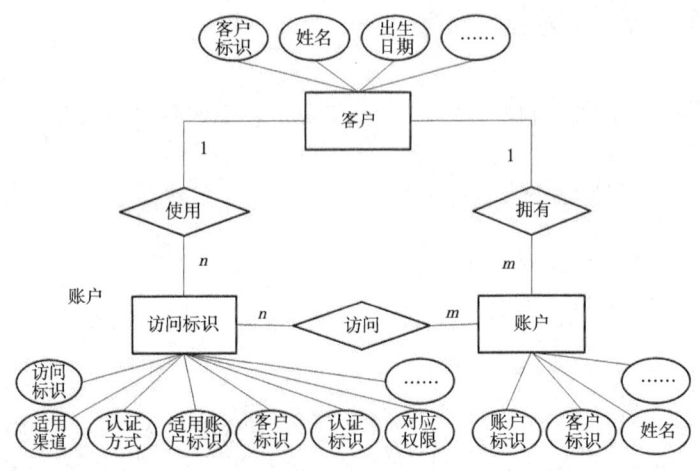

图19-10　实体-关系图

我们来分析一下，上述实体-关系图是如何展现与描述实体和它们之间的关系的。

1. 实体

上述实体-关系图里有3个实体，分别是用矩形框描述的客户、账户、访问标识。

图 19-10 中还列举了这 3 个实体比较重要的属性。

（1）客户。

这里的客户主要指的是银行客户，即银行的服务对象。客户的具体属性如下。

①姓名。

姓名是客户有效身份证件里记载的姓名。这些有效证件通常为身份证、护照等。

②出生日期。

出生日期是一个非常重要的属性。经常有这样的情况，我们需要通过姓名来查找某个客户的相关资料，但无论是在中国还是在外国，同名同姓的人实在太多了，从而可能会有很多重复项。如果只用姓名作为对数据库进行检索的索引键，将会出现非常多的重键。例如，一个叫张伟的客户丢失了银行卡要到银行挂失，但他忘记了具体卡号。如果我们用他的名字进行检索，可能会查到数万个张伟，而究竟是哪一个张伟，我们将难以判断。这并不是我们希望的结果。

但如果我们在客户资料里保留了客户的出生日期，那么，我们可以用姓名加出生日期进行检索，检索结果的重复概率就会非常低。所以在国际社会的人员交流管理中，普遍对人员的出生日期特别关注。只要掌握了人员的出生日期，鉴定人员的唯一性就相对容易与简单了。

③客户标识。

由于大多客户的姓名并不具有唯一性，就算加上出生日期也不能保证能唯一识别客户。所以，几乎所有国家都对公民赋予了一个唯一识别标识。例如，在中国，这个唯一识别标识是身份证号码；在美国，是社会保障号码。这些公民唯一识别标识的唯一性由国家来保证。所以，银行也可以借用这些识别标识来作为唯一的客户标识。客户标识通常包含了客户标识种类和客户标识号。

④其他属性。

（2）账户。

这里的账户是指客户在银行的账户。该账户用于记录客户在银行的资产、负债或其他权益的现状、数量变化的历史等。不同的账户会对应银行的不同产品与服务。账户的具体属性如下。

①账户标识。

账户标识是账户的唯一标识，通常包括账户种类与账户号。

②客户标识。

账户的客户标识表明该账户是属于哪一个客户的，这个客户标识与客户实体里的客户标识一致。

③姓名。

指账户所属客户的姓名，要与客户实体里的姓名一致。

④其他属性。

（3）访问标识。

访问标识是银行客户赖以访问其在银行开立账户及获取银行相关服务的凭据。在许多场合里，访问标识被通俗地称为登录名、用户名、用户号、用户别名、用户昵称等。在银行的信息系统服务界面里，访问标识也会使用账号、卡号等。访问标识的具体属性如下。

①访问标识。

这里的访问标识是访问标识实体的唯一标识，是访问标识实体里最重要的内容。它是一个字符串。银行信息系统通过读取客户或银行员工在银行信息系统的服务界面上输入的访问标识，经过相应的认证与处理，就可以唯一识别客户，为客户提供银行的相应服务。

②适用渠道。

通常，银行会对不同渠道的访问标识有不同的要求。例如，在网银中，访问标识可以是别名、昵称等；但在柜台，通常要求是账号、卡号。另外，银行客户也会根据不同的渠道选择不同的访问标识。一个访问标识可以适用多种渠道。客户的某个访问标识仅在其适用的渠道中有效。

③适用账户标识。

根据银行的相关规定与客户的意愿，不同的访问标识可以访问不同的账户。当然，某个访问标识可以访问哪一个账户，需要根据银行的相关规定与客户的意愿，并在履行一定的手续后，指定才能成立。

④认证方式。

不同的渠道、不同的账户、不同的服务有不同的安全防护等级与安全措施，会对应不同的认证方式。通常，越是容易被仿冒、越是重要的服务，其对应的认证方式越复杂。这类服务有网银、移动银行等全自助式的服务，涉及大额转账的服务等。

⑤客户标识。

访问标识中的客户标识用于表明该访问标识是属于哪一个客户的，这个客户标识与客户实体里的客户标识一致。

⑥认证标识。

所谓认证标识，通常就是指认证密码。按银行的想法，最理想的情况是不同的认证场合与认证方式最好对应不同的认证标识，并且认证标识最好长一点、复杂一点（有的网站规定，组成密码里的数字、大写字母、小写字母、其他字符均不能连续超过3个），且能经常变化，以防泄漏或被仿冒。在比较复杂的认证方式里，认证标识可能不止一个。多个认证标识会在一个交易的不同阶段通过不同的方式被分别输入，以增强认证的可靠性。

另外，认证标识通常以加密方式存储。

⑦对应权限。

综合前面几点，不同的访问标识、不同的渠道、不同的账户、不同的认证方式，会对应不同的服务内容与权限。例如，如果是账户查询，通常输入查询密码即可；如果是转账，就要加上进一步的认证，如有的银行要求输入转账密码，有的银行要求插入U盾等。

⑧其他属性。

2. 关系

客户、账户、访问标识3个实体之间存在3种关系。它们的关系用菱形来体现，它们的关系类型体现在菱形的两侧。

（1）客户与账户。

一个客户在一个银行里可能会拥有多种账户，例如有活期存款账户、定期存款账户、信用卡账户等。在某种账户里，客户还可能拥有多个账户。例如在活期存款账户中，有用于工资转入的账户，有用于自动扣费的账户等。

总之，客户与账户的关系是拥有的关系，是一对多的关系。

（2）客户与访问标识。

从前面的论述中我们可以看到，一个客户为了能在不同的渠道上访问不同的账户、获取不同的服务，通常会使用不同的访问标识。

可见，客户与访问标识的关系是使用的关系，是一对多的关系。

（3）访问标识与账户。

不同的访问标识可以访问不同的账户，反过来，不同的账户可以由不同的访问标识进行访问。

可见，访问标识与账户的关系是访问的关系，是多对多的关系。

19.4.2 逻辑模型举例

在数据模型的 3 个层次中，逻辑模型涉及具体的数据模型（数据库）种类。在把上述概念模型进一步深化为逻辑模型时，假设我们采用的是关系模型，用工具 erwin 展现，其逻辑模型大概如图 19-11 所示。

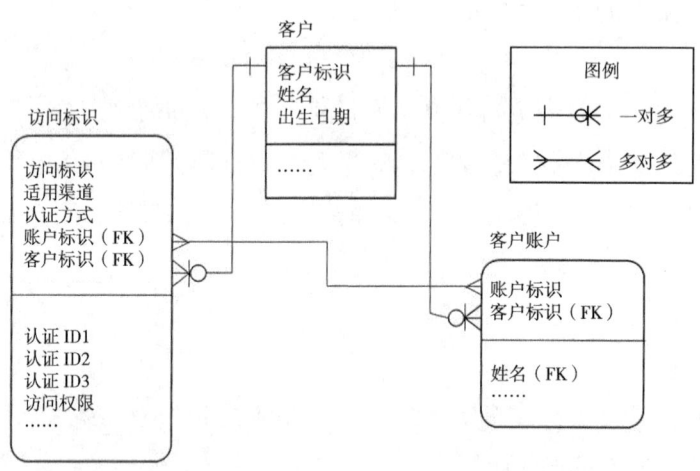

图 19-11　以 erwin 展现的逻辑模型

从图 19-11 中可以看出，逻辑模型比概念模型更具体、更细化。图 19-11 中的每个框图代表某个数据库表的一行，框图里的每一行表示数据库的一列。每一个框图分为上下两部分,上半部分为键区,下半部分为数据区。两个区域定义的数据库表的各列分别对应原来实体里用作索引键的属性与非索引键的属性。

与层次模型和网状模型不同,关系模型用共享值来隐含地体现实体 – 关系,这是关系模型的特点。erwin 可以完全体现这种使用共享键的实体 – 关系模型。

从图 19-11 中可以看出,无论是客户账户还是访问标识,都通过客户的客户标识联系起来;而客户账户与访问标识则通过账户标识联系起来。

最后,逻辑模型还要进一步具化为物理模型。由于物理模型与具体的数据库和计算机系统有关,会涉及具体数据库与计算机系统的许多概念,并且不同的数据库与不同的计算机系统会有不一样的表述方式,所以,这里就不再对物理模型进行详细的论述了。

19.5 信息系统数据库的分类

对于一个银行信息系统而言,面对不同的应用,其数据库大致可以分为联机数据库、批量数据库、ODS(Operational Data Store,操作型数据库)、数据仓库、数据集市、联机日志 6 种。

19.5.1 联机数据库

联机交易涉及各种数据库,其中最主要的是联机数据库。联机数据库是典型的面向事务处理的操作型的数据库。它包含了所有对外服务会产生变化的数据,如客户的资产、负债账户类数据,客户相关信息和其他各类动态数据;为了满足银行日常生产管理使用的各种管理、控制数据,如权限、资金、头寸、限额控制数据等。联机数据库的特点如下。

1. 面向应用

所谓面向应用的数据库,就是根据不同的业务、不同的应用而组织的数据库。这种数据库通常封装在对应的应用(子系统)里,基本只为对应的应用服务,各应用子系统数据库之间相对分离独立。其服务对象面向生产。

2. 联机更新

联机数据库存放了所有联机交易需要更新的数据。所以，该数据库的更新基本来自联机交易，为实时联机更新。

3. 生命周期

联机数据库一方面反映了联机交易数据最新时点的状态，另一方面保留了近期的历史数据。

19.5.2 批量数据库

在银行计算机信息系统发展的初期，计算机的处理方式主要有联机处理与批量处理两种。

传统的银行信息系统日终批量对应的业务处理通常有三大任务：一是进行一些日终账务处理，如资金清算、头寸划拨，以及各种内部与外部的约定处理，如利息计算与处理、约定的账务处理、客户信息处理等；二是产生银行的各种日终报表，包括各种处理流水清单、对账清单，以及各种内部账务报表，如各核算层级的日计表、资金清算表及一些统计报表等；三是定期对一些历史数据进行整理与清理等。批量数据库就是对应这类处理所涉及的需要更新的数据库。

由于当时联机与批量的处理时间不一样，批量通常在联机关闭后才开始，两种处理方式对应使用的数据库没有严格区分。

随着信息系统的发展，联机对外服务时间越来越长，批量窗口受到挤压，联机与批量往往不得不并行运行。人们发现，在联机与批量并行运行时，如果两种处理的数据库有交叉，会导致非常多的共享与排他问题。

为了解决联机与批量两种处理对应的数据库的交叉问题，系统设计人员开始严格定义联机与批量两种数据库。其规则是：联机数据库通常只能由联机更新，批量只能对其进行参照（只读）处理；批量数据库通常只能批量更新，联机只能对其进行参照（只读）处理，如表 19-1 所示。

表 19-1 联机数据库与批量数据库

数据库	联机数据库				批量数据库			
处理	增	删	改	查	增	删	改	查
联机	○	○	○	○	×	×	×	○
批量	×	×	×	○	○	○	○	○

随着信息系统的进一步发展,产生了 ODS 的概念,批量数据库可以纳入 ODS 的范畴。

19.5.3 ODS

随着银行计算机信息系统的发展,银行信息系统从原来偏重事务处理走向全面的信息应用。数据仓库、数据集市应用得以迅速发展。这时,交易处理与信息分析分别对应两大类的数据库:一是交易系统面向各种应用的联机数据库;二是信息分析面向主题、信息共享的数据库、数据仓库。信息分析的数据主要来自各交易系统,而交易系统也需要使用大量信息分析的结果。交易系统与分析系统之间的数据传递,中间往往会通过一类数据库进行过渡。银行通常把这类数据库称为 ODS,如图 19-12 所示。

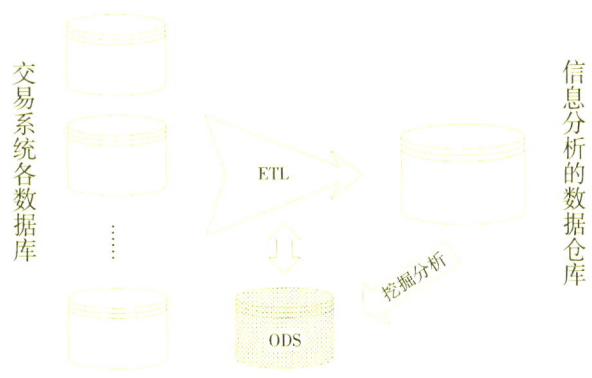

图 19-12 交易系统数据库与分析系统数据仓库

ODS 是相对分析型数据库而言的。银行 ODS 通常并不属于某个特定的子系统,其数据结构按需要而定,偏向操作(Operational)层面的用途,其动态数据通常有较频繁的更新以及较短的历史。ODS形成交易系统数据库与分析系统数据仓库之间一类过渡的数据库。

ODS按其内容与功能大致可以分为以下两大类。

1. 面向交易系统

ODS的该类数据库的数据在粒度、组织内容等各个方面都与交易系统数据库比较接近。例如，可以把此前的批量数据库纳入ODS中。这类数据库的特点及功能部分与原来的批量数据库类似，部分有更广泛的应用。其特点如下。

- 其数据通常通过日终批量进行更新、加载。
- 静态的历史数据可以转移到ODS，减小交易系统数据库的规模。历史数据的查询可以通过ODS进行，从而减轻交易系统的处理压力。
- 从分析系统返回交易系统的一些统计数据、标识数据，如客户标签、风控信息等，可放在ODS中，让联机交易实时查看。

2. 面向联机分析处理（Online Analytical Processing, OLAP）系统

ODS的另一类数据库在交易系统和分析系统之间形成一个中间层。这类ODS数据库的数据结构可以面向主题。

- 其数据来自交易系统的集成，提供给一个或多个分析系统的数据仓库、数据集市进行数据提取、转换和加载（Extract-Transform-Load, ETL），成为分析系统面向主题的数据库。
- 可以通过ODS进行一些简单的、高效的联机分析。

19.5.4　数据仓库

数据仓库（Data Warehouse, DW）的主要功能是把联机交易系统各数据库所累积的大量信息及其他途径收集到的数据，通过数据仓库特有的数据储存架构进行系统的分析整理，提供给各联机分析处理、数据挖掘（Data Mining）使用，为决策支持系统（Decision Support System, DSS）、主管信息系统（Executive Information System, EIS）的建立提供支撑，帮助决策者快速、有效地从大量资料中分析出有价值的信息，以利于对经营环境的变化进行快速回应并做出决策，帮助构建商业智能（Business Intelligence, BI）。

基于数据仓库的信息分析系统由3部分组成：数据仓库技术、联机分析处理技术和数据挖掘技术。其中，数据仓库技术是该系统的核心。

数据仓库的特点包括以下 4 点。

1. 面向主题

数据仓库中的数据是按照一定的主题进行组织的。主题是指用户使用数据仓库进行决策时所重点关心的对象，一个主题通常与多个操作型信息系统相关。

主题是与传统数据库的面向应用相对应的，是在较高层次上将企业信息系统中的数据综合、归类并进行分析利用。每一个主题对应一个宏观的分析领域。数据仓库会排除对决策无用的数据，提供特定主题的简明视图。

2. 集成

数据仓库的数据主要来自分散的操作型数据，将所需数据从原来的数据中抽取出来，通过加工、清洗、集成、归纳处理后才进入数据仓库。在数据抽取清洗的过程中，必须消除源数据中的不一致性，以保证数据仓库内的信息是关于整个企业的一致的全局信息。

3. 相对稳定

数据仓库的数据主要供企业决策分析使用。某个数据一旦进入数据仓库，一般情况下将被长期保留。数据仓库所涉及的数据操作主要是数据查询，修改和删除操作涉及得很少，但通常需要定期加载新数据，以便能及时跟踪信息的变化与发展。

4. 随时间积累，反映历史

通过定期的 ETL 积累，数据仓库内的信息并不只是反映企业当前的状态，还包含了大量历史数据。这些数据系统地记录了企业从过去某一时点（如开始应用数据仓库的时点）到目前的各个阶段的信息。通过这些信息，我们可以对企业的发展历程和未来趋势做出定量分析和预测。

19.5.5 数据集市

数据集市就是企业级数据仓库的一个子集，它主要面向部门级业务，并且只面向某个特定的主题。数据集市就是为了解决灵活性与性能之间的矛盾，在数据仓库体系结构中增加的一种小型的部门或工作组级别的数据仓库。数据集市存储为特定用户预先计算好的数据，从而满足用户对性能的需求。数据集市可以在一定程度上打破访问数据仓库的瓶颈。

数据集市的特征如下。

- 规模相对数据仓库更小。
- 面向部门，有特定的应用。
- 数据架构通常是星形、雪花形或两者的组合。
- 数据来源于 ODS 或数据仓库。
- 提供更详细的、预先存在的、数据仓库的摘要子集。
- 通常比数据仓库有更高的效率，多用于联机分析处理。

数据集市通常有两种类型：独立型数据集市和从属型数据集市。独立型数据集市直接从操作型环境获取数据，从属型数据集市从企业级数据仓库中获取数据，带有从属型数据集市的体系结构。

形成这两种不同的数据集市的原因与企业的信息分析系统的发展路径有关。如果企业先有数据集市，后发展数据仓库，数据集市通常会采取独立型。反之，如果企业先有数据仓库，后发展数据集市，数据集市通常会采取从属型。

通常认为，如果企业最终想建设一个全企业统一的数据仓库，想要以整个企业的视图来分析数据，最好不要选择建立独立型数据集市。这是由数据集市本身的特点决定的。数据集市为各个部门或工作组所用，各个数据集市之间存在不一致性是难免的。因为脱离数据仓库的缘故，当多个独立型数据集市增长到一定规模之后，由于没有统一的数据仓库协调，企业只会又增加一些信息孤岛。所以，从长远的角度来看，从属型数据集市在体系结构上比独立型数据集市更稳定，并且可以说是数据集市未来建设的主要方向。一些企业打算先独立地构建数据集市，当数据集市达到一定的规模后再直接转换为数据仓库，这种发展方式值得我们认真探讨。

有关数据仓库与数据集市的论述文章非常多，更详细的表述可以参照这类文章。

下面是上述几种数据库的特点与区别，如表19-2所示。

表 19-2 联机数据库、ODS、数据仓库、数据集市的特点与区别

数据组织	联机数据库	ODS	数据仓库	数据集市
数据来源	联机	联机日志	联机日志、ODS、外部数据	ODS、数据仓库
主要功能	事务处理	事务处理、报表、数据交换	各种信息分析、决策	某方面的信息分析
服务对象	生产层	生产、业务管理层	企业管理层	部门或特定
数据范围	企业级联机	按需要	企业级	部门或工作组级
数据模型	面向应用	面向应用、主题	面向企业主题	面向部门或特定分析主题
数据结构	流行数据库	数据库	规范化（第三范式）	星形、雪花形或两者的组合
数据粒度	最小	小	最小，按需要	较大
数据索引	少量	适量	高度	高度
数据量	大量	适量	海量	适量
数据生命	近期	中期	所有	适量
数据变更	联机	批量、ETL更新、追加	ETL追加	ETL追加
处理实效	实时	实时、准实时	非实时	准实时
技术实现	联机交易处理	联机交易处理、联机分析处理	数据挖掘	联机分析处理
数据分布	应用封装	相对集中	集中	按需分布

19.5.6 联机日志

从本质上分析，联机日志应该归类为信息系统联机交易数据库。但由于其在信息系统中的特殊定位，所以这里单独对其进行分析。

1. 联机日志的定义

联机日志是联机交易处理系统在发生每一笔客户交易的时候，记录下来的交易情况，即数据主题中事件主题的集合。一个独立核算的子系统，如果其一个交易中包含几个异步处理（如作为收单行），那么每一个异步处理可以认为是一个子交易，均要记载单独的日志。但这些异步处理的日志应该有一个相互联系的标识。

2. 联机日志的种类

通常，联机日志有渠道日志、处理子系统日志、交易日志等。渠道日志由联机交易的发起渠道记录；处理子系统日志由完成整个交易业务功能的各个独立核算子系统分别记载；交易日志是针对每一个客户服务记录的一笔日志，如果信息系统建立了企业服务总线，那么交易日志可由企业服务总线去记录。

3. 联机日志的内容

一个设计良好的联机日志应该包含所有与交易相关的信息。

（1）渠道日志记载的主要内容如下。

- 从交易界面上接收到的输入信息、时间、场景。
- 从渠道往处理系统上送的信息。
- 交易修改的所有渠道数据库信息及修改后的状态。
- 接收到的从处理系统返回的信息。
- 送回交易界面的信息。

（2）处理子系统日志记载的主要内容如下。

- 从交易调度处接收到的输入信息、时间。
- 处理系统修改的所有处理系统数据库信息及修改后的状态。
- 处理系统返回交易调度的输出信息、时间。
- 最终交易完成情况，如果是非正常结束，要记录错误代码。
- 其他需要记载的内容。

（3）交易日志记载的主要内容如下。

- 从渠道层接收到的输入信息、时间。
- 按调用顺序记录输往每一个处理子系统的信息、时间，处理子系统的返回信息、时间。
- 企业服务总线修改的所有总线数据库信息及修改后的状态。
- 返回渠道层的输出信息、时间。

4. 联机日志的作用

由于联机日志记载了交易的所有输入、输出、处理信息，所以具备以下功能。

（1）在正常情况下的功能。

- 产生交易流水，作为历史档案。
- 联机日志是联机与批量的桥梁，日终批量时可通过联机日志进行当天的相关批量处理。
- 一个设计良好的联机日志，应该能完全承担起事务处理系统与信息分析系统的桥梁。通过联机日志，把来自联机系统的各种新信息提取、转换和加载到信息分析系统的各数据库，包括ODS、数据仓库、数据集市。

（2）故障对策。

- 万一交易出现数据不同步，联机日志有助于找出问题所在。
- 万一客户、交易相关方面对交易结果有异议，联机日志有利于澄清事实。

联机日志一旦生成，通常不会修改。也有一些系统，对于需要几个异步交易才能完成的客户交易，会在生成这些相关的异步交易日志后，再记录这些日志的关联标识与交易最终状态。

对于24小时运转的联机交易处理系统，其日终批量已经没有独立的窗口，必须与第二天的联机并行运转。为此，系统通常需要配置两面交易日志数据库。在日切时点，日志数据库要从记载了日切前日志的数据库切换到另一面空白的数据库，以记载日切后的日志。日切前日志数据库用于相关批量处理与信息提取、转换和加载后，备份然后清空，为记载下一天的日志做好准备。

19.5.7 各数据库的定位

各数据库与信息系统里各处理系统的关系如图19-13所示。

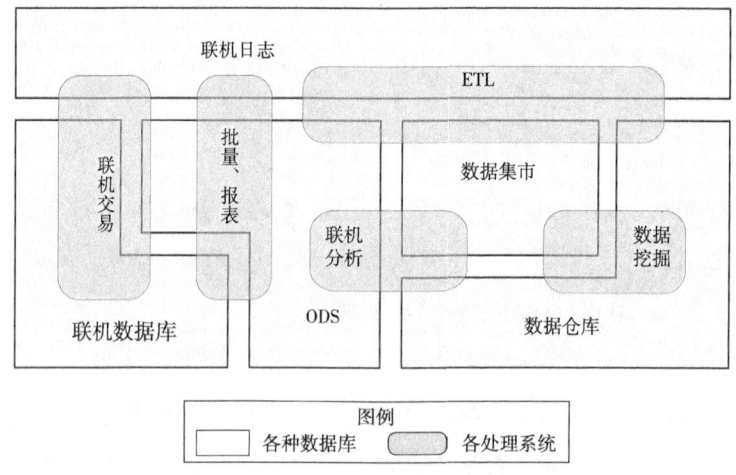

图 19-13　各数据库的定位

从图 19-13 可见，各数据库与信息系统里各处理系统的关系如下。

1. 联机交易

对于银行的联机交易处理系统，涉及的数据库有联机数据库、联机日志数据库，还会参照部分相对静态的 ODS。

2. 日终批量

日终批量的一些传统的处理，如日终账务处理、报表处理等，主要涉及联机日志数据库、ODS、联机数据库；可以通过扫描日志，引导并完成上述的各种处理。

随着银行信息分析应用的发展，日终批量还有一个重要的任务，就是要把当天从联机当中获取的新信息、更新信息从联机系统中通过 ETL 转到 ODS、数据仓库和数据集市中。由于联机所获取的新信息已全部记载在日志里，所以，同样可以通过扫描日志，把联机新信息 ETL 转到 ODS、数据仓库、数据集市中。

从上面的分析可以看出，日志在整个信息系统中起了重要的信息传递作用。它连接了联机与批量，连接了交易处理系统与信息分析系统。

3. 联机分析处理

联机分析处理主要涉及 ODS 与数据集市。

4. 数据挖掘

数据的深加工、数据挖掘、商业智能与决策处理，主要涉及数据仓库、数据集市。数据挖掘与数据流转举例如图 19-14 所示。

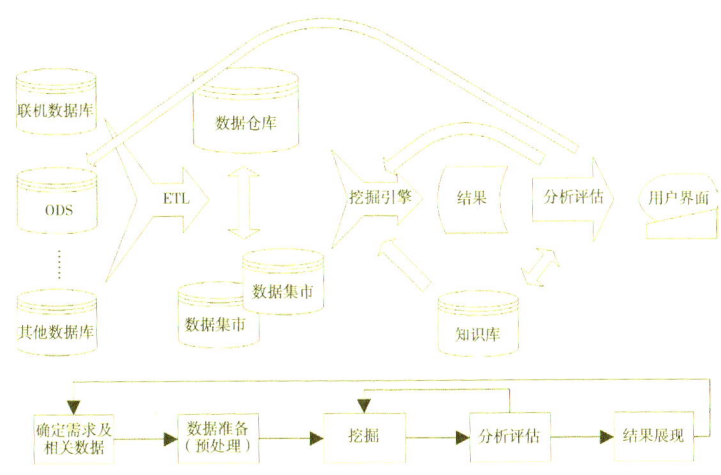

图 19-14　数据挖掘与数据流转举例

19.6　数据架构的规划

现实中，对于信息系统的应用架构、数据架构、流程架构，通常数据架构和流程架构都没能得到系统设计人员的足够重视。实际上，没有一个好的数据架构，根本不可能有一个好的应用架构，因为数据的松耦合是应用松耦合的基础和前提。可以说，数据架构与应用架构的关系密不可分。

19.6.1　数据架构发展的现状

在许多没有严格数据架构规划的信息系统里，程序与数据库的关系是多对多的关系，如图 19-15 所示。

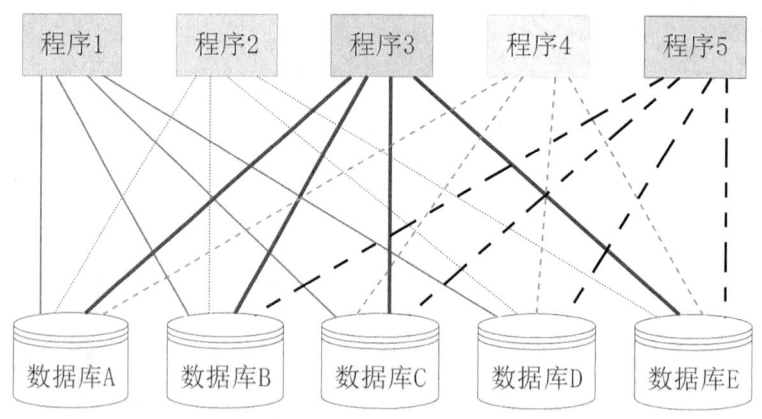

图 19-15　程序与数据库多对多的关系

假设信息系统有 5 组程序、5 个数据库,这些程序与数据库的关联关系如图 19-15 所示。例如,程序 1 会访问数据库 A、B、C、D,程序 2 会访问数据库 A、B、D、E……在这种没有严格数据架构的系统里,不管系统的应用架构如何设置,都不可能达到系统内部架构真正松耦合的目的。其原因是很明显的。

首先,我们考虑程序的修改引起的变化。如果程序 1 由于某种原因需要进行修改,例如增加、修改或升级某些功能。该修改本来只与数据库 A 有直接关系,数据库 A 要进行同步修改;但由于程序 1 与数据库 B、C、D 也相关,所以数据库 B、C、D 也极可能被程序 1 的修改影响。我们不得不认真审查该修改是否会涉及数据库 B、C、D。就算我们认为该修改与数据库 B、C、D 基本无关,但也要在修改测试中验证这一点。同样,如果程序 2 要进行修改,数据库 A、B、D、E 也极可能要同步修改。

其次,我们反过来考虑数据库的修改引起的变化。如果数据库 A 由于某种原因需要进行修改,该修改本来只与程序 1 有直接关系,程序 1 要进行同步修改;但由于程序 2、3、4 也要访问数据库 A,所以无论数据库 A 修改了什么,程序 2、3、4 也肯定要修改,至少要修改数据定义。同样,如果数据库 B 要进行修改,程序 1、2、3、5 也极可能要同步修改。

这种牵一发而动全身的耦合关系,是系统发展和维护的噩梦。实际上,这也是系统维护成本和风险高的最大原因。

以上仅仅是以几组程序和几个数据库作为例子，而实际中的程序和数据库的数量要比上述例子多得多。如一些大银行，其程序与数据库的数量都是上万。如果还是维持这种程序与数据库多对多的关系，那么其关系的数量就是上百万其至更多。在系统维护中，要管理和维护好这种数量级的关系，无论投入多少资金，可以说基本上都是不可能的。正因为这样，系统的修改、升级往往千虑一失。由于考虑不周（实际上是不可能考虑周到的），结果往往是千里之堤，溃于蚁穴，一丝疏忽造成重大故障，给服务带来重大损失。

从上面的分析中，我们还可以得出一个结论：数据架构的重要性其至比应用架构还要高。程序的修改，不一定带来相关数据库的修改；但数据库的修改，肯定会带来所有相关程序的修改。

以信息系统的联机事务处理系统为例，数据架构的规划包括数据组织、数据分布与封装、数据流转与冗余3个方面的内容。

19.6.2 数据组织

首先，我们要给数据分类，把相互之间关系密切的数据组织成一个个数据库表。那么，什么样的数据可以放在一个数据库表里呢？我们可以参考如下几点。

1. 根据业务分类

银行业务的分类有多个维度。例如按客户群分，有法人客户、个人客户等；按产品线分，有资产业务、负债业务、代理业务等。

那么，我们也应该对应这几方面的业务来组织相应的数据库表。

2. 根据数据结构分类

在一个业务分类里，还会存在各种业务数据。不同类型的业务数据，其内部数据结构通常不一样，可以分别组织不同的数据库。例如，银行不同的账户类型（如定期账户与活期账户）的内部结构不一样，可以分别组织不同的账户数据库；在同一个账户中，其基本信息与交易明细信息的结构不一样，可以分别组织不同的数据库。

3. 根据相互之间的关系分类

有一些数据的数据结构一样，但相互之间基本没有什么关系，应该分别组织数据库。例如个人卡和公司卡业务，其中卡管理和卡消费的数据库结构可能基本一样，但如果两者在业务上基本没有交集，那么，我们宁愿配置两个数据结构一模一样的数据库表，也不把它们合成一个。

19.6.3 数据分布与封装

对于面向应用的数据库，数据分布是指根据应用架构的分类、分层，对数据库也进行分类、分层。数据库分类、分层是数据架构最重要的规划，也是与应用架构关系最密切的系统规划。

关于应用架构和应用架构分层，此前已有论述，这里不再赘述。

信息系统应用架构的层次，自底而上为程序、应用、应用组、应用群。可见，不管是应用、应用组、应用群，都是一组程序的集合，只是集合的规模大小不一样而已，如图19-16所示。

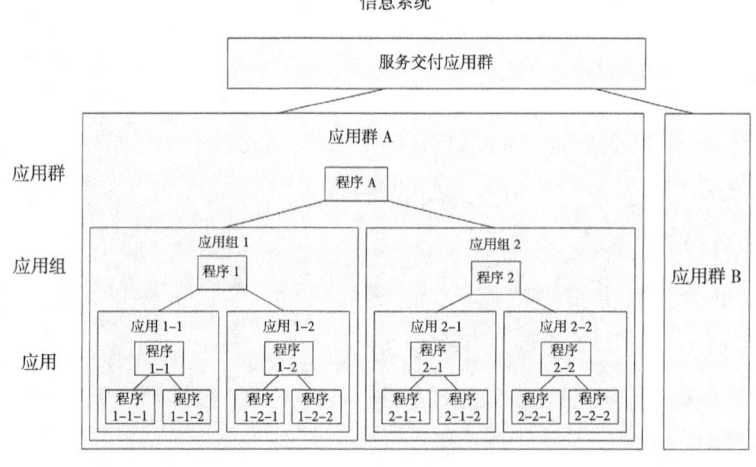

图 19-16　应用架构分层

假设我们按照图19-16，把信息系统的应用架构分为4层，那么我们可以把所有数据库也分为4层，即程序层、应用层、应用组层、应用群层。

数据库分类、分层的原则非常简单，该数据库应该由哪一层的哪一个程序集合访问，就把该数据库配置在哪一层的哪一个程序集合中。

数据架构通过这样的分类、分层规划，很明显，其架构的模型与应用架构基本完全一样，是一种自顶而下的倒树形结构，如图 19-17 所示。

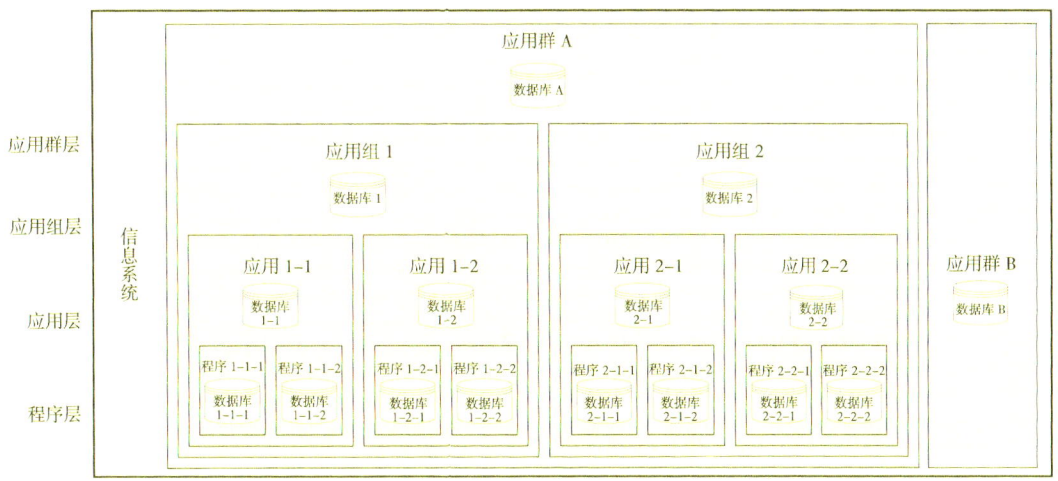

图 19-17　数据分布与封装

数据封装是指分布在某一层的某个组件里的数据库，其数据只能通过该组件里的所有程序及该组件下属各层的所有程序访问，其他程序决不能跨界访问。

（1）程序（模块）层。

所有属于这一层的数据库，每个数据库均仅属于某个程序，仅允许该程序对其进行访问。如数据库 1-1-1 仅允许程序 1-1-1 访问，数据库 2-1-1 仅允许程序 2-1-1 访问。

处于这一层的数据库通常是一些专用的数据库。在所有数据库里，这类数据库所占比例不会很大。

（2）应用层。

所有属于这一层的数据库，每个数据库均仅属于某个应用，允许属于该应用的所有程序对其进行访问，但不允许其他应用对其进行访问。如数据库 1-1 允许程序 1-1-1 访问，也允许程序 1-1-2 访问；数据库 2-1 允许程序 2-1-1 访问，也允许程序 2-1-2 访问。由于一个应用也许会包含许多程序，所以，属于应用层的数据库将可能允许许多程序对其进行访问。同样，该数据库的修改会带来所有属于该应用的许多程序的修改。

处于这一层的数据库通常是一些对应产品的数据库。在所有数据库里，这类数据库所占比例相对较大。

（3）应用组层。

所有属于这一层的数据库，每个数据库均仅属于某个应用组，允许属于该应用组的所有程序对其进行访问，但不允许其他应用组对其进行访问。如数据库 1 允许程序 1-1-1 访问，也允许程序 1-2-2 访问；数据库 2 允许程序 2-1-1 访问，也允许程序 2-2-2 访问。由于一个应用组可能会包含大量程序，所以，属于应用组层的数据库将允许大量程序对其进行访问。同样，该数据库的修改会带来所有属于该应用组的大量程序的修改。为了使应用组里的应用相互之间能够尽量松耦合，在规划数据架构时应尽量减少该层数据库的数量，并且应该只把数据结构相对稳定甚至是不变的数据库配置在该层。

处于这一层的数据库通常是一些产品线通用的数据库。系统设计人员应该尽量减少这类数据库在所有数据库里所占的比例。

（4）应用群层。

接下来的问题是，是否要规划归属于某个应用群的数据库呢？要回答这个问题，我们要回到建立良好数据架构的初衷。

建立良好的数据架构就是为了能实现应用的松耦合。一个大的信息系统，其程序动辄是万的数量级；而一个大的信息系统通常也就几个应用群，那么，最大的应用群所包含的程序可能上万。如果我们配置了属于某个应用群的数据库，由于该数据库由该应用群内所有的程序共享，那么一个由上万程序共享的数据库，会成为该应用群内应用松耦合的障碍。

当然，不配置这类数据库是比较理想的想法。实际上，如果不得不配置处于应用群的数据库，那它一定要是相对静态的。也就是说，该数据库的数据结构不会变化，数据内容在日常应用里也基本不会变化。

最后，对数据封装做一个总结。

配置在越高层的数据库，越多程序可以访问。从极端来设想，如果我们把所有的数据库都配置在信息系统的最顶层，也就是说，信息系统的所有程序都可以访问信息系统的任何一个数据库，那就等于完成没有架构可言。所以，从程序与数据松耦合的概念出发，封装在上层的数据库应该越少越好，这才是好的数据架构。

19.6.4 数据流转与冗余

数据封装带来的好处一方面是数据隔离，使数据安全；另一方面是松耦合。理论上，如果不能做到数据封装，就不可能做到应用的松耦合。

那么，在数据封装的前提下，如何保证数据流转与共享的效率？如果数据封装严重影响了数据的流转效率，那么数据封装是否可行？这一直是令系统设计人员纠结的问题，而数据冗余给数据封装带来了可行性。

在不讲究数据架构时，所有数据是随意流转与共享的。如果不考虑其他因素，数据完全共享对任意信息的取得效率而言是最高的。但在构建了上述数据架构后，数据全封装起来了，数据好像变成私有的。与程序的服务调用管理规则一样，数据的服务与流转也是一种自顶而下的服务管理。如果某一个应用需要的某个信息不在其封装的数据库里，该应用只能通过其父系节点，向目标数据库所属的应用进行数据服务的调用，以取得所需信息。例如，如果程序 1-1-1 希望取得数据库 2-2-2 的信息，其数据服务流程是：应用群 A→应用组 2→应用 2-2→程序 2-2-2，应用群 A 从程序 2-2-2 取得相应信息后，通过程序 2-2-2→应用 2-2→应用组 2→应用群 A→应用组 1→应用 1-1→程序 1-1-1，从而把信息交给程序 1-1-1。这么一来，不仅增加了环节，而且增加了系统内部的信息交换流量，增加了机器处理开销，增加了响应时间。总而言之，这降低了效率，如图 19-18 所示。

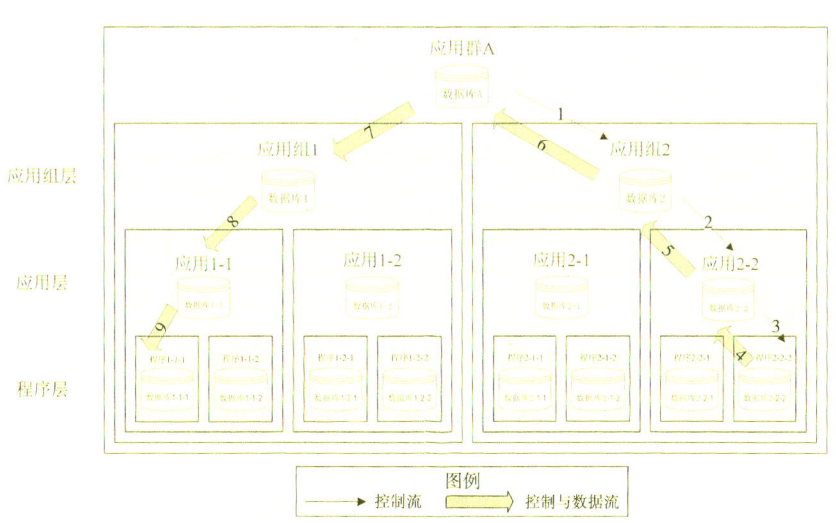

图 19-18　数据服务流程

上述情况只是一个特例。如果程序 1-1-1 真的经常需要取得数据库 2-2-2 的信息，那么这样的数据架构设计就是一个失败的例子。因为数据架构规划的原则就是程序与数据库的关系越是密切的，就越应该配置在一起，并且应该配置在同一个底层里（例如，应该把程序 2-2-2 和数据库 2-2-2 配置在应用 1-1 里）。

但不理想的特例总会存在。如果我们在系统设计的时候已经非常清楚程序 1-1-1 在某种情况下需要数据库 2-2-2 的某些信息，而程序 2-2-2 与数据库 2-2-2 又有充分的理由应该配置在应用 2-2 里，那么为了平衡松耦合与效率，我们还可以把数据库 2-2-2 中程序 1-1-1 需要的信息冗余封装到程序 1-1-1 里。如果不光程序 1-1-1 需要该信息，程序 1-1-2 也需要该信息，那么我们可以把信息冗余封装在应用 1-1 里。

数据冗余的设计把相同的数据配置多个版本。其中，数据母体称为源数据，冗余版本称为辅数据。数据冗余要遵循以下原则。

1. 兼顾效率与复杂度

数据冗余可以提高效率，但数据冗余增加了系统的复杂度，带来了额外的空间开销和管理维护开销，不应该滥用。因此，我们要平衡效率与系统复杂度的关系。

2. 确保数据一致性

源数据的增、删、改的权限在源数据归属的应用里。当源数据发生变化时，辅数据要及时同步变化，以保证数据的一致性和准确性。至于怎么样才算"及时"，用什么手段进行数据同步，要视具体冗余数据的性质而定。

3. 冗余数据的选择

由于存在数据同步的管理，为了降低同步的频繁度和复杂度，冗余数据通常应该是一些静态数据或者同步实时性要求不高的数据。

19.7 数据治理

数据治理的广义概念是指由业务部门与 IT 部门共同对企业级的数据进行管理。而这里论述的数据治理主要涉及 IT 部门对信息系统数据架构及数据的管理。

要设计、维护好一个信息系统，数据治理是其中非常重要的一项管理工作。

19.7.1 数据治理的范围及规范

1. 数据治理的范围

信息系统的数据资源体现在许多方面，除各种基础数据项、数据库表、文件、接口等显式的数据资源外，还有其他大量相对隐性的数据资源，如源程序、已编译程序、程序执行模块，各种数据库表、文件、接口的定义，以及更隐性的数据，如各种各样的系统定义、平台定义。所以，数据治理的范围比一般想象的范围要大。

2. 数据治理规范

数据治理规范包括各种数据治理的制度，如数据治理的标准、范围、责任人、职责、流程、效果与评价等。

19.7.2 数据治理的工具

1. 数据字典

数据字典就是把信息转换为数据的规范。

通常，人们会把数据字典广义地理解为数据库字典。数据库字典包含所有关于数据库的管理信息，但这里说的数据字典是原意的数据字典。该数据字典最主要的内容是对整个信息系统所有程序和数据库里基础数据项（简称元数据）的定义。就像人类文化里某种语种的字典、辞典一样，由于有字典的规范，人类可以通过某种语种进行无歧义的信息交流。信息系统的内部交流也一样，只有所有的程序、数据库都遵循数据字典的规范，所有相同的信息均以相同的方式表现，程序与程序之间、程序与数据库之间才能进行无歧义的信息交流。

要建立完善的数据字典，一个完善的数据字典管理系统必不可少。数据字典管理系统应该具有以下功能。

（1）存储与管理数据标准。

数据字典管理系统最主要的功能是将数据标准电子化。它用合适的方式，把命名规范、代码定义、元数据定义、各层级元数据之间的关系存储并管理起来。它要管理物理元数据与逻辑元数据的对应关系，管理逻辑元数据与应用元数据的对应关系，管理应用元数据中源数据与辅数据的关系。

（2）查询。

数据字典管理系统向使用者提供并发的精准查询和模糊查询功能，以便使用者能多维度查询到希望使用的元数据和该元数据的准确定义，以及各层级元数据之间的关系。

（3）维护。

数据字典管理系统向系统管理者提供方便的维护功能，包括给相关有权限者提供对系统进行增、删、改的功能。另外，当使用者发现系统元数据的定义不能覆盖新的金融术语时，系统会向他们提供一个申请与审批流程，以便及时补充与完善数据字典管理系统。

（4）标准硬控制。

要用数据字典对信息系统进行标准硬控制。在新增和修改所有相关软件资源（包括程序、数据库、文件、接口等）时，要使用检查程序对程序代码、数据库、文件、接口定义与数据字典进行对照扫描，以防止有非法元数据出现。

在数据字典管理系统的建立与维护中，要严格控制元数据的增长。就像汉语一样，虽然常用的汉字只有几千个，但汉字总共有几万个；在一个信息系统里，格式完全不一样的物理元数据通常只有数百个，逻辑元数据通常有数千个。所以，任何增加元数据的申请必须严格审查，分析新增的元数据是否可以与原来已存在的元数据兼容。管理和维护几千个元数据与管理和维护几万个元数据的成本显然不一样。元数据数量越多，越容易产生同义错误和歧义错误。也就是说，容易将不同的东西定义为一样，或者将一样的东西定义为不一样。面对海量的元数据，程序员会无所适从。

2. 软件资源管理系统

在建立了数据字典管理系统对元数据进行管理的基础上，我们可以将其提升为整个信息系统的软件资源管理系统，以对所有的软件资源进行管理。这里所指的软件资源有两大类：一是各种数据资源，包括数据库表、文件、接口等；二是各种逻辑资源，包括程序、函数、过程等。

这时，数据字典管理系统只是软件资源管理系统的一个子集。软件资源管理系统除了具备原来数据字典管理系统的所有功能外，还应该增加以下功能。

（1）存储与管理所有软件资源以及管理它们之间的关系。

软件资源管理系统要存储所有显性与隐性的数据资源、逻辑资源的定义。

软件资源管理系统除了管理元数据本身外,还要管理引用元数据的数据库表、文件、接口与元数据的关系,管理数据库表、文件、接口与使用这些资源的逻辑资源的关系,如图19-19所示。

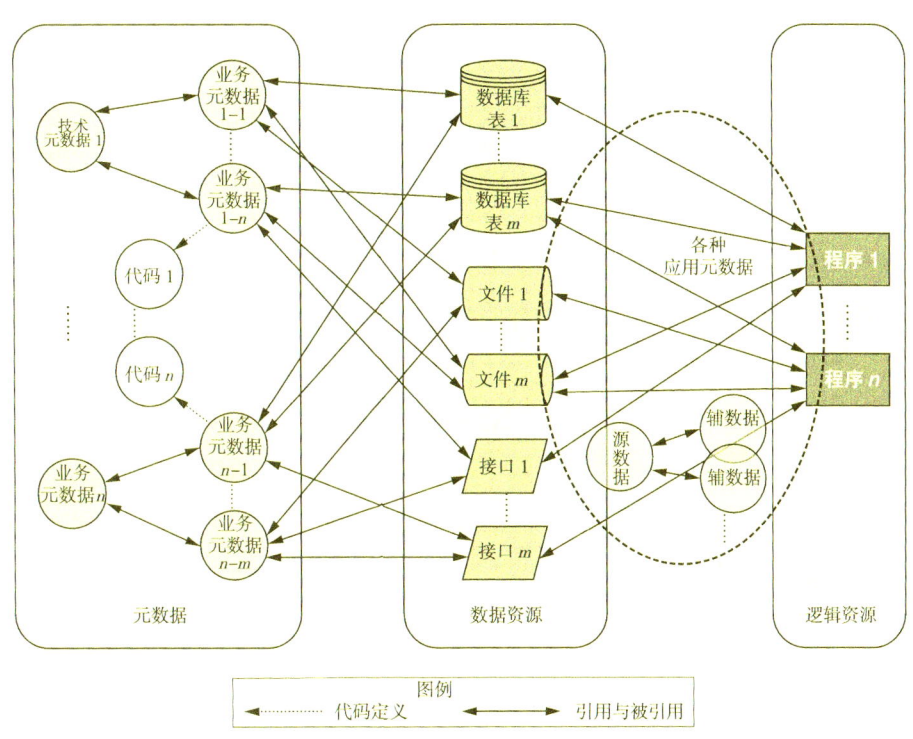

图19-19　各软件资源之间的关系

从图19-19中可以看出各种软件资源之间的关系,具体如下。

· 一个技术(物理)元数据对应多个业务(逻辑)元数据。

· 不同的业务元数据组成不同的数据资源,它们是多对多的关系。也就是说,一个业务元数据会被多个数据资源引用,一个数据资源会引用多个业务元数据。

· 各种数据资源与程序也是多对多的关系。也就是说,一个数据资源会被多个程序引用,一个程序会引用多个数据资源。

· 同一个业务元数据会以应用元数据的形态出现在不同的数据资源或逻辑资源里。

也就是说，一个业务元数据会对应多个应用元数据。这些应用元数据分为两类：一是源数据，二是辅数据。辅数据是源数据的一个副本。源数据是唯一的，存放在唯一一个数据资源中；而源数据对应的辅数据可以有多个，存放在多个不同的数据资源中。

（2）查询。

利用软件资源管理系统，使用者应该能从两个方向进行查询。一是哪些程序使用了哪些表、文件、接口，而这些表、文件、接口使用了哪些元数据。二是哪些元数据被哪些表、文件、接口使用，这些表、文件、接口被哪些程序使用。

（3）标准硬控制。

在理想的软件资源管理系统的管理下，我们可以在需要增加新的软件资源或对原来的软件资源进行维护时，在软件资源管理系统的控制下直接定义与产生规范的新软件资源。对于不是在软件资源管理系统控制下产生的新软件资源，可以通过软件资源管理系统对新增和修改的软件资源进行对照扫描，以检查这些软件资源的规范性及相互之间的使用合法性。这样就可以从源头上保证信息系统的数据标准，甚至可以把日后信息系统治理中的数据标准治理工作全部省略掉。

（4）软件维护的控制。

当我们进行某种软件资源的维护时，通过软件资源管理系统，我们可以清楚地知道，如果我们修改了某个程序，会涉及哪些表、文件、接口；如果我们修改了某个表、文件、接口，会涉及哪些元数据；如果我们修改了程序所涉及的其他软件资源，这些软件资源会再与哪些其他程序有关系。这样，我们就可以明确软件维护涉及的范围，杜绝修改遗漏，提升维护效率，确保系统质量。

同样要注意的是，除了要严格控制元数据的增量外，对其他数据资源项的增量控制也非常重要。如前文述，一些大银行的数据表、文件的数量为10万的数量级，程序的数量为几十万的数量级，各类数据交换接口定义也高达万的数量级。这些银行对某个数据库表、程序、交易均有对应的系统定义，再加上其他方面的定义，各种系统定义的数量也在几十万的数量级。可见，要管理和维护如此巨量的数据资源项，所需的开销是多么大、难度是多么高。所以，管理数据资源项以防止其膨胀的工作是数据治理中最重要的工作之一。

3. 数据建模工具

提升信息系统的研发效率与研发成果的质量的最新研发方法称为模型驱动开发。通过业务模型—逻辑模型—物理模型的多级建模过程，可以把业务需求落实为技术方案，并保留了设计过程的设计文档，便于日后对数据资源进行管理与维护。

所以，一个好的数据建模工具对数据治理也是非常重要的。

4. 配置管理工具

软件的生命周期包括软件的开发过程与投入使用，在这一生命周期过程中，变更是不可避免的。特别是作为一个完整的信息系统，要不断地完善与发展，这使得信息系统的各组成部分会在不同的时候有不同的变更。如果对这些变更没有严格与完善的管理，那么在软件开发与维护者之间会产生混乱。这种混乱会严重影响信息系统的稳定与安全，甚至会造成系统崩溃。

软件配置管理的目标就是标识变更、控制变更，确保变更正确实现并向其他有关人员报告变更，目的是将变更引起的错误降为最小，有效地提高生产效率。

通常认为，软件配置管理主要有 3 个方面的内容：版本控制、变更控制、过程支持。

前面提到，各种源程序、已编译程序、程序执行模块，各种数据库表、文件、程序接口的定义等，均属于信息系统的数据资源，它们的不同版本、版本之间的关系也是数据治理的重要对象。所以，拥有一个能完成上述 3 个方面管理内容的配置管理工具，对于数据治理来说是必不可少的。

19.7.3 数据质量

数据质量包含以下 3 个方面的内容。

1. 数据标准

信息系统全面实施标准元数据与标准接口规范。

2. 数据唯一性

所有数据完全封装在所属的子系统里，并实现了完善的数据冗余策略，完全解决了数据的唯一性问题。

3. 数据正确性

在数据治理的每一个环节，包括数据的初始采集、传输、加工、存储等，程序均要对输入的数据进行严格的数据合法性与合理性检查，以保证数据在生命周期内能保持其正确性。

19.7.4 数据安全、监控及维护

1. 数据安全

数据安全包含以下 4 个方面的内容。

（1）数据灾备。

可能导致数据意外受损的情况包括设备或软件故障、误操作等。所以，除了采取系统级的灾备措施外，还要保管好数据修改日志，做好数据的定时备份，以便数据恢复。

（2）数据保护。

为了防止数据遭受人为的篡改、破坏，我们要为每一个数据资源项设置合适的增、删、改、查、复制、打印、传输的权限，让被授权的人做被授权的事。

要对所有的数据操作留下记录。如果是增、删、改类的操作，要保留修改前、后的信息；如果是查、复制、打印、传输类的操作，要保留操作对象的信息。

（3）数据保密。

对于一些事关资金安全的敏感数据要进行加密，这是许多 IT 从业人员都知道的事情，如在数据库里通常都会对用户、账户的访问密码加密存储。但对于另外一些客户隐私信息，保密措施往往不足，导致大量的客户隐私信息外传，对客户造成了不良的影响。

例如，新应用在投产前，往往要用生产环境的真实数据进行适应性测试，此时的测试数据会涉及许多客户的真实信息。这时，应该对客户姓名、住址之类的与客户直接相关的信息进行变形，以防止能接触到此类信息的测试人员把信息泄露出去。

（4）防止隐私泄露。

防止客户的隐私信息通过其他任何渠道泄露。

2. 数据监控及维护

做好数据日常监控及管理维护工作。监控内容包括缓冲空间、存储空间是否充足，分区划分是否合理，是否存在访问热点表、热点记录、热点字段等。根据监控分析，定期对数据库中的上述环境进行调整，对数据库、文件进行重组，以提高数据访问效率。

19.7.5 数据生命周期管理

任何数据都有其生命周期。在不同的生命周期里，对数据有不同的访问形态与处理方式。例如，对于事务处理系统，我们可以把有用数据的生命周期分为近期数据、中期数据、历史数据3个阶段，对应的访问形态定义为在线同步访问、在线异步查询、脱机查询3个形态。至于什么数据在什么情况下要从前一个生命周期阶段转为下一个生命周期阶段，要在效率、方便与成本上做出平衡，各银行可以根据相关规定和自身情况而定。

1. 近期数据

例如，所有活动客户、账户的信息，以及账户的近期变动信息，都应该定义为近期数据，处于能够在线同步访问的形态，让事务处理系统可以方便快捷地访问并使用这些数据，以满足客户对信息系统提供的绝大多数服务的需要。

2. 中期数据

一些已经停止活动的客户（由于某种原因，在银行里已经没有任何活动账户，且不再需要为其提供其他服务的客户）、一些已经销户的账户，以及一些账户的历史变动信息，在过了一个约定的时期后，应该被转移到在线异步查询（近线访问）的环境，以节省在线同步访问环境的资源，保证其效率。

对于处于在线异步查询形态的信息，通常只提供查询服务。客户或柜员可以通过银行提供的专门界面，提出查询申请。然后，信息系统通常使用异步处理的方式，在约定的时间内（非实时），把申请信息用某种方式（也许是电子邮件）返回申请方。

3. 历史数据

处于在线异步查询形态的数据在过了某个约定的时间后，我们可以将其定义为历史数据，并再次转移到脱机查询环境。所谓脱机查询，就是信息系统通常不在事务处理系统的联机界面上提供查询申请服务。脱机查询通常要到柜台去提交查询申请。如果是一般的客户查询，由于查询的开销，通常需要收费。

4. 数据销毁

最后，数据过了国家或相关监管部门或法律法规规定的生命周期，我们可以把数据安全销毁。

第 20 章　技术架构

信息系统架构的其中一个维度是系统的技术架构。本书所说的技术架构，指的是在一个可以独立部署的信息系统里，应用、应用平台、基础设施之间的关系。也就是说，技术架构探讨的是信息系统的纵向架构，如图 20-1 最右侧的"某个运行实例"所示，让我们聚焦在不同颜色的 3 层架构上。而此前论述的应用架构，探讨的是信息系统的横向架构。

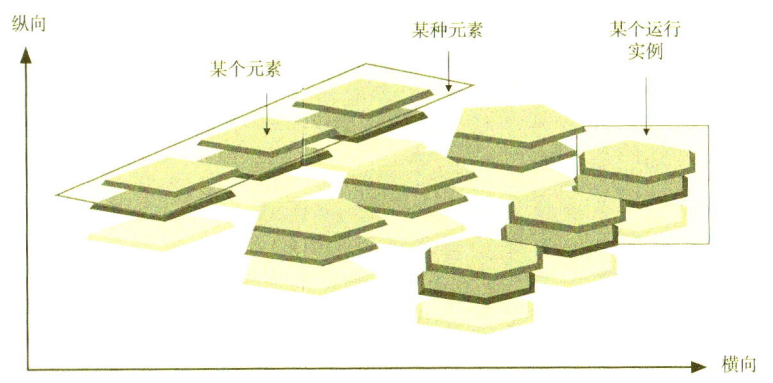

图 20-1　信息系统架构

不同的银行，其规模有大有小，信息系统的规模也不尽相同，但它们的信息系统均由不同的子系统或各种各样的应用组成。尽管在银行业里，什么才能称为信息系统的"系统""应用"没有一个公认的标准，但有一个基本的共同点就是，这些"系统"基本上都可以独立部署、独立运行。各银行在对信息系统进行分类管理时，这种被分类的"系统""应用"的数量通常有一两百个。

20.1　3层架构

这些不同的系统、不同的应用，其建设与投产的时间有先后，使用的技术、基础设施、平台、编程语言等都可能会不一样。在大部分中小银行里，许多系统都是通过外购然后客户化建设而成的，这些外购系统的提供厂商也不完全一样。表面上，各系统千差万别；但实际上，每一个可以独立部署、独立运行的系统，其内部的纵向架构在宏观上都大同小异，具体可以划分为以下3层。

1. 系统层

系统层也叫基础设施层，包括系统级的硬、软件两层。

底层硬件包括主机、各种服务器、PC、存储设备、网络设备等。第二层系统软件包括各种操作系统、数据库等。

系统层的主流硬、软件产品，基本都是由世界上屈指可数的几个厂家提供的。

2. 平台层

平台层通常也包括两层。

下层是中间件或技术平台。中间件通常指厂家在系统层的基础上提供的平台软件。例如，比较有名的交易平台软件有 IBM 的 CICS、BEA 的 Tuxedo，以及 IBM 的电子商务软件平台 WebSphere。也有一些中间件是由第三方软件公司开发的。而技术平台通常指的是用户自己开发的平台软件，这一层软件主要是面向基础设施的。

第二层是基于中间件的开发框架与运行环境平台，包括各种生成环境与工具，如建模工具、可视化开发工具、第四代开发语言等，还包括一些其他公共技术支撑。这一层主要是面向应用的。

当然，也有一些平台层会把中间件或技术平台和开发框架的运行环境平台捆绑在一起，不分成两层。

3. 应用层

应用层包含所有信息系统面向处理对象的应用，处于整个技术架构的最上层。

系统的技术架构如图 20-2 所示。

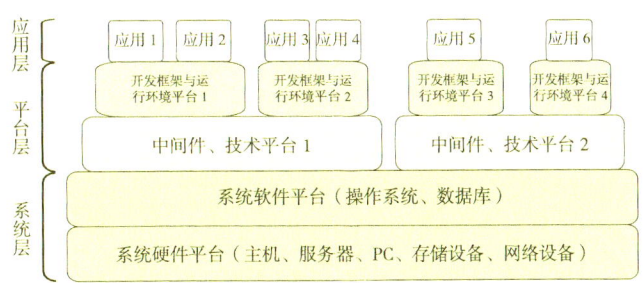

图 20-2　系统的技术架构

20.2　整合技术架构

前面说过，一个银行的信息系统通常有一两百个子系统。面对这些五花八门的子系统，我们要充分了解并熟悉其技术架构，以便承担起对系统维护与完善的职能。对大多数银行特别是中小银行的科技部门而言，这是一项非常艰巨的任务。

实际上，子系统虽多，但对于类似的系统、应用，只要其内部运作模式相似、使用的技术相似，完全可以整合在相同的基础设施、应用平台、运行环境上运行。

一些银行就进行过技术架构整合的探讨与规划。其结果是，所有的系统只要经过适当的改造，可以全部整合到最多不超过 10 种的不同技术架构中。也就是说，最多只需要建立 10 种不同的基础设施、平台的组合，就可以满足一个银行信息系统里所有的系统或应用建设的需要。如果真的能实现技术架构的整合，这对于银行来说是一件非常有利的事。

那么，应该如何实现技术架构的整合呢？理想的做法如下。

1. 规划

根据本章所描述的技术架构分析现存系统，制定长远的技术架构规划，包括计划采用的基础设施、平台的种类，以及基础设施与平台的组合模式与最终计划采用组合的个数等。

2. 对各系统逐个进行对应改造

把现存系统与规划的组合一一对应，按对应的平台、基础设施进行逐步改造建设，将技术架构拆分为相对独立的 3 层。

20.3　分层技术架构的优点

采取上述的技术架构后，所有应用均植根于平台上，而平台基本屏蔽了所有系统的基础设施、环境、技术特征。所以，分层技术架构有以下 5 个优点。

1. 提高研发效率

平台为应用的开发、运行维护提供较好的界面，应用开发人员可以仅专注于业务本身，无须在其他技术细节上过多地投入，研发效率会大大提高。

2. 提高技术质量

由更专业的技术人员去开发与维护平台，平台的技术质量会更高，从而整个系统的技术质量会更高。

3. 软件重用

类似的应用可以使用相同的平台，不同的平台与不同的基础设施最多只需要几种组合，使得整个信息系统的平台种类数量大为减少，从而实现了软件行业孜孜以求的软件重用的目标。这样软件维护的开销大为减少，节省了信息系统的开发与维护资源，也有利于银行培养专业的技术专家。

4. 应用可持续发展

做到应用与平台松耦合、平台与系统松耦合，最终实现软件与硬件的松耦合。应用可以低成本地在不同的基础设施、技术环境上移植、重用，提升了软件的适应能力，扩大了软件的适用范围，提升了软件可持续发展的能力。

5. 为基础设施架构的发展提供广阔空间

当前，基础设施的相关技术也在快速发展，比如 UNIX 服务器、PC 服务器的性能大幅提升，出现了新的操作系统、新的数据库、新的云运行环境。所有这些，都给现在的基础设施架构师们在规划基础设施架构时带来了新的要求与挑战：某应用系统应该用大型机、UNIX 服务器，还是 PC 服务器；数据库应该用传统的关系数据库、专用数据库，还是用分布式数据库；系统是上云还是不上云；等等。

如果我们能做到应用与基础设施松耦合，那么基础设施架构师们在决策尝试使用新基础设施架构时就无须太纠结,负担也不会太重,因为这样的转换成本相对较低,转换也相对容易。

20.4 技术架构的构建要点

构建上述技术架构时,要注意以下 3 点。

1. 应用层与系统层隔离

在 3 层架构之间,控制与数据均不能跨层穿透流动。也就是说,应用层和系统层只能与平台层打交道,应用层不能直接与系统层打交道。

2. 层间松耦合

构建各层时,在设计上要注意层间松耦合:应用对平台要松耦合,平台对系统要松耦合。

3. 技术架构与运行实体

前面说过,通过整合技术架构,一个银行的信息系统最终最多不会超过 10 种技术架构,但这并不表示信息系统最多不超过 10 个相对独立运行的实体。从处理能力、存储容量、安全性来考虑,不同的系统尽管技术架构完全一样,也不一定都要统一在一个相对独立的实体里运行。也就是说,尽管技术架构只有几种,但独立运行的实体也许有几十个到上百个。

第 21 章 流程架构

信息系统的应用架构、数据架构和流程架构是系统设计中相互影响、关系密切的 3 个重要内容。

21.1 银行电子化前后的流程架构

早期银行信息系统的流程架构没有被给予太多的关注，基本上按照手工操作的方式进行流程设计。但随着现代金融业务的发展，银行业务的种类越来越多，业务越来越复杂。

一方面，银行的许多业务从原来的简单交易、简单服务发展为复杂交易、综合服务，从原来的以本网点服务为主发展为大量的跨网点、跨地域服务。并且，随着银行信息系统越来越庞大，银行信息系统内部存在的各种相对独立的子系统也越来越多，子系统间的处理流程也越来越复杂。

另一方面，跨银行、跨行业服务也在迅速发展，银行与银行之间、银行与第三方合作机构之间的往来也都通过计算机处理。此时银行的业务处理系统已不再是一个封闭的系统，它还涉及所有本银行以外的第三方的服务。信息系统不单要走内部流程，还要与系统外的不同系统打交道，处理环节更复杂，处理链条也更长。

这时，面对各种各样的新旧业务，一些早期设计的银行信息系统由于仅按手工操作的方式进行流程设计，使系统处理流程显得复杂和凌乱：不同时期上线的系统、不同的研发团队、不同的产品，尽管其业务流程相似，但计算机的处理流程可能会完全不一样，这种流程的不规范给系统维护与新产品的研发带来了非常大的困难。

研究信息系统的流程架构，就是对银行在各类客户服务里的处理流程进行分解、抽象、综合并归纳，理顺内部系统之间、内外系统之间的流程关系，并且把系统内外的处理流程有机地结合起来，根据银行在不同流程中充当的不同角色，构建一个合理的流程规范。从而，银行可以结合流程架构去设计信息系统的架构。

银行信息系统里最基础的系统是银行的交易处理系统。如前所述，银行交易处理系统要处理的业务有辖内与辖外、本行与跨行、本地与异地之分。下面对交易处理系统的上述流程进行宏观分析。

1. 银行电子化前的流程架构

在银行电子化前，银行面对仅涉及本营业点的业务时，业务处理流程相对简单，通常是在营业点柜台由柜员受理客户的服务要求（收单），然后直接由该柜员处理。对于核算业务，通常就是一借一贷，在本营业点就可以完成，然后把结果返还给客户即可。

当业务需要跨营业点（跨行）处理时，流程就相对复杂了。第一步，收单行收单后，先在登记簿进行登记，并进行相应预处理（如借方账户处理）。然后，如果涉及的对方行与收单行在同一个城市，则由收单行提出同城交换；如果涉及的对方行是异地的，则提出联行交换。第二步，等对方行做了相应处理（如贷方账户处理）并交换提回后，再做完整处理。通常，同城交换提回最快要隔一个交换场次，联行交换提回最快要隔天。第三步，把结果返还客户。

2. 银行电子化后的流程架构

银行电子化后，各银行信息系统跨行业务的流程有了很大的变化。该变化一是与不同的银行业务联网的进度、范围和支持方式相关；二是涉及异行业务的，还与人民银行的电子化进度和支持方式相关。面对不同的地域和不同的时期，银行信息系统跨行业务的流程有很大的区别。

21.2 规划宏观的流程架构

随着银行电子化进程的深入，人民银行和国内其他主要的银行都已支持联网实时地处理跨行业务，且处理业务的流程也相对规范和统一。为了简化与规范交易系统的处理流程，按不同的服务角色，设计一个统一的交易系统处理流程的条件已经成熟。

21.2.1 银行角色的划分

从银行交易流程的宏观分析可见，对银行的大多数业务特别是传统结算业务来说，无论是原来的本营业点业务还是跨营业点、跨地域业务,宏观流程主要都是收单、借方账户处理、贷方账户处理、处理结果返回四大部分。其中,根据收单行与开户行是否相同,又可以再细分为本营业点业务(简称本行业务,下同)和跨营业点业务(简称跨行业务,下同)两种。不管是本行业务和跨行业务,根据银行业务的宏观流程,银行的角色有以下3个,分别对应3方面的处理。

- 收单行(代理行):收单、相应处理、结果返还客户。
- 借方行:借方账户处理和相关处理。
- 贷方行:贷方账户处理和相关处理。

当然,这3个角色在某些交易场景中对于某个银行而言会有重合。例如,对于纯本行业务而言,上述几个角色完全重合;而对跨行业务而言,几个角色会有不同的组合。表21-1中穷举了3个角色的各种组合情况。

表 21-1 银行角色的组合

场景	收单行	借方行	贷方行	备注
1	本行	本行	本行	完全是本行业务,与他行无关
2	本行	本行	他行	流程中需要与他行系统打交道。与他行交互均采取异步交易的形式,以免由于他行系统的运行问题影响本行系统的正常运行
3	本行	他行	本行	
4	本行	他行	他行	跨行业务
5	他行	本行	本行	仅收单是他行,其他流程与本行收单完全相同
6	他行	本行	他行	
7	他行	他行	本行	
8	他行	他行	他行	完全是他行业务,与本行无关

从表21-1可见,银行3个角色组合的场景中,场景1相当于完全的本行业务,场景2~7是跨行业务,场景8完全与本行无关。

如果交易处理系统的处理流程基本是根据上述3个角色的不同职能分别进行系统设计的,那么,各种业务场景就可以通过这些处理模块的组合来完成。也就是说,所有的银行交易业务均可以被收单(结果返回)、借、贷3个动作的组合所包含。一些较复杂的业务,也只是一借多贷或者是一贷多借,并没有突破这3个动作的组合。这样,我们就可以通过流程定制和3个角色的不同组合,快速生产出各种银行新业务。

21.2.2 跨行的概念

需要注意的是，本章所指的本行与他行的核心内涵是跨核算单位，包括以下两种场景。

（1）不同银行间的跨行服务。

银行的 3 个角色由不同的银行扮演。处理流程跨行，账务处理也跨行。

（2）不同核算范围的账务。

银行的 3 个角色均由行内不同的核算机构来扮演。虽然处理流程在本行，但对应的账务处理是跨核算单位，类似于跨行。

对于账务上跨核算单位的业务，银行的 3 个角色都不需要特别考虑该跨核算单位的交易是同一个银行内还是异行，是同城还是异地。一方面，如果扮演一个完整的客户服务流程里的 3 个角色的银行都已经实现了计算机联机业务处理，那么，地域方面的差异已经可以不放在应用系统设计的特别考虑范围内了，也就无所谓是同城还是异地。另一方面，不管是本行还是他行，对于核算单位本身而言，其会计分录完全是一样的，最终的区别仅在于清算的层级、范围等具体细节上，而清算往往与交易本身是分离的。

21.2.3 用角色划分定义流程的好处

对于一个设计合理的流程架构而言，收单行的处理不需要理会借方行、贷方行是谁，是本行还是他行，是同城还是异地。其处理的内容和流程完全一样，仅需要关注收单行的相应处理即可。同样，借方行和贷方行的处理也不需要理会是谁收单，是本行还是他行，是同城还是异地。其处理的内容和流程也完全一样，仅需要关注作为对应账户的开户行所要做的相应处理即可。这样一来，所有的处理（本行、他行，本地、异地）就变得简单和规范了。

从上述分析中，我们可以得出另外一个结论。在电子化实现以后，有一些金融机构可以仅有渠道，完全没有客户，所有业务均是代理业务——收单。目前，国外一些专门提供 ATM 或 POS 服务的公司，就是专门从事收单的机构。也有一些金融机构可以完全没有渠道，仅作为开户行（发卡行），所有收单均由其他代理行代理。一些国际发卡公司就是只发卡、不经营渠道的机构。所以理论上，也可以存在专做渠道的银行或完全没有渠道的银行。

21.3 各种交易场景的处理流程举例

下面以银行的结算业务为例，举例说明各种交易场景的处理流程。在图 21-1 ~ 图 21-7 中，灰色方框表示是一个独立运行的计算机应用环境（当前通常相当于某银行的交易系统），包括软、硬件设备及其处理。其中可以分为几大部分：本行渠道前置、他行渠道前置（用于与他行或其他合作方连接）、渠道整合、服务交付、收单行、借方行、贷方行。白色方框表示独立运行系统以外的计算机应用环境（当前通常是他行或其他合作方），也包含了软、硬件设备及其处理。其中只列出与本行直接相关的部分：收单行、借方行、贷方行。至于他行的内部结构及他行的渠道，由于与本行没有直接的连接关系，所以没有列出。

1. 场景 1：收单——本行，借方——本行，贷方——本行

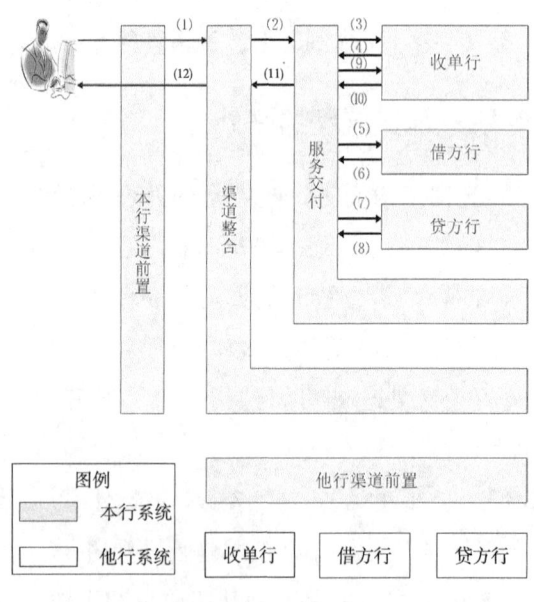

图 21-1 场景 1

2. 场景2：收单——本行，借方——本行，贷方——他行

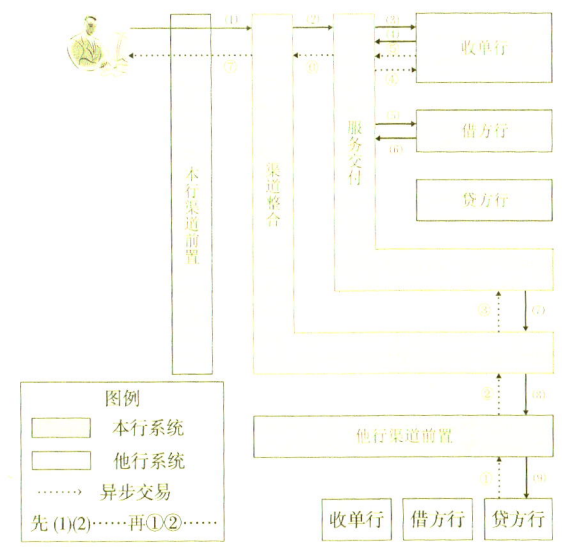

图21-2　场景2

3. 场景3：收单——本行，借方——他行，贷方——本行

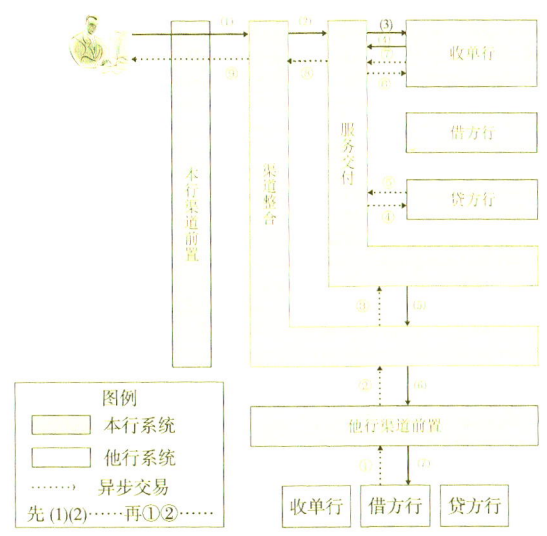

图21-3　场景3

4. 场景4：收单——本行，借方——他行，贷方——他行

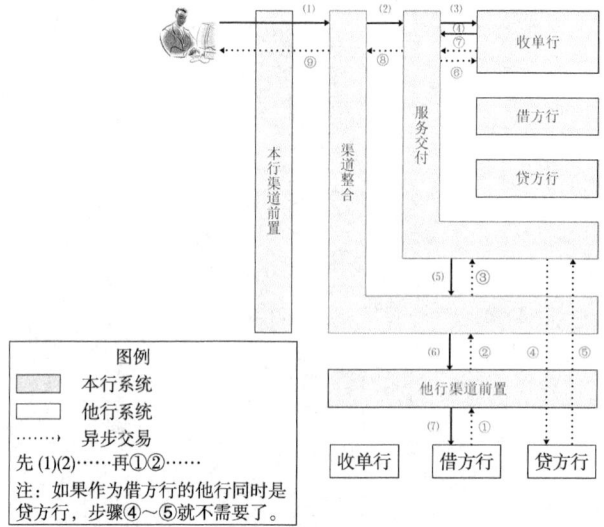

图 21-4　场景 4

5. 场景5：收单——他行，借方——本行，贷方——本行

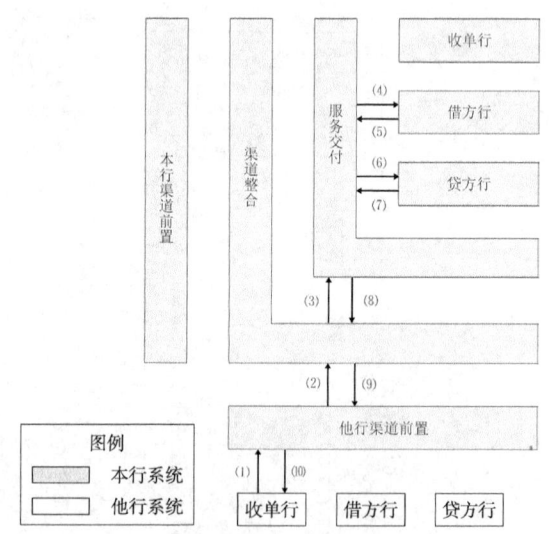

图 21-5　场景 5

6. 场景6：收单——他行，借方——本行，贷方——他行

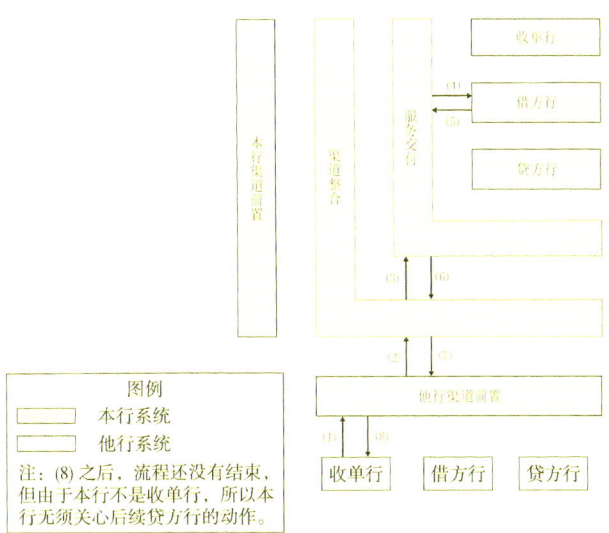

图 21-6　场景6

7. 场景7：收单——他行，借方——他行，贷方——本行

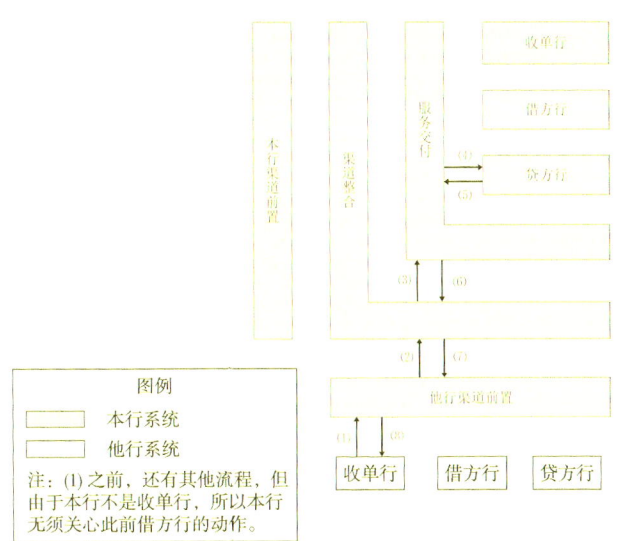

图 21-7　场景7

上述7个场景只是宏观地描述在一个客户服务里，银行的3个角色间的流程架构。

实际上，在每一个角色的处理中，还有不少的流程处理细节需要在各个角色内通过内部流程去实现。

从上面7个场景的处理流程中可以看出，从交易处理系统流程架构的视图来看，图中的每一个方框可以表示为一个流程节点；从应用系统应用架构的视图来看，图中的每一个方框可以表示为应用组件或服务。无论哪一个场景，图中每一个流程节点（服务）只与固定的其他一些流程节点（服务）连接，接受相同的服务请求，进行相同的内部处理，返回相同的处理结果。所以，流程完全可以标准化。其中，服务交付是一个关键的流程（服务），它拥有服务的解释和分解、服务交付的路由选择、过程服务结果的转发、最终服务结果的打包等功能。完成这个服务的组件，就是我们通常说的企业服务总线。

第 22 章　基础设施架构

从广义的角度来看，银行信息系统的基础设施除了包含各种计算机设备、计算机通信网络外，还包含计算机的系统软件，信息系统研发、测试、运行需要的计算机机房、数据中心、中心园区、办公环境等设施，以及这些设施里的动力、空调、安防等附属设施。但本章所探讨的基础设施架构，主要针对的是基础设施的狭义定义：计算机设备与这些设备的拓扑（网络）架构。

一些中小银行会面对各种各样的基础设施和某些平台，它们首先要决定应该自建还是使用第三方的基础设施。如果决定使用第三方的基础设施，无论是部分外包还是全部外包，对于外包部分的架构，使用者通常未能够随心所欲地进行规划与部署。

如果是自建基础设施，我们就要面临如何规划基础设施架构的问题。因为基础设施架构的具体规划取决于许多具体的因素，所以它不在本章的讨论范围内。本章仅探讨在规划信息系统基础设施架构时，一些最为宏观的且常常令我们纠结的问题，具体如下。

核心银行是应该使用大型机还是小型机，或者使用 PC 服务器？

如果核心银行应用使用大型机，那么其他应用应部署在哪里？哪些应用应该部署在大型机里，哪些应该部署在其他服务器里？

服务器是用 UNIX 服务器（小型机），还是用 PC 服务器？

某些应用如果部署在主机里，是应该部署在同一个分区内（同一个耦合体——Sysplex、同一个逻辑分区——Lpar、同一个交易分区——CICS），还是应该部署在不同的分区？

某些应用如果部署在服务器里，是应该部署在同一个服务器里，还是部署在不同的服务器里？

某些应用应该部署在本地，还是部署在异地（远程）？

某些应用应该上云，还是不上云？如果上云，应该上什么云？

…………

22.1 计算机的种类

上述问题的产生，部分是由于银行信息系统使用的计算机导致的。银行信息系统使用的计算机通常可以分为以下5类。

（1）主机。

主机的功能、价格以及性能都在小型机和PC服务器之上，是一种用于大规模数据处理的计算机系统。由于早期的产品体积庞大，因而也叫大机或大型机。

1964年，IBM开发出了IBM Systen/360大型机，开始了大型机的历史。大型机都采用专用的操作系统，并大多采用集中式体系架构。这种架构具有出色的I/O能力和强大的数据处理能力，加上其稳定性和安全性非常高，因而最适用于处理大规模的事务数据。大型机上也可以安装多个操作系统，包括开放的操作系统，在这些操作系统里可以运行大部分的主流软件包。所以，大型机不仅可用来进行传统的海量数据处理和交易事务处理，在一些场合，它还可作为企业应用架构的后台中心服务器，以提高企业整个计算机应用体系的安全性、可用性和可管理性。

在IBM之后，不少厂家也相继开发出自己的主机系统。这类主机系统大致可分为两大类：一类与IBM兼容或相似，如日本的富士通、日立等；另一类与IBM不兼容，如美国的优利（UNISYS）、天腾（TANDEM）等。

大型机的研发投入高、价格贵、使用成本高，且市场相对狭窄，通常仅用于政府（国防、地质、气象）、银行、交通、保险公司和大型制造企业。（目前，除IBM外，其他厂家均已退出大型机生产领域。IBM也就成为全世界唯一的事务处理大型机制造商。）

在银行的计算机应用发展历程中，特别在大型银行计算机信息系统中，大型机一直处于不可替代的核心地位，其处理的对象往往是核心银行业务。

（2）小型机。

相对大型机而言，这里说的小型机主要指操作系统为UNIX类的服务器。

随着计算机技术的发展，大型机上许多好的概念逐步在小型机上实现，小型机的一些优点也被主机采用。大型机目前也叫服务器，可以支持各种开放的操作系统和数据库。可以说，大型机与小型机在双向靠近，小型机的处理能力和可靠性已经可以比肩大型机。而在其他方面，如在应用成本、灵活性、方便性等方面，小型机可能比大型机有更高的性价比。并且，当前的大型机供应商只剩一家，而小型机还基本保持多家竞争的态势。总体来说，小型机的技术发展要快于大型机，这也让用户有更多的选择。

主流的小型机有 IBM 的 AS/400、RS/6000、惠普的 Superdome 等。

许多中小银行都是将小型机作为核心银行系统的首选设备。小型机还是大部分银行除了核心银行系统以外的其他应用系统的首选设备。

（3）PC 服务器。

PC 服务器通常指硬件基于英特尔（intel）处理器的 x86 架构、使用 Linux 或 Windows 操作系统的服务器。

随着 PC 服务器技术的发展，银行的各种非关键应用也在朝着大量使用 PC 服务器的方向发展。

（4）专用服务器。

其他还有一些专用服务器，例如 Teradata 数据仓库的 MPP 服务器。

（5）PC 机。

22.2 银行信息系统基础设施架构的发展历史

根据银行信息系统基础设施架构的发展历史，可将其发展划分为初始阶段、起步阶段、发展普及阶段和电子化阶段。

22.2.1 初始阶段

中国银行业的信息化进程最早可以追溯到 20 世纪 70 年代中期。当时，真正算得上用计算机处理银行业务的，有中国银行在个别网点上使用的进口小型计算机，以及人民银行北京分行与清华大学合作、人民银行上海分行与复旦大学合作研制的国产计算机。这些计算机的处理能力和存储容量还远不如现在的个人计算机的百分之一，甚至不如 20 世纪 80 年代初带硬盘的个人计算机 IBM /XT、IBM/AT，并且那时银行计算机仅仅被用于柜台的记账，计算机都是单机使用的，无所谓架构。

22.2.2 起步阶段

20世纪70年代末，当时的人民银行第一次在全国范围内有组织、有计划地较大规模引进了一批国外的计算机系统，用于处理银行的柜台业务。到20世纪80年代初，为北京、上海、广州、天津、南京、西安6个城市采购的6套中型机，以及为其他10多个城市采购的10多套小型机陆续到货安装。虽然以目前的技术观点来看，这批机器的性能还不如现在的一台普通微机，但比起原来用的机器已好了百倍。这批机器的引进，使国内金融行业的计算机应用水平有了质的飞跃，催生了中国银行业真正算得上现代化的计算机应用。

这批机器及其升级机器一开始主要还是用于单机处理银行的柜台业务，先是处理对公业务，后来又用于处理对私业务。而这两类业务被分别放在机器的不同分区（CICS），拥有自己的文件系统，独立运行，互不干扰。所以，这时不需要特别考虑基础设施架构的问题。

22.2.3 发展普及阶段

20世纪80年代中后期，随着微机的出现和发展，微机和小型机的银行应用系统纷纷投产。

原来的主机（相对微机与小型机，此时业界通常将其称为主机）的处理能力、存储容量也有了极大的提高，银行在主机上的应用也有了非常大的发展。主机不光只是处理对公业务、对私业务，也开始处理银行卡业务、国际业务等，但各类不同的业务基本上还是独立运行的。

此时，计算机通常都是单机运行。微机直接放置在网点里，主机与小型机放置在机房，通过专线直连网点。小型机的联网网点通常有10多个，主机的联网网点已经有上百个。每台小型机与主机形成围绕该机器的一个个相对独立的银行网络。

20世纪90年代，银行计算机应用无论在广度还是深度上都得到了极大的发展。当时，银行要实现银行网点前台业务的全覆盖。银行的中、后台业务和内部管理业务，也开始进入计算机处理时代。随着计算机应用向广度发展，银行在全国建立了各级计算中心。随着计算机应用向深度发展，在一些银行地方分行的中心机房，服务器从原来的几台发展到几十台、几百台。20世纪90年代末，各大银行纷纷建立总行的计算机数据中心。总行中心除了几台主机外，开放平台服务器发展到几百台甚至上千台。管理这么多品牌各异、性能各异、应用各异的服务器，其工作量和难度可想而知。此时，计算机数据中心的管理人员开始怀念从前，机房里基本只有一到两台主机的时代。

从业务发展的需求来看，银行计算机应用的发展推动了大量新业务的发展，如通存通兑、电子结算、业务联动等。所有这些新应用，大多同时涉及原来一些相对独立的业务，如代企业发工资、个人缴纳公共事业费等，也就同时涉及原来的对私应用系统和对公应用系统。如信用卡消费的转账还款，就涉及原来的信用卡系统和对私系统。原来独立运行的系统，如何在一个交易里进行信息沟通、数据同步，是摆在系统设计人员面前的新课题。另外，业务的通存通兑、异地实时结算等业务，也涉及分布在不同地域的计算机。异地、跨系统的银行服务提高了银行应用系统的复杂性，异步处理的流程也为银行计算机应用的可靠性带来了挑战。

为解决上述问题，系统设计人员提出了综合系统的概念，并将其付诸实践。

所谓综合系统，有两个方面的概念。一是把原来在逻辑上相互独立的应用系统放在一个逻辑系统内，如把对公系统、对私系统、信用卡系统都放在一起。那么，原来跨应用系统的应用就可以在一个系统内同步、可靠地完成。二是通过计算中心集中，让一个计算中心覆盖更广泛的地域范围。这样，在一个计算中心覆盖的范围内，原来异地结算的动作变成了同一机器内部的动作，动作完全可以同步、可靠地完成。综合系统极大地降低了程序的复杂度。

在20世纪90年代，综合系统是一个非常时髦的词，有人将其口号化为"一机打尽""一网打尽"。综合系统也是当时各银行应用系统所追求的目标。银行在这个阶段追求的是一种集中式、大统一的计算机基础设施架构，这是一个从分散到集中的过程。集中架构，是对分散的一种否定。

22.2.4 电子化阶段

在21世纪的头5年，各银行都在走大集中的路。特别是国内几个最大的银行，基本都完成了"一网打尽"的目标。一方面，从银行IT基础设施架构来看，各总行建立了全行性的数据中心，所有核心银行的数据处理都集中到总行，分布在各省的数据中心基本陆续变为网络节点和数据的中转站。将各省银行数据集中在一个数据中心内的做法，完全解决了异地数据同步更新的技术问题，从而极大地推进了一些跨地域业务的发展及其电子化。

另一方面，在大集中的过程中，随着全新的银行综合系统投产，应用的集中也有了进展。许多新的信息系统都力图把核心银行的所有功能部署在主机上，尽管它们对核心银行的定义和内涵各有不同的解读。

上述银行计算机应用基础设施的发展，部分实现了银行IT架构师大集中的梦想。

大集中后，银行的计算机应用从电子化跨进信息化。

在银行计算机应用信息化的进程里，银行的业务发展方向从外延进入内涵，从追求数量变为追求质量。银行计算机应用的发展也不再是仅仅追求广度，更重要的是追求深度。

银行计算机应用信息化，使整个计算机信息系统的应用不仅涵盖了涉及银行客户的前、中、后台服务，也为银行客户提供了大量新兴服务，如B2B（Business to Business，企业对企业）、B2C（Business to Customer，企业对用户）、C2C（Customer to Customer，用户对用户）、金融代理、金融衍生产品等电子业务服务，还涵盖了银行的风险控制、内部管理、内部办公、信息挖掘与决策等一系列的内部应用。所有这些应用，一方面种类繁多，另一方面与时俱进、发展迅速，使基础设施的体量随之迅速膨胀。如何考虑与时俱进地建设基础设施架构，是摆在架构师们面前的新问题。

面对汹涌而来的新需求和海量数据，银行信息系统管理人员与架构师们一开始对基础设施架构的应付方法是，希望通过不断地对主机、服务器、存储器进行纵向扩容，来增强计算机设备的处理与存储能力，同时把更多的应用往扩容后的计算机迁移、集中，以控制服务器的增加数量。

但是，各种新兴的应用大多需要快速、灵活地部署，并且，很多这类应用还涉及外购的应用平台。而这些应用平台大多要么本身是在开放平台运行，要么是一些专用平台。如果还是坚持架构大集中的观点，把这类应用也部署在主机或大型服务器、专用服务器上，一是成本高，二是灵活性不足。在权衡各种利弊后，几乎所有银行服务器增长的速度都远高于减少的速度，且在增加的服务器中，PC服务器占了相当大的比例。大银行的中心机房服务器数量动辄以千计算。这是对基础设施架构分散—集中发展的否定之否定。

基础设施架构的发展方向究竟应该如何，上述情况是否正常，成为行内专业人士困惑的一大问题。

22.3　中小银行 IT 基础设施架构

对于中小银行来说，其基础设施建设除了全部自建与全部外包外，通常还有以下选择。

1. 联合组建

联合组建是最好的选择。例如，某些省的农村信用社由省农村信用联合社牵头，联合组建信息系统及对应的基础设施。这一方面能节省成本、提高系统及基础设施的建设水平，另一方面还能将系统与基础设施控制在自己人手中。

2. 成熟应用全外包

例如，一些中小银行把信用卡应用的系统和运维完全外包给中国银联。

3. 机房外包

使用第三方符合要求的机房，但计算机设备由银行自己配置。

4. 灾备机房外包

仅灾备机房使用第三方机房。

22.4　面向服务的 IT 基础设施架构

在自主规划的基础设施架构里，重点是要关注计算机的处理机与存储器的架构。

如前所述，计算机从大类分有大型机、小型机（UNIX 类服务器）、PC 服务器等。存储器主要有传统关系数据库、专用数据库、分布式数据库等。

大型机、小型机、传统关系数据库、专用数据库都是相对昂贵的东西，且其横向扩充能力与银行业务的发展、数据量的急剧增加不匹配。随着互联网应用的快速发展，几乎所有大型互联网企业都无一例外地抛弃了传统的大型机、小型机架构，采取了 PC 服务器加分布式数据库的架构。这些大型互联网企业面对的客户数量、每秒要处理的交易数量，比起传统大银行有过之而无不及。而他们使用的 PC 服务器加分布式数据库的架构，其使用成本比大型机、小型机、传统关系数据库低。与此同时，社会上已经出现不少基础设施服务平台，可为各种计算机应用提供服务。面对上述情况，基础设施架构师在深刻地反思，传统架构是否已经过时？特别是许多银行面临着数据中心扩建、灾备中心建设，它们需要明确原来的基础设施架构是否需要调整、转型，以及什么时候调整、转型。

一方面，计算机技术、通信技术在快速发展与变化；另一方面，反观银行及其他金融机构的核心金融服务，包括融资、投资、储蓄、信贷、结算、证券买卖、商业保险和金融信息咨询等多方面的服务，在近期却没有发生根本性的变化。如何以不变应万变，以基本不变的应用跟上快速多变的基础设施，是规划基础设施宏观架构的出发点。

22.4.1　建立 SOA

在新一代的 IT 架构里，信息系统应该是面向服务的，基础设施架构也应该是面向服务的。

在介绍 SOA 的概念时，必须介绍的一个非常重要的概念是松耦合。松耦合既包含应用组件之间的松耦合，又包含应用与应用平台之间、平台与基础设施之间的松耦合。信息系统的宏观应用架构不应该强制规定哪一项服务必须部署在哪种机器里，也不应强制规定该服务是在本地还是在远程，更不应该与服务是否部署在相同的服务器里相关。可以说，一个现代的系统架构师在按 SOA 概念设计宏观应用架构时，如果首先考虑的是服务部署在主机还是部署在开放平台上、部署在本地还是异地、是否部署在相同的服务器里，那他就不是一个称职的面向服务的系统架构师。

在规划面向服务的计算机信息系统时，系统技术架构通过分层设计（请参考技术架构的论述），使大多数的应用可以低成本地在不同的平台上迁移，而平台也可以低成本地在不同的基础设施上迁移；不同的应用服务既可以部署在同一台服务器里，也可以部署在不同的服务器里，既可以部署在本地，也可以部署在远程。基础设施的宏观架构基本上与机器是大型机还是服务器无关，与机器在本地还是在远程无关。在这个架构中，从硬件的角度来看，我们把大型机和开放平台服务器都当作某种服务器——都是可以提供一种或多种服务的服务载体；从面向服务的概念来看，如果应用之间已经是以服务的方式关联，那么面向服务的应用本身是不需要关心与之相关的应用是否在相同的服务器里，是在本地还是在远程的。这方面的功能应该留给流程控制逻辑和路由控制逻辑去解决，留给服务交付——系统的企业服务总线去解决。至于应用最终如何部署，应该让具体的基础设施架构师根据处理能力、数据容量、数据流量、安全性、价格、管理等各方面的因素去进行详细分析、设计和定案。只有这样，才真正实现了 IaaS（Infrastructure as a Service，基础设施即服务）、PaaS（Platform as a Service，平台即服务）、SaaS（Software as a Service，软件即服务）的理想架构。

22.4.2　基础设施云

基础设施架构发展到今天，从分散到集中，又从集中到分散。与任何事物的发展一样，这种否定之否定其实有它内在的原因，是符合事物发展的规律的。从分散到集中，应用耦合度增加，应用交互变得更容易，系统管理变得更简单，运行变得更可靠。从集中到分散，是为了解决应用过度耦合、解决大规模系统可持续发展的瓶颈问题。否定之否定不是简单地回到从前，而是螺旋向上。虽然在水平方向上好像在同一经纬度，但在垂直方向上已经是一个更高的高度了。从分散到集中，是应用的集中；从集中到分散，是服务的分散。基础设施的分布式架构，应当是其未来发展的方向。

当前，云平台是一个非常热门的话题，全世界都在讨论云平台。其实，原来中国的大银行的集中系统就是一种云平台的模型，只不过是一种私有云、集中云。使用银行系统的银行客户与银行员工不需要知道他们的服务要求被送到哪里，也不需要关心处理他们服务要求的计算机的具体形态，以及计算机有多大的处理能力，有多大的数据容量。为了成本核算，一些银行早就在内部实现了按业务量、按数据量进行收费。

随着网络技术的发展，网络带宽迅速提高，流量成本不断下降，网络安全技术日趋成熟，这极大地推动了银行的基础设施架构进一步向"云"方向发展。银行从运行成本、战略安全等方面来考虑，也不可能把所有处理能力和存储能力都让一台或几台服务器承载，或把它们放在同一个机房。随着银行计算机基础设施架构也面向服务，银行对基础设施的要求已经不再受"大型机还是服务器""本地还是远程"约束。基础设施架构的"云"发展就成为可行的、顺理成章的事。在"云"架构的建设上，一开始是渠道多点接入、两地三中心的灾备，然后考虑多中心的多活、多中心的负载均衡，最后考虑服务分散、服务灾备，逐步走向"行业云""分布云"的云架构。

22.4.3 基础设施架构的举例

下面是银行宏观基础设施架构的举例。在图22-1中，每一个方框代表一种服务。服务对承载服务的服务器没有特别的限定，多种服务也可以部署在一台物理服务器里；此外，对服务器是部署在本地还是远程也没有特别的限定。

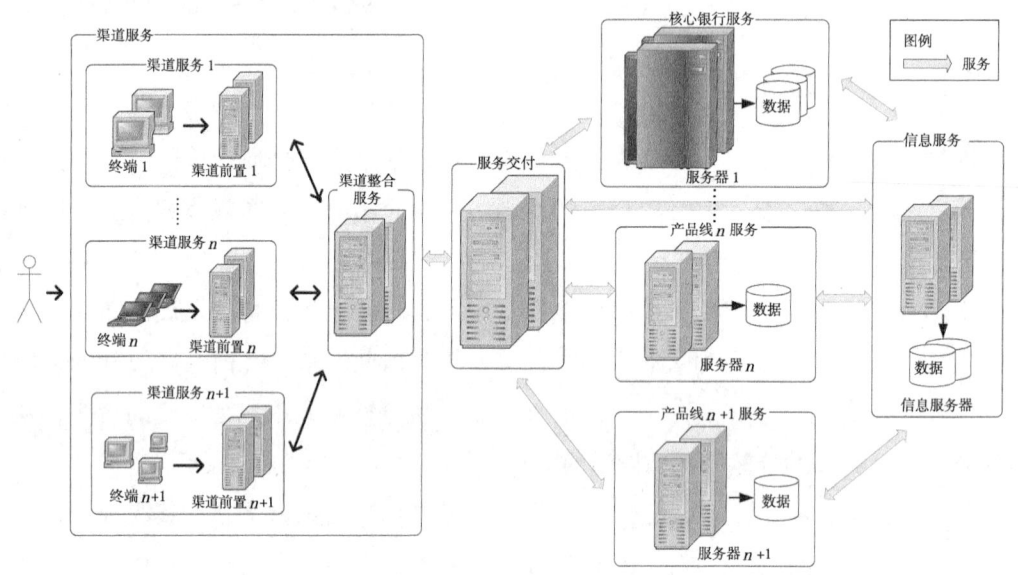

图 22-1　面向服务的基础设施架构

对于部署在大型机和大型服务器上的服务，它可能提供超过一种的基本服务或者提供某种综合的服务。对于提供多种基本服务的服务器，从物理上，它是一个服务器，但我们可以从概念或者逻辑上认为它是多个服务器。

对于部署了综合服务的服务器，其内部还包含若干基本服务。例如，大型服务器提供的可能是核心银行服务，其内部包含了多种相关的服务，如对公服务、对私服务、银行卡服务等。那么，其内部架构与整体架构相类似，也可以包含一个服务交付服务，如图22-2所示。

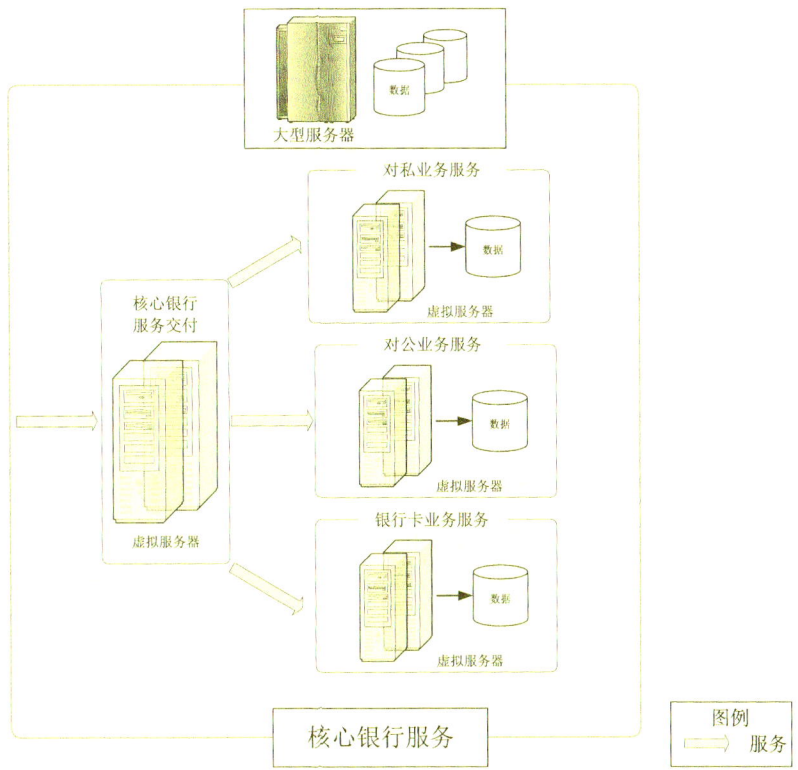

图 22-2 综合服务的内部架构

第 23 章 联机交易处理系统的系统设计

在金融机构的整个信息系统中，通常可以在内部将其划分为几大系统。其中最主要的一个系统是联机交易处理系统，另外一个是信息集成分析系统。当然还可以划分出内部管理系统、办公系统等。

联机交易处理（Online Transaction Processing，OLTP）系统[①]是银行信息系统里直接面向外部客户服务的系统。联机交易处理系统面对的主要是大量的联机交易，还有部分联机批量处理。其服务质量直接关系到金融机构的企业形象，因而对系统的处理能力、响应速度、安全可靠、故障对策、客户体验等方面的要求比起其他系统的要求更高。所以，如何建立一个好的联机交易处理系统，是金融机构研发团队面临的首要重大问题。

联机交易处理系统具有如下特点。

- 大交易量（每天数百万至数亿交易量）。
- 大数据量（TB 的数量级）。
- 每个交易功能相对简单。
- 单个交易流程相对简单（一般是 I-P-O）。
- 单个交易 I/O 少（一般为几十个）。
- 输入、输出量少（一般输入少于几百字节、输出少于几千字节）。
- 交易响应时间要求高（一般不超过 3 秒）。
- 交易并发量大（每秒几百至几千并发量）。

[①] 英文 Transaction 通常会翻译成交易，有时也翻译为事务。所以，联机交易处理系统有时也叫联机事务处理系统。

23.1 系统设计

当前，计算机硬件技术在高速发展。根据摩尔定律，计算机的硬件性能每 18 个月会翻一番。这使计算机的硬件单价直线下降，性价比直线上升。面对这一情况，许多系统设计人员欣喜地认为，在进行计算机应用的开发时，对计算机资源的使用可以无视速度、无视空间。在联机交易处理系统中，这种观点完全错误。世界上少有既便宜又好用的东西，很多好用、方便的东西是有较高的代价的。开发计算机应用的代价主要体现在计算机资源的消耗上，包括处理能力、内存、磁盘存储器等。越好用的功能，在上述计算机资源上的消耗通常越大。所以，在系统设计人员中甚至有这样的说法：凡是表面好用的东西，都要慎用。

作为系统设计人员，在许多需要解决的重要问题中，最重要的问题之一，恰恰是要解决系统设计中，满足需求的理想方案与计算机开销之间的矛盾，找到一个合适的平衡点。系统设计人员要在现存的或可见的将来的硬件条件下，在可以承受计算机开销的前提下满足业务的需求。系统设计人员面对需求，不应该简单地全盘接受，而应该在充分了解需求所针对的业务对象、充分了解需求的前提下，结合当前的技术条件和所拥有的计算机资源，特别是已开发的应用的功能，引导需求提出者把当前的需求提升为可以实现的、有发展空间的新需求。这就要求系统设计人员一定要知己知彼。知己，即什么是目前可以做的，什么是经努力后可以做的，什么是千万不能做的，什么是可以变个方式做的；知彼，即了解什么是用户的核心利益，什么必须做，什么要尽量做，什么是只要能实现目的就行的，等等。总之，要以较少的代价实现原始需求的核心，而不是不惜代价去实现原始需求的全部。例如，做某一件事，花 90% 的精力可获得 90% 的效果；但花 100% 的精力可能只能获得 95% 的效果；花 150% 的精力才能得 98% 的效果；而要获得 100% 的效果，几乎要多花上几倍的精力。这其实是一个有普遍意义的例子。

1. 多任务

大的联机交易处理系统的设计关键在于解决多任务并发问题。多任务系统与单任务系统是完全不同的概念。前者要考虑的问题复杂得多，其关键是要解决资源的共享与排他问题。一个成熟的多任务应用平台，一般都为应用提供了各种各样的共享与排他手段。但如何恰当地采用平台提供的排他手段，再加上一些应用手段，使信息既不会被重复更新，产生数据混乱，又能在多任务间共享而没有系统瓶颈，是多任务应用设计的基本要求。一个设计得不好的多任务系统，轻则由于偏重了资源排他，成为实际上的单任务系统，或由于资源死锁，运行效率比单任务系统还低；重则由于偏重了资源共享，系统数据被重复更新，不能保证数据的正确性。

一个多任务系统要避免存在单点通道。单点通道就像交通概念里的独木桥，大量的物流必须从单个独木桥上通过，这是非常危险的。硬件要避免单点，软件也要避免单点。在应用系统中，程序、数据库、变量、逻辑通道等都有可能存在单点通道。单点通道的存在给系统效率及安全带来了极大的隐患。一方面，单点使表面是多任务的应用变为单任务的应用。另一方面，单点一旦出了问题，会造成整个系统的宕机。一个好的系统一定要尽量消除系统内的单点通道。例如变量，除静态变量（仅参照用的变量）外，要尽量避免设置全局变量，特别是绝对不允许设置每笔交易都要更新的全局变量（如系统唯一的流水号等）。如果应用上确实需要此类变量，可用技术手段（如变量预分法、加头缀法等）把唯一的全局变量变为 n 个。这 n 个全局变量就成为要更新这个全局变量的所有交易的最大并发数。所以，n 的数量不能太少，否则会成为瓶颈，要大于或等于使用该变量的交易的设计最大并发数。

2. 程序模块分割

系统的程序模块分割设计是系统设计的一个重要环节。所谓程序模块分割设计，就是把一个复杂的大系统分割成一个个相对独立、较小、功能相对简单的模块。要使模块的内聚度高，模块要实现的功能就不要太多、太复杂，仅使高相关性的功能在一个模块里实现。模块要把仅与本模块相关的数据封装到模块内。访问的外部数据也应该有高度相关性，通过访问有限数据完成模块自身的功能。模块之间的耦合度要低，即各模块相对独立、功能与边界清晰。一个设计良好的模块，应与其他模块的调用关系清晰，使用标准接口，接口数量少且小。

在系统的程序模块分割设计中，原则上程序规模要小一点才好。甚至有专家认为，程序的代码行应在数百行内。对于这种要求，许多人都认为不易满足。但设计中，至少应使相关性不高的功能不在一个程序里实现，否则对程序的维护及排错极其不利。

3. 故障对策

对联机交易处理系统而言，其系统设计的一个最重要的方面是故障对策。设计普通的联机交易处理系统，很多人都能胜任，但设计有完善故障对策的应用系统则不是一件容易的事。故障对策的设计甚至占用了系统设计人员一半以上的精力。故障对策往往被忽视，但故障对策完善与否，几乎决定了一个系统的可用性，在诸如批量交易、外连系统交易上更是如此。

4. 常用参数

频繁使用的一些控制参数应尽量常驻内存，或利用系统的功能做成内存表，以提高其存取效率。

5. 其他

一个好的应用系统设计要考虑系统投产后，能对系统进行相应的实时或事后监控、跟踪、分析、统计，以便对系统进行评价、优化。

23.2 数据库设计

数据库设计可供参考的资料有很多，本书仅介绍一些银行科技设计人员需要额外关注的内容，包括次键（次索引）、排他控制、页、预开记录和其他设计。在介绍数据库设计之前，我们先来了解一下大型机数据库的发展过程。

23.2.1 大型机数据库的发展过程

银行联机交易处理系统作为计算机数据处理系统，其数据组织和访问方式大致经历了 3 个阶段。

1. 文件阶段

文件阶段的文件主要有 3 种。

（1）顺序文件。

其中又有记录定长的、不定长的顺序文件，只能顺序存取。

（2）直接存取文件。

其中主要有相对编成文件，可顺序存取，可指定记录号（相对位置）随机存取。

（3）键顺序文件。

键顺序文件为现代文件的雏形，可顺序存取，可指定键随机存取。

在上述3种文件中，若顺序存取，顺序文件、相对编成文件的效率是最高的；若随机存取，则直接存取文件的效率最高；键顺序文件是唯一可指定键进行存取的文件。

2. VSAM 文件

对于文件阶段的键顺序文件，如有大量记录的追加、插入，文件就会变得很乱，因此必须经常进行文件整理，否则会极大地降低文件的处理效率。虚拟顺序存取（Virtual Storage Access Method，VSAM）文件是一种在键顺序文件基础上发展起来的、在某种程度上免维护的一种划时代的文件系统。后面再发展起来的各种各样的数据库，大部分是建立在 VSAM 平台上的。

VSAM 也包含3种形式。

（1）键顺序数据集（Key Squenced Data Set，KSDS）文件，主键区引入 B+ 树结构，可键存取和顺序存取。

（2）进入顺序数据集（Entry Squenced Data Set，ESDS）文件，是大部分数据库的底层平台，如果定长，可以随机存取，否则只能顺序存取。

（3）相对记录数据集（Relative Record Data Set，RRDS）文件，较少用。

3. 数据库阶段

数据库可分为层次型数据库、结构型数据库和关系型数据库。数据库的发展极大地方便了数据库设计人员及编程人员，但若仅从效率的角度来讲，对于某些存取方式，数据库的效率远不如 VSAM，更不用说 SAM、DAM。

一个联机交易处理系统，一旦联机平台（如 IBM 的 CICS）、数据库（如 DB2）是既定的，剩下的系统设计的关键就是数据库设计。数据库设计一旦确定，整个系统框架也就确定了，且不易进行大的修改。这就要求系统设计人员（数据库设计人员）对所用的数据库有深刻的认识，如数据库内部的逻辑结构、物理结构、相关结构，其工作原理、存取方式、排他范围，数据库的特点、长处、短处，哪些是影响数据库的效率或空间的因素，数据库有哪些约束，有哪些工具，其功能如何，等等。一个现代的数据库系统往往为使用者提供了很多非常方便的功能，但我们要了解使用这些"好"功能所要付出的代价。例如，某个大的计算机厂商在其内部发行的有关数据库的内部资料中，逐一描述了其所提供的每一项"好"功能所耗费的程序步骤，并几乎都注明最好慎用这些功能（如数据场的自动数字检查功能，记录更新的写后读检查功能，不同的应用采用不同的数据库子集视图功能等），以免影响数据库的效率。

银行联机交易处理系统使用关系数据库时，数据库内部表之间的关系越简单、层次越少、效率越高。所以，数据库的一些功能，如连接、投影等要慎用。要认真分析一些相互有关系的表，判断其关系的控制究竟是由数据库系统本身来管理的，还是由应用自己来管理的。由数据库系统来管理的好处是简单，但一般开销较大；反过来，由应用来管理的效率较高，但程序相对复杂。

23.2.2 次键（次索引）

通常，数据库的主键（主索引）是唯一键。也就是说，主键不允许有重键（如账号、卡号、身份证号码等）。但是，选择作为次键的字段通常都做不到唯一（如姓名、出生日期等），所以次键一般允许有重键。允许重键的次键，一般采用倒排文件的内部格式。倒排文件是一种效率不高的文件，在重键比较多或记录追加时尤其如此，所以必须注意以下事项。

• 数据库不宜设立过多的次键。对大规模地频繁追加或削除记录的数据库更要注意，这类数据库一般适宜只建立主键。若非要建立次键，一般不应超过两个；否则，会严重影响记录追加的效率，也会影响数据库整理、重组的效率。

• 对那些有许多相同的字段的内容，切忌将相同的字段定义为次键。这里有一个很多人都会犯的错误，就是把当事人的姓名作为次键。

据报道，某些常用的名字在一个城市里就有几千个。如果应用系统是全国的系统，那么系统里同名同姓的人就可能会有几万甚至几十万个。加上一些系统不强调实名制，当姓名字段里没有姓名时，系统会自动赋予假设值，例如空格。这样，相同的内容就不是几万，而可能是几十万、几百万。当使用这种索引对数据库进行访问时，效率将会非常低下。

那么，如果我们还是希望用姓名检索数据库，应该怎么做呢？

一是在姓名后面增加出生日期，这样一来，重键的概率就极大地减小了。据了解，这种方法在国际上使用得非常普遍。二是如果该字段没有姓名，我们可以赋予一个特定的假设值，并且在数据库次键生成规则里指定该值不生成次键。

以上原理可以延伸到其他的情况中。

23.2.3 排他控制

完善的数据库一般均为应用提供了不同范围、不同程度、不同时效的排他功能，具体如下。

- 范围：数据库—数据库分区—页—记录。
- 程度：全排他—排他更新—排他参照—共享更新—共享参照—全共享。
- 时效：交易排他—DML（数据操纵语言）排他。

我们要深刻了解各种排他的影响及其相互之间的关系。例如，某数据库排他的种类如表 23-1 所示。

表 23-1 二维共享排他表

类别	E	EU	ER	SU	SR	S
E	×	×	×	×	×	×
EU	×	△	△	△	△	○
ER	×	△	◇	◇	□	○
SU	×	△	◇	◇	□	○
SR	×	△	□	□	□	○
S	×	○	○	○	○	○

E：全排他　　　　○：全共享
EU：排他更新　　□：记录排他
ER：排他参照　　◇：页排他
SU：共享更新　　△：分区排他
SR：共享参照　　×：全排他
S：全共享

通常，联机程序应采用的排他范围为页排他，排他时效应为交易排他。

非并行执行的批量程序，应采取最高级别的排他（如范围应为数据库，程序为全排他）以提高效率。

23.2.4 页

在数据库的物理设计中,页(块)的大小十分讲究。

一般来说,块是物理的概念,页是逻辑的概念。一条磁道可以容纳多少某种大小的块,一个块可以容纳多少某种大小的记录,可以用公式计算。

数据区:页越大,磁盘空间利用率越高,同一页放的记录数越多,有利于顺读,不利于随机读,不利于多任务并发;反之,页越小(不应小于一个逻辑记录),磁盘空间利用率越低,有利于随机读,不利于顺读。所以,页的大小要视该数据库的应用性质而定,不要随意使用系统的假设值。

索引区:索引区的页的大小是一个十分复杂的问题,一般数据库的索引区用 B+ 树结构,页越大,页内索引越多,索引层越少,随机读的效率一般会提高;但页越大,排他的范围越大,排他的机会也越大,这一点反过来不利于多任务的并发。一般认为,在采用索引常驻内存或索引树上层常驻内存的情况下,应考虑非内存的索引层不超过 3 层,在此基础上索引区的页越小越好。

23.2.5 预开记录

对数据库进行存取,从效率来讲,一般是参照最高,更新次之,删除较差,追加最差。对于有索引的数据库,在记录追加时,其排他范围比简单想象的要大得多,这发生在索引页分裂时。根据 B+ 树的数据结构原理,追加记录时会引起索引页满页,进而引起索引页分裂,这个分裂机制可以一直更新到根索引页。这样,其排他的范围甚至会是整个数据库。所以,数据库记录的追加比更新(不增加记录的长度)会消耗更多的计算机资源。如要避免这种情况,对于需要频繁追加记录而又要求高效的数据库,可以用记录预追加的办法解决,或对所有记录都预开空记录。到了联机逻辑上要追加记录时,在物理程序上只是对记录进行更新。

23.2.6 其他设计

除了上述设计外,还涉及一些其他设计,例如:

- 大的数据库要进行分区化;

- 对于存取非常频繁的数据表或数据，要采取措施消灭热点；
- 要密切监控数据库的使用情况及容量增长情况，要对数据库进行定期的整理、重组。

23.3 联机程序的设计

许多程序设计人员在接到程序开发任务后，马上就坐到计算机面前，打开编辑器进行编码，这是一个十分不好的做法。其实，程序的开发分为程序设计、编码、测试等环节。按软件生产的概念，程序设计是脑力劳动，程序编码是体力劳动。程序员应根据程序功能说明书的要求，列出更新条件表，设计出流程图后，才动手编码。

23.3.1 联机程序的工作内容及其工作顺序

一般的联机程序要做的工作及其工作顺序如下。
- 工作区置初值。
- 接收交易输入（接口）信息，并进行各种数据的正确性检查。
- 读相关的控制表，并进行各种数据的正确性检查。
- 读相关的数据库记录，并进行各种数据的正确性检查。
- 进行相应的运算、处理。
- 更新有关数据库记录。
- 更新有关控制表。
- 写数据库。
- 写控制表。
- 输出处理结果。
- 结束。

程序工作区的初值设置要用显式、逐一置值方式。置值的对象应为基本项，而非集团项。

读入交易信息的检查要是一种彻底的标准检查，其中包括物理检查、逻辑检查、相关性检查。最终要达到的目的，是在早期发现输入数据的错误，绝不允许联机程序因输入数据的合法性有问题而非正常终止。

在系统设计时，要把整个系统的所有内存表资源、数据库资源按某一顺序排序，再把每个数据库资源（如某一个表）内的各种键（主键、次键）按某一顺序排序，还要把每个数据库资源（如某一个表）的内部记录按某一顺序（如按键的升序）排序。程序在有实质动作（更新、写）之前，要对相应交易所需要存取的上述资源进行事先读取。并且，任一程序均应严格按照上述系统设计的顺序，依次读出其所需的全部表、数据库的相应记录。特别要指出，如果某些程序在某些交易中需要存取某个表、某个数据库中不止一条的记录，则也要按事先约定好的键顺序、记录顺序依次读取这些记录。只有严格按照上述规定进行，才能避免程序之间的死锁。

同理，被调用的子程序、公共模块也要有一个统一的调用顺序。

在应用程序逻辑允许的情况下，占用资源次序的原则如下。

·先读不排他资源，然后再读排他资源，以减少排他占用时间。

·先读排他范围小的资源（如本柜员、本终端表），然后再读排他范围较大的资源（如网点表），最后才读全局资源（如系统表），以缩小排他的影响范围。

·读一个资源检查一个，及时发现问题从而尽早终止程序，避免无效读，以消除资源的无效占用。

·影响范围特别大而又必须早参照的数据，可以考虑第一次先不排他读出参照，当发现需要更新时，最后再把它排他读出，以减少排他占用的机会和时间。

一个交易所需存取的控制表、数据库越少越好，最多不应超过几十个。而对同一数据库，若是动态地更新读，所读记录也是越少越好，最多不应超过几十个。若是以不排他顺序参照读，所读记录不应超过 100 个，否则会影响程序的效率，进而影响整个系统的效率。这时，就应检查程序的设计方案是否有问题。若某种联机业务确需一次存取大量记录（如批量记账或查找），可通过技术分批或用多个交易完成，从而把一个程序所要存取资源的数量限制在上述范围之内。

除内存表外，不允许对数据库进行大量的非键值存取，除非能确认该非键值存取的实际 I/O 数将限制在数十个之内。

对控制表、数据库的数据检查，主要是各种合法性、限制检查。

程序要调用流程外的子程序时，不管是内部调用、外部调用、系统调用，下一语句一定是检查调用返回码以确认调用的结果。若是正确的，就往下走；若是出错了，就转到错误处理流程。

以严密的判断确保回滚（Roll Back）的最小化。一个设计完善的程序，仅仅在程序已经对数据库进行实际的更新后发现出错时，才把回滚处理作为不得不采取的对策。请记住，回滚其实是让系统对程序以前已做的动作做出回滚，其动作会带来额外的系统开销。

23.3.2 联机程序的结束

联机程序的结束有以下3种状态。

· 正常结束，释放资源。

· 在发出第一个改变数据库数据的命令之前发现错误，则对外发送出错代码，释放资源。

· 在发出第一个改变数据库数据的命令之后发现出错，此时，除了要进行交易恢复以保证数据的一致性外，还要特别注意，一要尽量把出错信息记录下来；二要转到故障处理程序，以完成一个交易本应完成的一些逻辑动作（如输出处理有误信息、释放资源等），否则会造成通信死或进程死。

如果出现了上述或者更严重的错误，在做出相应处理后，还希望取得有关Dump信息，可以发出Abend命令，把非正常结束控制交给系统。

程序的错误代码要详尽，至少应有如下内容。

· 出错程序名、交易名。

· 如果是I/O错，应有出错资源（如文件、表）名、动作（如读、写）代码、键值。

· 如果是接收、发送信息错误，应有出错对象名（如终端逻辑、物理名）。

· 错误代码本身。

· 错误描述。描述应面向用户（操作员），不要使用太专业的术语。

要恰当地定义程序的超时时间，一般认为可以定在数秒之内。当程序的运行时间超过所指定的超时时间时，系统会让程序非正常终止，以及时释放程序占用的资源。太长的超时时间会占用大量的机器资源，大大降低机器的效率。在程序设计得不好时，其还容易引起大量死锁，直到机器死机。

23.3.3 联机程序的架构

一个好的程序要做到高内聚、松耦合，特别是要落实程序之间的松耦合。通常，联机程序在 3 个方面一定与外界有信息交换，即交易请求信息的输入、相关数据库的访问、交易结果信息的输出。这 3 个方面的外连，均可通过外部接口对外、内部接口对内、中间加数据转换逻辑进行隔离。（请参照第 18 章内容。）

23.3.4 联机程序的可读性

为了提高程序的可读性，以利于程序维护，联机程序不适宜多层大量调用外部纯逻辑功能模块，特别是有实质性逻辑动作的功能模块。对于一些较标准的逻辑，可作为拷贝副本（Copy Book），直接复制到原程序并指定展开。

程序用的变量名不要用 X、Y、Z 或 A、B、C 之类的短名，要充分利用程序语言的规定，使用较长的有意思的名字，以提高程序的可读性。程序语句应该尽量简短，最好一个程序语句只包含一个动词或者一个判断。如果使用非文本语言（汇编语言、C 语言等），每一个程序行均应该有详细的注解。

23.4 联机程序的接口

计算机程序之间的接口，是指计算机不同程序之间传递的信息及这些信息的交换规范。这些信息交换包括同一台服务器里的不同程序相互之间的信息交换，也包括同一个系统里不同的服务器上的不同应用通过连接服务器的网络进行的信息交换，还包括与系统外的系统进行的信息交换。

23.4.1 系统之间的接口

当我们与系统外的系统进行信息交换时，两个系统之间必须商定信息交换的规范。这些规范通常包括协议与报文。两个程序只要遵循该规范，通过规定的信息交互报文进行信息沟通，就能实现约定的功能。

这里的协议指的是构成接口的语言和如何解读接口的语法。报文则是程序需要直接与之打交道的信息流。当然，进行信息交换的双方可以约定使用某一方规定的报文，也可以约定一个新的报文，但最好是使用业界比较流行的报文协议。例如，EDI、ISO 8583、SWIFT、IFX等。通常，系统之间的信息交换协议的选择余地不大，往往取决于要连接的双方系统的条件和现状。

23.4.2　系统内的接口

在同一个金融应用系统内，除了金融卡交易由终端到中后台服务器之间的信息交换还会使用ISO 8583协议外，系统内的信息交换鲜有使用通用的信息交换协议的，通常都是由程序设计人员定制固定格式、固定长度的信息交换接口。这样做的好处是：

- 由于信息交换的使用范围相对小且固定，需要考虑的因素不多，所以接口可以快速定制、简单明了；
- 程序使用简单、效率高。

这种做法估计在许多金融应用系统里都存在，但这种做法也存在不少问题。

随着应用系统的发展，系统规模越来越大、越来越复杂，并且整个市场对应用系统的要求越来越高。系统要适应新形势，与时俱进，就必须不断修改和完善。这样一来，程序接口就成了系统维护的主要瓶颈。

- 由于接口都是根据具体程序定制的，接口的粒度比较小，因此接口的数量快速膨胀。一些大银行的应用系统，其接口数在万的数量级，这极大地增加了管理成本。
- 由于接口是固定格式，接口与程序呈紧耦合关系，因此只要应用功能有什么修改，涉及的接口都要修改，并且接口涉及的所有程序也要跟着修改，而不管该应用功能的修改与该程序有没有关系。工作量巨大。
- 由于接口是根据不同的环境使用不同的接口描述语言，因此接口与具体应用环境也呈紧耦合关系。接口的移植、复用都不容易。

23.4.3　SOA的接口

解决问题的根本出路在于使用SOA的接口，具体内容请参照15.3节，这里就不再详细展开。

在应用系统走向 SOA 的道路上，最困难和最多的工作就是接口标准化。因为这涉及所有接口的梳理、综合、重定义，要把成千上万的接口整理为一百多甚至数百个接口，还涉及所有程序的改造，以及可能因此带来的系统结构的变化。但如果不做这项工作，由于应用系统不满足 SOA 的最基本定义，不管怎么改造，应用系统都算不上是 SOA 的系统。

23.5 外联设计

一个联机系统通常要与外界的其他系统连接。连接的形态一般有两种：一种是主叫连接，如金卡工程他行卡在本行 ATM 取款时把处理要求送往他行；另一种是被叫连接，如金卡工程本行卡在他行取款时由他行将处理要求送往本行。

主叫连接一般需要被叫方送回处理结果，然后主叫方视不同情况做不同的后续处理。通常有两种方式可用于等待对方回答：一种是同步方式，即主叫交易一直等待被叫方的应答，然后再往下处理；另一种是异步方式，即主叫方发出请求后，交易即结束，待应答返回后，开始另一交易进行下一步的处理。与系统外的系统连接，一般应该使用异步方式。其原理是显然而见的：广域网通信线路的传送速度与主机 CPU 的处理速度有 2~3 个数量级的差别，如采用同步方式，交易处于等待返回信息状态，会非常浪费计算机资源；更重要的是，异步方式能隔离两个系统，使系统之间呈松耦合关系。特别是当他系统发生任何问题时，异步方式能使自身系统避免出现有大量交易处于挂起等待的状态，从而避免造成自身系统的交易堵塞，甚至造成联机系统宕机。

第 24 章　联机与批量

本章主要介绍银行交易系统的计算机处理方式。前文已经介绍过,银行联机交易处理系统是银行信息系统中的一个重要组成部分。其计算机处理主要有联机与批量两种方式。下面先介绍二者的相关概念。

24.1　联机与批量的相关概念

什么是联机交易?什么是批量处理?联机交易与批量处理之间又有什么区别呢?下面将逐一介绍。

1. 联机交易

在银行的信息系统中,联机交易特指银行对外服务的实时事务处理。其场景通常是系统的客户(绝大部分是银行客户)为了取得银行的某种服务,自己或通过银行柜员,在银行提供的服务渠道界面上选择相关服务,输入相关信息,然后提交服务申请。应用系统接收服务申请后,经过处理,通过相应的服务界面,实时(数秒之内)向客户或柜员返还服务结果信息。这就是典型的联机交易。负责处理这类交易的系统就叫联机交易处理系统。联机交易的特点是,提交申请的服务通常只包含简单的要求,如少量的输入信息、少量的处理、少量的输出信息,从而实现实时响应(95% 以上的联机交易在 3 秒内响应)。

2. 批量处理

在银行的信息系统中,与联机交易相对应的是批量处理。所谓批量处理,就是把一个以上的处理要求打包成一组,整批提交给应用系统处理。这些批量处理要求中既有银行客户的直接要求,也有银行内部各种数据处理的要求,特别是包含了大量银行内部数据集成、数据分析的处理要求。

批量处理通常接受大量的输入信息,处理量大,处理时间长,结果通常不能实时返还。

从批量处理的时机来分析,批量处理可分为3类。一类是对日终时点(如凌晨0点)敏感的处理,这些处理通常要在一天业务终了后才能启动。例如,一些规定要包含前一天所有交易但不包含第二天任何交易的处理,具体如一天的业务量统计等。我们称这些批量为日终批量。另一类批量对日终时点也敏感,但一定要在日终前完成处理。例如,一些规定要在当天入账的处理。这些批量处理通常利用当天联机较空闲的时间进行,我们将其称为联机批量。还有一类批量对日终时点不敏感,在日终前处理或均可以处理。例如,一些时效性要求不是非常高的、对个体数据变化不敏感的数据集成、分析处理等。

3. 联机交易与批量处理的差异

(1)响应时间。

联机交易的响应通常是实时响应,部分交易能在1秒之内响应,95%以上的交易能在3秒之内响应。从客户的角度来看,一个客户界面的交易都是串行的,在上一个交易没完成前,不能提交下一个交易。而批量处理的响应通常都是非实时的,处理的提交与结果返回需要更多的时间。

(2)业务种类。

联机交易的业务种类繁多,由于联机交易处理系统拥有大量的交易界面,所以交易提交的时机是散列并随机的;而批量处理在一个批次里处理的通常都是同种类的业务。

(3)效率。

从单位时间处理的业务数量来看,批量处理的效率要远高于联机交易,通常可以高出联机交易1~3个数量级。

(4)数据库。

如果从联机和批量的角度对数据库进行分类,我们可以把应用系统的数据库分为联机数据库和批量数据库两类。通常,联机与批量访问的目标数据库不尽相同。一个设计理想的系统,联机(含联机批量)只更新联机数据库,而对批量数据库的访问仅限于参照;反过来,批量(含批量处理)只更新批量数据库,而对联机数据库的访问仅限于参照。

24.2　早期的联机交易与批量处理的分工

在计算机应用发展过程中，早期计算机的处理能力较弱，计算机应用成本主要体现在设备成本上。加上早期计算机应用的特点，交易分布几乎都集中在白天。由于批量比联机的处理效率高得多，为了合理均衡地使用计算机资源、减少计算机使用成本，有一种理论认为，凡是不需要马上反馈结果的、能够留给日终批量处理的东西，都应该留给日终批量处理。为了适应这种理论，人们在系统设计上也做出了一些特殊的设计，但这种设计往往照顾了联机效率，使系统处理复杂化。如一些系统在联机交易中对分户账的明细、总账不实时更新，将其留给日终批量处理。这样，为了实时查询或监控分户账和总账的余额，就不得不扫描交易明细。这反倒使系统复杂化了。

24.3　当前的联机交易与批量处理的分工

随着计算机应用的发展，上述理论的基础有了很大的变化，具体如下。

- 许多联机应用是24小时开放的，为了确保账务的客观性和完整性，联机系统的日期切换一般都与自然时间同步。也就是说，系统的时间与自然时间一致，日期切换在深夜24点。日终批量一般也要在凌晨0点后才能开始。日终批量的开始时间比以往大大延后了。

- 随着内部管理要求越来越高、越来越细，一些日终批量处理的结果信息有了比以前更严格的时间要求。例如，对于一些与日常经营直接相关的信息，相关管理人员要求必须T+1日就能看到。

- 由于上面几点，日终批量处理时间窗口比以前大大减少了。但是，由于日终批量要处理的数据量越来越大，自然会希望处理时间能够比原来更长。这与批量处理时间窗口的减少矛盾。

- 日终批量处理时，虽然日期已经改变，但第二天的联机还是开着的。此时的系统是联机与批量同时存在，批量的运行环境已经与以前大不一样，已经没有以前纯日终处理的概念了，并且大部分24小时开放的联机应用在半夜还要求确保其可用性，这与某些日终批量处理的执行会产生冲突。

- 如果一些日终处理一直拖到第二天白天，在日终批量与联机并行处理期间，会出现计算机资源使用高峰。而在非日终批量处理期间，机器的资源开销反倒比较平缓。
- 对于计算机应用的成本，其最大的部分已经由硬件成本转移到软件成本和管理维护成本。为了提高"效率"而增加软件的复杂度，既得不偿失，又后患无穷。
- 联机程序的可靠性一般比批量程序，特别是比一些非经常使用的批量程序，高出1～2个数量级。

图 24-1 所示是数据中心主机 CPU 使用情况的一个假设示意图。

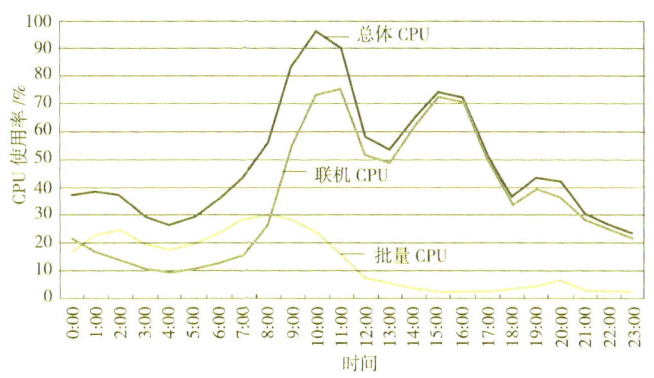

图 24-1　联机与日终批量并行引起 CPU 的使用高峰

从图 24-1 可以看出，在白天，联机交易的 CPU 使用有两个高峰，一个在 10：00 至 11：00，另一个在 15：00 至 16：00。在凌晨 0 点启动日终批量后，批量处理的 CPU 使用也有两个高峰，一个是在 1：00 后，另一个是从 7：00 一直延续到 10：00。

整个系统的 CPU 使用高峰，出现在联机高峰和批量高峰并行期间（10：00）。此时，整体 CPU 的使用率达到最高峰 96%，接近极限。

从一整天的 CPU 使用情况来分析，其使用率是非常不均衡的。尽管图 24-1 只是一个假设，但这种不均衡的情况在全世界的数据中心都存在，其规律也大致一样。而其中的联机与批量并行所造成的高峰，正是我们应该想办法去规避的。

24.4　联机与批量的应对策略

基于上述变化，人们对联机、批量的分工的认识也在变化。考虑系统设计的整体性,已经没有必要把一些原来顺理成章在联机更新的东西特意设计到日终批量更新。一些原来安排在日终批量处理的业务(如批量代收付),如果在非日终批量时间中,机器有剩余处理能力或者客户希望实时得到结果,还可以在日终前利用联机相对空闲的时间段,用小批量处理来完成。生产运行管理人员应该通过对机器一天实际资源占用曲线的评估来调整作业,减少日终批量处理压力,仅把那些必须在日终批量处理的东西安排在日终批量时段,如数据库的时点备份、数据集成处理、做成各种与日期切换有关的会计报表及统计报表等,真正实现机器联机和批量处理能力的平衡。

例如,针对图24-1,我们分析,在日终批量一开始的两个小时里,很多作业本来就是在白天提交的,发生的账务也属于当天的账务,就应该在当天处理完毕,只是害怕白天处理会影响联机效率,才特意安排在日终批量处理。通过合理安排和技术处理,可以将这类作业挪到白天,利用机器空闲的时间来处理。如果这样可行,我们几乎可以把日终批量处理曲线整个往前移两个小时,力争把整个日终批量处理时间限制在10小时以内,以便在10∶00联机高峰前结束所有批量处理。

针对上述例子,我们可以把日终批量裁剪下来的作业分别安排在12∶00至14∶00、21∶00至0∶00。

经过这样的安排,假设联机情况不变,整个系统的CPU使用峰值会从96%下降到75%,下降了21%,从而为系统平稳运行、节省资源打下基础,如图24-2所示。

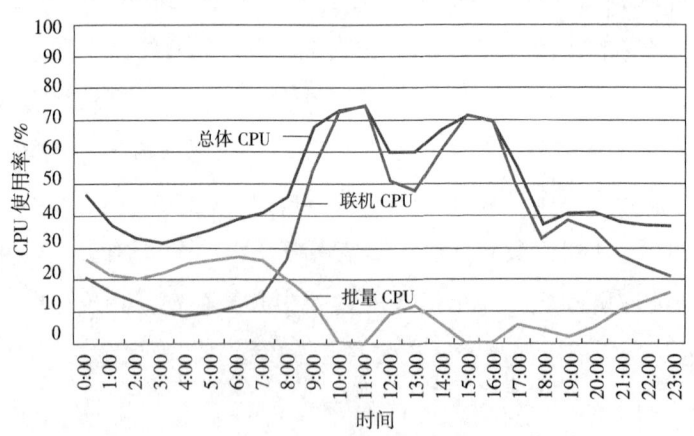

图24-2 把日终批量相关作业转为联机小批量后的CPU使用情况

24.5 联机批量与联机小批量

从批量的运行方式与目标数据库来分析，批量处理一般有 3 种形态。第一种是一般的批量形态，它更新的数据库与联机程序没有交叉，是通常意义上的批量。第二种也是一般的批量形态，但它访问与更新的数据库与联机程序大致相同，可称为联机批量。第三种是通过联机交易完成的批量作业。从系统的角度来看，第三种形态就是一个个的联机交易，通常称为联机小批量。

后两种批量形态由于使用与联机交易相同的数据库资源，1 批的处理量一般不能太大。联机批量通常 1 批不要超过 1000 笔，联机小批量通常 1 批不能超过数十笔。不然，会引起与联机交易的资源竞争。

为了保证联机批量不会影响联机交易，在进行信息系统设计时需注意以下几点。

· 把联机批量与联机小批量处理放在系统处理优先等级的最低级别，以保证可以在不影响联机效率的情况下，充分利用联机期间机器的处理能力。

· 把大批量的需要处理的数据分割为多个小批量，减少一次处理的机器资源占用，避免由于排他控制影响联机处理。

但分割的粒度不能太小（起码 10 笔以上），并且应该使用专门处理多笔业务的小批量处理程序。特别不允许把批量分成单笔完全以普通联机交易的形式不间断地密集提交（所谓机关枪式提交），这样反而会占用许多机器资源，极大影响其他联机交易的效率。

· 小批量处理的程序，当处理对象是"一"对"多"时，在业务允许的情况下，对"一"方可以采取汇总记账，以减少其发生明细。

· 小批量处理对银行内部报表的更新，除了可以采取汇总更新外，还可以直接更新相同业务联机交易更新的相同报表，以提高报表的整体性和及时性。

· 由于是把一个相对大的批量作业分割为多个小批量作业进行处理，要注意保存好每一个小批量作业正常结束的断点，以便在下一个小批量作业出现非正常结束时，更容易进行断点再续的处理。

24.6 批量程序

对于通常意义的批量，在设计信息系统的时候，最好不要更新联机使用的数据库，不然会产生与联机的资源冲突。

批量程序最讲究的是效率。特别对于要处理大量数据的批量程序，编程技巧的好坏，会导致效率出现 1～2 个数量级的差别。为了提高效率，批量处理的数据一般都要求采取顺序处理。所以，对批量程序处理对象数据，一般都要先按其目标数据库的构成顺序进行排序处理。

除了注意逻辑上的顺序，还要注意物理上的顺序。许多数据库由于频繁地插入、删除操作，其内部物理顺序会非常乱。所以，如果需要对其进行特大批量数据处理，应该先进行数据库重组，理顺内部物理顺序。如活期账户入息—利息转本金的处理，需要对活期数据库的每一个记录进行操作。

对同一个序列的数据进行大批量处理时，还可以在排序的基础上进行并行批量处理。这样做可以把批量时间降低 1 个数量级以上。这里还是以活期账户入息处理为例。某银行有活期账户 4 亿个，如果全部串行处理，处理时间根本不能接受。如果我们以账号为序，将这些账户按账户顺序分割为 10 组进行并行入息，每组需要处理的账户就变为几千万个。这样，入息批量处理时间将会减少为不并行的 1/10。理论上，并行度越高，处理时间越短。当然，并行度越高，CPU 开销越大，所以只能在 CPU 能力范围内增加并行度。另外，并行度越高，并行运行的作业相互死锁的概率也越高。所以，并行度还与数据库的物理构成和处理涉及的所有数据库相关，不能简单地提高并行度。

通常，一组批量里面会有非常多的程序，针对某种业务需要，每个程序会对多个数据库进行访问操作。这样，同一个数据库会面对多个程序的多次访问。这种情况在日终批量里特别明显。这种对同一个数据库进行反复访问的做法，一方面效率低下，另一方面会造成死锁，是我们一定要避免的。我们要通过对整个批量作业进行详细分析，把其对每一个数据库的数据服务要求全部整理出来，交给一个主处理程序，通过一次顺读完成对该数据库的全部访问，把访问处理结果返回各个应用程序。切忌为了完成一个任务，让某程序通读一遍数据；为了完成另外一个任务，又让另外一个程序通读一遍数据。

批量处理，特别是日终批量，一般都会采取一定程度的并行处理，这样整个批量处理就会呈一个网状结构。决定整个批量处理时间的，是这个网状结构里的关键路径上批量处理的时间。所以，构建批量网和缩短在关键路径上批量处理的时间，是缩短整个批量处理时间的关键。

第 25 章 国际化应用系统

随着银行业电子化的快速推进，从 20 世纪末开始，各银行应用系统走了一条从分散到集中的道路。在中国，现在每一个银行的应用系统基本上都是统一的、集中的。这好像是理所当然的状况。但如果我们回顾 20 世纪末，当时银行应用系统的集中，走的是一条相对艰难的道路。在银行应用系统大集中的进程中，除了受制于当时的技术水平，最大的阻力其实是一直存在的对应用系统集中的质疑。

在全国性银行应用系统大集中之前，应用系统的主人是银行各个分散系统的所在分行。分行领导和分行的业务部门有什么需求，很快就可以在分行的应用系统实现。由于地区的差异和发展的不平衡，各分行应用系统在功能和实现方法上也有比较大的差异。

应用系统大集中，一开始肯定不可能完全满足这些具有差别的需要。大集中强调的是统一。例如，有一些银行明确提出四个统一：统一规划、统一标准、统一选型、统一开发。在大集中的初期，对于原来应用水平较低的地区，集中后的应用系统提供了许多新的功能，使他们的应用水平可以得到很大的提高。但另一方面，对于一些原分散系统中的分行特色业务，出于各种原因，集中后的应用系统不支持或暂不支持或不直接支持。对于原本拥有这些特色应用的分行而言，他们会认为大集中后的应用水平在后退，所以对应用系统集中有所质疑。

随着软、硬件技术的发展，应用系统大集中带来的好处日益彰显，即使原来应用水平比较高的地区也尝到了大集中的甜头，国内应用大集中的反对声音逐渐息微。

25.1 应用系统一体化的意义

事物通常都是螺旋式发展的。随着银行业务的国际化，应用系统统一的问题又重新出现在人们眼前：银行的国外应用与国内应用是否采取统一的应用系统。

其实，研发人员遇到的国内外应用系统是否统一的问题，与当初国内大集中遇到的问题基本一样,就是如何解决地区差异。这些差异无非是应用水平差异、产品差异、监管差异、行业和客户习惯差异等。人们还会认为,这些差异比起国内大集中时的地区差异要大得多,并且不容易克服。

这些说法好像很有道理。那么,我们是否应该研发两个系统——一个国内系统,一个国外系统呢?如果这样考虑,随着思考的延伸,新的问题又出现了:国外系统要建立多少个呢?东南亚的国家与欧洲的国家差异小吗?非洲的国家与美洲的国家差异小吗?那么,我们是否还要把系统再分下去?如果是,同样是地处同一地区的不同国家是否能使用同一个系统?……没完没了。

建立和维护多个系统,就必须有多重投入,起码在人力资源上要有多重投入。系统分割得越多,重复投入就越大。这样看来,此路不通。

那么,反过来思考,建立一个一体化的国际应用系统可行吗?当初我们的国内应用系统大集中是如何完成的?

其实,一体化并不排斥差异。恰恰相反,一体化为差异提供了相对低成本和简单的平台。

假设我们原来设计在应用系统国际化时要建立3个不相同的独立应用系统,那么,为了开发和维护这3个系统,我们需要投入3份资源,并且还要考虑这3个独立应用系统之间的信息交换和经营数据的集中,如图25-1所示。

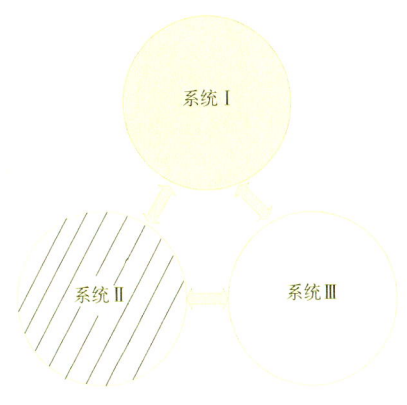

图25-1 建立3个独立应用系统

随着设计的深入,我们会发现,3个系统之间其实有许多部分是相似甚至相同的;即使不相同,某一个系统中一些好的产品和做法,也应该引入另外的系统。在3个系统完全独立的情况下,要实现系统的完善、发展、相互借鉴,我们不得不对一个个系统分别修改。由于维护人员不同,即便是相同的东西,也不能保证每个系统都完全一样。

于是,我们想,既然有相同的东西,那么相同的东西是否能共用呢?这样,3个系统的设计就变成图25-2所示的样子。

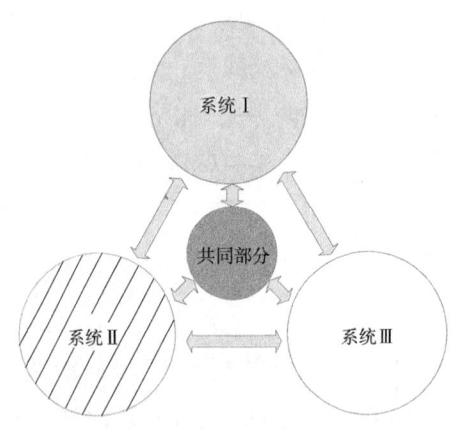

图25-2　部分共享

之后,我们还发现,某些产品或做法虽然不是在3个系统中都适用,但完全可以作为参照。随着中国国际化进程的推进,以及全球一体化进程越来越深入,银行产品、做法、监管也越来越趋同。这时,3个系统最终将会变成图25-3所示的模式。其实,这就是一体化的应用系统。

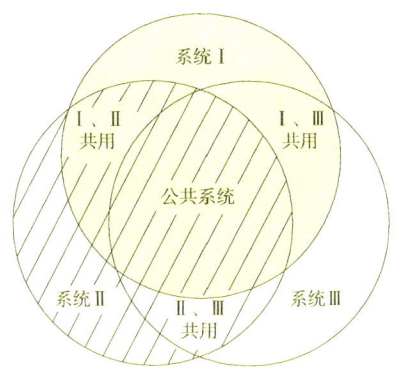

图 25-3 应用系统一体化

25.1.1 公共系统

我们可以把所有银行的一些基本主题、基本产品作为整个一体化应用系统的公共系统。该系统主要由核心银行系统组成，可以包含银行的综合核算系统、基本存贷汇功能、基本的客户管理系统、基本的风险管理系统等。核心银行系统也可以包含一些业务平台，如柜台终端、ATM、POS 应用、网银平台等；还可以包含一些技术平台，如网关、数据传输、加密解密、报文打包拆包等。公共系统可以为国内外所有分行提供相同的基础服务。

25.1.2 公共模块

我们可以把一些虽然不是所有分行都在使用，但有部分分行在使用的产品和功能作为公共模块呈现出来，供相关分行的相关业务调用。这种公共模块可以通过不同运行实体的版本裁剪、参数设定等方法实现。

25.1.3 地域特色

我们可以把每个地域的地区特色业务和做法剥离出来，单独部署，也可以考虑像国内系统的分行特色业务一样，直接部署在地域侧。

这就是一体化的应用系统。这样的系统软件重用度最高，各子系统间沟通最简单方便，总体系统开销最低，维护成本最低，能根据不同地域的不同需求迅速、有效地进行功能选择和裁剪。其设计的关键是合理分割公共系统、公共模块和纯粹的地域特色。

其实，在计算机发展的历史中，任何一个完善的国际化应用软件，走的都是应用系统一体化的道路。我们有听说过 IBM 的 390 系统有所谓的地域版本吗？没有。不仅如此，CICS、DB2 也没有根据地域推出的版本，Oracle 数据库也没有。微软的产品在发展过程中曾经有过所谓的中文版，但现在也一体化了。这些软件通常都有一个核心（必选件），还有一大批可裁剪的功能（选件）。作为某个应用的客户，你可以通过购买必选件和部分选件来构成自己的应用系统。

一体化的问题是决心的问题，一体化的概念一天不建立，在具体研发的过程中就会经常碰到有关一体化的决策讨论：A 产品是一体化还是不一体化，B 做法是一体化还是不一体化……这就是所谓的"人无远虑，必有近忧"。

25.2 应用系统一体化要解决的技术问题

当然，除了地区差异外，还有一些具体的技术问题需要解决，如多时区、多语言、多种编码方式等。

总体来说，这些问题在国内系统大集中的过程中也同样存在，我们需要解决。不过，在国际化系统中，这些问题显得更为突出。

25.2.1 多时区

由于国际化，应用系统要面对的已经不是单一时区。多时区带来的问题主要体现在跨地区的账务处理上，但这个问题并不是应用系统一体化带来的。就算整个国际化应用系统按时区分成若干个系统，只要在这些系统之间有跨时区的账务往来，就存在该问题。并且，目前，一个成熟的国内系统也已经不是一个孤立的系统，它已经存在许多与其他非本时区的系统的账务往来，已经在处理多时区的问题。比较好的做法是每个独立运行的应用系统把一天的往来账务分为 3 个部分：一是本系统是当天，他系统也是当天；二是本系统是当天，他系统是昨天；三是本系统是当天，他系统是明天。这样，一方面可以应付往来系统之间的对账，另一方面可以对相关系统账务进行按时点的汇总。

多时区带来的另外一个问题是时间窗口的问题。如果是单一运行系统面对全时区，那么一些后台处理和必需的系统维护工作将难以找到时间窗口，如日终批量、系统软件升级、应用软件投产等。

可见，单一运行系统要应付全时区是有困难的。但这并不是无法解决的，只要我们按时区分布设立若干个运行系统，就可以解决后台处理和系统维护工作的时间窗口问题。

因此，我们可以建立几个运行系统，或使用统一的一体化应用系统；同时，在各个运行系统里，通过对一体化应用系统进行不同裁剪和设置不同的参数，以解决多时区的问题。

25.2.2 多语言

其实，软件对多语言的支持已经不是什么新鲜的技术。其中解决得比较好的有微软的一系列操作系统和应用系统，如 Windows、Office 等。当然，在讨论具体解决方案时，我们有许多选择，但也要权衡多语言支持的效果和系统的复杂度。多语言涉及语言信息的输入、输出（展现）及信息的存储、处理、交换，所有这些都与应用系统采用的内部码制有关。如果采用一种通用的码制，且输入、输出设备和数据库均支持该码制，上述问题的解决方案将会变得比较简单；否则，就要根据不同地域使用的不同码制，并通过一些处理技巧来进行码制转换。

25.2.3 多种编码方式

由于是国际化的应用系统，所以应用系统与国外系统进行信息交换的机会很多。但目前国际上流行的计算机字符集和编码方式没有一个唯一的标准，不同的地区、不同的设备对字符集和编码的支持程度也不一样。我们要与国外系统进行信息交换，就得参考对方使用的编码方式。要么我们使用对方的编码，要么对方使用我们的编码。

不然，就等于两个母语不同且只懂母语的人在谈话，一个使用中文，另一个使用英语，根本无法沟通。

事实上，多种编码方式和多种字符集的问题原来在国内系统中也存在。

在早期，大部分计算机只支持 ASCII 编码。ASCII 是 7 位编码，它忽略每个字节的最高位，只认为后 7 位是有效位。字符集包括英文字母、阿拉伯数字、标点符号等字符和一些控制字符，一共 128 个。

而 IBM 和 IBM 兼容大型计算机使用的是另外一种由 IBM 自己提出的 EBCDIC（Extended Binary Coded Decimal Interchange Code，扩充的二进制编码的十进制交换码）。EBCDIC 是一种 8 位编码，字符集最多有 256 个。EBCDIC 对字母、字符以及标点符号的编码与 ASCII 不一样。当使用 EBCDIC 的 IBM 大型机需要与使用 ASCII 的其他计算机或外围设备进行信息交换时，必须使用某种翻译程序对 EBCDIC 信息或 ASCII 信息进行编码转换，才能使对方识别和使用。

随着计算机应用的深入发展，计算机需要处理的内容从原来的单纯运算处理发展到事务处理、信息分析处理等领域。它需要面对更多类型的字符，如各个国家的语言文字。而原来不管是 ASCII 还是 EBCDIC，均为单字节编码方式，编码容量最大只有 256 个。为了使编码容量突破 256 个，就产生了各种多字节的编码方式和字符集。

以汉字编码为例，在发展过程中主流的编码方式就有以下几种。

· GB 2312—1980，中国国家标准。双字节编码，字符集包含两级汉字，拥有近 7000 个简体汉字和其他字符。

· Big5，中国台湾标准。双字节编码，字符集包含 1 万多个繁体汉字（不包括简体汉字）和其他字符。

· GBK，中国国家标准。双字节编码，字符集包含超过 2 万个汉字（含中、日、韩汉字）和其他字符。

· GB 18030—2005，中国国家标准。单字节、双字节和 4 字节编码，2005 版字符集包含 7 万多个汉字和其他字符。

· Unicode（ISO 10646），国际组织制定的可以容纳世界上所有文字和符号的字符编码方案。它是多字节编码方式，为每种语言中的每个字符设定了统一并且唯一的二进制编码，以满足跨语言、跨平台进行文本转换、处理的要求。其中与汉字相关的字符有 7 万多个，编码有 UTF-8、UTF-16、UTF-32 3 种。

在国内，由于国家标准的关系，目前大多数计算机系统主要使用的是 GBK 编码方式。如果系统仅在国内使用，这种编码方式基本没有什么大问题。而 GB 18030，特别是 GB 18030—2022，由于其是比较新的标准，许多计算机和外围设备不一定支持，所以真正使用得不多。

但是，随着中国快速走向世界，就算当前的国内系统，其应用也不是完全封闭在国内范围。在某种情况下，计算机系统也需要处理非汉字的文字，需要与其他系统打交道、交换信息。这时候，如果应用系统只支持中国国标的编码及其字符集，就会碰到许多问题。

首先，无论是 GBK 还是 GB 18030，都是中国的汉字编码字符集的标准，并不是国际标准，其字符集没有涵盖所有其他国家的文字。也就是说，使用国标的字符集是无法识别和直接处理非涵盖国家的文字的。例如，其不能识别某些外国人的名字。

其次，一些计算机软、硬件未必同步支持国标的推进计划。如目前一些主流的数据库软件、外围设备对 GB 18030 都不能提供直接的或很好的支持。

当与使用非国标编码及字符集的计算机系统进行信息交换时，在字符集有交叉的部分要进行编码转换，在字符集没有交叉的部分还是不能识别和处理。

对于一个真正的国际化的银行应用系统来说，不能处理他国文字是一个致命缺陷。既然一体化应用系统不能使用国标的编码，那么，使用国际标准编码 Unicode 又会碰到什么问题呢？

随着计算机应用的深入发展，Unicode 的优势肯定越来越明显，其在计算机中的应用肯定越来越广泛。从国际的角度来看，支持 Unicode 的软、硬件与支持国标的软、硬件的差距肯定越来越大。采取 Unicode，至少可以统一自己研发的所有产品的数据编码，使所有内部交换都不用转码。

在数据输入或数据输出和展现时，由于对手系统、软件不使用 Unicode，需要进行怎么样的码制转换就转换。这一点，使用任何码制都存在同样的问题。而使用 Unicode，遇到这种问题的情况可能是最少的。

Unicode 的字符集未必 100% 覆盖所有其他编码的字符集。例如，它与 GB 18030—2005 就覆盖不了某些生僻字。但这也是所有其他码制都会碰到的问题。从总体分析，Unicode

的覆盖面相比起来是最广的。对于确实没有覆盖的，Unicode本来就考虑了这种情况，可以在Unicode保留给各用户放自定义字符的区域——私用专区（Private Use Area，PUA）里自行定义。

由于Unicode的UTF-8、UTF-16编码是不定长的编码方式。如果需要把原来使用GBK码制的应用系统改为Unicode码制，因为要修改数据定义，除了要考虑修改相关程序，还要考虑修改相关数据库。但这种情况在从GBK码制修改为GB 18030码制时同样存在。

通过上述分析可见，在银行应用系统走向国际化时，采取一体化的应用系统和多个运行系统可以说是最优的选择。

第 26 章　软件产品化

研发机构除了要关注研发目标系统的架构、系统的功能外，还要非常关注研发成果的产品化。产品化能极大地提高研发部门的效率和效益。

提高研发效率和研发质量、降低研发成本的方法和措施有很多，但其中最重要的一条是要提高软件的重用度。通常，我们可以把软件重用分为 3 个层次：知识的重用、方法和标准的重用、软件成分的重用。软件产品化基本属于软件成分的重用。

26.1　什么是软件产品化

要讨论软件产品化，首先要搞清楚什么是产品，然后要搞清楚什么是产品化。

关于产品的定义，本书前面已有详细描述。简单来说，产品就是能够卖出去并获取回报的东西。

由产品的定义可以推导产品化的定义。产品化就是把东西变为能够卖出去的产品的过程，以及该过程中所付出的努力。

由产品化的定义又可推导出软件产品化的定义。软件产品化就是让研发出来的软件能够卖出去的过程，以及该过程中所付出的努力。

26.1.1　软件产品的外部特征

为了让客户能够付出代价购买软件，产品化的软件必须有软件产品的一些外在特征，具体如下。

- 在软件适用范围内，能满足大部分使用该软件客户的基本需求，而无须为软件核心增加或修改代码。
- 能根据客户的需要，方便地完成软件的裁剪、配置、安装。

- 为了满足一些个性化要求，能简单、方便地进行一些客户化开发。
- 运行稳定、高效。

26.1.2 软件产品的内部特征

除了外部特征，软件产品还具有以下几项内部特征。

1. 可独立封装

软件产品作为产品，肯定应该是边界清晰，可以独立打包封装、独立出售的。

2. 与环境松耦合

软件产品与所配置的硬件、操作系统甚至数据库没有强依赖关系。也就是说，软件产品可以运行在大多数流行的硬件、操作系统上，最好也能通过数据结构的通用性，适用于大多数流行的数据库。这样产品才能有比较广泛的适应性。

3. 接口可定制

软件产品也许要与其他软件配合运行，也许要嵌入其他软件环境内。所以，与其他软件的信息交流不可避免。软件之间的信息交流要通过相互预定的接口。接口的定制无非3种方法：用软件产品既定的接口；用对方既定的接口；另外定制接口或者用第三方标准接口。在后两种情况中，都要求软件产品接口可定制。

4. 功能可裁剪

一个成熟的软件产品由于要考虑到大多数用户的潜在需求，产品往往功能比较齐全。除了一些基本功能外，还会有一些附加功能。这样，一个完整的软件产品往往会比较庞大。

当面对具体用户时，软件产品应该允许用户根据实际需要对非基本功能进行裁剪，以便减少软件的购买成本及运营成本。

5. 功能可配置

产品化的软件把一些共通的可变因素提炼为参数，并且会设定一些默认（Default）的选项。而某个特定用户通过对参数的具体定义，可以对各种选项进行非默认配置，从而满足不同客户的一些个性化的要求。

6. 充足的客户化出口

在程序的一些关键处理流程时点，软件产品可以为客户提供"自编码"出口，以便客户根据自身的一些特殊需要，通过把自己的编码嵌入程序中来对信息进行前处理或后处理。这些时点包括：

- 信息的接收后、信息的发送前；
- 数据库读取后、数据库更新前；
- 某些运算处理的前、后。

7. 有版本许可管理

由于软件复制成本几乎为零，所以，几乎所有软件产品均有软件版本许可（License）管理。这种管理可能是通过合约承诺进行的，但最好是嵌入软件代码里，以便进行硬控制。版本许可应包括：

- 版本使用有效期限制；
- 版本使用场景限制（挪用、复制限制）；
- 版本负荷（用户数、CPU 数、交易量等）限制；
- 上述限制的调整。

总之，软件产品既是一个定型的产品，又要有足够的柔软性，这表现为客户化的能力越强，越能满足不同客户的个性化要求，市场越广泛。

26.2 软件产品化的好处

许多软件在研发阶段并没有产品化的计划。有些是应某个特定用户的特定需求而研发交付的；有些是打算提供给内部用户使用，甚至是仅打算提供给研发人员自己或团队使用的，特别是一些平台类、工具类软件。

事实上，尽管大多数客户需求有其个性的一面，但通常也有其共性的一面。今天，某个客户有某种需求；明天，另一个类似的客户就会有类似的需求。在软件产品化前，许多研发部门不得不对那些看似个性化其实有大量共性的需求进行反复开发。

研发团队内部由于本身的工作需要，会开发一些研发管理、项目管理、研发平台等研发工具，这些软件其实也会有非常大的内在需求和社会需求。一方面，研发机构的不同研发部门往往各自为政，开发各自的平台和工具，这不知浪费了多少低水平的重复劳动。另一方面，目前业界流行的比较受欢迎的这类软件，大多来自一些大的软件供应商，他们把内部使用的工具产品化后拿到市场上销售。

可见，软件产品化既有需要，又有必要，它会给研发机构带来效率和效益。其明显的好处主要表现在以下 3 个方面。

1. 成本、效率

软件一旦成为产品，在有新买家时，其版本复制的成本几乎为零，所耗费的时间也几乎为零。

2. 质量

由于产品的多用性，软件能在不同的场景下反复使用。这相当于一种相对彻底的测试，使软件更多的缺陷得以暴露和清除。产品化的软件的质量通常比较高。

3. 效益

能够低成本、高效率地产出高质量的产品，通常能给研发机构带来高效益。

26.3　如何将软件产品化

要将软件产品化，就要注意做好以下几方面的工作。

1. 制定产品化的战略

在研发机构内部制定产品化的战略，研发团队的管理者应该从管理、制度、标准上促进软件重用，确保整个团队不会在一些大致相同的需求中进行低水平的重复工作。

2. 建立产品化的企业文化

让软件产品化的思路深深扎根于软件规划人员、设计人员的内心深处，让他们在接到新的研发项目时，马上联想到在其他场合是否也会需要这个功能。

3. 落实产品化的措施

从项目研发的初始设计阶段开始，就要落实产品化的措施。这些措施包括软件整体架构的松耦合，软件内部的模块化，输入输出接口、数据库访问接口的隔离，流程控制、运算处理的参数化，个性化出口的预留，等等。

4. 加大产品化的技术支撑

产品化需要有技术支撑，包括产品的许可管理、许可限制的调整管理、标准化的管理等。要落实这些技术支撑，就需要在技术研发上加大投入。

26.4 银行信息系统的产品化

作为银行的研发部门，其研发成果的产品化也是一个急需要解决的问题。银行研发部门的产品可以分为三大类。一类是与银行产品相对应的软件，如系统里的个人应用系统、企业应用系统、银行卡应用系统等。另一类是与银行产品没有直接对应关系的软件，如一些支撑系统（渠道系统、产品管理系统）、银行内部管理系统等。还有一类是研发部门内部信息化建设的平台与工具，如应用开发平台、项目管理平台、测试管理平台等。

实际上，这几类产品都有产品化的必要。通过产品化，银行一方面可以提升软件成果的价值，另一方面可以提高软件生产效率，让研发部门能对业务部门的创新需求快速做出响应。

下面对第一类产品的产品化做比较深入的探讨。

26.4.1 银行应用产品化的意义

当前，银行业务发展迅猛。随着大量的中小银行涌现，银行之间的竞争也愈趋激烈。银行为了赢得客户，只能不断推出新产品，以满足客户的各方面需求。这给所有银行的研发部门都带来了很大的压力。根据对银行新产品的分析，相当多的一部分新产品是在原来产品的基础上，通过变化期限、利率、优惠条件、积分回馈等产品要素而产生；还有一部分新产品是通过对一些原来产品进行附加值的追加、包装、组合而产生。对于这些类型的新产品，如果银行原来的产品已经实现了产品化，已经把一些产品可变要素提炼并参数化，那么，我们就可以通过参数的配置、流程的配置，快速地向业务部门交付新产品。甚至在一定的范围内，业务部门可以通过自己的参数配置，快速地推出新产品。

通过产品化，银行可以极大地提高研发部门成果的价值。例如，国内某大型银行的一些应用系统，就曾经卖给过中国农业银行、中国农业发展银行、中国进出口银行。这种产品化行为，一方面提高了该行研发部门成果的价值，另一方面也可以帮助其他银行快速提升电子化的水平。

26.4.2 银行产品的分类依据

要对银行应用进行产品化，首先要对银行业务、银行产品进行梳理、分类，然后才能对同一类的产品进行综合、归纳、分析，以便提取其个性部分和共性部分。产品的个性部分是此产品有别于彼产品之处。产品的共性部分就是产品之所以成为同一类产品的依据。研发部门可将同类产品的共同可变部分参数化。这样，同一类产品里不一样的相关参数，就代表该产品里的细分产品。另外，对于在同一类产品范围内进行的产品创新，研发部门可以通过设置参数来实现快速交付。

26.4.3 银行信息系统的组件化

一个完整的银行信息系统是一个非常庞大的系统，而软件产品化的一个基本要求，就是软件产品可以单独出售。所以，我们要来探讨一下，如何分割出售银行的信息系统。

按照 SOA 的概念，银行的信息系统大概如图 26-1 所示。

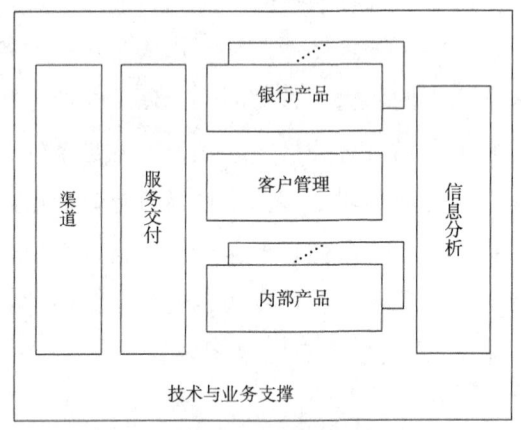

图 26-1　SOA 的银行信息系统架构

从对 SOA 概念的分析中，我们可以知道，用 SOA 的概念设计银行的信息系统架构，信息系统里每一块大的组件（图 26-1 中的每一个方框），其特性都基本符合产品化的可独立封装、与环境松耦合、接口可定制的要求。这些要求就是 SOA 对组件的要求。也就是说，我们通过组件化的努力，完全可以把每一个组件变为产品，特别是对应银行产品的各条产品线。这些产品线是按科学的产品分类而形成的，如个人应用系统、银行卡应用系统等，均可以通过组件化变为产品。此外，我们还可以把银行内部应用，如客户管理系统、资产管理系统等变为产品。

26.4.4 组件内部的产品化

把银行信息系统按 SOA 的概念进行组件化，只是实现了产品化的第一步。下面，我们要探讨组件如何能够完全满足产品化的要求。

1. 版本许可管理

要在每一个打算出售的组件内嵌入版本许可管理，以保证产品原所有者的权益。

2. 功能可裁剪

按组件的概念，一个体量较大的组件，其实里头还可以进行组件分割。也就是说，组件化可以是一个多层的结构。如果我们能够在组件里实现组件化，那么，除一些基本功能外，我们的组件是很容易裁剪的。

3. 客户化出口

对于一些用户提出的比较特殊的要求，如果原来版本没有考虑，就不要轻易通过直接修改程序来增加功能，而应该考虑在相同的处理流程中，是否不同的客户都会有一些特殊的要求，这些要求是否都不太相同。如果确实不相同，那么在程序处理流程的适当位置增加用户自编码的出口，是最好的解决办法。使用用户自编码的出口，既不会破坏程序原来的结构，也不会提高程序的复杂度，却能满足大多数用户的特殊需要。

4. 参数化

参数化是一个比较大的话题，其基础是产品的科学分类。同类的产品有相同的属性，但也有相互区别的特性。这些特性往往体现为对一些共同的可变条件取不同的值，或者体现为相同的大处理流程中一些不同的小流程。所以，参数通常可以分为两类：一类是流程控制参数，例如前面提到的是否启用某个用户自编码出口；另一类是运算参数，例如各种产品的期限、利率、收费标准、优惠条件等。

这里要说明的是，参数化本身是有开销的。一方面，参数的数量比较多时，程序在运行过程中要不断地读取参数，这会影响效率。另一方面，参数相互之间是有联系的。参数越多，参数之间的关系越复杂。想要管理好参数，正确使用参数，成本会较高。所以，并不是把什么东西都变为参数就是最好的选择。例如，现在的一些办公软件，包括微软的 Office 软件，每个具体软件的说明书动辄几百页，有几厘米厚，但 95% 的使用者只懂得使用其中 5% 的参数。一些高档的家用电器，如照相机，其按钮和开关有 10 多个，参数至少也有几十个，但大多数使用者也只懂得使用一些常规的参数。当用户没有足够的水平去理解和管理参数时，那些参数就失去了意义。

26.4.5 参数管理系统

应用系统的参数通常可以分为两大类。一类是技术参数。这类参数的使用者是应用系统维护人员。他们根据应用系统的环境变化和实际运行情况的监控，通过参数的调整进行应用系统的维护和管理。另一类是业务参数。这类参数是提供给业务人员使用的。业务人员根据业务需要，可以通过修改参数来维护业务系统，并可以在一定范围内通过参数的配置，快速推出一些新产品。

为了管理好、用好参数，应用系统首先要建立完善的参数管理系统。参数管理系统的主要功能如下。

1. 参数的存储和管理

所有参数的定义都存储在参数管理系统里。参数管理系统要管理参数的生命周期，参数增、删、改、查的权限和流程，参数赋值的允许阈值，参数之间的取值关系，参数之间的修改相关性，等等。

2. 参数的维护和发布

参数管理系统属于后台管理系统，与在前台生产线上运行的应用系统通常是两个相对独立的系统。参数的使用者在后台通过参数管理系统对参数进行维护。在需要修改生产系统的参数时，参数管理系统按生产要求，通过各种途径及时地把配置好的参数发布到生产系统。

3. 固化参数

应用系统在实际使用参数时，为了既保留使用参数的灵活性，又保证系统的效率，可以采取参数固化的办法。所谓参数固化，就是作为一个应用系统的各种可变参数，在其取值范围内，可以赋予各种数值。但对于已经成型的产品、已经交付的版本，各种参数的赋值是一个定量。我们在版本交付时，可以通过参数管理系统把已经能够定下的参数值打包整理成相对固定的参数块，向生产系统发布，让生产系统的程序直接参照已固化的参数块。这样能够提高应用系统的运行效率。

第 4 篇

信息系统

第 27 章　新一代信息系统
第 28 章　信息系统的建设模式
第 29 章　中小银行应用系统公共服务平台的选择与建立
第 30 章　银行产品管理架构
第 31 章　银行产品体系
第 32 章　银行产品与银行账户、核算的关系
第 33 章　企业级客户信息系统
第 34 章　银行的后台管理系统

第 27 章　新一代信息系统

新一代信息系统应该做成什么样？什么样的信息系统才被认为是理想的新一代信息系统？

本书在前面部分已经给出了银行信息化的评价指标。下面我们根据该指标，从信息系统的业务能力、技术水平、运行指标、自主可控 4 个方面展开详细评价。

27.1　业务能力

不同的银行对新一代信息系统也许有不同的期望。从业务角度来看，如下几项功能是新一代信息系统必须具备的。

27.1.1　客户服务

客户服务要求银行拥有丰富而适用的产品，特别是现代的金融产品。这些产品能适应利率市场化、风险控制的要求，满足银行市场竞争、业务发展的需要。银行可为客户提供的服务业务包括以下 3 类。

（1）传统的前台高柜业务，包括资产、负债等存、贷、结算业务，以及各种中间业务。

（2）中后台低柜业务，包括贷款管理、托管、抵押、担保、投行、咨询等。

（3）新业务及相应功能，包括通兑、跨行异地实时结算、代理、理财、金融市场、资金市场、供应链融资、贸易融资、现金管理、中介、移动支付、各种网络金融服务等。

27.1.2　内部管理

新一代信息系统要拥有完善的内部管理功能，包括产品管理、账户管理、定价管理、营销与销售管理、企业资源管理、风险管理、各业务内部管理和综合办公管理系统。

1. 产品管理

（1）拥有完善的产品管理功能，包括建立完善的产品目录、产品层次和产品生命周期管理。

（2）实现产品与核算分离，包括与明细核算、综合核算分离，使银行能根据市场需要，通过参数配置快速定制、组合、创新产品。

（3）进行完善的产品市场定位分析，结合产品目录、管理会计进行产品成本与效益分析管理。

2. 账户管理

（1）实现核算与产品分离，建立相对独立的明细核算系统、综合核算系统。

（2）满足监管要求，实现对个人账户Ⅰ~Ⅲ类账户的分类、综合管理。三类账户应能共享所有合适的产品，并能方便、低成本地实现相互间的转换，实现统一视图。

3. 定价管理

在产品绩效与客户贡献度、风险管理的基础上，适应利率市场化的大环境，不断完善定价模型，对不同产品与客户实行科学的差异化定价。

4. 营销与销售管理

（1）具备相对独立又相互联系的产品营销、产品销售管理体系，支持销售信息自动采集及营销活动全生命周期管理。

（2）具备产品的定向营销与精准营销能力，通过市场营销活动选择最值得获取的目标客户。

（3）在向客户进行销售或提供产品服务时，能自动识别客户行为，由面向交易驱动改为面向服务驱动，提升全渠道服务效率和品质。

5. 企业资源管理

（1）财务、成本、绩效管理。

①具有完善的管理会计和财务会计系统，以满足银行内部经营管理和外部财务监管的需要。

②把内部综合核算从各产品中分离，建立一体化分层分块管理的总账系统，支持标准及灵活的会计科目分录。与国际标准接轨，支持多币种、多时区、多会计准则及

并表、并账功能。

③支持从客户、产品、渠道、机构和员工等多维度和多视角的成本、绩效考核管理体系,从多种维度以不同的精细度进行内部成本效益核算,促进内部经营管理的精细化。

(2)人力资源管理。

①建立统一的内部机构管理平台,包括完整的内部机构目录、多维度的机构层次管理、完善的机构绩效评价与考核管理。

②建立内部人员统一管理平台,包括完善的员工责、权管理,完善的员工行为分析、岗位绩效评价、职业生涯发展管理。

(3)其他银行资源管理。

其他银行资源包括各种实物,如固定资产、现金、各种有价物、有价票据、重要空白凭证等。

6. 风险管理

(1)建立以《巴塞尔协议》的三大支柱[①]为核心,覆盖信用风险、市场风险、操作风险及其他实质性风险的全面风险管理系统。

(2)支持在业务处理的事前、事中、事后的风险识别、计量、缓释、监测、控制、报告等各环节全流程的风险管理。

(3)建立内部评级体系、经济资本计量与管理体系。

(4)拥有完善的外部监管配合管理系统。

7. 各业务内部管理

建立面向银行内部各条线、各部门的管理系统。

8. 综合办公管理系统

综合办公管理系统包括邮件系统,审批系统,公文系统,内部社区、论坛、交流系统等。

---

① 《巴塞尔协议》是巴塞尔委员会制定的在全球范围内主要的银行资本和风险监管标准,其三大支柱是指最低风险资本要求、外部监管和市场约束。

27.1.3 当事人管理

银行的当事人包括银行客户、第三方关系人、内部机构与员工等。这里重点说一下客户管理。

建立企业级的多层次、多维度、全视图的客户信息管理系统，其客户信息需包括客户的服务信息、行为信息、评价信息。不同渠道、不同业务共享这些客户信息。

以客户为中心，理顺客户、访问标识、协议、账户之间的关系，建立统一的客户行为分析、客户贡献度管理系统，以便拥有完善的客户服务、客户营销管理体系。

27.1.4 信息管理

新一代信息系统要拥有完善的信息管理功能。信息管理包括信息分析与决策支持、金融信息发布与提供。

1. 信息分析与决策支持

（1）全面实现管理信息大集中，推动实现从业务管理集中到信息集中的转变。

（2）完善各种信息数据的收集、存储、集成、分析、挖掘平台建设，为风险防范、市场营销、绩效考核等各类业务经营管理提供更加快捷、准确、全面的支持。

（3）建立满足管理需要的决策支持系统。

2. 金融信息发布与提供

拥有自身的财经资讯和行情发布平台，供内部业务使用和外部参考。

27.1.5 流程管理（流程银行）

支持业务处理前台、中台、后台分离，远程授权，通过信息和控制的流转管理，支持基于分步式流程和多角色协作（也称为"长交易"：通过一个以上的联机交易完成一个客户服务，两个交易中间往往需要人工介入、异步完成）的业务运行模式。业务流程及角色标准化、可定制。

拥有各种完善的前台、中台、后台业务处理平台，支持全行或区域处理中心的业务处理模式。

支持差异化客户服务流程，能针对不同的客户群体、客户贡献区分不同的业务场景,提供处理流程,提供便捷、高效的客户服务。

27.1.6 多渠道

新一代信息系统要具备多渠道功能,具体如下。

(1)拥有丰富的支持事件式营销和交叉销售的销售与服务渠道,包括传统的高低柜台渠道,邮政渠道、ATM、POS等自助渠道;还包括新兴的电子渠道,如呼叫中心、网银、各种手持智能终端渠道、第三方渠道、其他各种各样的互联网信息交流与通信渠道等。

(2)充分开拓各种渠道,尽可能在所有渠道都提供各种银行服务,支持跨渠道实时信息交流。

(3)渠道要有良好的人机界面。一方面,通过渠道整合,客户能在不同渠道获得相同的基础服务,或者获得这些服务的组合;另一方面,通过渠道个性,客户能充分享受不同渠道的体验及其增值服务。

(4)拥有完善的渠道市场定位分析、渠道贡献分析功能。

27.1.7 全球化

新一代信息系统要满足多语言、多币种、多时区、多监管体系、不同会计准则等全球化多国情发展的要求,为企业全球运营提供更完善的支持。

此外,还需建立全球一体化的信息系统架构,支持境内外互联互通;进行全球客户信息共享、关联管理,支持全球化产品营销和服务体系,实现全球客户统一评价和统一授信;逐步建立全球化的决策支持与管理经营分析系统,实现集团层面的经营分析和决策支持。

27.1.8 数字化

在运营管理手段电子化的基础上,银行要充分利用新一代信息系统的数字化功能,通过对银行内部积累的经营管理数据及从外部合作方处获得的数据进行挖掘分析,得到对银行经营管理有价值的信息,并利用这些有价值的信息开拓新市场、拓展新客户、创新商业模式、研发新产品，并进行科学定价、开展精准营销、严格控制风险。在为客户提供更贴心更优质的服务、为客户创造价值的同时，银行也将获得新的利润增长点。

27.2 技术水平

新一代信息系统的技术水平主要体现在系统架构与新信息技术的应用上。

系统架构一方面要体现当前关于系统架构先进实践的概念，另一方面要能满足业务对新一代信息系统的要求。因此，系统架构的设计重点体现在如下几个方面。

27.2.1 标准与规范

系统架构设计时，需遵循的标准与规范非常多，除了一些常规标准外，特别要注意以下 6 方面的规范。

（1）编码与字符集规范。

编码主要是指信息系统内部各子系统所采用的内码，如 ASCII 的 7 位编码，EBCDIC 的 8 位编码，或其他多字节的编码，如 Unicode 的 UTF-8、UTF-16、UTF-32 编码。

不同的编码会与不同的字符集对应，如双字节编码的汉字字符集有 GB 2312、Big5、GBK、GB 18030 等，又如多字节编码的 Unicode 汉字字符集。

如果在信息系统内部采用多种编码方式，子系统之间的信息交换就存在译码的问题。随着信息系统的国际化，除了 Unicode 编码，其他的编码都存在多语言字符集重叠或字符集没有地方容纳的问题。

编码规范涉及整个信息系统的所有信息处理环节。一旦既成事实，要改变的成本巨大。所以，编码、字符集标准与策略是一个需要及早制定的规范。

信息系统内部最好能够统一内码与字符集。这样，内部信息交换会很简单。另外，考虑到信息系统的国际化，最理想的内码应该使用 Unicode。

（2）命名规范。

对所有的系统资源，包括各种程序、数据库表、文件、接口、基础数据项等资源项的命名规范化。

（3）元数据定义。

元数据指的是构成信息系统所有数据最基础的、不可再细分的数据单元。元数据定义包括元数据的3个层次——技术元数据、业务元数据、应用元数据，以及这些数据的名称、意义、格式、取值范围等。

（4）代码定义。

信息系统里会使用大量的代码，如国家代码、币种代码、各种各样的标志等。代码定义就是统一定义信息系统里每一个代码的名称、具体代码形式、取值范围、某个取值的含义等。

（5）接口标准。

接口标准指的是银行整个信息系统内部的系统之间、子系统之间、应用之间、程序之间的信息交换标准。接口标准包括：

- 接口的协议，即接口的描述语言、语法；
- 接口的各种报文与报文的格式、内容。

标准接口应该使用中立的方式进行定义，它独立于实现服务的硬件平台、操作系统和编程语言。

（6）其他相关的信息系统标准。

27.2.2 应用架构

在进行信息系统的应用架构设计时，应重点关注以下几个方面。

1. 面向服务的应用架构

系统架构采用面向服务的应用架构（SOA），以实现数据主题之间的松耦合，服务与服务之间松耦合，服务与硬、软件平台松耦合，服务与地域松耦合。

（1）服务组件。

一个信息系统是由非常多的程序组成的，而所有组成信息系统的程序可以根据其功能，按不同的功能定位或不同的功能种类，在信息系统内部划分为若干个系统。而一个系统还可以进一步进行功能分解，划分为多个子系统。如果有必要，子系统还可以进一步分解，划分为多个应用。

SOA要求，信息系统里所有被划分为系统或子系统的程序组合，均应成为服务组件。服务组件的特点是：一是不同的组件可以是异构的；二是组件之间信息沟通与传递采用标准接口；三是组件封装数据；四是服务组件内部可以再细分下一层的服务组件。具体服务组件的大分类举例如下。

• 渠道。渠道可以细分为柜台、自助设备、各种互联网渠道等。

• 服务总线。可以在企业服务总线下再设置下层总线，如核心银行总线、内部管理总线等。

• 产品工厂。产品工厂下面可以细分不同的产品，如个人产品、法人产品、第三方合作机构产品等。

• 核算工厂。核算工厂下面可以细分不同的账户，如明细核算、综合核算；还可以再细分，如个人账户、法人账户、代理第三方账户等。

• 业务支撑、技术支撑组件。

（2）服务总线。

作为SOA的核心架构，理想的信息系统应该建立在完善的企业服务总线——服务交付层上。一个完整的用户服务通过服务交付层分析客户服务要求，将其分解为系统内的各个子服务，然后通过信息系统服务总线与服务组件之间一系列的服务申请和交付来完成，把交易系统变为以服务为驱动的系统。

基于服务总线提供消息驱动、事件驱动和文本导向的处理模式，实现服务流程智能控制；支持基于内容的服务路由，实现路由智能控制，支持分布式的存储及分布式的处理、异步处理。

服务总线的架构可以是多层次的总线。

（3）云服务。

应用架构实现云服务。也就是说，被服务方只需要知道能够满足其某种服务需求的服务方的名称，就可向服务方申请提供服务，而不需要知道服务方在哪里、其物理构成与逻辑构成，也不需要了解服务的具体流程、服务是如何实现的。

2. 应用系统的技术架构

通常，在一个应用里，所有的程序都是为了完成一组相关的功能，才在类似的基础设施、系统平台、运行环境上运行的。所以，理想的应用系统的技术架构，应该由以下 3 层组成。

（1）基础设施。

基础设施平台包括系统硬、软件平台。硬件平台包括主机、各种服务器、PC、存储设备、网络设备等。软件平台指的是系统软件，包括操作系统、数据库等。

（2）中间平台。

中间平台也可以包括两层。下层是中间件、应用技术平台。中间件通常指厂家提供的应用平台软件，而应用技术平台指的是自己开发的平台软件。上层是开发框架与运行环境生成平台，包括各种生成环境与工具，如建模工具、可视化开发工具、第四代开发语言等。

（3）应用本身。

由于应用是植根于系统平台与应用平台架构之上的，所以，应用几乎可以完全忽略下层基础设施、环境、技术等物理特征，而专注于服务业务本身。更重要的是，如果能真正实现技术架构 3 层平台之间的松耦合，应用就可以低成本地在不同的基础设施、技术环境上移植、重用。

3. 程序架构

程序是信息系统最基本的逻辑单元。良好的程序架构是整个信息系统良好架构的基础。程序架构中需要重点关注的是与输入输出信息的松耦合、与数据的松耦合。

27.2.3 数据架构

数据架构设计时，应重点关注数据字典与资源管理系统，业务模型与数据模型，数据封装与冗余，数据提取、转换、加载、挖掘，以及数据治理等方面。

1. 数据字典与资源管理系统

建立完善的数据字典与资源管理系统，以存储和管理信息系统中所有的元数据。要严格限制数据字典元数据条目的增长，通过数据字典对系统内的所有数据描述进行硬控制。

在数据字典的基础上建立完善的资源管理系统，其管理功能除数据字典外，还用于管理所有软件资源的档案、软件资源相互之间的关系等。

2. 业务模型与数据模型

对整个企业各类复杂的业务规则、逻辑及相关业务数据进行抽取及提炼，形成面向主题的企业级的各层数据模型，包括概念模型、逻辑模型与物理模型。通常，一个数据模型中包括各种主题，如当事人、协议、账户、产品、事件、介质、位置、资源和渠道等，并包括各种主题之间的关系。

3. 数据封装与冗余

把所有数据均封装在不同的服务组件（构件）里，由所在组件完成所有的数据管理和数据服务。

为了提高效率，允许有操作型的冗余数据。被冗余的数据称为源数据，冗余数据称为辅数据。数据的冗余度要平衡效率与管理成本的关系。冗余数据由所在组件管理，通常只提供参照服务。当源数据有更新时，冗余数据要及时与源数据同步。

4. 数据提取、转换、加载、挖掘

建立满足业务需要的数据仓库、数据集市、操作型数据库系统，数据交换、传送、加载系统，以及数据存储、加工、集成、挖掘系统。

5. 数据治理

数据治理的重点在于以下几个方面：

- 合理规划信息系统数据的整体布局；
- 建立完善的数据治理架构；
- 建立包括数据字典在内的信息资源管理系统，对所有信息系统的资源进行统一的管理与硬控制；
- 建立数据质量管理平台，确保数据的完整性、一致性和可追溯性；
- 完备的数据全生命周期管理策略与管理。

27.2.4 流程架构

通常，银行信息系统比较忽略流程架构的规划。但事实上，设计良好的流程架构可以把信息系统绝大部分看似杂乱无章的活动流程纳入规范的流程里，从而简化信息系统的流程管理，为信息系统的流程智能管理打下基础。

流程架构的基础是业务流程的抽象与梳理，技术实现主要依赖企业服务总线及完

善的流转管理系统。

27.2.5 基础设施架构

较先进的信息系统采用面向服务的基础设施架构，使基础设施与应用松耦合、与服务松耦合。当应用需要某种服务时，它不需要知道该服务是部署在同一台机器上，还是部署在别的机器上；也不需要知道服务是在哪里，是在远程还是在本地。

27.2.6 安全架构

信息系统的安全架构有多个维度，包括但不限于以下4个维度。

1. 信息安全

（1）信息加密。

我们需要对重要信息进行加密，并根据需要实现不可见、不可篡改、不可抵赖的其中一种功能或者三者的组合功能。

（2）信息冗余。

为了防止信息遭到意外的破坏，我们要采取信息冗余策略，以保障信息在遭到破坏时能够完全恢复。信息冗余技术有许多种，包括硬件冗余、应用冗余、信息备份等。

对信息的应用冗余，要确保在需要的时候做到信息同步，以保证信息的可靠性。

（3）信息合法性控制。

信息的源头为输入信息与交换信息。输入信息包括客户自助输入、柜员和管理人员的输入、业务维护人员和系统维护人员的输入。交换信息包括信息系统内部的交换信息、与第三方交换的信息。

要对输入信息、交换信息的合法、合理性进行充分检查与硬控制。特别是对于一些业务控制的指标信息的输入，要设定门槛、风险提示和复核，避免错误信息对系统形成不良冲击。

2. 访问安全

访问安全包括接入终端与渠道认证、桌面安全、当事人认证、权限认证等。

结合不同渠道、不同等级的认证强度，确保只有合适的人在合适的场合才能有权对合适的信息进行合适的操作（增、删、改、查、复制、打印、转发等）。

3. 运行安全

为了提高信息系统运行的安全性与可靠性，信息系统要具备以下5种功能。

（1）运行监控。

要有完善的运行监控手段，包括系统级和应用级监控。监控内容包括流量、性能、容量等。通过监控进行阈值报警、事件报警，以便系统操作人员、运维人员能及时对运行中出现的问题进行适当的响应与处理。

（2）运行指标统计。

运行指标统计包括各种系统级和应用级的统计，如交易量、交易结束率、各种交易运行效率、交易分布、交易响应时间、CPU使用率、程序非正常结束数据、数据库运行状况等。这些统计可以提供给系统维护人员，供其进行事中或事后分析，以便做出预防性维护措施。

（3）运行控制。

在系统运行、维护过程中，通过作业编排系统、自动应答系统，达到减少人工介入，直至无人值守的境界。特别是对于信息系统的批量作业或变更作业，人工介入往往是最大的操作风险。因此，尽量减少系统运行中的人工干预，可以提高系统的可操作性。

（4）流量控制。

从合理的投入产出角度来看，任何信息系统的负荷能力都不可能按几年一遇的高峰进行系统资源的配备。例如，当资本市场波动较大时，银行相关资本市场的交易量相比平常会有数十倍甚至百倍的增加，而银行的系统负荷能力不可能按比平常超出数十倍、数百倍的能力进行配置。所以，在运行中遇到超出设计负荷能力的情况时，一个好的信息系统应该有很好的流量控制机制，以免系统崩溃。

通常，好的应用平台本身就有很好的流量控制功能，例如主流的大机联机平台CICS、开放平台联机平台Tuxedo。但是，如果让过量的流量涌到联机平台，也会给平台带来压力。当压力过大时，就会引起平台堵塞甚至崩溃。

理想的系统应该不光依赖系统级的流量控制，还应该有多层次的应用级的控制，包括在各渠道层进行流量控制，以便把超负荷的流量尽量控制在远离核心系统的位置。这才是最经济、最有效的流量控制。

（5）故障隔离。

当系统出现局部故障时，应用系统应该能做到故障隔离。故障隔离有两个维度：一种情况是当部分服务出现故障时，通过故障隔离，让没有故障的部分能继续运行并提供正常的服务；另一种情况是当一些增值服务或附加服务出现故障时，通过故障隔离，系统实现功能退缩，仅提供基本服务或核心服务。

4. 基础设施安全

基础设施安全包括以下内容。

（1）网络。

要从网络层预防对信息系统的攻击、盗窃、破坏、控制。

（2）高可用。

建立高可用的系统体系架构，让所有处理环节避免单点，如采取动态负载均衡的多活并行处理系统、多点接入渠道系统、"两地三中心"灾备方案等。

（3）附属设施。

在附属设施，如空调、供水、供电、视频监控、消防上执行安全措施。

27.2.7 建立各类企业级公共服务平台

新一代的信息系统需建立各类企业级的公共服务平台，如服务交付平台、技术支撑平台、业务支撑平台、渠道管理平台、企业级客户管理平台、数据处理平台、产品管理平台和风险控制平台等。

1. 服务交付平台

建立作为企业服务总线的服务交付平台。

2. 技术支撑平台

统一向具体业务应用提供适合业务应用场景和应用技术的整合技术支撑平台，包括各种渠道接入技术平台、业务处理技术平台、内部报文、消息传输平台、数据传输集成平台，还应该能统一向各种应用提供各种技术服务功能，包括代码转换、协议转换、报文组包拆包、加密解密、日期计算等功能。

3. 业务支撑平台

（1）建立明细核心、综合核算平台。核算包括清算，是所有银行基础服务都需要有的功能。把核算从各产品中分离出来，单独构建核算服务平台，使产品应用不需要太关心内部管理需要的会计分录及其变化，能更专注产品本身的对外服务功能，并且更容易做到核算、清算本外币一体化、境内外一体化。

（2）建立其他诸如利息计算平台、汇率计算平台等平台。

（3）建立各种业务处理平台、业务处理中心工作平台。

4. 渠道管理平台

实行多渠道接入、各种类各层次的渠道整合，形成标准渠道接口，管理各种类各层次的渠道应用信息，进行渠道效益分析。

5. 企业级客户管理平台

建立企业级客户管理平台。这里的客户是广义的信息系统客户，也就是信息系统的当事人，包含银行客户、内部客户和第三方客户等。其中，银行客户包括个人客户与企业客户，平台应提供成本、效益分析，实现客户区别定价，满足利率市场化的需要；内部客户包括银行员工与银行内设机构，平台应提供绩效分析。

平台应对当事人进行行为分析，以根据不同的群组和不同的行为习惯提供最好的服务。

6. 数据处理平台

（1）建立操作型数据集成平台，供操作类业务实时操作使用。

（2）建立各种数据集市、数据仓库处理平台、大数据存储分析平台，供联机分析处理、数据挖掘使用。

7. 产品管理平台

（1）建立产品全生命周期管理平台，实现产品目录管理和统一发布，实现企业产品从策划、营销、运行到评估的全生命周期管理。

（2）建立交易系统的产品平台（产品工厂），把产品与分户账、总账分离，把银行产品的功能分为基本功能、附属功能和增值功能，把这些功能的相关特征剥离出来进行参数化，使其能根据市场变化支持产品差异化、个性化定制，支持新产品的快速生成或组合。

（3）建立产品绩效评价与产品定价平台，满足利率市场化的需要。

8. 风险控制平台

（1）针对前台、中台、后台，对需要进行风险管理的业务进行事前、事中、事后的风险度量和监测、控制管理。

（2）建立内部评级系统和经济资本管理系统。

27.2.8 新信息技术的应用

新一代信息系统应该能充分追踪、紧跟、利用最新的信息技术，特别是金融科技技术，为银行实现最新的商业模式、服务场景、获客、营销、风险控制提供强有力的支撑，为经营决策提供科学、有力的量化依据，为移动办公、远程办公提供技术支持和保障。当前，新的金融科技技术包括大数据的收集、存储、挖掘、分析，以及生物认证、人工智能、云平台与云应用等。

27.3 运行指标

新一代信息系统的运行指标主要有运行模式、系统可用性、系统可靠性、系统可维护性和系统变更管理。

27.3.1 运行模式

新一代信息系统的运行模式为所有网点联网，所有核心数据全国逻辑集中，处理能力及数据存储与设备、地域松耦合，具备云处理与云存储能力。

27.3.2 系统可用性

系统可用性主要从系统可用率和性能指标两方面进行评估。

1. 系统可用率

通常运行表现比较好的信息系统，其所有自助渠道提供 7×24 小时的服务，系统可用率号称可以达到 99.98%。也就是说，在一年里，信息系统只有 0.02% 的时间（约 105 分钟）是不可用的。但是，一般银行对外公布的系统不可用的 0.02% 的时间，仅仅是指非计划停机时间。

所谓非计划停机，就是信息系统出现的故障。这时，信息系统要么自动死机，要么为了紧急恢复被迫停机，采取临时措施后再恢复联机。信息系统的非计划停机属于系统出了问题，我们可以认为，一个运行状态良好的信息系统是比较少出现这种情况的。因此，一年之中，这种情况可能只占了所有运行时间的 0.02%，也就是约 105 分钟。

在系统可用的 99.98% 的时间里，通常都包含了信息系统计划停机的时间。所谓计划停机，就是为了系统维护、升级等，人为主动地让信息系统停下来。可见，信息系统真正的对外服务可用率，应该在系统可用率里再扣除计划停机时间。

假如信息系统的正常维护（如系统升级、新版本投产）每个月要进行一次，每次需要停机 2 小时，那么一年计划停机的时间就有 24 小时。加上每年非计划停机的约 105 分钟，一年不能对外服务的时间大概有 26 小时，折合为全年时间的 0.3%。那么，信息系统真正的对外服务可用率就只有 99.7%。

可见，要提高系统真正的可用率，关键是要减少系统的计划停机时间，使系统真正的可用率达到 99.9%。也就是说，一年中除了 105 分钟的非计划停机时间外，每月计划停机时间不能超过 35 分钟，也就是全年的计划停机时间不能超过 7 小时。

2. 性能指标

银行的信息系统处理能力随着银行规模的不同而不同。所以，下面的性能指标不包括能力类的指标。

核心银行系统中比较重要的性能指标有 7 个。

（1）交易响应时间。

交易响应时间定义为从人机界面按交易提交键，到处理结果显示信息全部返回，到人机界面显示器之间的时间间隔。通常认为，本指标的参考值如下。

- ·70% 的交易响应时间应该在 1 秒之内。
- ·95% 的交易响应时间应该在 3 秒之内。

交易响应时间过长，操作员会明显感觉系统反应太慢。这表明应用程序效率太低、系统资源不足或者交易量太大。

（2）处理器响应时间。

处理器响应时间指的是一个交易从进入处理器到处理结束的时间。对于使用大机的核心银行系统而言，在业务高峰时，处理器响应时间应小于 0.05 秒。

处理器响应时间大于 0.05 秒，表明应用程序效率不高，或者交易量太大导致处理器的处理能力不足，或者数据库响应速度太慢。

（3）交易平均处理器资源占用。

交易平均处理器资源占用指的是在系统运行状况正常的情况下，平均每个交易要消耗多少处理器资源。该数值越小，表明交易的效率越高。

交易平均处理器资源占用可以从以下两个指标来看。

· 交易平均处理能力使用数。

通常，大机处理器的处理能力单位为 MIPS，即每秒能处理多少百万条指令。对于使用大机的核心银行系统而言，交易平均处理能力使用数应小于 8 MIPS。

· 交易平均处理器占用时间。

通常认为，交易平均处理器占用时间应小于 0.01 秒。如果高于这个指标，证明程序效率太低、太复杂或规模太大，需要优化。

（4）处理器使用率。

联机系统比较理想的处理器使用率参考值如下。

· 平均使用率 <30%，平均指的是一天业务最繁忙的 10 小时的平均值。

· 峰值使用率 <90%，峰值指的是在业务最高峰期间 5 分钟内使用率的平均值。（使用 5 分钟平均值的用意是不考虑高峰毛刺。）

低于上述指标，处理器的处理能力会有浪费；高于上述指标，在业务繁忙时系统会应付不过来。

当然，对于某些特别关键而忙闲度又特别不均衡的业务，处理器的处理能力可以采取更多的冗余。

（5）交易非正常结束次数。

交易非正常结束指在交易程序运行过程中，出现了程序不能控制的错误；错误处理的控制不能由系统返回程序，而直接由系统发出"程序非正常结束"信息。

应用系统总会出现程序非正常结束的情况，但是，这种情况应该越少越好。通常认为，交易非正常结束次数应小于 1/1000000。若高于此值，说明程序的质量有问题。

（6）各种流量限制指标到达上限次数。

为了使系统在其能力范围内正常运转，通常可以通过一些系统参数，指定对各种负载流量进行限制。系统还会统计这些负载流量限制指标到达设定上限的次数。如果在实际运行中达到限定上限的次数太多，证明系统参数设定过低或者系统负载能力不足。如果从来没有达到上限次数，证明系统参数设定过高或者系统负载能力会有浪费。

（7）数据库性能指标。

系统性能指标中还有一些有关数据库性能的指标，如资源超时、资源死锁、数据服务器使用率等。此外，还有网络方面的指标，这里就不一一列举了。

27.3.3 系统可靠性

一方面，系统可靠性是指系统的运行过程中，运行环境、硬件、软件、操作等产生的问题的严重性与数量。问题越少，严重性越低，系统可靠性越高。另一方面，系统可靠性是指当出现生产问题甚至严重生产问题时，系统能够迅速解决或规避问题、恢复正常运行的能力。该能力越强，系统可靠性越高。

1. 生产问题

银监会在 2011 年发布的《商业银行业务连续性监管指引》（银监发〔2011〕104号）中，对银行业运营中断事件进行了分级：

· 特别重大运营中断事件（Ⅰ级）；

· 重大运营中断事件（Ⅱ级）；

· 较大运营中断事件（Ⅲ级）。

从银监会的定义中可以看出，这 3 级事件是属于比较严重的事件。银行信息系统在实际的运营中，发生这 3 级事件的情况并不多。但这并不能说明银行信息系统的可靠性都非常高，因为比这 3 级事件轻微的问题时有发生。

银监会只定义了比较严重的事件，并且从银监会的角度，事件等级的定义还涉及多家金融机构同时发生问题的情况。对于某一家银行而言，我们可以参照银监会发布的通知，定义其发生生产问题的事件等级，而且还可以定义比这 3 级事件更轻微的其他事件的等级，如表 27-1 所示。

表 27-1　信息系统生产事件等级

级别	业务时段		涉及业务		涉及省份/个		事件时间/小时		
	9~20	其他	全部	≥30%	≥2	1	≥6	≥3	≥0.5
Ⅰ级	●		●		●		●		
	●		●			●	●		
	●			●	●		●		
Ⅱ级	●		●		●				●
	●		●			●		●	
	●			●	●			●	
Ⅲ级	●		●		●				●
	●		●			●		●	
		●	●		●			●	
Ⅳ级	●			●	●				●
		●	●		●			●	
		●		●		●		●	
Ⅴ级	●			●	●				●
		●	●	●				●	
		●	●			●		●	
Ⅵ级		●		●	●				●
		●	●			●		●	

2. 灾备等级

所谓信息系统的灾难，指的是人为或自然原因造成信息系统严重故障或瘫痪，使信息系统支持的业务功能停顿或服务水平不可接受，并达到特定的时间的突发性事件。其通常导致信息系统需要切换到灾难备份中心运行。

灾备等级指的是，为了将信息系统从灾难造成的故障或瘫痪状态恢复到可正常运行状态，并将其支持的业务功能从灾难造成的不正常状态恢复到可接受状态，而设计的活动和流程的恢复能力的划分。

根据 GB/T 20988—2007《信息安全技术 信息系统灾难恢复规范》，灾难恢复能力划分为 6 个等级。其中，区分不同等级最重要的两个指标是恢复时间目标和恢复点目标。

3. 恢复时间目标

恢复时间目标（Recovery Time Objective, RTO）指的是，当系统出现故障或系统灾难发生后，从信息系统宕机导致业务停顿的时刻到信息系统恢复至业务可运营之时，两个时间点之间的时间段。恢复时间目标越短，说明信息系统故障对策越完善，灾备等级越高。

4. 恢复点目标

恢复点目标（Recovery Point Objective, RPO）指的是，当系统出现故障或系统灾难发生后，系统和数据能完整准确地恢复到某一时点，与故障或灾难发生的时点之间的时间段。恢复点目标越短，说明信息系统因故障或灾难引起的信息丢失越少，故障对策越完善，灾备等级越高。恢复点目标为0，表示信息无丢失。

灾备恢复能力等级与恢复时间目标、恢复点目标的关系可参考表27-2。

表 27-2　恢复时间目标与恢复点目标

灾难恢复能力等级	恢复时间目标	恢复点目标
1	2天以上	1天至7天
2	24小时以上	1天至7天
3	12小时以上	数小时至1天
4	数小时至2天	数小时至1天
5	数分钟至2天	0至30分钟
6	数分钟	0

银行在兼顾"恢复时间目标"（RTO）的前提下，灾备恢复能力等级的规划越应该尽量提升"恢复点目标"（RPO）的指标水平。

27.3.4　系统可维护性

信息系统的可维护性指的是为了让信息系统能正常运转，能方便地监控、管理、操作，方便地应付运行中出现的各种情况，包括在本书27.2.6小节的运行安全中提到的运行监控、运行指标统计、运行控制、流量控制、故障隔离。

27.3.5　系统变更管理

系统变更是信息系统安全运行的最大风险之一，因此要严格控制系统变更。系统变更通常包括版本升级、预防性维护、纠错性维护。

要采取措施以缩小每次系统变更的涉及范围，尽量避免涉及信息系统全局的变更。大规模的版本升级、预防性维护应该控制在每月一次以下。

对于纠错性维护，如果不马上修正错误，会造成更大、更严重的错误，因此需要尽快实施纠错性维护。如果是能容忍的错误，纠错性维护应该限制在每周一次以下。

实际上，变更管理的不可控往往会导致信息系统的运行质量、管理存在较大问题。

27.4　自主可控

对于信息系统的自主可控，其中最严重的问题表现在信息系统的外购设备与产品上，特别是外购的基础设施与中间件平台。

众所周知，信息系统的基础设施与中间件平台一旦用上，要切换的代价与成本是非常高的。信息系统的自主可控包括：

- 供应链的安全可靠；
- 供应链多样化；
- 产品售后维护；
- 外购产品知识转移；
- 力争应用自主研发。

第28章 信息系统的建设模式

在中国银行业电子化进程中,信息系统的建设是一项长期而庞大的工程,需要持续投入非常多的资金与人力资源。采取什么样的建设模式,如何在本银行能够承受的前提下投入资金与人力资源,使信息系统的建设能满足企业发展的需要,一直是困扰许多银行决策层的问题。

信息系统的建设模式大致可分为4种:一是自主研发;二是外购、外包;三是介于自主研发和外购、外包之间的一种模式,包括主导研发、定制研发外包。

对于采取哪种建设模式,不能一概而论。考虑以下3个方面的情况,不同银行应该会有不同的答案。

首先,要看金融机构的规模及自主研发的能力。其次,要看是哪方面的应用。最后,要看业务的市场发展情况。

一般来说,金融机构的规模越大、研发能力越强、研发团队越成熟,越是涉及金融机构的核心应用产品,且产品的应用范围越广,越直接涉及银行客户在银行的资产与负债,越应该走自主研发的道路。反之,金融机构规模越小、研发能力越弱,涉及的产品与银行核心业务关系越远,该产品在社会上已基本成熟、成型,越可以外购、外包。

另外,从纵向来剖析,一个金融产品的构成自底而上通常可以分解为基础设施平台、中间件平台与应用平台3部分。其大致可对应目前流行的说法:IaaS、PaaS、SaaS。越是底层的平台,越可以考虑外包;越是顶层的应用,越应该自主研发,至少要做到自主可控。

下面详细探讨信息系统建设的各种不同模式。

28.1 外购、外包产品

许多金融机构在考虑自身的电子化进程时,会考虑外购某方面的应用,或引进整个应用系统。特别是一些小银行,如村镇银行和一些刚组建的区域性银行,它们也许没有多少 IT 人员,并且这些银行的业务规模在一两年内甚至几年内预估不会有爆发式的增长。它们考虑信息系统应用外购的理由通常有以下几点:一是从能力来考虑,由于自身研发能力不足,外购的系统会比自己研发的更好、更成熟,也许也更先进;二是从成本来考虑,它们认为购买系统的成本会比自己研发要低;三是从系统上线速度来考虑,外购系统能加快电子化进程。有的银行甚至考虑直接把某些应用从产品到运行外包给相关的机构。对于这类银行,外购信息系统甚至把运行也外包出去不失为一种经济的、可选择的方式,或者至少是一种过渡的方式。

选择全外购、外包的产品要注意以下几点:
- 产品在市场上有比较好的口碑,有多个成功案例;
- 基本适合本银行使用,不需要做大的修改;
- 轻量级的系统,价格能接受;
- 如果是过渡系统,供应方要有现成的数据导出方案。

在考虑应用系统是否外购或外包时,银行应该认真研究如下一些问题。

1. 应用系统是否适合国情、行情

要知道,一个应用或整个应用系统不是独立存在的,一个成熟的银行应用系统是服务于银行某种既定的战略架构、业务流程与组织架构的。而战略架构、业务流程、组织架构在不同的国家、不同的银行可能有非常不同的目标和形式。中国银行业一些原有的战略架构、业务流程和组织架构往往有历史原因,植根于传统和文化,也就是人们通常所说的中国国情、地方特色。要用好一个外购的系统,最好、最简单的办法是仿照该系统所依赖的战略架构、业务流程、组织架构来运用。我们要认真思考的是,我们能简单地买回来一套应用系统,但我们能否全盘引用该系统赖以依据的战略架构、业务流程与组织架构。

如果改战略、改业务、改组织有困难,为了让买回来的系统适合中国国情、适应本行情况,我们就不得不对应用系统进行改造,甚至是基础性的改造。殊不知,外购系统的成熟和先进性就是针对相应的应用环境而言的，但这恰恰可能是我们需要改造的东西。因此，对外购系统的改造往往是不伦不类的，也许画虎不成反类犬。

2. 上线周期

买回来的系统能很快上线吗？如果基本不修改，系统应该是能够很快上线的。但实际上，许多银行一方面决定要外购金融产品，另一方面又要买回来的产品适合本行特色。这样，银行就不得不对外购产品进行客户化的修改。而越是强调本行特色，客户化的工作量就越大。要修改一个系统的风险与难度，搞技术的人应该深有体会。一些修改牵一发而动全身，如果修改的地方多，可能还不如做一个新系统。随着修改的东西越来越多，系统的整体性、先进性、可靠性会越来越难以体现。为了保证修改后系统的可用性和正确性，还要对系统进行反复的测试。这样一来，系统的上线期限可能会严重滞后。

3. 客户化成本

从表面来看，我们往往会得出这么一个结论：买一个系统，比组建一个研发团队然后自己开发的成本低。

在计算机应用发展的历史上，计算机应用成本也有一个发展的过程。早期，系统软件和应用软件不发达，计算机应用成本主要体现在计算机硬件上。随着计算机技术的发展，计算机应用成本的主要部分变为软件。曾经，微软公司光靠卖微机软件，就成为世界第一大公司。但今天，计算机应用成本的最大部分往往是维护与服务。如上所述，系统不是买回来就能用的，就算不进行大的修改，也得客户化。而买家往往对买回来的系统不熟悉，通常只能再购买系统的客户化服务。这样一来，所谓的低成本就会大打折扣。

4. 系统维护成本与效率

客户化的成本仅考虑了购买系统和系统上线的阶段，这仅是信息系统生命周期中一个短暂的阶段。在信息系统的整个生命周期里，系统的运行、维护、发展还需要更多的投入。由于系统是外购的，所以，系统维护升级通常也需要卖方的服务。并且，由于已经使用了一个外购系统，而通常更换系统的成本远大于修改系统，所以，银行在系统维护与升级需要的费用上，议价能力很弱。其结果是，维护成本占了信息系统整个生命周期所需费用的大部分。信息系统的初始建设成本可能比较低，但加上后续的维护与升级成本，总成本会远高于自主研发的成本。

由于维护需求的不确定性，维护的工作量也难以确定。在系统维护服务的购买上，通常是一方面买一些例行维护，另一方面对一些非例行的维护进行个案考虑、个案购买。而在这些个案上谈需求、谈工作量、谈价钱、谈条款、谈商务，又不知要耗多少时间。因此，采用这种方式不仅效率低，而且成本很高。

5. 知识产权许可

买回来的产品都有一定的使用限制条件，特别是对服务范围有严格的约束。例如，按用户数限定、按处理器数量限定、按处理能力限定、按服务对象限定等。而当该产品应用成熟、要推广到更大的范围或者要移植使用时，往往还要付出更多令人难以接受的授权与许可费用。

6. 后续服务

当今 IT 技术发展迅猛，企业兼并频繁，企业的平均寿命下降。当 IT 企业如日中天之时，购买它的产品好像没有什么问题，但几年以后，这些企业也许就不存在了，它们出售的产品也基本不可能得到维护。这种例子数不胜数。

7. 信息共享

最糟糕的是，许多银行的应用是分散外购的。它们没有统一的数据标准和数据交换标准，使得银行的重要数据信息分布凌乱，既有大量冗余又有不少缺失，数据更新不同步，数据一致性无保障，信息难互通，不共享。银行要到处抓取需要的信息，抓取到的信息还不一定准确，缺失的数据甚至要手工补录。总之，分散外购的系统如果没有统一标准、没有长远规划，就不可能提供高质量的信息服务。

到目前为止，比较大的金融机构，越是全盘引进信息系统，特别是引进国外的信息系统，如果不经过大量的改造，成功的案例越少。

当然，即使对于有相当研发能力的金融机构而言，产品也不是绝对不能外购的。如果所涉及的产品属于与具体业务关系不大的底层技术产品、工具，如属于基础设施的操作系统、数据库，属于中间件平台的联机中间件、各种监控工具、统计工具等，或者是一些业界通用的、我们又基本遵守其业务做法的应用级产品，那么外购或者外包也许是一个很好的选择。这些产品有以下特点：

- 产品是业界的主流产品，产品提供商在可见几年内不会消失；

- 由于是业界主流产品，金融机构对产品的外特性比较了解且不需要了解其内部构造；
- 金融机构基本按照外来产品的规则和约束使用这些产品，买回来后基本不需要进行客户化；
- 产品相对稳定，不需要经常修改维护；
- 在研发产品所使用的技术和需要的技能上，金融机构的研发团队没有优势，或者根本做不出来（如操作系统、数据库）；
- 产品可替代性高，替代成本低。

28.2 自主研发

对于大型金融机构来说，走自主研发的道路恰恰能避免外购产品存在的问题。自主研发的优点如下。

- 产品能完全适应本国、本土、本企业的战略架构、业务流程、组织架构。
- 当研发队伍的规模和素质达到一定程度时，系统上线周期会快于外购系统。
- IT产品的研发成本主要由人力资源费用、固定资产折旧、办公费用组成。从整个产品生命周期成本来评价，自主研发团队的人力资源成本通常比外购成熟产品的人力资源成本低，更远低于国外IT团队的人力资源成本。如果再加上维护成本，从整个产品生命周期来看，自主研发的总成本通常要低于外购产品。
- 由于产品是自主研发的，产品的维护和修改、发展和完善完全可以自主完成。由于不需要走采购流程，上线效率通常更高，且可以在产品的整个生命周期里对其进行及时的维护。
- 对于自主研发的产品，金融机构拥有百分百的知识产权。扩大其使用范围仅会加大推广和支持的人员和设备的投入，不涉及提高软件的成本。

28.3 主导研发

除了大型商业银行，其他银行也许从资金，特别是从人力资源的投入上，还不具备完全自主研发的能力。对于这些银行来说，如果它们的规模相对比较大，研发团队有较强的规划设计能力，那么，它们可以采取介于自主研发与完全外购、外包之间的一种接近自主研发的信息系统建设模式——主导研发。

1. 主导研发的含义

主导研发的含义如下。

- 自主定义整个信息系统的架构。
- 自主定义整个信息系统的数据标准、接口标准、数据交换规范。
- 在外包采购时，从原来的项目外包改为人力资源外包。由银行承担项目的成败责任，外包公司只负责外包人员的资质与劳务管理。
- 在研发外包中，银行要主导整个研发过程，包括系统设计、数据库设计、流程设计等。在研发项目中，项目经理与技术经理要由银行研发人员担任。日后银行研发人员基本能主导所有系统维护工作。
- 外购重要系统要完成完全的知识转移，银行能承担所有关键系统维护和升级任务，并逐步扩大重要系统的定义范围。
- 对所有需要客户化的外购产品，银行要参与整个客户化的过程，掌握所有的参数设定技能，掌握日后非底层功能的维护、修改技能。
- 对所有以黑盒方式购买的技术含量高的产品，银行要派技术人员参加培训，掌握常规维护技能。

2. 主导研发的特点

主导研发的最大特点是，由银行自己的研发团队完全掌握整个信息系统建设的关键工作，做到百分百自主可控，只是把一些低端的研发工作如程序设计、编码、单体测试外包。如果把软件生产比作软件工厂的生产，主导研发就是银行的研发团队做白领的工作，把蓝领的工作外包出去。

主导研发既解决了银行研发能力不足的问题，又避免了完全外包的弊病，看似是一种比较理想的信息系统建设模式。但是，由于外包人员的流动性相对较大，银行要加强对外包人员的管理，以在外包人员流动时保证工作的延续性。

28.4 定制研发外包

自主研发与主导研发的好处很多人都清楚，但它们都要求银行有较强的研发队伍。在自主研发、主导研发和外购、外包产品之外，还有一种信息系统建设模式，那就是定制研发外包，即银行根据自我的需求，把研发全部或部分外包给外部公司，银行对外包的成果拥有自主知识产权或者与承包方共有知识产权。定制研发外包可以部分弥补自身研发团队数量和素质的差距。

1. 定制研发外包方式的选择

- 完全外包：把整个项目外包给其他公司，甲方只关心乙方最终交付的产品。
- 合作外包：甲、乙方按合约约定，各自派出一些人员参与共同开发，双方共同对最终产品负责。

上述两种方式，规模越小的银行，其研发能力越弱，越倾向于采取完全外包的方式；随着银行规模的增大，银行的研发能力提升，就越应该采取合作外包的方式。

2. 定制研发外包存在的问题

- 外包成本未必会低于自主研发或主导研发的成本。
- 始终改变不了依赖外部公司和外包人员的情况。
- 如果采取的是完全外包方式，同样存在购买各种服务的问题。

无论采取什么外包方式，银行一定要对所有外包项目有整体的掌控，要能给各外包方提供数据定义标准和信息交换标准。否则，当需要外包的产品类型和外包合作伙伴比较多时，信息不能共享，就会严重影响信息系统信息服务的功能与质量。银行还要有可行的质量与进度监督手段，要加强对完全外包交付物的质量控制与管理，以确保所有外包项目的进度、质量。

28.5 中小银行应用系统公共服务平台

上述的几种信息系统建设模式，基本都是一个银行拥有一个自己的信息系统；还有一种模式，就是多个法人机构共同享有一个信息系统。

对于中小型金融机构而言，要完全自主建设并维护一个完整的银行信息系统，并维持其日常运转，投入是比较大的。特别是在国家金融政策的鼓励下，许多小型金融机构纷纷涌现，这类金融机构的电子化确实是一个不好解决的问题。当前，社会上已出现了一些公用的金融系统服务平台，为金融机构提供各种所谓的 IaaS、PaaS、SaaS 服务。这是银行信息系统外包的一种新的金融云服务形态。

随着涉及金融云服务的安全、监管的法律法规逐渐完善，以及云服务企业的兴起与成熟，中小银行应用系统公共服务平台将会得到快速的发展。

第 29 章　中小银行应用系统公共服务平台的选择与建立

当前，在国家金融政策的鼓励和支持下，许多中小型金融机构纷纷涌现。但这些金融机构几乎都会面临同一个问题：如何建立本金融企业适应当前形势及以后发展需要的计算机信息系统，以满足金融服务和内部管理、监管的需要。

面对国内一些大银行逐步迈向自主研发，建立自己的银行信息系统的形势，中小银行是否也要走自主研发的道路呢？我们来分析一下。

29.1　银行信息系统的建立条件

任何一个现代银行要能正常运转、维持并发展，都离不开银行信息系统的支撑，而建立、维护、发展一个完善的信息系统，并维持其日常安全运转，要满足以下几个条件。

1. **人才**

银行需要有一定数量的、懂银行业务的、有相应技能和知识的、有相当经验的科技队伍，这支队伍至少应该包括科技管理队伍、系统研发队伍、系统运行维护队伍。

2. **资金**

在建立系统初期，银行要投入一笔较大的资金。然后，为了系统的维护和发展、运行，每年还需要不断地投入资金。

3. **基础设施**

基础设施包括计算机机房、办公场地、银行网络以及各种各样的机器和设备。

4. **时间**

要建立一个能够基本满足银行日常运营和管理要求的信息系统，银行需要相当一段时间的积累和完善。

案例

下面以国内某大银行为例,来展现该银行的科技状况。

2010年,该行总行的专职科技管理人员有100多人,专职的研发和测试队伍有近5000人,专职的系统运行维护人员有七八百人,仅总行直接管理的科技人员合计就有五六千人。如果算上分、支行的科技人员,全行共有1万多名科技人员。

仅计算总行层面,该行在那几年每年的科技采购花费就有好几十亿元。如果算上全行的科技采购、科技人力资源及相关费用的投入,一年有100多亿元。

该行当时计算机信息系统的研发和运行分为八大基地。其中负责运行的有三大基地,分别为北方数据中心、南方数据中心、南方同城灾备中心,是一个完善的"两地三中心"灾备系统。研发分为五大基地,包括中心总部及4个研发部,分别分布在国内最主要的经济发达地区及沿海城市中。这八大基地的占地面积从几十亩(1亩 ≈ 666.7平方米)到上百亩,建筑面积从1万多平方米到数万平方米。每个基地的基础设施的投入都有上亿元,有的甚至超过10亿元。

该行当时使用的全国集中式的信息系统从20世纪末开始研发,到21世纪初投产,之后发展完善,前后共经历了20多年的积累,才覆盖全行的客户服务和内部管理的基本要求,主要业务时段的生产系统可用率达到99.98%。之后,为了与时俱进,该行又启动了新一代信息系统的研发,计划用几年时间、投入上万人,建成新一代的信息系统。

可见,要建设和维持一个好的银行计算机信息系统,投入是多么大。

当然,该行是一个世界级大行,系统要足够大才能满足其需要。但是,任何一个中小银行与该行的差别除了规模大小之外,对信息系统的基本功能和性能的要求应该是一样的,所谓"麻雀虽小,五脏俱全"。银行无论大小,如果要好好经营,其客户服务、内部管理、监管要求方面的差别很小。也就是说,不同银行计算机信息系统的软件功能应该差别不大。所以,如果要自主研发和维护一个完善的计算机信息系统,理论上,不同银行在软件研发的投入上应该差别不大。还是以该行为例,近5000人的研发和测试队伍,按当年人均年费用40万元计算(含办公场地与研发环境所需设备折旧费、办公费、人力资源费),一年的研发投入就要20亿元。

29.2 中小银行的发展状况

在中国的银行业里，有5个大型商业银行是规模比较大的银行。在股份制银行里，除了几个规模比较小的银行外，基本都算得上是中大规模银行。另外，在城商行、农商行、农信社里，除了几个规模相对大一点的银行外，基本上都是一些中小规模的银行。据银监会统计，至2015年年底，全国城商行有133家，平均资产约1700亿元，平均年利润约15亿元，平均从业人员有2700多人；全国农商行有859家，平均资产170多亿元，平均年利润不到2亿元，平均从业人员有500多人；全国农信社有法人机构1373家，平均资产60多亿元，平均年利润不到5000万元，平均从业人员约270人。另外，全国还有1000多家规模更小的村镇银行。

本书所指的中小银行，泛指那些网点在10多个到一两百个，人员在100多人到几千人，资产在百亿元到两三千亿元，年利润为1亿元到二三十亿元的银行。这些银行每年的科技采购为几百万元到上亿元，全行从业人员也许还没有某大行的科技研发中心人员多，有的银行的专职科技人员只有几十人。因此，要它们像大银行一样，每年花10多亿元的资金、投入成百上千的人力，持续数年独立建设一个完善的信息系统并且独立维护和运行，无论从资金或人力来说，都是相当困难的。

但在目前的情况下，这些银行基本没有太多的其他选择，大多都在努力建设一个自己的信息系统。最终的结果是，这些银行的科技投入几乎都不足，多数应用都是直接采购或外包研发的，仅仅能建立并维持一个勉强可以应付业务的系统。系统的可靠性、可用性、安全性都远远达不到银行本身和监管的要求。但如果要它们都建立一个在功能、安全、可靠性上与上述大银行系统相当的系统，的确是强人所难。

29.3 建立中小银行应用系统公共服务平台的必要性

自主研发做不到，外购、外包又难以做到自主可控，那么中小银行信息系统建设的出路在哪儿呢？

实际上，除了外购、外包之外，最好的方法就是建立中小银行应用系统公共服务平台，供中小银行共同使用。建立应用系统公共服务平台的好处非常多，主要体现在以下 4 个方面。

1. 节约研发成本，提高系统质量

研发、维护、发展、完善一个应用系统，最大的投入是人力资源投入。人力资源成本最显性的部分是人员的工资和奖金，但这远远不能涵盖所有成本。完整的人力资源成本包括人力资源的获得成本、开发成本、使用成本、保障成本及遣散成本，而工资和奖金只是使用成本中的一项。使用成本还有很大的一部分是人力资源的办公费用及研发、维护系统所需要使用的固定资产折旧费用。固定资产费用包括办公场地和各种机器设备。世界上绝大多数优秀企业的人力资源成本是企业所有生产成本中最大的成本，通常占总成本的一半以上。

在应用系统公共服务平台里，各银行使用的是一个公共的应用系统。这样做的好处是很明显的，至少能减少对应银行各自研发的重复劳动，把应用系统的研发费用节省下来。加入应用系统公共服务平台的会员越多，每个会员需要承担的研发费用越少。假设所有参与使用应用系统公共服务平台的银行的需求基本一致，那么，它们各自的成本负担情况大致如图 29-1 所示。

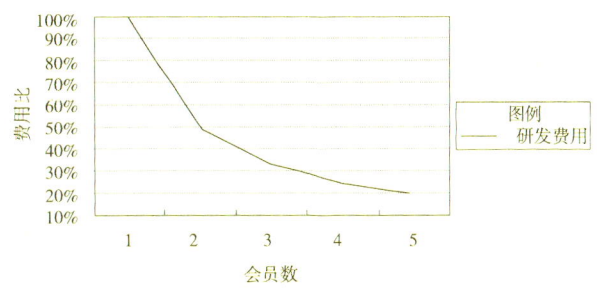

图 29-1 加入会员需要承担的研发费用

从图 29-1 中可以看出，当一个银行独立研发一个应用系统时，它要承担 100% 的研发费用；但当 5 个银行共用一个应用系统时，如果费用均摊，每个银行只需承担原来费用的 20%。这就是说，在对应用系统研发投入不变的前提下，每个银行分摊的研发费用大大减少了。或者反过来说，如果每个银行愿意投入原来独自研发所需要的费用，那么，它们可以获得与独自研发相比 5 倍的人力资源进行应用系统研发，应用系统的功能和性能会比独自研发有极大的提高。

2. 节省硬件资源

分散的研发与分散的数据中心，就需要分散的办公场地与分散的数据中心机房。建立一个符合要求的数据中心机房需要许多外部资源，如场地、有特殊要求的建筑、双路供电、供水、后备发电机房、后备储油设施、安全防范设施、网络接入等。所有这些如果集中在一起，就能减少总资源开销，减少硬件成本，节省社会资源。

3. 有利于监管

《巴塞尔新资本协议》对操作风险提出了明确的定义，并且在协议的三大支柱中都体现了对操作风险的监管原则，这反映了监管机构对于操作风险管理的日益重视。而银行信息系统的正常、安全运行，正是操作风险管理的重要内容。

据了解，目前监管机构对中小银行信息系统的安全评价基本在勉强合格的水平，并向众多中小银行做出了各种各样的整改要求。但现实的情况是，一方面，由于众多中小银行的信息系统都存在较严重的安全隐患，而监管部门的监管人力和监管手段有限，以当前监管的投入与中小银行信息系统的安全状况相比，监管是心有余而力不足。另一方面，各个中小银行面对监管机构的整改要求，考虑到需要大量投入资金与人力，也是心有余而力不足。所以，许多整改措施不能彻底落实。这是由中小银行信息系统和数据中心各自为政、分散运行所决定的。如果能改变当前中小银行信息系统的模式，变分散为相对集中，既能提高信息系统本身的质量与管理水平，也能减轻监管机构的压力。在这种情况下，监管机构只要把目标专注在个别的集中式的应用系统上，就能保证相当多银行的信息系统能正常、安全地运行。

4. 符合计算机应用向云计算发展的方向

计算机应用的发展已经从原来的单台、独立向网络化发展，并再向云计算发展。

云计算的优点是，用户只需要关心自己的需求，只要按量按质付费就能获得所需要的服务，而无须关心需求如何实现。云计算通过社会分工，让适合的人做适合的事，使社会投入收益最大化，从而也让用户利益最大化。

29.4 建立中小银行应用系统公共服务平台的可行性

据了解,在国外,中小银行信息系统整体外包是比较流行的做法,其中包括信息系统运行外包。在国内,尽管对于银行信息系统整体外包还没有完善的法律法规,但一些银行应用系统公共服务平台已经出现,具体如下。

1. 银联数据

银联数据是银联数据服务有限公司的简称,是中国银联的控股子公司。作为金融数据处理服务商,银联数据为客户提供各种银行卡的发卡数据处理及一系列相关处理服务。

据报道,该公司自成立以来,已经与100多家客户签署发卡外包和集成服务合同。

2. 山东城商行联盟

山东城商行联盟是山东省城市商业银行合作联盟有限公司的简称,由山东省14家城商行出资成立,是具有独立法人资格的、专门从事银行后台服务的非银行金融性服务公司。

该联盟不经营具体银行业务,主要职责是为该省各城商行提供后台支持服务,包括银行IT系统的开发和数据运营维护、支付结算及业务运营平台服务、金融产品研发以及信息咨询等。

3. 兴业银行银银平台

兴业银行银银平台可为服务对象提供支付结算、财富管理等一系列服务。在2013年,该平台就已连接了数百家银行业金融机构的2万多个实体网点,为个人客户提供各种线上与线下的金融服务。

4. 神州数码金融云

神州数码融信软件有限公司是神州数码信息服务股份有限公司旗下的专业软件服务公司。其金融云服务包含各种银行业务的外包运营与数据中心托管。其实施案例包括数十家银行的综合核心业务系统、100多家村镇银行的外包系统。

5. 省联社金融科技服务中心

不少省的农信社都建立了省联社(全称为省农村信用社联合社)金融科技服务中心,为省内各独立法人的农信社提供统一的信息系统研发、运行、维护服务,如四川农信、浙江农信、广东农信等。

6. 其他平台

除了上述银行应用系统公共服务平台外，当前，不少金融科技公司也纷纷向金融机构提供各种金融 IaaS、PaaS、SaaS 平台。这些服务基本属于商业公有云服务范畴。

29.5 如何选择与建立中小银行应用系统公共服务平台

银行应用系统公共服务平台，就是银行应用共享平台。用当前比较时髦的说法，就是所谓的银行云服务平台。当前，可以为银行提供各种应用服务的云平台大致可以分为公有云、行业云、私有云 3 种。

公有云通常指的是一些商业云服务平台。这些平台既可以为银行提供应用服务，也可以为其他非银行金融企业提供服务，可以认为是一种混合云。

这里的行业云指的是银行行业云平台，行业云是仅为银行提供应用服务的公共云平台。

私有云指的是某个银行自身拥有的应用云服务平台。实际上，当前银行的信息系统对于系统用户而言，大多已经是在提供一种云服务。银行的系统用户不需要知道系统在哪里，也不需要知道系统的具体构成，仅是按需要调用系统提供的各种服务。某些银行还建立了比较完善的信息系统服务协议与收费标准，这使得这些银行的信息系统平台已经具备云服务平台的主要特征。

对于以上 3 种云服务平台，这里着重讨论银行行业云服务平台。

银监会在《中国银行业信息科技"十三五"发展规划监管指导意见（征求意见稿）》中明确提出："'十三五'期间，银行业金融机构要深入贯彻落实《国务院关于促进云计算创新发展培育信息产业新业态的意见》（国发〔2015〕5 号），积极开展云计算架构规划，制定云计算标准，联合建立行业云平台，主动实施架构转型。"并进一步提出："深入践行共享发展理念，加强银行间在基础设施领域的合作，在资源、人才、经验等方面建立合作共享机制，发挥集约效应，联合开展面向银行业的公共云平台规划和建设。建立符合法律法规要求、市场化运作、具备金融级安全等级的行业云平台运营机制。"

那么，在实际中，应该如何建立中小银行应用系统公共服务平台呢？

29.5.1　中小银行应用系统公共服务平台的建立模式

通常有第三方法人制和会员制两种模式，这两种模式的根本区别在运营体制上。

1. 第三方法人制模式

这是一种基于商业运作的模式，即由社会上的某些投资方先行投资组建一个公司，由该公司建设一个专门为银行计算机应用服务的金融云平台。使用服务的银行不需要关心服务方在哪里，不需要关心服务系统如何运行，只需要按提供服务的量和质交费以获取服务。平台投资方则通过收费抵消初期投资成本及运营成本，并获取利润。这种平台在国外已经非常普遍。银行通过这种应用外包的形式，理论上可以减少自身的信息系统投入成本，降低银行自我运行及维护信息系统的风险。

这种模式的特点是被服务银行不拥有平台的所有权，不参与平台的运作管理。这种模式的推广有赖于一些前提条件，目前在中国还没有发展得很成熟。

（1）法律法规。

银行应用系统商业外包应该有相应严格的法律法规支撑和监管。但是，国内目前还没有相关的比较完善的法律法规。所以，监管机构能否完全认可这种金融外包企业，如何对这种企业承接的外包业务进行监管，被服务方（中小银行）能否信任这种企业，如何保证存放在平台上的信息安全与所有权……这些问题都没有明确的答案。

（2）外包企业。

建立和维护一个公共服务平台，需要长期投入大量的资金，且不可能在短期内实现盈利。其最终能否盈利，取决于应用系统功能和性能的完善程度、服务的规模、服务的效果，而这又需要更大的投入，需要获得服务对象的充分认可。所以，外包企业既需要有资金实力、有成熟的管理和技术实力，又要冒很大的发展风险和政策风险。

（3）价值认可。

由于公共服务平台靠收费维持运营和发展，所以需要被服务方（中小银行）对其知识产权价值和服务价值的认可，即要被服务方心甘情愿地为服务付出可能高于它们希望的代价。从目前来看，国内企业对知识产权和服务的价值认可度，远低于国际上对这两者的价值评价。所以，外包企业在中国的发展和普及不如国外。

从上述分析中我们可知，在近期要建立并大规模推广完全商业模式的银行公共服务平台有一定的困难。上述银联数据、兴业银行银银平台、神州数码金融云可以算是第三方法人制的服务平台。

2. 会员制模式

会员制模式就是组建会员制的应用系统公共服务平台。这种平台可以认为是真正的行业云服务平台。会员制模式可以解决上述第三方法人制模式存在的一些问题。会员制模式的特点如下。

· 平台的体制是会员制或会员股份制，由所有参与行共同组建，所有权与经营管理权属于所有的参与行。其运转模式不是外包模式。

· 各参与行可以成立一个理事会或董事会，对平台实施宏观管理。至于具体管理，各参与行可以成立专门的平台管理机构。该机构的人员组成应该包括管理人员、研发人员、运维人员。管理机构向理事会或董事会负责。

· 平台的组建成本可按某种规则分摊，例如可以按股份分摊。运行成本可按各种业务量的收费来解决。如有盈利，可按某种规则分红。

· 平台的初始组建应该起码有几个初始会员（发起会员）。随着平台的不断发展、完善，可以不断增加有需求的新会员。新会员可以与原会员地位相同，也可以考虑区别对待初始会员与后续会员的责、权、利。

要成为初始会员，应该具备以下一些条件：

· 业务发展的需要使它们对尽快建立或提升它们的银行信息系统有迫切感；

· 单凭一己之力，无论从资金或人力资源的投入上，它们都难以在一个可期待的时间范围内建成一个相对完善的系统；

· 它们愿意在负担得起的范围内投入，并期望获得更好的投入产出回报；

· 它们充分理解银保监会关于建立行业云的设想，并有魄力与信心去践行这种设想。

如果有这样的一些银行，那么牵头人或牵头机构就可以把它们组织起来，作为初始会员。山东城商行联盟和一些省份的省联社金融科技服务中心就是这样非常成功地把中小银行应用系统公共服务平台建设起来的。

29.5.2　会员制应用系统公共服务平台的优点

会员制的应用系统公共服务平台与第三方法人制的相比，具有以下优点。

· 会员制的应用系统公共服务平台不是外包，其所有者是银行本身，只不过不是归一家银行所有，而是归多家银行所有。由于从体制上没有很大的突破，所以理论上基本不需要在现有的法律法规上增加新的法律法规来监管。所以，这种模式应该容易得到监管部门的认可。

· 对比交钱给第三方法人制平台，自己花钱与给钱让别人花毕竟是两回事。自己花钱时监管更直接、更透明，并且投入的决策权在各个会员单位手中，会员们可以根据实际需求情况进行投入和回报分析，以决定某一项的投资。由于能直接感受到投入与切身利益相关，从而银行会更愿意投入。

· 由于该平台不属于某一家银行，所以不需要有利润的压力。它甚至可以建设为一个成本中心而不一定是一个利润中心。

29.6　中小银行应用系统公共服务平台的适用范围

中小银行应用系统公共服务平台的适用范围如下。

1. 服务内容

平台根据需求，可以提供涵盖所有银行计算机应用的服务，包括：

· 客户服务；
· 内部管理服务；
· 各种信息分析应用；
· 其他特色应用；
· 运营服务；
· 咨询服务；
· 其他服务。

2. 服务对象

平台主要面向中小银行。但实质上，随着平台的不断完善及服务质量的不断提高，该平台最终可以适用于所有银行类金融服务机构，不论其规模大小。在国外，已经有许多银行把自己的金融服务计算机应用全部外包给类似的公共服务平台。

3. 服务地域

平台通常是为本地银行金融机构提供服务的。但互联网发展到今天，带宽迅速提高，网络流量成本越来越低。只要能保证平台的服务质量和管理水平、监管许可，平台的服务地域其实没有任何限制。

综上所述，随着中小银行越来越多以及金融业务的快速发展，"云服务"的概念逐步为人所接受，社会对中小银行应用系统公共服务平台会有越来越迫切的需求。而随着计算机技术的发展，从机器的处理能力、存储能力、网络能力、可靠性等各方面来说，建立这种应用系统公共服务平台已经完全可行。当然，无论采取哪一种模式，要培育这种应用系统公共服务平台，还是需要得到各级人民政府、人民银行、银保监会的支持。

第 30 章 银行产品管理架构

银行信息系统最重要的功能是银行产品的电子化。银行产品电子化的形态与质量，与银行产品管理架构及银行产品体系相关。

30.1 银行产品的相关概念

当前，银行的经营与管理都已通过计算机系统实现。所以，从银行与银行信息系统两个角度来看，产品包含了两个不同的概念：通常意义的银行产品（以下简称为"银行产品"）与银行科技信息系统产品。也就是说，银行产品与构成整个银行信息系统的产品的概念是不一样的。

1. 银行产品

银行产品是指由银行创造、供市场和客户选择、能满足银行各类客户进行金融交易和服务的各种需求，银行可从中赚取各种实际、潜在收益的各种金融服务。

2. 银行科技信息系统产品

银行科技的客户除了银行客户以外，还包含银行内部各类人员、机构，以及一些相关的第三方人员、机构。由于银行的客户与银行科技的客户概念与范围不一样，所以，银行产品与银行科技信息系统产品的概念与范围也不一样。银行科技信息系统产品除了包含体现银行产品的电子化产品外，还包含为银行产品销售、为产品服务的实现、为产品管理提供服务、为银行内部各种管理提供服务的产品。所有这些金融电子产品构成了一个庞大的信息系统，供银行日常各类经营、管理使用。

银行科技信息系统产品大致可以分为以下几类。

（1）直接与银行对外销售和客户服务产品对应的金融电子产品。

这类产品就是银行产品的电子化形态。其中主要包括银行传统的存、贷、汇等产品；也有一些新兴的产品，如各类代理、理财、金融衍生产品；还有为这些产品服务所必需的增、删、改、查等产品。这类产品是可以作为银行金融电子产品，面向银行客户进行销售和为银行客户的金融行为服务的。

（2）使上述产品与服务得以实现的一些产品。

这类产品主要有渠道服务产品，包括高柜低柜服务渠道、传统的自助渠道、最新的电子银行互联网渠道和第三方渠道。第三方渠道如银－银互联、银－企互联渠道等。渠道服务产品除了为各类银行产品提供人机交互界面外，还可以通过不同的服务渠道，作为基础产品的增值产品与基本业务组合进行销售，为银行客户提供一些有渠道特色的增值服务，如余额变动短信通知等。

（3）银行的内部管理产品。

内部管理产品的种类非常多，通常可以归类为管理信息系统，主要涉及经营管理，业务数据统计与分析、挖掘、决策方面的产品，如风险评价、控制与管理系统，财务会计与管理会计系统，产品、人员、机构绩效评价与管理系统，以及各种内部办公自动化管理系统等。

（4）业务支撑产品。

这类产品包括银行产品管理、定价、产品营销和销售系统，企业级客户信息管理系统，还有各种业务参数管理平台、各种业务处理平台、核算清算平台等。

（5）技术支撑产品。

这类产品包括大量的技术处理，如通信、解码、编码、代码转换、报文转换、日期计算、流程选择和控制等，还包括一些基础应用平台、工具等。这些产品是不需要业务人员关心的、与业务逻辑没有直接关系的、为其他产品提供各种技术支持功能的产品。

（6）其他产品。

30.2 银行产品与银行科技信息系统产品的关系

如前所述，假如我们把银行科技信息系统产品分为5类，那么只有金融电子产品与渠道服务产品是与银行产品直接相关的，其他是一个完整的银行信息系统必须有的、与银行产品相关但不可对外销售的产品。

银行产品与银行科技信息系统产品的关系如图 30-1 所示。

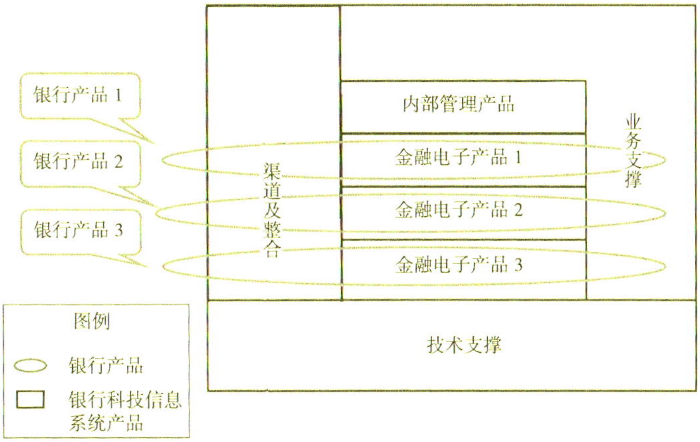

图 30-1 银行产品与银行科技信息系统产品的关系

为了区分银行科技信息系统产品和银行产品，我们可以把银行科技信息系统产品称为"应用"。这样，银行科技信息系统产品可以分为几大应用板块，每个应用板块里有相应的应用组，每个应用组里有相应的应用。

30.3 产品管理

有关产品管理的专著论述很多，结合银行的情况，本书将产品管理大致划分为以下四大板块。

1. 产品战略管理

产品战略管理又可以再细分为产品市场管理和产品规划管理。

（1）产品市场管理。

产品市场管理的主要内容：前期市场调研工作，包括发现产品商机、探讨业务模式、寻找盈利模式；后期产品营销工作，包括产品包装、宣传、品牌建立等。

（2）产品规划管理。

当找到了产品商机，我们便要规划市场需要的产品。产品规划包括产品定义和产品顶层设计。所谓产品定义，关键是建立一个完整的产品体系，包括产品分类、各类产品的关系、市场定位、产品定价、产品绩效指标等。

产品规划的另一项具体工作是产品顶层设计,具体内容有产品的业务模式、主要功能、性能等。

2. 产品生产管理

产品生产管理也可以细分为需求分析、生产立项、研发3个阶段。其中,研发阶段又可以细分为开发、测试、验收等阶段来进行管理。

3. 产品销售管理

产品销售管理包括销售客户、销售渠道、定价策略、销售绩效管理等。

4. 产品的市场生命周期管理

产品的市场生命周期管理强调的是从产品上市到退市对产品进行的管理。产品的市场生命周期包括产品上市、成长、成熟、衰退、退市5个阶段。在这5个阶段里,产品管理的主要工作是售后管理,包括产品使用信息的收集与反馈、产品售后维护,以及根据市场对产品的不同反应对整个产品的市场策略或销售策略进行调整等。

30.4 产品管理架构

作为提供产品的企业,企业内部与产品管理相关的部门除了有专门的产品管理部门外,通常还有产品研发部门、市场部门、销售部门等。但奇怪的是,当前国内银行业与其他行业对比,大多数银行没有一个统一的银行产品管理和规划部门,也没有统一的市场部门。银行产品的创新、营销、管理等工作基本是按不同的管理线条去实施的。而银行的管理线条中,有一部分是按客户分类的,如对公、对私;有一部分是按产品分类的,如储蓄、银行卡、国际业务等。所以,这造成了管理的交叉,不利于形成统一、完整的产品管理体制。

大多数银行的产品管理架构如表30-1所示。

表 30-1　大多数银行的产品管理架构

管理工作			内容	部门职责			
大分类	细分			高管层	总行业务	总行科技	基层业务
战略	市场	调研	产品商机、业务模式、盈利模式	★	☆●		●
		营销	产品包装、宣传、品牌建立	★	☆●		●
	规划	定义	产品定位、定价、绩效指标、相互关系	★	☆●		
		设计	功能、性能		☆●	○	
生产	需求分析		具体产品可行性		☆●		
	立项				☆●		
	研发	开发				☆●	
		测试			○	☆●	
		验收			☆●	○	●
销售			客户、渠道、价格、绩效管理		☆		●
市场生命周期	上市		内部培训、环境准备		☆	○	●
	成长、成熟、衰退		产品使用信息反馈		☆		●
			售后维护		☆	●	
			市场或销售策略调整		☆●	○	
	退市			★	☆	●	●

注：★代表决策或审批，☆代表管理，●代表实施，○代表协助。

从表 30-1 可以看出，在没有专门的产品管理部门时，产品管理工作中除了产品生产归口科技部门管理外，其他管理的职责基本分散在总行的各业务部门头上。总行业务部门除了要管理相应的业务线条外，同时需要管理这些业务对应的产品、市场、客户、销售等工作。

随着银行运作市场化的推进，部分银行也开始意识到产品分散管理的不足。一些银行开始建立专门的产品管理机构，尽管它们的名称也许不完全一样。也有一些银行建立了相对统一的市场部门。这样，产品管理的一些职责就从原来的总行业务部门归口到产品部门和市场部门。而总行原来与具体产品对应的部门主要转型去管理相应的客户和产品销售。

成立了专门的产品管理与市场管理部门的银行,其产品管理架构如表30-2所示。

表30-2 有专门的产品管理与市场管理部门的银行的产品管理架构

管理工作			内容	部门职责					
大分类	细分			高管层	总行产品	总行市场	总行业务	总行科技	基层业务
战略	市场	调研	产品商机、业务模式、盈利模式	★		☆	●		●
		营销	产品包装、宣传、品牌建立	★		☆	●		●
	规划	定义	产品定位、定价、绩效指标、相互关系	★	☆		●		
		设计	功能、性能		☆		●		
生产	需求分析		具体产品可行性		☆		●		
	立项				☆		●		
	研发	开发						☆●	
		测试						☆●	
		验收			☆		●	○	●
销售			客户、渠道、价格、绩效管理			○	☆		●
市场生命周期	上市		内部培训、环境准备		☆		☆	○	
	成长、成熟、衰退		产品使用信息反馈		☆				●
			售后维护		☆		●		
			市场或销售策略调整		☆	☆●	○		
	退市			★	☆		○		●

注:★代表决策或审批,☆代表管理,●代表实施,○代表协助。

从表30-2可以看出,在总行的产品管理部门,其管理工作包括战略层的产品规划,生产过程中新产品的需求分析、立项,产品验收,产品上市、退市等工作。如果总行没有设立专门的市场部门,产品管理部门还可以承担对应市场部门的相关市场调研、市场营销的职责。

从产品管理架构来看,产品管理工作涉及高管层、总行产品管理部门、总行市场管理部门、总行业务部门、总行科技部门等。对于专职的产品管理部门,其具体工作如下。

- 如果银行里有相应的产品管理委员会,那么作为委员会常设机构的委员会办公室要负责委员会的日常工作,准备与组织委员会会议材料。
- 组织制定各种产品管理制度与规范。
- 牵头完成全行的产品体系定义,组织制定全行产品体系目录(简称产品目录),组织对产品目录的维护工作。
- 组织制订中期的产品创新规划与年度产品创新计划。
- 与相关部门一起制订产品的绩效考核方案,并牵头实施对相关产品进行绩效考核。
- 组织重大产品创新的产品需求、设计评审。
- 审批产品创新大项目的立项。
- 组织重大产品创新项目的验收。
- 审批重大产品创新项目的上线与下线。
- 组织重大产品创新项目的后评价工作。
- 协助各级银行内机构建立与培养专业化的产品经理团队。

30.5 管理模式

银行成立了专门的产品管理部门后,银行的产品管理体系与流程很可能会发生变化。通常,银行的产品管理部门有强管理和协调管理两种管理模式。

30.5.1 强管理模式

在强管理模式下,银行产品管理部门对产品进行相对强势的管理。除要履行上述列举的职责外,产品管理部门在产品规划、产品需求、产品验收、产品维护、产品营销5个方面的表现如下。

1. 产品规划

有专业的产品规划团队,负责产品的战略规划与产品体系的维护。

2. 产品需求

有专业的需求管理团队，负责完善与审批所有新产品需求。

3. 产品验收

有专业的用户验收测试团队，负责组织与参与用户验收测试。

4. 产品维护

有专业的产品售后管理团队，负责收集对已上市产品使用信息的反馈，牵头制订产品维护需求。

5. 产品营销

在总行没有统一的市场管理部门的情况下，由专业的产品市场团队负责前期的市场调研与产品上市后的市场营销。

强管理模式能真正实现银行产品的统一管理，提高银行产品管理的水平与效益，但需要高管层的决策支持，需要配置比较充足的有资质的人力资源。

30.5.2 协调管理模式

银行当前的产品管理体制与强管理模式差距较大，协调管理模式更符合当前情况的产品管理模式。

银行在探索如何进行产品管理的过程中，不太可能为专职产品管理部门配备太多的资源。此时，要产品管理部门对产品进行相对强势的管理，确实有些强人所难。这时，产品管理部门只能考虑使用协调管理模式。

协调管理模式对产品管理的各个方面，包括战略、生产、销售、生命周期管理等，仅在重大课题与项目上深入介入，而对其他项目采取协助、协商、审批的方式。至于什么算是重大课题与项目，要视产品管理部门的具体资源配置而定。

对于产品管理来说，协调管理模式相比于没有产品统一管理，还是往前走了一步，但施行时要把握好管理与效率的平衡。如果把握不好平衡，使整个产品管理多出了一个环节，可能会未见其利，先见其弊。

案例

某银行在多年前就成立了产品创新部。该产品创新部的主要职责如下。

- 规划全行产品管理体系,制定相关制度、规范、流程。
- 协同科技部门,规划产品管理系统的建设。
- 组织制定全行产品目录,制定产品目录管理办法。
- 整合、协调业务部门的相关或相矛盾的需求。
- 协助完善各业务部门的业务需求,向科技部门提交规范的业务需求书。
- 协助、组织用户验收测试。

第 31 章　银行产品体系

银行信息系统的银行产品电子化架构取决于银行产品体系的形态。

31.1　建立完整的产品体系的意义

建立完整的产品体系，是银行融入金融全球化的大格局的需要，也是提升自身金融服务水平的需要。从构建银行信息系统的角度来看，建立完整的产品体系的好处主要表现在以下 3 个方面。

1. 产品体系的科学分类是产品生产管理与销售管理的基础

在大多数行业里，建立一个完整的产品体系，对产品进行分类管理的重要性不言而喻。不同的产品代表不同的生产成本、不同的技术含量、不同的功能、不同的性能、不同的适用范围、不同的价格与不同的市场定位。不同的产品会给企业带来不同的效益。任何一个企业，其产品通常都有一个非常清晰的产品目录，例如汽车生产企业、家电生产企业。产品体系的科学分类是产品生产管理与销售管理的基础，对各类产品的绩效考量是制定企业发展战略的依据。

2. 抽取产品各属性，有利于产品快速创新

一个完善的产品分类体系，可以对各种各样的产品进行不同层级的分类，抽取其不同层级的属性。这对于实现产品销售、服务、管理的信息系统来说尤为重要。在银行，信息系统可以把这些不同层级的属性参数化。一方面，可以根据市场形势与时俱进地对参数进行快速调整，以适应市场变化。另一方面，可以通过改变相关属性或把相关属性进行新的组合，快速、低成本地实现产品创新。最终实现在信息系统中把产品主题从核心系统中剥离出来，实现产品工厂的概念。

3. 完善的产品分类目录是对产品进行绩效评价的基础

在当前利率市场化的形势下，各个银行在产品的自主定价上已经有很大的空间。

一个完善的产品分类目录是银行管理会计对产品进行绩效评价的基础。我们可以针对不同的层级来分析不同产品的投入、产出，对产品的效益进行科学评价，从而对产品进行合理定价。这对改善银行经营和帮助银行科学决策可以起到决定性的作用。

31.2 银行产品体系的现状

在中国，目前很少有银行已经有一个完整的产品目录与产品功能、价格表，并将其用于对外营销或进行内部管理，甚至一些年收入数千亿元的大银行也是如此。这看起来有点奇怪。究其原因，主要有两点。一是与中国银行业的收入方式相关。在中国，一直以来，银行的收入主要来源于存贷款的利差收入，而其他服务收费收入占比很少。利差收入体现在存贷款利率上。此前由于国家对利率的管控，产品价格相对隐性，且基本不可自主制定，所以产品如何分类对经营结果影响不大。二是国内大多数银行没有一个专门负责产品统一管理和研发的部门，产品的创新、营销、管理等基本是按不同的业务管理线条去实施的。而如前所述，银行的业务管理线条，其分类维度与规则不一，造成了管理的交叉，不利于形成统一完整的产品分类和产品目录。

对于一个银行来说，没有一个清晰的产品分类，就不可能对产品的市场定位、创新、生产、销售、效益评价进行有效的管理。产品线的混乱会带来产品管理的混乱，导致银行不知道业务重点应该在哪儿，银行的效益精细化管理也就无从说起。另外，现代银行的日常经营可以说已经完全依赖其信息系统，银行产品的分类是信息系统板块划分的基础。没有科学、清晰的产品分类，信息系统也不可能有科学的架构，从而也不利于产品的快速创新。

31.3 银行产品的分类

如何对银行产品进行分类是一个复杂的问题。由于没有行业标准，不同的银行对银行产品的分类可能不一样。

一个好的产品分类应该形成一棵产品树，用自顶而下的、多层的分类层次把众多产品分为不同粗细的分类粒度。第一层是最大的分类，第二层是在大分类里的分类，第三层是在第二层基础上再细分的。以此类推，一直分到最细粒度的产品。至于产品分类应该划分多少层，划分到多细的粒度，要看具体划分时的可行性和必要性。划分得太粗，不利于精细化管理与分析；划分得太细，管理成本会太高。

产品的分类通常是以产品有关属性为依据的。根据银行产品的主要属性，其分类可以有多个维度。

1. 按客户群分类

这种分类方法是把银行产品按对应的客户群分为个人产品、法人产品、第三方机构产品、内部管理产品等。这里的法人指的是广义的法人，包括所有非个人的企业、团体、机关等。所谓第三方机构，指的是与银行有业务合作的机构，如本行以外的其他金融机构、一些网络交易平台、一些专业收单机构以及相关安全、监管机构等。

2. 按业务种类分类

这是最传统的银行业务分类方法，把银行业务分为负债业务、资产业务和中间业务。当然，这是业务种类的大分类。在这3个大分类下，还可以对业务进行进一步细分。例如，中间业务是一个庞大的产品群，里面包括诸如各种结算、代理、担保、咨询、托管、投行等产品。

3. 按账户分类

银行业务的大分类有负债、资产、中间业务。在这3个业务分类里，一些产品或服务会引起客户在银行的资产、负债或其他一些非货币权益的数量变化。银行账户就是为了能对这些服务进行记录及核算而设立的，这类产品通常会对应相应的账户。

银行客户在银行有各种资产、负债账户，很多银行的信息系统会根据不同的分户账进行产品划分，具体如下。

（1）存款账户类。

其中可以再细分为企业存款、个人存款等，还可以进一步细分为活期存款、定期存款等。

（2）贷款账户类。

其中可以再细分为企业贷款、个人贷款等，还可以进一步细分为信用贷款、抵押贷款、担保贷款等。

（3）信用卡账户。

其中可以再细分为个人信用卡、企业信用卡等，还可以进一步细分为单一币种信用卡、多币种信用卡、联名卡等。

（4）其他账户。

其他账户包括贵金属买卖账户、理财账户、第三方存管账户等。

4. 按产品形态分类

从银行产品本身的形态来分析，产品可以划分为不同的种类。例如，我们可以将其分成以下 6 类。

（1）基础产品。

例如，存款产品就是基础产品。

（2）辅助产品。

所有对客户账户或客户资料进行增、删、改、查的服务，都可以归到辅助产品里。

通常，辅助产品与基础产品是捆绑销售的，因为如果不提供辅助产品，基础产品就不太可能为客户提供圆满的服务。

（3）增值产品。

在基础产品的基础上，银行可以为客户提供更多必要的增值服务。例如结算类产品就是存款产品的增值产品。

（4）附属产品。

附属产品实际上也属于增值产品。不过，与上述增值产品是一些必要的产品不同，附属产品主要从提升客户体验的角度来为客户提供增值服务，例如更安全、更快捷等角度。这类服务不是非存在不可的。存款账户余额变动信息通知就是存款产品的附属产品。

所有增值产品和附属产品都是依附在基础产品上的，这些产品不能脱离基础产品单独销售。

（5）组合产品。

组合产品就是把一些产品打包以进行一条龙服务。例如人民币国际贷记卡境外消费自动还款应该算是一个相对复杂的组合产品，该组合产品把贷记卡产品、存款产品、结算产品、外汇买卖产品打包结合在一起。

把不同的产品组合起来，有利于提高为客户服务的效率与质量。

（6）包装产品。

例如，本外币定期一本通允许多个币种的定期存款展现在一个定期存折上，这就是一个包装产品。由于不同币种的存款在银行内部是分开核算的，所以展现为一本通就是一种包装。

包装产品有利于提升产品形象，利于产品营销。

5. 按数据处理的动作分类

这种分类把产品分为核算类产品、查询类产品、修改类产品等。核算类产品在提供服务时，会引起银行客户在银行的资产或负债的变化。查询类产品在提供服务时，仅能查询客户和银行的相关信息。而修改类产品允许客户在约定的范围内修改相关的信息（如密码、联系电话等）。核算类产品是银行的核心产品，查询类产品和修改类产品是核心类产品的辅助产品。

6. 按渠道分类

按渠道划分主要可以分为柜台产品和离柜产品。柜台产品还可以分为高柜产品、低柜产品。离柜产品还可以分为ATM、POS、自助终端、网银、手机银行等产品。

7. 按联机、批量分类

银行业务应用系统的数据处理方式主要有两种：联机方式和批量方式。对银行客户而言，联机方式提供的是一笔一笔串行的实时服务，而批量方式提供的是成批的非实时的服务。

8. 按业务处理流程的角色分类

这种分类把银行在一个完整的客户服务过程中充当的角色进行分类，通常可以分为收单行产品、开户行产品。开户行产品又可以分为借方行产品、贷方行产品。这种分类在结算类业务处理中的特征非常明显。就算在查询类、修改类业务的处理过程中，其实也存在收单行（代理行）和开户行的角色分工。

9. 多维度结合分层分类

上述的分类均是产品单一属性的分类，而我们真正需要的是多层次逐步细分的分类。有了上述对产品的多维度分类的基础，我们只要把这些分类组合起来，就可以达到多层细分的目的。我们首先要决定把哪一个分类作为第一层的分类，然后决定把哪一个分类作为第二层的分类。以此类推，直到我们认为分类足够细为止。例如，我们可以先按客户群进行分类，再按业务种类进行第二层分类，然后对第三层的业务种类进行账户细分。这样，我们就可以得出诸如"个人存款定期""法人贷款"等各种产品。

上面已经把银行产品的主要属性列举了出来，我们可以根据这些属性落实银行产品的分类。但在落实分类的过程中，我们可能会碰到一些值得考虑的问题。

31.4　银行产品的第一层分类

银行产品分类的关键是最上面几层的分类，而最上面几层分类的关键是第一层的分类。

第一层的分类可供选择的范围不多。据了解，多数银行会选择按客户群分类或按业务种类分类。为了便于分析，我们把客户群简化为只有个人、法人两种，把业务种类简化为存款（负债业务）、贷款（资产业务）、结算（中间业务）3种；然后，再用产品线、产品进行细分。基于上述假设，我们可以有两种选择：一是把客户群作为第一层分类，如表31-1所示；二是把业务种类作为第一层分类，如表31-2所示。

表 31-1　把客户群作为第一层分类

第一层	客户	个人								法人							
第二层	业务	存款			贷款			结算			存款			贷款		结算		
第三层	产品线	定期	活期	通知	流动资金	消费	住房	实时转账	支票	汇票	本票	定期	活期	通知	流动资金	项目	开发	实时转账	支票	汇票	本票
第四层	产品	……																			
		……																			

表 31-2　把业务种类作为第一层分类

第一层	业务	存款			贷款			结算			
第二层	产品线	定期	活期	通知	流动资金	消费/项目	住房/开发	实时转账	支票	汇票	本票
第三层	客户	个人 法人	个人 法人	个人 法人	个人 法人	个人 法人	个人 法人	个人 法人	个人 法人	个人 法人	个人 法人
第四层	产品	……									

从上面两种分类的对比来看，由于客户群与业务种类是产品分类的两个不同维度，所以不管采用哪一个分类方案，除了第一层属性没有重复外，下层的属性总会重复出现。例如，把客户群作为第一层分类，那么存款业务就会在个人与法人分类下重复出现；如果把业务种类作为第一层分类，那么个人和法人客户群就会在所有业务分类里重复出现。由于我们是根据产品不同的属性进行分类的，所以如果产品的某一类属性覆盖了全部产品，这种重复现象就不可避免。

那么，究竟哪一个分类方案比较好呢？笔者认为，根据中国的国情与中国银行业的实际情况，还是将客户群作为第一层分类比较好，理由如下。

1. 中国银行业产品的特性

有很多的产品，如一些通用的日用电子产品等，不一定有特别明显的客户属性，例如普通的电视机、电风扇等。这些产品个人适用，企业也适用。但中国的银行产品却有比较强的客户属性，通常对私的产品不适用于对公，对公的产品也不适用于对私。例如，同样是存款产品，就被严格区分为对公存款与个人存款。其中的责、权、利都有很大的差别，几乎可以认为它们不是同一种产品，而是两种不同的产品。可见，银行产品通常有比较强的客户属性。

2. 中国银行业的内部组织架构

在中国银行业里，各银行的内部组织架构不完全一样。就算在同一银行内，分类的根据也不统一。例如，业务部门有按客户群分类的，如分为个人业务部、对公业务部、机构业务部等；也有按业务种类分类的，如分为信用卡业务部、国际业务部等；甚至有按渠道分类的，如分为电子银行部、网络银行部等。

但是，由于中国银行业产品的客户属性，无论是按业务各类分类的信用卡、国际业务，还是按渠道分类的电子银行、网络银行，下面还是要按对公、对私再进行分类管理。可见，银行内部组织架构的主线还是以客户群分类。

3. 以客户为中心的理念

银行服务要求以客户为中心，以客户群作为产品的第一层分类能更好地实现这一目标。而先按业务种类分类、再按客户群分类的做法，把客户服务割裂为多块，不利于客户的统一视图管理。

4. 银行客户群分类的其他定位

在上述把业务种类作为第一层分类的例子里，客户群分类被定位在第三层，处于业务、产品线之下。其实，该例子只是按客户群分类定位的诸多方案中的一种。我们可以把客户群分类放在第二层，使其在业务和产品线之间；我们还可以把客户群分类放在第四层，使其在产品层之后。特别要提醒的是，目前在例子里，我们只把产品的相关属性简单分为业务种类 – 产品线 – 产品 3 层；其实，还可以细分为例如业务种类 – 产品群 – 产品线 – 产品 4 层，并且下面还可以细分。这样，客户群分类最应该定位在哪一层就需要仔细思考了。

而把客户群作为第一层分类，就不需要在这方面纠结。

5. 信息系统其他客户群的定位

如果我们把客户群作为产品的第一层分类，按我们对系统当事人的定义，除了银行客户外，当事人还包括第三方机构和银行内部客户。第三方机构和银行内部客户使用的产品与银行客户使用的产品本来就不是一样的，前者的这些产品可能已经不在核心银行系统内。因此，这些产品的分类完全不影响银行产品的分类。

6. 兼顾银行信息系统的架构

目前，中国的银行，其业务几乎都已经由计算机来处理了。我们在规划银行产品的分类时，要考虑银行产品如何划分，才更有利于由信息系统进行处理。

当前，银行信息系统面临最大的问题是系统越来越庞大、内部结构越来越复杂。所以，信息系统内部架构是否松耦合是衡量一个信息系统好坏的重要标志。许多银行的信息系统已经把一些非核心银行业务的处理剥离到核心银行业务外，使核心银行处理与非核心银行处理相对松耦合。

尽管业界对核心银行业务没有一个公认的准确的定义，但笔者认为，所有业务，只要其核心处理会引起客户在银行的资产、负债或其他权益发生变化，该核心处理都应该算是核心银行业务。可见，在银行信息系统里，就算剥离了所有非核心的应用，核心银行系统仍是一个最大的系统。对银行来说，核心银行系统有任何问题，其影响都是全面的、致命的。对核心银行系统进行进一步的分割、解耦，让其成为相互之间松耦合的几个部分，使其中某部分出现的问题不要影响全局，是今后核心银行架构要解决的、目前相当多银行的信息系统还没有很好解决的问题。

核心银行系统的分割与银行业务的分割有密切的关系。银行产品的划分是信息系统架构划分设计的基础。

在中国银行业电子化的进程中，银行信息系统就曾经有很长一段时间是按用户进行划分的，如分为对公系统、对私系统等。反过来，据了解，完全按负债、资产、中间业务分类的信息系统好像没有先例。

如果银行产品本身首先是按个人、法人分类，那么要分割核心银行系统，我们可以重新把核心银行系统分为个人、法人系统。这样，核心银行系统至少可以由一个庞大的系统变为两个相对小一点的子系统。更进一步，个人系统还可以按照某种规则进一步细分为若干子系统。合理的产品分类将为实现核心银行系统解耦打下良好的基础。

核心银行系统按用户进行分割解耦，与银行业务部门主要以客户群划分相匹配，有利于科技与业务的结合。

综合上述中国银行业产品的特性、中国银行业的内部组织架构、以客户为中心的理念、银行客户群分类的其他定位、信息系统其他客户群的定位、兼顾银行信息系统的架构，无论从哪一方面考虑，我们都可以认为，把客户群作为产品分类的第一层最为顺理成章。

31.5 其他产品属性和分类维度

解决了上面几层的产品分类后，我们需要思考，银行产品的其他属性是否也可以用来进行分类。这是我们在产品分类里要解决的又一个问题。

31.5.1 银行卡产品

银行卡产品在过去一段时间里是银行的一类重要产品。

银行卡产品主要有借记卡和贷记卡。实际上，持卡人所享受的服务与银行的其他客户所享受的服务没有本质的区别。以个人卡为例，作为借记卡，其消费行为本质上相当于个人业务里结算业务的个人－法人转账业务；作为贷记卡，其消费行为本质上相当于个人业务里贷款业务的消费－贷款业务。

银行卡是银行账户的一种服务介质。从当前移动支付的发展趋势来看，移动金融服务基本上都是无物理介质服务。尽管个人借记账户的各种结算业务、个人贷记账户的消费－贷款业务会蓬勃发展，但银行卡持卡业务的发展可以说已经走到尽头。银行卡在短期内会保留其作为银行账户介质的作用，但这种作用随着银行业电子化的发展也将逐步式微，并最终消失。所以，在产品分类中，银行卡可以作为介质属性，与银行的各种单证、票据进行分类（后面会详细分析）。

31.5.2 按其他属性分类

银行产品除了上述描述的属性外，还会涉及一些其他的属性。例如，一些业务涉及跨客户群、跨币种、跨地域、跨行的处理；一些同类的产品涉及不同的期限、渠道、介质等。这些属性是否也可以用来进行产品分类呢？下面对这些产品属性逐一进行分析。

1. 跨客户群

银行的一些产品提供跨客户群的服务。这类产品有个人－法人产品，如代缴公共事业费；法人－个人产品，如代发工资；B2C业务；等等。这类产品的实质就是个人借、法人贷，或者法人借、个人贷。与基础产品相比，这算是一种组合产品。

2. 跨币种

首先，不同币种的产品由于其定价、核算都不一样，应该属于不同的产品。

银行的一些产品提供跨币种的服务。这类产品有外币兑换、结汇售汇、外币（汇）买卖等。另外，一些组合产品也包含这些外汇买卖类的产品，如人民币国际卡境外消费。跨币种产品也算是一种组合产品。

3. 跨地域

银行的一些产品提供跨地域的服务。这里说的跨地域泛指跨银行基层核算单位的业务，如跨核算网点、跨市、跨省，甚至跨国家。这类产品涉及跨地域、跨国的结算，许多通存通兑产品属于这类产品。作为一个现代的银行信息系统，跨地域的产品与本核算单位的业务相比，仅在核算上有所不同。而目前大家都意识到产品与核算应该松耦合，所以，跨地域和不跨地域本来应该算是同一种产品。但是，银行通常会对一些跨地域、跨国的业务收取相应的费用，特别是跨国的业务，还涉及不同的方式会走不同的汇路、收取不同的费用。如果银行需要对不同的收费进行分类效益考核，那么，银行对收取不一样费用的跨地域产品可以进行进一步细分。

4. 跨行

银行的一些产品提供跨行的服务。这类产品中最典型的是 ATM 跨行取款。

跨行业务主要有两类：他代本业务和本代他业务。他代本业务涉及某种特定渠道（非本行渠道），涉及跨行核算与清算（清算也是核算的范畴）。产品与核算应该松耦合，所以，与本行业务相比，他代本业务本来不应该算是另外一种产品。但是，一些银行对某些跨行业务会收取相应的费用。如果银行需要对不同的收费进行分类效益考核，那么，银行对收取不一样费用的跨行产品可以进行进一步细分。本代他业务就是通常说的收单业务。收单业务本身是一种产品。

5. 不同期限

银行的一些产品通常会有期限的属性。不同的产品期限通常有不同的权益。产品期限涉及几乎所有的资产负债业务，如存款有不同的期限、贷款有不同的期限等。不同期限对应不同的利息、利率。从精细化管理的角度来看，同一类产品如果期限不一样，定价也不一样。为了能评价每一个定价的合理性，银行可以对不同期限的产品进行进一步细分。但是，如果完全按期限来细分，也许会使产品的细分种类太多。因此，我们也可以根据管理精细度的实际要求，把不同的期限进行某种合并管理，以降低管理成本，如合并为长期、中期、短期等。但是，这样就不能区分合并范围里的期限效益差别了。

6. 不同渠道

银行的一些产品会根据不同的渠道来提供相应的服务。通常，不同渠道有不同的物理特性、不同的安全等级。为了保证银行和客户的权益，银行会根据不同渠道的特点来提供有差异的服务。例如 ATM 取款受 ATM 出钞口的限制，一次取款金额通常限制在几千元以内。

不同渠道的界面和风格不一样，客户的感受也不完全一样。某些渠道除了可以让客户享受到银行的基本服务外，还可让其享受到另外一些附加服务或增值服务。

从理论上来说，所有非现金业务都可以通过各种离柜渠道实现。一个好的系统应该通过渠道整合，使客户能够在不同的渠道上获得同样的基本服务（除渠道附加的增值服务外）。这里的基本服务，是指屏蔽了各种渠道差异的统一的服务。所以，如果能通过不同的渠道来获得相同的基本服务，该服务应该算是同一种产品。但是，从管理会计的角度来看，如果我们要考核不同渠道的效益，那么就要对不同渠道的产品进行进一步细分。

7. 不同介质

银行的一些产品会针对不同的介质提供相应的服务。不同的介质指各种票证、单折、银行卡等。银行卡根据其物理特性可分为磁条卡和芯片卡等，根据其业务种类可分为借记卡、贷记卡等，还可分为普通卡、银卡、金卡、白金卡、钻石卡等。

通常，不同的介质，其承载的访问标识可能对应着不同的账户，从而对应不同类的产品。从这点来说，不同的介质对应的产品可能不一样。

但是，目前许多银行允许一个介质的访问标识对应多个账户，从而对应多种产品。这样，不同的介质对应的账户和产品可能存在交叉。交叉的产品就是相同的产品。

另外，不同的介质在对应相同的产品里，其责、权、利可能不完全一致。例如，用白金卡消费比用普通卡消费有更大的透支额，可以享受更高的积分，还可以享受某种利率、费率的优惠。对于这类产品，如果认为产品功能虽然相同，但责、权、利有差异，我们要精细地考核产品的绩效，那么可以对不同的介质对应的产品进行进一步细分。

以上的各种属性在多数银行产品里会同时出现，比较典型的是持人民币国际贷记卡在境外消费。这时候，银行产品提供的服务同时具备跨客户群、跨币种、跨地域、跨行、有期限、在某种渠道上使用某种介质的属性。

总之，银行产品有各种各样的属性。我们将一些属性作为产品分类的依据，可将其称为分类属性。另外一些属性，我们没有用来进行产品分类，可将其称为普通属性。

案例

为了让读者更好地理解产品的多层分类，这里根据上述分析，展示以个人存款活期、定期业务进行产品分类的例子，如表31-3所示。例子中简化了许多因素，仅作为一个产品分类的参考。

表31-3 产品分类举例

产品逐层分类							产品名称	属性		
一	二	三	四	五	六	……		一	二	……
客户	币种	业务大类	业务中类	性质	介质	……		渠道	期限	……
个人	本币	存款	活期	普通	存折	……	个人活期普通存折存款			
个人	本币	存款	活期	普通	卡	……	个人活期普通卡存款			
个人	本币	存款	定期	整存整取	存单	……	个人定期整存整取存单存款			
个人	本币	存款	定期	整存整取	一本通	……	个人定期整存整取一本通存款			
个人	某外币	存款	活期	普通	存折	……	个人某外币活期普通存折存款			
个人	某外币	存款	活期	普通	卡	……	个人某外币活期普通卡存款			
个人	某外币	存款	定期	整存整取	存单	……	个人某外币定期整存整取存单存款			
个人	某外币	存款	定期	整存整取	一本通	……	个人某外币定期整存整取一本通存款			
个人	多币种	存款	活期	普通	一本通	……	个人多币种活期普通一本通存款			
个人	多币种	存款	活期	普通	卡	……	个人多币种活期普通卡存款			
个人	多币种	存款	定期	整存整取	一本通	……	个人多币种定期整存整取一本通存款			

通过上述的分析，我们得出的结论是，银行产品体系的分类并没有一个统一的行业标准：分类太粗，不利于精细化管理；分类太细，管理成本太高。具体如何分类、分类的粒度如何，我们应该根据银行的具体经营战略、业务架构、组织架构、精细化管理水平、管理会计的要求、有利于信息系统的可持续发展等各种因素来确定，从而定制合理的产品体系架构。

第 32 章 银行产品与银行账户、核算的关系

由本书的第 19 章，我们已经知道，银行产品是由银行创造、供市场和客户选择、为能满足客户的各种需求而提供的金融交易和服务。而银行账户就是记录银行客户在获得银行相关服务时，其资产、负债或其他非货币权益类东西的现状与变化历史的簿记。

银行账户可以分为两大类：一类是分户账，直接对应银行的某类资产、负债或其他非货币权益类东西，记录其现状与数量变化；另一类是总账，也就是总分类账。总账可以根据银行管理的需要，设立不同粒度的总账科目，对应各种分户账进行不同粒度的统计。

银行的核算功能就是对各种银行账户进行簿记。银行的核算也可以分为两大类：一类是明细核算，另一类是综合核算。明细核算对应的是分户账，综合核算对应的是总账。

由上述内容可以看出，银行产品与银行账户、核算密切相关。接下来，我们进一步分析它们的关系。

32.1 银行产品与银行账户的关系

从上述分析可知，在提供核算服务时，银行产品与银行账户的关系如下。

1. 产品与分户账的关系

产品与分户账的关系有 3 种。

（1）一类产品对应一个分户账。

例如存款类产品。对某次服务而言，某类存款产品只对应某个分户账。

（2）一类产品对应多个分户账。

例如跨账户的结算产品。这类产品要么对应某客户的两个不同的账户，要么对应

不同客户的不同账户。

（3）一类账户对应多种产品。

例如存款类账户。某客户的存款账户除了可以对应存款产品外，还可以对应各种结算产品。

2. 产品与总账的关系

产品可以按需要与要求进行不同粒度的分类，总账里与产品对应的科目，也可以按需要与要求进行不同粒度的细分，以与产品形成对应关系，如图 32-1 所示。

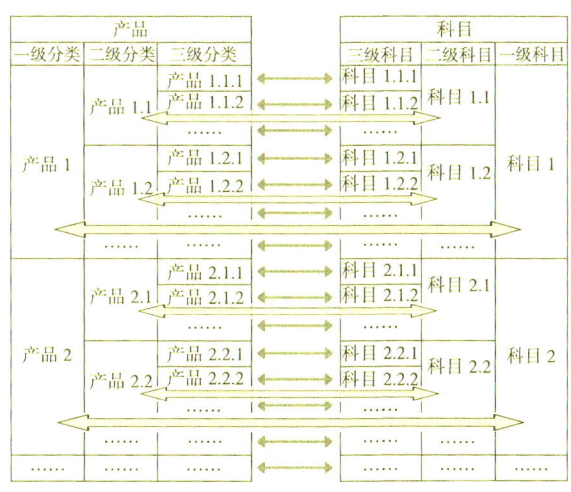

图 32-1　不同粒度分类的产品与不同粒度细分的科目的对应关系

从图 32-1 可知，如果从管理精细化的要求来看，我们需要对产品进行分类，那么，总账的对应科目也可以进行同样的细分，以满足管理会计分类管理的要求。

32.2　银行产品与核算的关系

在银行电子化进程的初期，银行业务的计算机处理基本是模仿人工操作的流程进行同样的处理。那时候的银行计算机应用系统在应用架构上，产品与核算，特别是产品与明细核算是紧耦合的。

核算，特别是交易系统的综合核算，实际上是满足银行内部管理的需要，与银行客户的关系不大。银行交易系统综合核算的具体实施细则，会根据银行的管理水平、不同时期市场与监管的需要与时俱进地进行修改。如果在应用架构上产品与核算耦合太紧，核算规则的变化就会引起交易程序的大量修改。所以，笔者在20世纪90年代初就提出，银行交易系统的应用架构应该实行产品与核算分离。这一观点也是当前业界普遍认同的观点。

对于银行信息系统来说，在应用架构上把产品与综合核算分离相对比较容易。据了解，当前许多银行的信息系统、许多在建的银行新系统，均号称已经实现了产品与核算（综合核算）分离；但信息系统在应用架构上真正实现产品与明细核算分离的，笔者好像还没有听说过。

对比综合核算，在应用架构上实现产品与明细核算分离，确实比较困难。相对于综合核算，产品与明细核算的关系要密切得多。为了安全与可靠，所有涉及核算的交易，几乎都要求实时同步地进行明细核算，也就是需要实时同步更新明细核算对应的分户账。而如果该交易不涉及严格的风险敞口或头寸管理，综合核算完全可以异步或事后更新相关科目。

所以，把产品与明细核算彻底分离，就是要把两件必须同步要做的事情分到两个地方去做，并且还要面对以下一些待解决的问题。

32.2.1 账户的非核算处理

我们可以把核算处理从产品处理中分离出去，但对于一些非核算的账户处理，我们又应该如何做呢？举例如下。

1. 非核算类的账户增、删、改、查等操作

对于非核算类的账户增、删、改、查等操作，如账户的开销户等，应该由产品负责还是由核算负责？

根据核算的定义，核算是对账户进行簿记。狭义的核算仅涉及核算簿记的实施。账户的非核算修改肯定是产品本身提供的辅助功能。但考虑到实施产品与核算分离后产品与账户的松耦合，可以定义账户的广义簿记动作包括上述所有对账户进行增、删、改、查动作的实施。

所以，所有对账户的增、删、改、查，包括开销户的操作，其实施细则、运算过程等应该由产品负责。核算可以根据产品的簿记要求，用产品的运算结果对账户进行更新。

2. 利息计算、计提操作

对于利息的计算、计提，应该由产品负责还是由核算负责？

其实上面第一点已经回答了这个问题。利息计算涉及的要素太多，包括产品的种类、客户持有产品的状态（如没到期、逾期）、特殊客户与特殊账户的个性化优惠等。所以从概念来说，所有涉及利息的计算与计算规则均应该是产品的功能。举例来说，存款账户的利息计算应该由存款产品负责，贷款账户的利息计算应该由贷款产品负责。明细核算只负责对利息计算的结果进行簿记。

当然，在具体落地的方案中，如果是批量计息，且计算的方法与利率取得的途径有标准可依，那么在设计物理架构时，批量利息计算模块可以放到核算系统中，由产品提交利息计算要求与计提标准，让计息运算与利息簿记同时在核算系统里进行，以提高效率。

这里涉及一个概念：信息系统架构的规划有不同的模型层次，包括概念模型、逻辑模型、物理模型。产品与核算的划分也有这几个模型层次。概念模型上相同的东西，在落实到物理模型时，未必都需要放在一起。反之，在物理上放在一起的东西，在概念上未必是同样的东西。

3. 账户关系处理

客户在银行里的分户账，有的是相互之间有某种关系的。这些关系包括特定的转账关系、特定的主从关系等。

例如个人对外转账，一些银行提供了所谓的注册账户概念，对于已注册的第三方账户，转账的责权（安全认证、转账金额等）与没有注册的账户是不一样的。又如，一些银行对企业提供现金管理服务。银行根据与企业的约定，让企业子公司的资金按某种规则进行自动的调拨，而无须企业逐次提交申请。

从概念来说，账户之间的关系属于客户信息里的账户关系信息，该信息供对应产品去访问核对。例如上述注册账户，应该由转账产品去访问核对；主从账户关系，应该由现金管理产品去访问核对。这些账户之间的核算要求，应该由产品向核算系统提交,由核算系统进行簿记。

还有些具体功能需要我们去厘清其产品或核算属性,这里就不一一列举了。我们只有把产品与核算功能区分清楚,才能为在系统架构上实现产品与核算分离打下基础。

32.2.2 应用架构与效率

把产品与明细核算分离,应用架构在宏观上就实现了两者之间的松耦合,如图32-2所示。

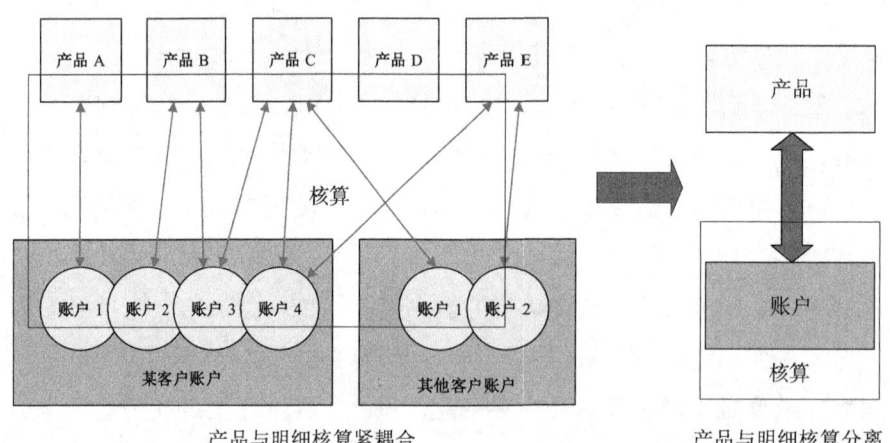

图 32-2 产品与明细核算

但在实际的编程方面,原来只用一个程序就把产品与核算都搞定了,但现在要分为两个程序、两个应用,甚至是两个不同的子系统才能搞定。既然是两个不同的程序、应用或子系统,二者之间就还存在信息传递的环节。也就是在微观上,程序变复杂了。加上信息传递环节,系统的开销肯定比不分离要大。

也许正因为上述几点或者还有其他原因,到目前为止,笔者还没有听说哪个银行的信息系统已经实现了产品与明细核算分离。

那么,产品与明细核算是否应该分离呢?

32.3　银行信息系统存在的问题及解决方案

随着银行业务的发展，银行对外服务的广度和深度不断增加，银行内部管理也越来越精细化。银行的信息系统越来越庞大，信息系统里各种各样的应用系统越来越多，各应用系统的功能也越来越多。应用之间、程序之间的关系也越来越复杂。系统的维护与修改往往牵一发而动全身。系统维护的开销越来越大，新产品创新的效率越来越低，系统的可靠性也随着系统规模的膨胀而下降。这种情况不仅严重影响系统的发展，还使系统日常的正常运转与维护的安全可靠都得不到保障。人们把上述情况称为软件危机。

究其根本原因，是程序、应用与系统越来越多，并且它们之间的关系越来越复杂，系统间的松耦合没有实现。

要解决软件危机，最根本的方法是解决系统之间、应用之间的松耦合问题，具体做法如下。

32.3.1　系统解耦

系统解耦包含如下两方面的内容。

1. 把一个大系统分解为多个小系统

如果我们能把原来紧耦合的系统分割为 10 个相互松耦合的系统，并且这 10 个分割后的系统的规模大致相同，那么相对原来的系统，每个系统的规模就降低了一个数量级。

2. 多个系统之间形成服务的关系

系统间的信息交换与服务调用使用标准接口，可以实现系统间的松耦合；再加上系统分割，系统的耦合度就可以降低一个数量级，系统维护的开销将快速地下降，创新效率、系统的可靠性会成倍地提高。事实上，许多银行也是按照松耦合的思路去发展与改造它们的信息系统的。

32.3.2　核心银行系统解耦

在分割信息系统、建立各子系统间松耦合关系的过程中，各银行都发现，在银行信息系统的各子系统中，核心银行系统是一个最关键、最大的系统。无论怎样把各种各样的"非核心功能"从核心银行系统中剥离，剩下的核心银行系统比起其他系统还是太大了。就算其他系统之间已经是相对松耦合，但核心银行系统内部的各种应用还是太多、关系还是太复杂。而核心银行系统承载了银行客户服务最主要、最核心的功能，其内部的松耦合是整个信息系统松耦合的关键。不解决核心系统内部的松耦合问题，整个信息系统的松耦合就无从说起。

本书前面已经介绍了核心银行系统的定义。根据该定义，客户分户账与对分户账进行簿记的核算肯定应该算是核心银行系统的内容。而提供金融结算、融资、资产增值服务功能的，就是银行的各种核心金融产品。试想一下，如果一个银行有上亿个账户，有数千个涉及明细核算账户的产品，并且这些账户与产品都在一个系统内，这该是一个多大的系统。

事实上，到目前为止，核心银行系统大多数都包括核心产品和对应的客户分户账。要让核心银行系统"瘦身"并实现松耦合，最理想的方案是把产品从核心银行系统中剥离出去。从对产品的深入分析可知，银行产品实际上是根据各种规则进行各种运算的一组程序，产品基本上不会包含客户的动态信息。将产品剥离出核心银行系统，并不会影响银行信息系统的核心安全。这样，核心银行系统会实现极大的瘦身目标。这就是银行进行产品与明细核算分离的现实需求。

要实现将产品从核心银行系统剥离，除了要明确产品的概念、弄清楚产品与核算的关系外，还要整理与完成银行产品体系的建设。（请参考第 31 章。）

32.3.3 核心银行解耦的可行性

随着技术与观念的进步，银行产品与明细核算分离变得既有需要又有可能。

1. 技术发展

IT 技术一直按摩尔定律在发展：当价格不变时，集成电路上可容纳的元器件数目，约每隔 18 个月便会翻一番。换言之，用相同的价钱能买到的计算机的性能，将每隔 18 个月翻一番。银行产品与明细核算带来的系统开销如果仅是成倍增长，那么在一两年以后，该开销就会被 IT 技术的发展所抵销。

2. 观念转变

银行产品研发人员对产品与账户、核算的关系越来越明晰，越来越深切地体会到，与应用系统松耦合相比，其他问题都是次要的。

在此基础上，许多银行都在完善银行产品体系建设。近期，业界又提出了产品工厂的概念，这意味着银行朝着实现产品与明细核算分离的目标向前迈出了一大步。

32.4 产品工厂

完善的银行产品体系能为我们建立银行信息系统的产品工厂打下良好的基础。

银行信息系统的产品工厂概念是一个较新的概念，在业界还没有形成完整、准确的共识，也没有形成最佳实践与典型。但是，以下产品工厂的概念应该是业界的共识。

1. 独立

产品工厂可以是信息系统里一个相对独立的系统。

2. 服务

产品工厂在银行向客户提供产品服务的过程中，根据客户的服务要求，完成对应的各种子服务。服务如果涉及核算，还能协助完成对应的核算。

3. 创新

产品工厂实现了产品规格参数化、产品功能组件化、服务流程标准化。在这基础上，产品工厂除了能完成面向客户的各种产品服务外，通过参数的修改或追加、组件的组合、流程的选择，还能快速定制与创新产品。

（1）产品规格参数化。

这就是上面所说的要完善产品体系的建设，就要通过对全部产品的梳理、归纳、抽象，把区别此产品与彼产品的各种产品属性抽取出来，并根据产品各属性，按销售与管理需要对产品进行多层次、不同粒度的分类，形成企业级的产品目录。

（2）产品功能组件化。

一个银行产品代表的是一项完整的客户金融服务。通常，一项客户金融服务要求由多个内部动作组成。这些动作包括计算机操作与业务操作。计算机操作有读取并分析服务申请信息，读取各种计算机数据库，更新各种数据库信息，写入各种数据库信息，组织并发送服务结果信息，记录服务日志等。业务操作有各种合法性检查、日期计算、金额计算、利息计算等。在产品工厂里，所有这些动作会形成基础服务组件，以备不同的产品按需调用。所有这些基础服务在被调用时，可以参照对应产品的相关参数，以做出准确的操作。

（3）服务流程标准化。

一个客户服务在信息系统里会被分解为系统的多个子服务。不同的服务，实现各子服务的服务顺序可能会千差万别。我们也应该把所有的服务流程进行梳理、归纳与抽象，找出其规律并形成标准。

例如，从宏观上分析，银行的绝大部分客户服务可以分为收单行服务、开户行服务。如果涉及结算服务，开户行服务还可以细分为借记行服务与贷记行服务。当然，从微观上来看，服务流程可以进一步细分与标准化。有了各种服务流程标准，产品工厂可以根据不同的服务，安排对应的服务流程。

（4）产品工厂子系统。

如果我们的信息系统贯彻了产品工厂的概念，并建立了相对独立的产品工厂子系统，我们就有了把产品与明细核算分离的基础，从而最终可以完成产品与核算分离的应用架构。

但这并不是产品工厂发展的最终状态。由于银行产品的多样性，如果把所有银行产品都归纳到一个产品工厂内，这个产品工厂也许会太大。所以，信息系统内的产品工厂可以不止一个。根据产品的顶级分类，参考产品的数量与日均交易量，我们也许需要建立多个产品工厂，如企业客户产品工厂、个人客户产品工厂、第三方客户产品工厂等。产品工厂的最终形态也许是一个子系统群。

32.5 核算工厂

在实施了产品与综合核算分离后，再把产品工厂从银行信息系统的核心银行系统中剥离出去，核心银行系统基本上就只剩下明细核算的功能与各种分户账了。仿照产品工厂的概念，我们可以将此时的核心银行系统称为明细核算工厂，简称核算工厂。

核算工厂的功能基本上只有单一的分户账簿记功能。该功能主要是根据产品工厂提出的服务申请，对各分户账实施增、删、改、查操作。上述簿记功能包含了部分非账务的动作，所以应该算是广义的核算功能。

与产品工厂类似，由于银行分户账的数量巨大，如果把所有银行的核算与分户账都归纳到一个核算工厂内，这个工厂也许太大了。

因此，我们可以参照产品工厂的划分，再根据分户账的数量及分户账对应的日均交易数量，同时在信息系统内建立多个核算工厂。核算工厂的最终形态也可能是一个子系统群。

此时，产品工厂与核算工厂可能是一对一的关系，也可能是一对多的关系，还可能是多对一的关系。但无论如何，产品工厂与核算工厂都是信息系统里的服务组件。它们之间的服务调用可以通过服务总线进行，也可以通过多级总线的某一级进行。

产品与核算分离前后的应用架构如图32-3所示。

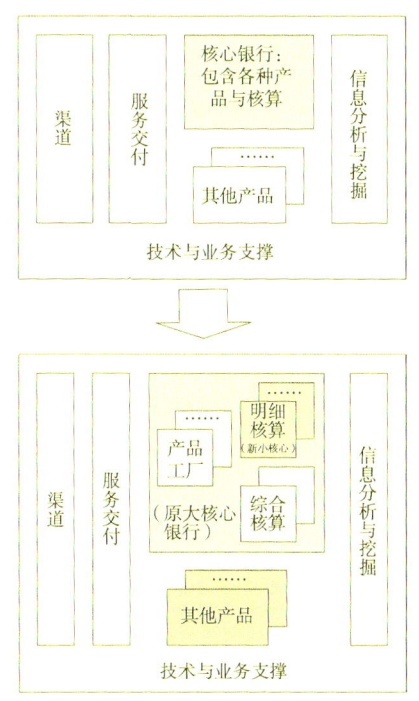

图32-3　产品与核算分离前后的应用架构

到目前为止，我们已经找出了如何从根本上解决核心银行系统"瘦身"与松耦合的方案，即把核心银行系统分解为多个产品工厂与核算工厂，并让它们之间形成服务关系，以达到松耦合的目标。

这不由得让我们回忆起银行电子化的进程。在银行电子化进程的初始阶段，银行的应用系统大多就分为对公系统、对私系统、信用卡系统等。后来，大家搞大集中和综合系统，许多银行把一些原来分散的系统集中到一个系统，形成了今天所谓的核心银行系统。

时至今日，我们又提出要拆分系统。这印证了那句话"分久必合，合久必分"。

在前文论述基础设施架构时提过：与任何事物发展一样，从分散到集中，又从集中到分散，这种否定之否定不是简单地回到从前，而是螺旋向上。从分散到集中，是应用的集中；从集中到分散，是服务的分散。

第 33 章　企业级客户信息系统

要讨论银行信息系统的企业级客户信息系统（Enterprise Customer Information System，ECIS），我们首先要了解银行为什么需要一个客户信息系统，银行信息系统的客户有哪些，而这些客户各自又有哪些信息需要银行去关心与管理。然后，我们再来探讨银行需要一个什么样的客户信息系统，以及如何建设银行的企业级客户信息系统。

33.1　客户信息系统的作用

在银行业务没有实现电子化前，银行较难拥有可靠的客户信息，所以也基本上做不到真正管理自己的客户。

特别是在银行的某些业务没有实现实名制前，个人客户到银行开立账户时，不一定需要提供身份证明。之后，他们获得银行服务的唯一条件就是他持有银行的相应单证，最多加上印鉴认证。而他们在银行留下的名称，可能是真名，也可能是随便取的假名。

在实名制的业务里，银行需要收集与保留一些基本的客户信息，如姓名、住址、证件号码等，以便识别不同的客户。这些客户信息会收录在一些相应的登记簿里。

在银行实现电子化的初期，不同业务的应用系统基本上是独立研发、逐步上线的，所以，对应要管理的客户信息通常也分布在不同的应用系统里。由于客户信息没有一个统一管理的机制，这些客户信息存在数据不完整、不一致、冗余等情况，给银行管理带来了很多问题。

随着时代的发展，银行的经营管理对银行信息系统的客户信息要求越来越高。当前，通常哪个企业能为客户带来持续的利益，哪个企业就有了持续发展的可能性。否则，即使你今天貌似强大，明天也可能会轰然倒下。为了能更好地为客户服务、为客户创造利益，银行就必须对客户有一个完整、准确的全视图。首先，我们要识别客户，知道我们在为谁服务。然后，我们要尽可能地了解每一个为之服务的客户，知道他们真正需要什么、关心什么；他们的偏好、习惯；与他们打交道的风险，他们能为银行带来多少潜在收益；银行已经为他们提供的产品与服务，将来可能为他们提供的产品与服务；等等。所有这些都是极需要我们关注的，以便我们能为不同的客户提供合适的产品与服务，为客户带来他们期望得到的价值；同时，也为银行创造价值。这就是当代银行需要一个完善的企业级客户信息系统的根本原因。

33.2 银行的客户与信息系统的客户

在许多银行的信息系统里，所谓的客户，通常指的是个人客户与法人客户。这些银行的客户信息系统也主要是针对这两方面的客户而建立的。实际上，上述两种客户只是银行的客户，而银行信息系统面对的客户，其内涵要比银行客户广泛。为了区别信息系统的客户与银行的客户，我们把信息系统的客户称为信息系统的当事人。所以，银行信息系统的客户信息系统，其管理的对象是信息系统的所有当事人。

本书前面已经描述过，信息系统的当事人包括银行外部客户与内部客户。外部客户包括个人客户、法人客户、第三方机构、监管机构。内部客户包括员工、管理者、信息系统维护人员、内部机构。

可见，信息系统客户的范围比银行客户的范围大了很多。为了能更好地支撑银行的经营与管理，一个完善的银行信息系统，其客户信息系统要管理的客户、要收集与管理的客户信息，比我们想象的要多得多。所以，我们才把这种客户信息系统称为企业级客户信息系统。

从上述对银行信息系统当事人种类的分析中可以看出，尽管当事人的种类较多，但与银行客户类似，他们也基本可以分为两大类：一类为个人客户；另一类为非个人客户，我们将其称为法人客户。下面举例说明两类客户信息包含的主要内容。

33.3 个人客户信息

银行客户信息系统需要收集与存储的信息大致可以分为三大类。笔者把这三大类信息称为客户服务信息、客户行为信息、客户评价信息。

1. 客户服务信息

客户的基本信息、关系信息等,通常需要存放在信息系统的交易服务系统中,供交易服务系统为客户提供服务时识别客户所用,所以笔者将其命名为客户服务信息。其主要内容如下。

(1)基本信息。

①自然信息,包括姓名、别名、曾用名,出生日期,性别等。

②社会信息,包括国籍、有效个人身份证件种类与证件编码、学历、职称等。

③家庭信息,包括婚姻状况、配偶信息、家庭其他成员信息等。

④联络信息,包括移动电话、联系地址、邮编、电子邮箱、其他联络渠道(如微信、QQ)、紧急情况下可以与之联系的联系人信息等。

⑤工作情况,包括当前工作单位信息、岗位、薪酬等。

⑥财务状况,包括各种动产、不动产数据等。

(2)客户关系信息。

①银行产品及相关协议。

银行产品及相关协议包括客户拥有的银行产品及与银行签署的各种独立的服务协议。

②账户信息。

客户在银行拥有的所有资产、负债及其他权益类的账户和注册的关联账户,包括自有账户、联名账户、担保账户、相关第三方账户等。

账户信息包括上述账户的账户类型,账号,余额,特殊责、权、利等。

③账户之间的关系。

上述账户信息中所列举的账户之间的关系,包括主从关系、担保关系、转账关系等。

④访问标识信息。

访问标识的定义是,代表唯一客户,通过银行提供的某种渠道对其进行认证后,能被允许访问银行信息系统的代码串。例如,各种用户名、别名、身份证件编号、手机号等,也可以是传统的账号、卡号等。访问标识信息具体包括以下4种。

a. 已注册的访问标识,即银行提供的某种界面注册成功、为银行认可的所有访问标识。

  b. 访问标识与账户的关系，即某一个访问标识可以访问哪些账户。

  c. 访问标识适用的渠道。许多银行规定，在某些渠道上只能使用某种访问标识。例如，在 ATM 上只能插入银行卡（某些银行也允许人工输入银行卡号）；在手机银行中，可以通过绑定手机号作为访问银行的标识。

  d. 访问标识认证方式与认证信息。对应访问标识的不同场景的认证方式，以及对应认证方式加密后的认证信息。

2. 客户行为信息

（1）客户的银行行为。

客户与银行打交道的所有事件。

（2）客户社会行为。

可以收集到的、银行认为有价值的客户社会行为。

3. 客户评价信息

（1）客户偏好。

例如，产品类型偏好、投资期限偏好、风险偏好等。

（2）客户画像。

客户画像主要由各种客户标签组成。

（3）客户信用。

客户信用包括银行信用，以及能收集到的各种社会信用机构对其的信用评价。

（4）客户贡献度。

（5）综合评价。

综合评价是综合客户信用与客户贡献度而得出的。

33.4 法人信息

与个人客户信息一样，法人信息通常也包含客户服务信息、客户关系信息、客户行为信息、客户评价信息 4 部分。

1. 客户服务信息

（1）企业信息，包括名称、性质、有效法人证件种类和编码、注册日期、有效期限、营业执照号、注册资本、注册地点、批准机关、主营业务等。

（2）关联企业，包括控股企业、被控股企业、母公司、子公司等。

（3）企业状况，包括资产、营业额、利润、员工人数等。

（4）企业要员。

①法人代表，包括姓名、出生日期、有效个人证件、电话等。

②最高行政负责人，包括姓名、出生日期、有效个人证件、电话等。

③财务负责人，包括姓名、出生日期、有效个人证件、电话等。

④联络信息，包括办公地址、联系人、联系电话、电子邮箱、企业门户网站等。

2. 客户关系信息

与个人客户信息大致相同。

3. 客户行为信息

与个人客户信息大致相同。

4. 客户评价信息

与个人客户信息大致相同。

33.5 银行企业级客户信息系统架构模型

从上述对企业级客户信息系统需要收集与管理的信息种类进行分析可知，客户信息不仅种类繁多，而且性质各异。并且，上述仅列出了部分主要的信息。在实际应用中，不同的信息会在不同的场合收集、加工，存储在信息系统中不同的地方，供信息系统的不同应用使用。

要建立企业级客户信息系统并达到上述的要求，我们可以对系统模型进行从宏观到微观的逐步细化分析，最终形成系统的架构模型。

33.5.1 概念模型

从概念模型来说，企业级客户信息系统是一个完整、统一的客户全视图系统。所谓完整、统一，包含如下含义。

1. 完整

从概念上，完整指的是企业级客户信息系统包含了所有与客户密切相关的信息（包括但不限于上述列举的客户服务信息、客户行为信息、客户评价信息），不管这些信息物理上存放在什么地方。

通过企业级客户信息系统，我们可以完整地拥有希望拥有的每一个客户的所有信息。

2. 统一数据标准

统一数据标准指的是，所有客户信息的数据都遵循统一的数据标准，包括数据名称、定义、格式、取值范围等。

3. 统一冗余管理

统一冗余管理指的是，为了保证客户信息的唯一性与准确性，所有客户信息的冗余策略、冗余的程度、冗余的同步机制都有标准可循。

33.5.2 逻辑模型

客户信息系统的逻辑模型包括客户信息系统相关数据的分布、存储与流转。不同数据的存储会采用不同的数据库形式。

由于银行需要的客户信息种类繁多、性质各异，收集、使用的场合和方法不一，这决定了银行不可能用一种数据库或一个数据库把所有相关的客户信息都装起来，也不可能把企业级客户信息系统建设成为一个封闭的系统。

相反，一个完整的企业级客户信息系统应该被建设成为一个开放的系统，以满足各种不同的银行经营管理业务需要。它应该既包含分析型的数据仓库、数据集市等，也包含传统的操作型的数据库。

通常，分析型的数据仓库应该存储所有的客户信息，并且根据分析需要，可以通过冗余不同的信息建立不同的数据集市。

根据不同的应用需要，操作型的数据库一方面存储从交易数据中得到的相关服务信息，另一方面从数据仓库取得部分挖掘分析结果，供各种应用实时使用。

33.5.3 物理模型

企业级客户信息系统的物理模型，指的是信息系统逻辑模型的具体应用技术、具体数据库。

分析型的数据仓库通常是集中部署的，一方面体现仓库的本意，存储与积累清洗后的原始数据，另一方面用于企业级的非实时的分析与挖掘，供企业决策之用。而数据集市通常可以各自部署，面对企业级或部门级的非实时或实时分析应用。分析型的数据仓库与数据集市可以使用传统的并行数据库、关系数据库，或新型的分布式文件系统、分布式数据库。

操作型的数据库可以使用传统的关系数据库或新型的分布式操作型数据库，可以部署到交易系统或某些内部实时管理系统中，面对各种交易类的应用。

33.6 企业级客户信息系统的架构举例

根据前面的分析可知，由于银行客户信息种类繁多、性质各异，收集、使用的场合和方法不一，这决定了企业级客户信息系统虽然从概念架构来看是一个整体，但其物理数据架构是一个分散的架构。

由于各个银行的应用架构都不一样，且对企业级客户信息系统的需求也不尽相同，因此下面的例子仅供参考。

33.6.1 数据存储与应用

企业级客户信息系统应该根据信息系统的具体情况，把不同的客户信息以不同的物理形态部署在信息系统的不同地方。例如，企业级客户信息系统可以把不同的客户信息分别存放在后台的信息分析系统和前台交易系统的渠道系统、产品系统中。

1. 信息分析系统

通常，信息分析与挖掘系统是后台系统。我们可以把几乎所有的客户信息都存放到该系统的分析型数据库里，其中包括客户服务信息、客户行为信息、客户评价信息。

客户服务信息可能每天都会变化。信息分析系统通过对前台数据的清洗加载，及时同步客户服务信息,以保证客户服务信息的及时性与准确性。

客户行为信息通过每天 ETL 的积累,存放在客户行为信息数据仓库里。

通过对客户行为信息的分析挖掘,结合最新的客户服务信息,信息分析系统可以在分析结果中得到客户评价信息,包括客户偏好、客户画像、客户信用、客户贡献度、综合评价等。

2. 渠道

我们可以把如下客户信息数据部署在渠道系统的操作型数据库中。

(1)客户关系信息。

客户关系信息中访问标识信息的访问标识与账户关系、认证方式与认证信息应该存放在渠道系统中,供渠道系统核对客户身份,检查访问账户的合法性。

客户关系信息中的账户信息可供渠道系统在前端判别客户访问账户的合理性(如余额、期限的合理性)。

(2)客户画像、客户偏好、产品信息。

客户画像信息可供渠道系统快速识别客户,决定服务的优先等级。客户偏好、产品信息可供渠道系统进行精准营销、推送营销。

3. 产品系统(产品工厂)

信息系统如果建立了相对独立的产品工厂或产品系统,如下客户信息数据就可以被部署在产品工厂或产品系统的操作型数据库中。

(1)拥有产品与相关协议。

产品工厂拥有产品与相关协议,以落实客户服务中的具体责、权、利。

(2)账户信息。

账户信息中的客户资产负债信息,可供产品工厂为客户服务时快速提供客户资产负债全视图。

(3)账户关系。

账户关系信息可供产品工厂在账户间结算时,用于落实账户间的责、权关系。

(4)客户评价信息。

客户评价信息可供产品工厂识别客户,如客户信用可用于判断客户的交易风险,客户贡献度可决定给客户的优惠等。

企业级客户信息系统架构如图 33-1 所示。

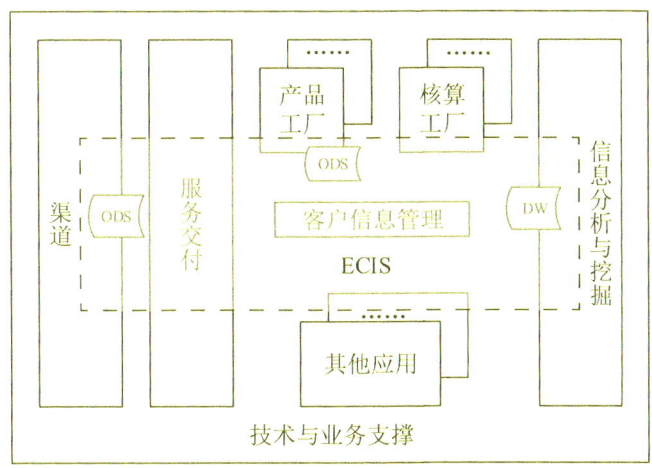

图 33-1　企业级客户信息系统架构

33.6.2　客户信息的流转

客户信息的流转如图 33-2 所示。

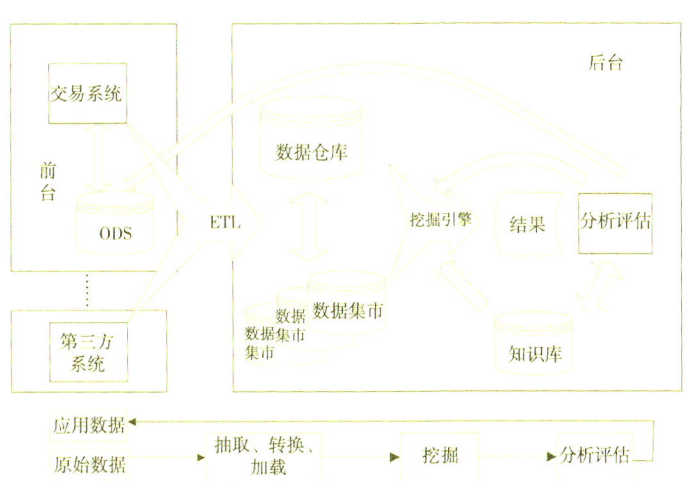

图 33-2　客户信息的流转

客户信息的原始数据通常来自交易系统和第三方系统。其中，客户服务信息会被交易系统存放在其操作型数据库里，以便实时参照与更新。同时，所有客户相关信息会在每天日终批量处理，通过ETL转到后台信息分析系统的数据仓库，其中部分信息也会被加载到信息分析系统的数据集市。

信息分析系统通过每天的ETL得到的信息，其中一部分用于及时同步分析系统里的客户服务信息，剩余的大部分是客户行为信息。通过日复一日的ETL，信息分析系统积累了大量的客户行为信息。通过对客户行为信息的分析挖掘，结合同步后的客户服务信息，信息分析系统可以在分析结果中得到客户评价信息，包括客户偏好、客户画像、客户信用、客户贡献度、综合评价等。

后台信息分析系统会把形成的新的客户评价信息按同步要求，定期反馈回前台的操作型客户信息数据库，供各种应用使用。

33.6.3 信息冗余与同步策略

要建立统一的企业级客户信息系统，又要让该系统为信息系统的各种不同需求服务，从效率的角度来分析，信息冗余是不可避免的。另外，为了保证数据的唯一性、准确性、统一性，冗余数据的同步策略又是最关键的。有关冗余与同步的相关概念，请浏览本书的相关内容。

在企业级客户信息系统里，客户服务信息的源数据通常存放在交易系统，通过ETL输送到后台信息分析系统。客户行为数据源头主要来自交易系统，部分来自第三方系统，但这两类系统通常都不会保留这些行为信息，而是通过ETL在后台信息分析系统里积累与存储。客户评价信息来自信息分析系统的挖掘分析结果。源数据通常存储在信息分析系统中，但会冗余到交易系统的操作型数据库里，供交易系统使用。

第 34 章　银行的后台管理系统

作为一个完整的银行信息系统，大部分银行最先发展起来的是前台业务应用系统，即柜台交易处理系统，如所谓的对公、对私系统等；接着是中台业务处理系统，如信贷管理系统、国际业务结算系统等。前台业务应用系统和中台业务处理系统的建立，使银行能用计算机处理以前手工操作的业务，实现了银行业务的电子化。之后，银行继续建立和完善各种后台管理系统。这些系统有风险分析管理系统、经营分析系统、客户行为分析系统、绩效评价系统、银行资源管理系统、办公系统等。在前台业务应用系统、中台业务处理系统及后台管理系统都建立起来后，我们才可以认为银行已经基本实现了信息化。

由于银行信息化发展的阶段性，大部分银行前台业务应用系统的建立相对完善。它有整体的系统架构，统一的界面和风格，统一的用户注册、登录、认证管理，以及大致统一的处理流程。

相比前台业务应用系统，银行的中台业务处理系统、后台管理系统在统一规划上明显比不上。后台管理体制与前台业务不一样，其分条管理更细、更独立；并且管理系统的各个子系统建立的时间不一样，主管部门也不一样。所以，银行的后台管理系统与前台业务应用系统相比，各方面差异更大。

34.1　信息系统的内部客户

银行信息系统的客户分为银行外部客户和银行内部客户。实际上，大多信息系统对客户的关注都放在银行外部客户上，如个人、法人、第三方机构、监管机构等；而对银行内部客户，即后台管理系统面对的客户（银行内部机构和银行员工），缺乏深入的研究与完善的管理。对于一个完整的信息系统而言，一方面，后台管理系统是信息系统的一个重要组成部分，只有对其用户有深入的了解和研究，才能更好地为他们服务；另一方面，银行是一个企业，所有企业都要对其经营情况进行绩效管理，绩效管理是经营管理的基础。银行的绩效管理宏观上通常可以分为以下几个维度：产品、机构、渠道、客户。银行内部机构和银行员工恰恰是银行绩效管理的两个重要部分。下面，我们来探讨一下信息系统的这两个内部客户。

34.1.1 银行内部机构

1. 宏观分类

从宏观来看，银行有各种不同性质的内部机构，如表34-1所示。

表34-1 银行内部机构

经营机构				管理和保障机构									控股机构
各级分行		事业部		……	委员会			职能部门			直属机构		
一级分行	二级分行	支行	网点	银行卡	票据	……	财务评审	信贷评审	风险管理	办公室	人力资源	计划财务	科技	业务处理中心	电话银行中心	培训中心	信息系统研发中心	信息系统数据中心	……	……

（1）直接对外的经营机构。

银行直接对外的经营机构通常有两类：一类是各级分行分支机构，全国性银行通常包括省分行（一级分行）、地市分行（二级分行）、支行和网点4级；另一类是一些直属总行的经营事业部，例如有的银行有银行卡部、票据营业部等。各种经营机构是银行最重要的、也是最主要的部门，是为银行创造营业收入和利润的部门。

（2）管理和保障机构。

银行总行和各级经营机构通常都内设了一些职能部门，负责各级机构内部的日常管理与保障工作。其中包括办公室、人力资源部、计划财务部、科技部等。另外，还会设立一些跨部门的委员会，统一审核一些专门的重大议案，如财务评审委员会、信贷评审委员会、风险管理委员会等。这些部门基本上是一些管理机构。

大部分银行还有各种各样的直属机构，即各种业务中心，包括业务处理中心、电话银行中心、培训中心、信息系统研发中心、信息系统数据中心等。这些机构是一些支持服务和保障的机构。

（3）控股机构。

银行还拥有一些全资或控股机构。这些机构都是一些独立法人的机构，理论上与银行的内部管理没有直接关系。

2. 机构树

从经营管理的角度来看，上述对银行内部机构的分类显得太宏观了一点。就拿银行分支机构来说，实际上，银行的各级分支机构形成了一棵自顶而下的机构树。这棵树的顶层（根部）是总行，中间是各级分行，最末端（叶端）是基层机构，也就是网点。但恰恰是这棵树，就可以从不同的视角与维度形成不同的树。这些不同的树，其顶部都是总行，这是比较清晰的，但如何分层、什么是其基层机构，却大有考究。经常会出现这种情况，说到银行有多少个分支机构时，不同的部门，如办公室、人力资源部、财务部、保卫部等，会统计出不同的结果。其原因就在于各自基于不同的视图进行统计。所以，从不同的视角与维度，我们会看到不一样的机构树。实际上，从银行的经营管理来说，许多的管理规则也是基于不同的机构树制定及实施的。

银行通常的机构划分举例如下。

（1）机构与网点。

网点是机构树最末端的机构，是对外营业的机构。但是，机构树上并非所有的银行机构都对外营业。在网点之上的机构，如分行、总行等机构，通常不对外营业。

（2）牌照网点。

银行的所有分支机构都需要由银保监会发放金融许可证，并从工商行政管理部门领取营业执照。所以，银行的机构数似乎应该与银行的牌照数相同。但实际上，这两者基本是不相等的。其原因有以下几点。

- 领牌照与机构真正开业会有一个时间差。
- 一些机构由于各种各样的情况合并或临时取消了。
- 一些银行的内部组织架构不一定与牌照一一对应。对于同一张牌照，从内部组织架构上来看，由于业务的分割，可能会对应不止一个业务网点。

（3）业务网点。

从银行内部组织管理的角度来看，一些银行把对私业务与对公业务分开管理。如果同一张牌照既用于经营对私业务,又经营对公业务,在统计网点时,一些银行可能会将对私、对公业务分开统计。

(4)物理网点。

银行的机构都需要有一个固定的营业场所。人们通常把在同一个门口进出的营业场所称为一个物理网点。但是,出于各种原因,一个物理网点也许有不止一张牌照,也许其在内部管理上分成若干个不同的业务机构。例如,同一栋大楼里既有分行管理机构,又有分行营业部。

(5)核算网点。

从银行内部核算管理的角度来看,银行会定义最底层的核算单元,其通常被称为核算网点。银行账务管理的最小粒度就是基层核算网点,每个核算网点都有自己的一套完整账务。一些银行为了实行核算的扁平化管理,尝试实行核算上收集中。也就是说,一个核算网点包含了若干个物理网点。也有的银行把核算上收到支行,甚至分行。这时,一个支行或一个分行是银行的一个基层核算单元。

(6)考核网点。

从绩效考核的角度来看,考核网点是银行需要考核的最小机构粒度,或者说是最底层、最基础的机构粒度。通常,该粒度要比物理网点与核算网点都小,也是各种视图中粒度最小的网点视图。

3. 机构的层级

由于银行规模不同、管理文化不同,所以银行机构的层级也可能会不一样。曾经出现过的不同层级的机构有总行、省行、直辖分行、直属分行、二级分行、中心支行、支行、分理处、储蓄所、营业专柜等。不同的银行会根据当时的各种情况对这些机构层次进行不同的取舍。有时候,为了与政府的行政级别对应,或出于其他原因,还会出现一些带"准"字头级别的机构,如准一级分行、准二级分行等。

机构的层级一旦定下来,不同视图的机构树就能规划出来了。由于在现实中,机构层级的划分可能会变化,某个机构的层级也可能会变化,所以,作为信息系统的机构树的架构一定要有足够的灵活性,以适应机构属性的变化。我们不要只根据当前的情况把银行内部机构固定地定义为多少层级,也不要把某一个机构固定地定义在哪一级。否则,层级本身的变化或者机构层级的变化都会使信息系统难以对付。我们可以通过定义每个机构的上级机构（父机构）和下级机构（子机构），来构建某个视图的机构树。这样，不管是机构层级发生变化，还是某个机构的层级或归属发生变化，我们只要改变其父子的定义，就能简单地适应这种变化。

4. 机构树的应用

不同视图的机构树是信息系统相应业务处理的依据。其中比较重要的是核算机构树与考核机构树。面向绩效考核的，信息系统参考的是考核网点及其对应的考核机构树。面向核算处理的，信息系统参考的是核算网点及其对应的核算机构树。

（1）绩效考核。

银行的绩效管理通常可以分为4个维度：产品、机构、渠道、客户。其中对机构的绩效考核，其基础与最小粒度是对考核网点的考核。信息系统要根据考核网点来记录网点日常运作的各种办公费用，还要记录网点的各种业务量，从而计算业务成本和业务效益。只有这样，才能对需要独立考核的网点进行绩效分析。所以，从绩效考核的角度来看，信息系统要为每个考核网点设立独立核算的管理会计账。

当然，也有一种方法是，考核网点不设立独立的管理会计账，而是通过某种计算模型，对考核网点进行费用分摊和业务量还原。这种方法的合理性依赖其分摊模型，故人为因素比较大，事后计算的工作量也大。并且，业务量还原的基础数据也来源于日常的业务数字。与其先混账、后分账，不如一开始就分账，这样更简单、准确、合理。

有了基础考核网点的考核数据，我们再根据考核机构树进行成本、效益逐层归并，就能得出考核机构树上各考核层次机构的绩效分析报表。

（2）核算处理。

从银行核算体系来看，最关键的是能够定期（每天、每月、每季、每年）得到每个核算层次里每个核算机构的核算报表，以监控银行的日常经营状况。银行核算体系中最底层的粒度是核算网点。各层各机构核算报表的基础是核算网点的报表。由于银行核算的扁平化管理，通常一个核算网点可能包含了不止一个考核网点或物理网点。在一个核算网点内发生的业务，即使跨物理网点，也都算是辖内业务。跨核算网点发生的业务，才算是跨辖业务。

由于核算粒度通常比考核粒度大，要得到核算网点的核算报表，我们要对一个核算网点辖下的所有考核网点的账务报表进行归并。我们把它们各自往来科目里属于辖内往来的账务对冲，只剩下核算网点以外的往来账务；再把其他科目进行叠加，就可以得出以核算网点为单位的核算报表。同理，我们再根据核算机构树进行报表逐层归并，就能得出核算机构树上各核算层次机构的核算报表。

（3）其他。

如果银行的某些业务处理既不能依据考核机构树，也不能依据核算机构树，那么，信息系统可能还需要增加一些其他机构树的视图。

跨辖业务的会计核算要通过辖外往来科目，还要定期进行头寸清算，账务处理相对复杂。所以，许多银行会对一些大范围的跨辖通存通兑业务收费，如跨省业务、跨行业务要收费等。问题是，通兑收费经常会与一些经营策略相关，而未必能完全根据核算机构树。那么，信息系统也许需要定义不同范围层次的通兑收费机构树。

银行内部的业务制度通常会根据某种机构范围来决定一些业务能否做以及如何做，这就是需要各种不同维度的机构树的原因。

34.1.2 银行员工

对于银行信息系统来说，银行员工有如下 3 类：普通员工、管理人员、系统维护人员。银行的某一个员工可能会拥有多重身份：他在不同的场景使用信息系统，会代表不一样的身份。

1. 普通员工

对信息系统而言，所谓普通员工，就是直接使用信息系统以完成银行日常经营活动的人员，包括银行中大量的前、中、后台工作人员。

2. 管理人员

银行各级机构的管理人员，其管理角色通常表现在如下 3 个方面：一是通常不能直接办理银行对外的客户业务；二是作为某些需要授权业务的授权者；三是做一些需要某种权限才能做的管理操作，如调阅一些内部信息或管理分析报表。在这些情况下，他们的身份是管理人员。但在某种情况下，管理人员的角色会有变化，如临时顶班，或使用办公系统的一些普通功能等。这时，他的身份等同于普通员工。

3. 系统维护人员

系统维护人员分为两类：一类是业务维护人员，另一类是科技人员。业务维护人员的工作不直接面对客户，而是面对业务系统。他们主要负责设定和维护信息系统的各种业务参数与管理参数。科技人员的工作就是信息系统本身的维护和运行管理。

对于上述 3 类银行员工，信息系统应该有不同的系统为他们提供服务界面，根据他们的不同身份进行相应的客户管理，包括相应的行为分析和评价。

34.2 如何建设后台管理系统

要建设一个完整、完善的银行后台管理系统，需做好以下 4 个方面的工作。

34.2.1 平台整合

从技术架构维度来分析，银行的信息系统在宏观上可以纵向分为 3 层：基础设施层、平台层、应用层（当前流行的说法是 IaaS、PaaS、SaaS）。对于银行的后台管理系统，不同的系统采取的基础设施、平台层很可能不一样，从而使用的技术也可能不一样。这是银行后台管理系统与前台业务应用系统最大的不同。由于应用的基础设施与平台层不尽相同，所以系统的渠道管理、用户管理、运行管理并不统一。如果要提高后台管理系统的整体性，最重要的工作是要减少与整合其基础设施与平台层。在这方面，不少银行已经有所规划。它们根据不同应用的特点，逐步把所有后台管理系统整合到 5 ~ 8 个大平台上。

34.2.2 渠道管理

在银行的后台管理系统中，除了一些特殊的应用需要特殊的终端外，大部分应用使用的客户终端都是 PC。也就是说，其物理渠道比前台业务应用系统还要单一。但是，后台管理系统的不同子系统大多没有统一的渠道管理、没有统一的门户和界面、没有统一的处理风格。一些员工需要面对多个应用时，往往要分别打开和登录不同的应用，甚至要使用不同的机器，学习和适应不同应用的风格和使用方式。

一个现代的银行信息系统应该为银行的后台管理系统建立统一的门户或统一的界面，通过其进入不同的应用。只有这样，才有利于统一进行渠道管理。

34.2.3 客户管理

银行的前台业务应用系统，特别是号称以客户为中心来建立的应用系统，大多是通过两个方面对客户进行统一的管理。对银行外部客户而言，系统通过各种访问标识关联到相应的客户，从而获得客户应有的责权。对于柜员而言，系统通过柜员号的管理，也可以很好地控制柜员的责权。

反观银行的后台管理系统，不同的子系统大多没有统一的客户标识、统一登录和统一认证管理。

其实，对于计划要建立企业级客户管理系统的银行信息系统来说，其完全可以把外部客户和内部客户、前台业务应用系统和后台管理系统的所有客户统一管理起来。其理由和方法如下。

1. 客户身份多重性

无论是法人客户还是个人客户，对于银行而言，都有多重身份。例如，某一个B2C平台服务机构，在B2C交易里，其角色是第三方合作方，那它就是一个第三方客户；但该机构本身很可能也是银行的客户。而该机构在一般的存取款、结算交易里，其角色是银行的存款客户，那它就是法人客户。又如，银行的一个高管，他本身在该银行也有存款账户，那么，当他作为高管操作信息系统时，他是银行的内部管理人员；当他在享受银行的存取款、结算服务时，他又是银行的外部客户。

尽管信息系统客户的身份具有多重性，但我们不应该把一个客户的不同身份完全割裂。从统一客户视图的观点出发，信息系统应该对客户进行统一管理。

2. 客户标识一体化

当前，对大多数银行来说，客户要使用银行的应用系统，必须先登录（进入）前台业务应用系统，而其登录的标识五花八门，认证方式也是各种各样。

外部客户登录时，通常用卡号、账号、别名（别名是由用户自己定义的、没有严格约束的字符串）等方式。内部客户登录时，使用的是各种各样自编的柜员号。我们把所有这些赖以进入前台业务应用系统的登录标识统一称为访问标识。在没有建立企业级客户信息系统时，这些访问标识由各自的子系统管理。访问标识"1234"与访问标识"ABCD"可能代表同一个人，但信息系统不知道，所以也无法关联。

建立了企业级客户信息系统后，我们应该为信息系统的每一个自然人或法人客户建立唯一的标识，不管这个客户是外部客户还是内部客户，抑或是有多重身份。这种唯一的标识，最好得到国家认可甚至得到国际认可。例如，所有属于中国公民的自然人客户，统一使用身份证号码作为客户标识；所有外国客户，使用护照号码作为客户标识；所有在中国注册的企业、事业、机构的法人客户，统一使用企业代码作为客户标识。只有这样，才能保证信息系统客户的标识既唯一又有权威。

然后，我们通过信息系统，把前面提到的五花八门的访问标识与企业级客户信息系统里唯一的客户标识建立起对应关系。这时候，尽管客户在不同的场景里使用不同的访问标识进入应用系统，但我们都会知道，"1234"与"ABCD"原来都是"张三"，并且知道"张三"在银行里有不同的身份。在不同的应用场景里，不同的身份会对应其不同的责、权、利。

3. 单点登录、统一认证

对于银行的前台业务应用系统，用户基本都可以通过单点登录、统一认证进入系统，然后享受系统提供的各种各样的服务。比较典型的例子有前台的柜员应用系统，还有银行的网银系统。

前面说到，现代银行信息系统的后台管理系统也应该有一个统一的进入渠道或门户，各种各样的后台管理系统，均需要通过该渠道或门户才能进入。这样，我们就可以通过统一渠道，像银行的前台业务应用系统一样，对银行内部客户进行单点登录和统一认证处理，以方便内部客户可以享用各种后台服务而无须分别多次登录。

34.2.4 运行维护管理

银行后台管理系统的不同子系统面对不同的用户（业务人员），因此其运行维护也由不同的业务人员管理。通常，银行对这些子系统的运行的要求与管理会不一样。在各子系统完全独立的时候，其运行维护管理也可能很不一样。

但当各后台管理系统已进行了平台整合、统一渠道、统一客户管理后，整个后台管理系统的整体性得到加强，其运行维护的管理工作自然也会趋同。这会大大减少整体的运行维护投入，提高运行维护质量。

第5篇 科技管理

第 35 章　银行科技研发管理
第 36 章　银行科技的研发流程
第 37 章　银行研发规划管理
第 38 章　软件履历管理与配置管理
第 39 章　项目进度管理
第 40 章　质量管理
第 41 章　软件测试管理
第 42 章　银行科技的效益分析

第 35 章　银行科技研发管理

银行科技管理是企业管理的一部分。有关企业管理的论著汗牛充栋，数不胜数。另外，银行科技最主要的管理是研发管理与运维管理，许多专家、教授在这些方面有很多著作，各大软件公司在这些方面也有许多先进的实践。为此，本书仅针对银行业的特点进行论述，至于常规的各种管理方法，请参考各种论著。

对于银行科技而言，涉及人员最多、管理需求最大的是研发管理。下文针对银行科技研发管理中几个比较突出的问题进行探讨。

35.1　管理模式、考核方式及其选择

研发管理与其他方面的管理一样，主要涉及管理模式与考核方式。

35.1.1　管理模式

管理模式主要分为目标管理和过程管理。

1. 目标管理

目标管理主要考核研发的最终结果，对研发成果的评价取决于最终结果与预定目标的差距。如果最终结果完全达到预定目标，则认为研发成果是完美的；反之，差距越大，评价越低。

2. 过程管理

过程管理把考核目标分解到整个研发过程的每一个阶段，对每个阶段都进行目标管理，最终的考核评价由各阶段的评价与最终评价加权合计得出。

对于软件研发，为了保证软件的最终质量，通常都强调需要加强过程管理，并认为软件研发的过程管理得不到保证，最终质量就得不到保证。显然，过程管理与目标

管理相比，过程管理的阶段分解得越细，管理工作量越大，管理成本越高；且研发工作越像工厂生产过程，要按部就班地实施，研发人员发挥的空间就越小。

35.1.2 考核方式

考核方式主要有定性考核与定量考核两种。

1. 定性考核

在实行定性考核的情况下，研发团队或研发工作的好坏包括工作量、工作进度、工作质量、工作成本、工作态度等诸多因素，只能给予这些因素一种定性的评价，如极好、好、一般、差、很差等。这种定性的评价可以通过团队自评、团队互评、上级评价、客户评价等得出，再通过一个加权模型，形成对某一个团队、某一个项目的综合评价结果。当然，由于这些评价都是定性而非定量的，所以评价的高低取决于某一方评价人对被评价对象的某一方面的了解与理解。就像通常对半杯水的评价：一方面可以认为只有50%，离100%还差得远，应当反省、改进；另一方面可以认为已经有50%了，再努力下去就可以达到100%，值得鼓励。总之，定性考核是一种相对主观的考核方式。

2. 定量考核

相对于定性考核，定量考核需要有量化的数字对考核进行支撑。定量考核通常需要有一个相对独立于直接研发团队的量化管理团队，对上述工作量、工作进度、工作质量、工作成本等进行量化指标的制定与仲裁。另外，量化考核是否合理，是否能真正起到加强管理、提高效率、提高质量的效果，取决于量化指标是否合理。而研发环境具有的多样性，包括研发团队的构成，研发对象的复杂度，研发使用的硬、软件环境（如研发语言和研发工具等），都是影响量化指标的重要因素。如何根据不同的情况制定相应的指标，是量化考核中最重要的管理艺术。

好的量化考核一定要有大量的历史数据做支撑。这样，我们可以参考这些历史数据，并考虑各种各样曾经出现过的特殊情况，不断修正我们的量化模型。当我们面对一个新项目时，通过与大量历史数据比较，我们虽然未必能够100%准确地定义某个项目的合理规模、工期、投入、进度、质量，但我们可以根据该项目面临的各种研发环境，制定相对合理的量化指标，并有理由期望这个项目的实际表现不低于历史水平。

这种方法是历史数据的纵向比较法。

另一方面，银行的整个研发队伍在面对不同的银行产品时，通常会划分为不同的研发团队，去研发不同的应用。这些研发团队的人员构成与素质和研发应用的要求尽管不是一模一样，但总有可比之处。我们比较其可比之处，结合历史数据中不同团队、不同应用的研发绩效，就可以得出这些团队、应用之间的差距。这种方法是历史数据的横向比较法。

总之，我们也许不能完全识货，但我们总能货比货。量化指标本身可能不是很合理，但它对所有对象一视同仁。通过纵向与横向的货比货，通过客观数据而不是主观意识，我们总能评价出团队或项目的相对优劣。

显然，定性考核比定量考核要简单。相对定性考核，定量考核的工作量与管理成本较高，但定量考核比较客观。

35.1.3　管理模式与考核方式的选择

结合管理模式与考核方式，理论上，我们可以得到4种管理模式——定性目标管理、定量目标管理、定性过程管理和定量过程管理，如表35-1所示。

表 35-1　管理模式

考核方式	管理模式	
	目标管理	过程管理
定性	○	○
定量	○	○

实际上，如果是采用过程管理，通常不会采用定性考核方式，因为过程管理通常属于精细管理，采用定性考核方式通常难以达到精细管理的要求。这样，实际可供选择的管理模式只剩下3种：

· 定性目标管理；

· 定量目标管理；

· 定量过程管理。

上述3种管理模式，越是排在前面的，评价越主观，被管理对象的发挥空间越大；越是排在后面的，评价越客观，被管理对象的发挥空间越小，管理成本越高。

因此，当银行研发团队的规模比较小时，要实行定量管理有一定困难，大多数小研发团队只能采取定性管理。

但是，软件生产强调的是过程管理，而过程管理的关键是能在整个过程中的各个过程点建立可监测的考核目标。对于软件生产，这些目标无非是进度、质量、资源（特别是人力资源）使用情况等。要使上述目标可监测，关键是要使上述目标量化，不然无法判断进度、质量、资源使用情况等是正常还是不正常，以及如果不正常，偏差是多少、风险又是多少。

所以，在可能的情况下，软件生产应该有量化管理。甚至可以说，没有量化管理，就不可能有严格的过程管理。对于规模较大的银行研发团队，它们就不可能把软件研发转变为软件生产。

但是，如上所述，定量过程管理的过程、目标分解得越细，研发人员自主发挥的空间就越小。如果完全依赖量化指标进行考核，研发团队或项目组便会只围绕指标工作，以达到指标为工作目标，丧失了主动性，忘记了管理的目标和初衷。所以，就算采用量化管理，考核也不应百分之百地依赖量化指标。此前说过，企业可持续发展最重要的保障是客户满意度，因此，管理的最终目标是提高客户满意度。客户满意度本身是一个相对主观的定性指标。所以，理想的管理模式是既要有定量过程管理，又要有定性目标管理。两者结合，才是相对科学的管理模式。

35.2 管理架构

为了能更好地对研发进行管理，在银行的研发部门里，如果研发团队的规模较大，整个研发部门细分为多个研发团队，就应该有如下的管理架构。

35.2.1 组织架构

研发管理里有两个需要重点管理的领域：技术领域与生产领域。与这两个领域相对应，研发管理分别需要以下两套组织架构。

1. 技术管理架构

在银行研发部门里,技术管理架构通常可以分为两个层次:第一层是技术委员会,第二层是技术委员会下面的技术管理部门。

(1)技术委员会。

技术委员会不是一个独立的部门。通常,其可以由研发部门里主管技术的领导担任主任委员,由研发部门内各个研发团队(如核心研发部、外围研发部、信息分析研发部等)的技术负责人担任委员。技术委员会是研发部门最高的技术决策机构,它通过定期的技术评审例会,最终决定研发部门需要解决的所有重要标准、规范、技术与架构方案。

(2)技术管理部门。

银行的研发部门内应该成立独立的、专职的技术管理部门。这个部门可以叫技术管理部,也可以叫架构部或架构办公室(或简称"架构办")。

技术管理部门作为研发部门内部的一个职能部门,是一个常设的部门;同时也作为技术委员会的办公室。在技术委员会休会期间,其代理技术委员会履行技术管理与仲裁的职能。技术管理部门承担的职能包括研发任务高阶技术方案的制定、重大技术方案的初审及一般技术方案的审查定案。对于重大技术方案或各方面有分歧的方案,技术管理部门应提交技术委员会讨论与决策。

2. 生产管理架构

在银行研发部门里,生产管理架构通常可以有两个层次:第一层是生产委员会,第二层是生产委员会下面的生产管理部门。

(1)生产委员会。

生产委员会不是一个独立的部门。通常,其可以由研发部门里主管生产的领导担任主任委员,由研发部门内各个研发团队(如核心研发部、外围研发部、信息分析研发部等)的生产负责人担任委员。生产委员会是研发部门最高的生产管理、调度、协调机构,它通过定期的生产管理例会,解决研发部门在整个研发生产过程中需要解决的所有重要管理、协调问题。

(2)生产管理部门。

银行的研发部门内应该成立独立的、专职的生产管理部门。这个部门可以叫项目管理部,也可以叫项目办公室(或简称"项目办")。

生产管理部门作为研发部门内部的一个职能部门,是一个常设的部门;同时也作为生产委员会的办公室。在生产委员会休会期间,其代理生产委员会履行生产管理与仲裁的职能。生产管理部门承担研发部门日常生产、项目的综合管理职能,包括各项目的规模、资源投入、进度计划、质量标准的评审与定案,研发生产的协调与调度,各项目的进度、质量监管与评价等。对于重大生产问题的解决方案或各方面有分歧的方案,生产管理部门应提交生产委员会讨论与决策。

35.2.2 例会制度

例会制度有利于研发管理的组织架构落实其管理工作。

1. 技术例会

技术例会通常是周例会,每周至少应该开会1次;视需要解决的技术问题多少,也可以每周开会2~3次。技术例会由技术委员会主任委员主持召开,所有委员和涉及评审方案的相关部门要派相关技术人员参加。

技术例会通常由技术管理部门提交需要评审与讨论的各种重大技术方案,以及技术管理部门对这些方案的初步评审建议。当有关具体研发团队对方案或建议有不同意见时,要让有关团队在会上充分发表意见。各评审方案经过会议讨论后,相关人员要做出决策,会后要做出会议纪要,由技术委员会主任委员签发。

2. 生产例会

生产(项目)例会通常是周例会,每周至少应该开会1次;视需要解决的生产问题多少,也可以每周开会2~3次。生产例会由生产委员会主任委员主持召开,所有委员和涉及评审方案的相关部门要派相关管理人员参加。

生产例会通常由生产管理部门先提交当期生产情况,包括各项目的进度与质量状况,要重点对进度延缓与质量偏差事项提出风险警示,指出原因与解决方案建议;然后,提交需要注意与讨论的各种重大生产问题,以及生产管理部门对这些问题的初步解决方案、评价。当有关具体研发团队对方案或建议有不同意见时,要让有关团队在会上充分发表意见。各评审方案经过会议讨论后,相关人员要做出决策,会后要做出会议纪要,由生产委员会主任委员签发。

要注意，例会不要成为单纯的现状报告会，过程管理的关键是在每个阶段对过程目标进行对比，对偏离目标问题进行点评。

35.3 项目与产品的关系

银行科技部门的主要工作是通过完成一个个产品研发项目，建设与完善银行的信息系统。要做好上述工作，就要清晰了解科技产品与研发项目的关系。

银行的整个信息系统是由各个应用系统构成的一个庞大的系统体系，用来支撑银行日常的各类经营、管理活动。各个应用系统由一条条产品线组成，而这一条条产品线是通过银行科技部门年复一年完成的一个个项目而不断建立与完善的。在整个信息系统建设过程的一个阶段里，我们关注的往往是一个个较为独立的项目，但在长远的、宏观的视图里，我们看到的是组成信息系统的一条条产品线。套用一句俗语，我们的产品是铁打的营盘，一个个项目是流水的兵。

项目与产品的关系如下。

- 项目是短期的，但产品是长期的。当然，产品也有生命周期，但这个周期与项目周期不能同日而语。
- 产品是通过历史上的一个个项目来建立与完善的。但是，项目一方面不断让产品完善，另一方面，在完善的过程中，不断地对产品的稳定性、可靠性产生冲击。
- 每个项目都是为了完成一个局部的、有限的目标。从项目管理的角度来看，为了按期、按质完成目标，我们往往不能照顾一些长远的利益。但从产品发展的角度来看，我们更关心的是其持续发展的能力。这要求我们要为了整体长远的利益牺牲局部和眼前的利益。
- 大部分项目都是跨产品的。这里的项目指的是银行科技部门接受的研发项目，产品指的是银行科技的产品（应用）。所以，项目管理和产品管理是一个矩阵关系。

项目与产品的关系如图 35-1 所示。

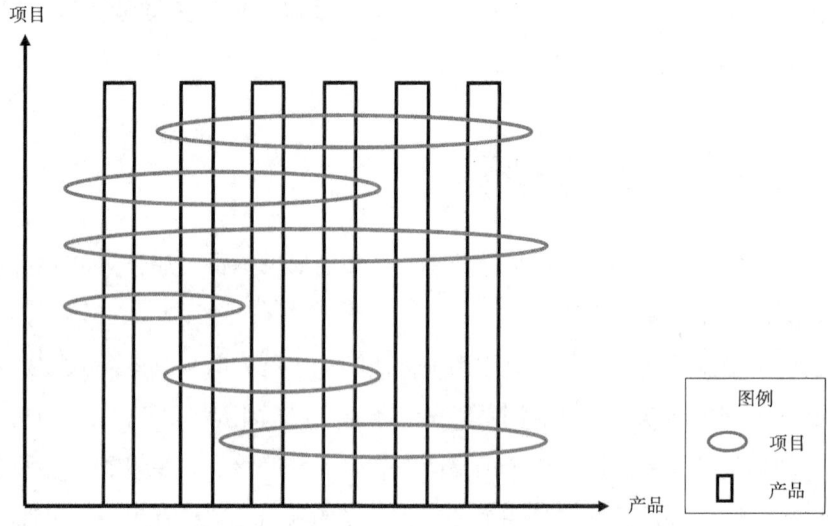

图 35-1 项目与产品的关系

从上述分析可见,项目与产品的利益既一致又不一致。理论上,项目是为了建立和完善产品,是使产品能够为用户提供更好的服务。这是二者利益一致的地方。但二者由于生命周期的悬殊、管理体制的交叉,难免在短期效益和长远利益上会有矛盾。所以,二者之间要有一个平衡、妥协和折中。

这里涉及一个研发管理的方法论问题:研发管理的指导思想和组织体系如何体现项目与产品的关系,即我们要倾向短期效益(以项目为主线)还是倾向长期利益(以产品为主线)。

银行科技部门的组织架构大多以产品线来划分,但研发管理的模式可以根据实际条件进行选择。以项目为主线与以产品为主线的研发管理,其管理思路和方法是不一样的。

35.4 研发管理的模式

不论银行规模大小,每个银行的科技部门每年都需要面对成百上千个研发任务。与一般的项目管理一样,银行研发管理会包含如下管理内容:范围、预算、资源、进度、质量、变更、风险等。不同的银行在不同的阶段会使用不同的研发管理模式。

35.4.1 以项目为主线的研发管理

以项目为主线的研发管理是一种传统的研发管理模式，其具有以下一些特点。

· 由研发任务涉及的各产品线相关技术、开发人员组成紧耦合的项目组。各产品线有义务对项目组提供必需的人力、技术支持。项目组统一对各产品线参组人员进行项目管理。

· 研发实行项目经理负责制，研发的成败由项目经理负责。项目经理可以由专职项目管理人员担任，也可以由研发涉及的主要产品线相关管理人员担任。项目经理向科技项目管理部门负责。项目组其他成员向项目经理负责。在项目存在周期里，项目经理对所有参与项目的人员进行评价和考核。

· 由参加项目组的各相关产品线开发经理负责其产品线的具体开发工作。当然，所有开发经理也向项目经理负责。

· 当项目组与产品线之间出现协调不果的问题时，由项目组提出问题仲裁申请。属于管理方面的问题由科技项目管理部门协调仲裁，属于技术方面的问题由科技技术管理部门协调仲裁。

· 科技项目管理部门主要以项目为单位管理每个版本的一个个项目。

· 对项目的最终评价通常局限在项目本身的需求内，所以，项目经理通常比较关注项目本身的目标。

35.4.2 以产品为主线的研发管理

以产品为主线的研发管理具有以下一些特点。

· 由研发任务涉及的主要产品线（或牵头产品线）相关技术、开发人员组成紧耦合的核心研发组。其他所有研发任务涉及的相关产品线（或配合产品线）的相关人员以服务的形式向核心研发组提供所涉及的新功能和支持，与核心研发组之间组成松耦合的整体研发组。

· 研发实行研发经理负责制，研发的成败由研发经理负责。研发经理一般由研发牵头产品线的相关管理人员担任。研发经理向研发牵头产品线的管理部门负责。核心研发组的其他成员向研发经理负责。在研发存在周期里，研发经理对核心研发组的人员进行评价和考核。

- 各产品线的开发经理负责其产品线的具体开发工作。这些开发经理向本产品线负责，各产品线向研发经理负责。研发经理对配合产品线和部门的研发服务进行评价。

- 当研发组与产品线之间出现协调不果的问题时，由研发牵头产品线负责人（产品经理）协调仲裁，跨产品线的问题由研发牵头产品线提出问题并申请仲裁，科技项目管理部门协调仲裁。

- 科技项目管理部门主要以产品线为单位管理每个版本里每条产品线的项目。每条产品线既有牵头项目，也有配合项目。

- 对研发的产品最终评价不但要看项目本身的目标，更要看相关产品线的持续发展能力，如本次研发是否与产品的相关约束有冲突，是否影响产品的稳定性与效率等。所以，研发经理通常要兼顾项目本身的目标和产品线的长远发展。

35.4.3　两种研发管理模式的选择

对于上述两种不同的研发管理模式，我们分别应该在什么情况下使用什么模式呢？

对于强调阶段成果的研发任务来说，应该采取以项目为主线的研发管理模式。例如，承担外包业务或提供解决方案的软件公司，他们的产品或服务受合同约束，有非常清晰的边界和要求，并且这些要求通常是能在一个较短的时间内验证的。项目的发包方或购买方对项目的评价，判断项目是否达到要求，基本上是在某一时点通过检验该产品或服务的外效果来进行判别的。（例如，产品交付时的验收活动。）

大多数中小银行或信息系统研发以外购、外包为主的银行，主要采取以项目为主线的研发管理模式。

然而，银行的应用系统是一个滚动持续发展的系统。我们不能只见树木而不见森林，只顾当前利益而忽视长期利益。相对于生命周期较短的独立的一个个项目（流水的兵），我们应该更关注生命周期更长的相互关联的产品（铁打的营盘）。我们应该关注应用系统的整体优势，关注应用系统自身的健壮程度，关注应用系统的持续发展能力。所以，随着银行科技的发展，银行科技的研发管理应该逐步从以项目为主线的模式转向以产品为主线的模式。只有这样，才能使项目为产品服务，把项目对产品的冲击降到最低，让项目对产品的提升效果最大化。

以自主研发为主的银行，往往拥有比较成熟的研发团队与产品管理团队，其应该采用以产品为主线的研发管理模式。

谈至此，有人或许会有这样的担忧：既然大多数项目都是跨产品线的，以产品为主线的研发管理模式能行得通吗？

通过对某大银行某年整个银行应用系统的几十条产品线里的近千个研发任务进行统计发现，尽管研发任务几乎都是跨产品线的，但是其研发工作量的分布却相对集中，统计数据非常收敛。全年的研发工作量中，约70%集中在牵头产品线，仅有30%在配合产品线。按每个研发任务平均涉及4条产品线来评估，那么，在一个研发任务里，每条配合产品线的平均研发工作量约占整体工作量的10%，远小于牵头产品线的工作量。为了那么小的工作量，把项目组的管理幅度扩大几倍，不是很值得。而关注牵头产品线，就已经关注了研发任务的约70%的工作。加上大部分银行科技部门的组织架构是以产品线进行划分的，以产品为主线的研发管理使研发管理与人员管理相对一致，可以减少矩阵式管理带来的成本与开销。可见，以产品为主线的研发管理模式是可行的。

35.4.4 从面向服务的应用架构转变为面向服务的管理架构

随着银行信息系统架构逐步转变为面向服务的应用架构，产品线之间的关系变为服务的关系，以产品为主线的研发管理变得更加简单可行。此时，研发的牵头产品线只需要把服务要求提交给配合产品线，只需要关心服务要求是否能实现，而不需要关心该配合产品线如何实现该服务。这样便能实现面向服务的管理架构，实现SOA的高级阶段。

35.4.5 从面向产品管理转变为面向客户管理

以产品为主线的研发管理模式还不是研发管理的最高境界，研发管理最终应该发展为面向客户管理。

所谓面向客户管理,就是把整个银行科技部门的组织架构变为面向客户的组织架构,把科技研发中的银行产品研发人员与业务部门进行深层次的结合。具体模式请参考本章的其他相关论述。

第 36 章 银行科技的研发流程

本章所描述的研发流程,指的是通常称为"瀑布式"的研发流程。这种研发流程此前一直为大部分银行采用,并且与一般软件生产企业的研发流程大体相似。

36.1 一般研发流程

通常,研发流程分为需求提出、需求分析、系统设计、程序设计、各阶段测试等。各阶段的产出物(文档)与测试阶段的对应关系通常使用"V"形图展现,如图 36-1 所示。

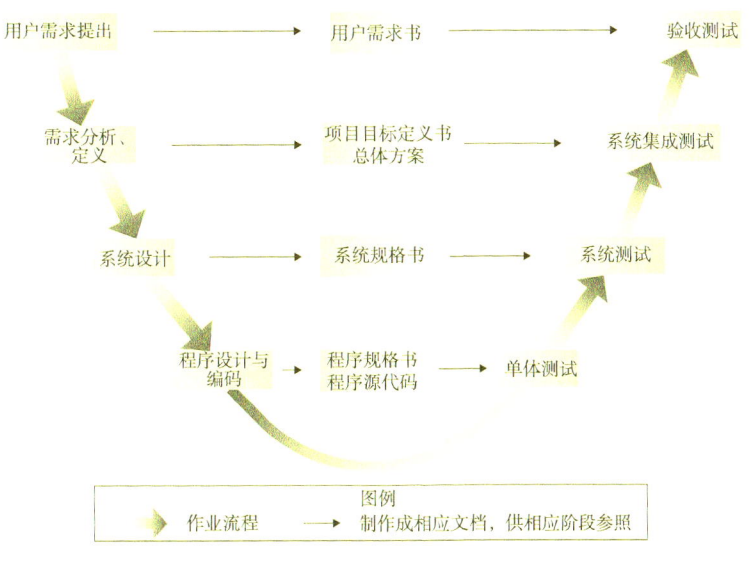

图 36-1 一般研发流程

36.2 银行研发流程

银行，特别是大型银行的应用系统研发的项目并行度高、规模大，投产以版本为单位。为了保证投产版本的质量，其研发流程会比上述一般研发流程分得更细，举例如图36-2所示。

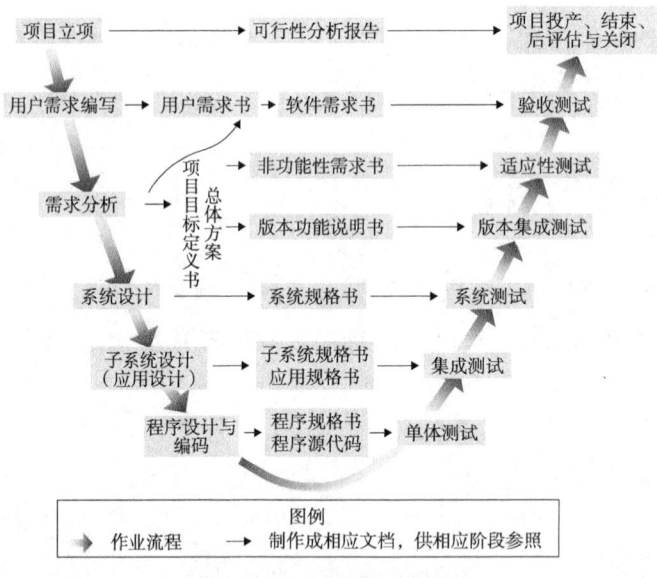

图 36-2 银行研发流程

36.2.1 项目立项

本阶段的主要工作是进行项目可行性分析，主要产出物是可行性分析报告。报告除了要像通常的可行性分析报告一样，对项目需求的确定性、紧迫性与完成项目的资源条件进行分析外，对于创新性项目，还有一个最重要的内容是投入产出分析，也就是项目效益预估判断。

例如，针对银行的金融产品研发，我们要预估该产品在投放市场后的各个不同阶段（例如半年、一年、两年等）会为银行带来什么效益。实际上，要准确、客观地计算某产品在某段时期内为银行带来了多少利润是比较困难的，但我们可以用一些容易统计的数据来代表产品的效益。这些数据包括产品的用户数、每天交易数、累计资金流量、时点资金沉淀数（借方、贷方）等。通过项目效益预估，最终决定项目是否立项。

可行性分析报告同时还会作为项目后评估的依据。通过项目后评估，将实际绩效与预估效益进行比较，可以评估项目立项时是否做了正确的预测与判断，以不断提高决策的科学性。

项目立项通常由银行立项管理部门牵头主持。重大项目的立项通常还要经过银行信息科技管理委员会的审批。

36.2.2 用户需求编写

项目立项后，下一阶段要进行用户需求书的编写。通常，用户需求书由需求部门负责编写，但为了使业务需求更合理、更容易实现，研发团队也应该积极参与本阶段的工作。

由于研发部门不能完全掌控项目立项与用户需求编写这两个阶段的进度与结果，所以，这两个阶段一般不纳入研发团队的项目管理范畴。

36.2.3 需求分析

接到用户提交的需求后，研发团队要组织相关人员成立项目组，对用户需求进行分析。通过分析，一般要产生如下结论与文档。

1. 软件需求书

软件需求书要解决如下问题。

（1）决定项目最终做什么。

通过对用户需求书的分析以及与业务部门的充分沟通，在用户需求的基础上考虑各方面因素，如监管部门或领导的要求、市场的压力、业务的轻重缓急、研发部门的人力资源状况、时间要求等，力求最终能确认本项目的需求范围。这个范围也许与业务部门在用户需求书里所提的不完全一致，但最终确认的范围是开展下一步研发工作的基础。这些工作包括规模预算、人力资源投入预算、工期预算、版本预定以及各阶段的设计工作。

当然，如果在项目前期的用户需求编写阶段，研发部门就能够比较深入地介入，软件需求书确认的需求范围也许能与用户需求书基本一致。

（2）落实完善细节，提高需求质量。

用户需求书是用户从实际业务处理的角度来描述的一个文档。它理论上应该详细描述在实现每个业务功能时的业务场景,包括人机界面,涉及人员的责、权、利,业务流程,要处理的相关业务资料,信息流程,业务的假定和约束条件等。

但现实中,出于各种原因,用户需求书的质量往往不理想。许多银行的科技部门都会由于需求质量不高而深感困惑。因此,在需求分析阶段,在把业务需求转为软件需求的过程中,通过与用户的沟通,能更完整地理解用户需求,准确描述业务流程,落实与完善各种细节,达到提高需求质量的目的。

(3)与应用系统对应。

软件需求书的编写还要兼顾应用系统的特点。通过软件需求书的编写,后续研发工作能更容易地把用户需求映射成对应用系统的软件需求。

从理论来说,软件需求书落实了所有用户需求的细节。所以,软件需求书应该得到用户的确认,使之成为后续研发和验收测试的依据。

当然,如果用户需求书本身已经按一定的要求格式来编写,质量也比较高,特别是如果研发部门能深入介入用户需求书的编写,那么,也许软件需求书仅是用户需求书的一种翻译,甚至用户需求书能完全代替软件需求书。

2. 非功能性需求书

除了在软件需求书里描述软件功能外,还要根据用户需求及由此带来的系统变化提出非功能性需求,包括各种性能要求,如安全性、可用性、可维护性等。非功能性需求书可作为适应性测试的依据。

非功能性需求书可以作为一个单独的文档,也可以作为软件需求书的一部分。

3. 项目目标定义书

项目目标定义书是研发部门对项目的规划和承诺。它包含以下主要内容。

(1)项目组织。

其主要描述项目的各个负责人,如项目经理、技术经理、开发经理、测试经理等,以落实项目管理责任与对外的联系接口。

(2)需求范围。

其内容参见前文的软件需求书部分。

(3)技术方案。

其内容参见下文的总体方案部分。

（4）假定和约束条件。

假定和约束条件是指描述项目能按时按质完成所需要具备的一些假定和约束条件，如需求确认及总体方案能最终落实的时间要求，其他研发环境和条件的假定和约束，风险预估等。

（5）项目预算。

项目预算包括项目规模、所需要的研发周期和人力资源投入、项目进度计划。

（6）项目的版本基础和版本计划。

（7）预估性能和质量。

这里需要关注的是，项目的质量与需求范围的确认、允许的研发周期、可以投入的人力资源密切相关。很多时候，业务部门的期望比较高，工期要求又比较紧，但同时研发部门的人手比较紧张。在这种情况下，项目质量往往就会受到影响。这时，我们就需要通过质量模型计算出项目可能的质量，看大家能否接受。如果一定要保证一种比较理想的质量，那么或延长工期，或削减功能。总之，双方要提前对可能的结果达成共识。

4. 总体方案（宏观设计）

总体方案主要是解决项目怎样做的问题。

知道了要做什么样的应用系统，总体方案就是要落实项目实现的基本技术方案，包括基础设施平台的选择，应用平台的选择，生产环境的要求，数据的分布和流向，各环节的控制、安全措施等。在总体方案研讨过程中，应对可供选择的各种方案进行分析和比较，选择最优方案。

总体方案还有一个非常重要的目标，就是除了要考虑如何更好地完成本项目的目标，还要确保本项目符合整个应用系统的架构规划，确保不能因为只看到局部（本项目）利益，而损害了整体（整个应用系统）利益；要防止短期行为，保障整个应用系统的可持续发展。

另外，在总体方案的设计和选择上，还要考虑满足项目的非功能性需求，制定各种性能指标及安全性、可用性、可维护性等指标。

5. 版本功能说明书

这是银行研发部门的特点。通常，为了应用系统生产运行的安全，避免生产系统的经常变更，银行会把各个项目都归并到某一个版本进行投产。这样，每一个版本相当于一个包含很多子项目的大项目。所以，研发部门除了需要有项目管理外，还需要有版本管理。每一个版本均需要有一个版本功能说明书。版本功能说明书有以下内容：

- 包含了什么项目，各项目的功能；
- 项目之间的依赖关系；
- 业务部门及系统运维部门需要关注的地方。

36.2.4 系统设计

系统设计是以软件需求书为根据，落实本系统（应用组）的技术实现方案。本阶段的产出是系统规格书。面向项目，系统规格书应该包含以下内容。

（1）本系统应该实现的功能。

（2）对本系统的环境要求。

（3）与其他系统的关系、接口，包含人机界面、由上游系统的输入、向下游系统的输出。

（4）系统内部各子系统的配置，包括子系统相互之间的关系、流程、接口，输入、处理、输出，相关的控制、假定和约束。同时要列出相关子系统的清单及对应的功能需求清单。

（5）系统内数据库的配置及数据流向的设计方案。

（6）故障对策。

系统设计的方案除了体现实现功能外，还要体现非功能性需求。系统规格书是下一阶段研发工作的依据。

由于银行应用系统非常庞大，银行的项目往往涉及多个系统，所涉及的系统均有开发工作。这样，每个系统均要进行系统设计，提交系统规格书。

36.2.5 应用设计

这也是银行应用系统的特点。由于应用系统庞大，系统（应用组）下面往往还划分了子系统（应用）。

应用设计是系统设计的进一步深化，其要做的工作与系统设计相似，只是范围小一点。应用设计以系统规格书为根据，落实本应用的技术实现方案。本阶段的产出是应用规格书（子系统规格书）。面向项目，应用规格书应该包含如下内容。

（1）本应用应该完成的功能。

（2）对本应用的环境要求。

（3）与其他应用的关系、接口，包含人机界面、由上游应用的输入、向下游应用的输出。

（4）应用内部各程序的配置，包括程序相互之间的关系、流程、接口、输入、处理、输出，相关的控制、假定和约束。同时要列出相关程序的清单及对应的功能需求清单。

（5）应用内数据库的具体设计。根据系统规格书，进行应用内数据库的具体设计。

（6）故障对策。

应用设计的方案除了体现实现功能外，还要体现非功能性需求。应用规格书是程序设计与编码的依据。

若项目涉及多个应用需要修改，则每个应用均要进行应用设计，并提交应用规格书。

36.2.6　程序设计与编码

程序设计与编码以应用规格书为根据，落实本程序的技术实现方案。本阶段的产出是程序规格书、程序源代码。

1. 程序规格书

面向项目，程序规格书应该包含如下内容。

（1）本程序应该完成的功能。

（2）与其他程序的关系、接口，包含由上游程序的输入，向下游程序的输出，本程序的处理，以及相关的控制、假定和约束。

（3）程序涉及的所有表、数据库的清单。要注明哪些表、数据库仅供参照，哪些表、数据库会有增、删、改的处理。对于会修改（更新）的表、数据库，要把会修改的字段及修改条件列出来。

（4）故障处理。

（5）程序逻辑流程图。

程序设计的方案除了体现实现功能外,还要体现非功能性需求。程序规格书是程序设计与编码的依据。

若项目涉及多个程序需要修改,则每个程序均要进行程序设计,并提交程序规格书。

2. 程序源代码

经过编译没有语法错误的程序源代码。

36.2.7 测试阶段

银行研发部门的测试流程与开发流程相对应,通常也比一般的测试流程要分得更细,有以下几个阶段。

1. 单体测试

单体测试也叫单元测试,主要针对单个程序进行测试,测试的依据是程序规格书。

2. 集成测试

集成测试主要针对一组相关联的程序进行接口及组合功能测试,主要依据是应用规格书。

3. 系统测试

系统测试是以项目为对象进行的测试,测试的依据是系统规格书。

4. 版本集成测试

版本集成测试是对整个要交付投产的版本进行系统集成测试,测试的依据是版本功能说明书。

5. 适应性测试

适应性测试重点是对整个版本进行非功能性测试,测试的依据是非功能性需求书。

6. 验收测试

测试阶段的最后一个环节是验收测试,测试的依据是软件需求书。

36.2.8 项目投产、结束、后评估与关闭

本阶段是研发流程的最后一个阶段,具体包括项目投产阶段、项目结束阶段、项

目后评估阶段、项目关闭阶段。

一个投产版本里的各个项目在投产后的几周内，通常会出现比较多的问题，所以，通常把项目的结束时间定在投产几周后，例如一个月后。这样，在投产后的一个月内，项目组还存在，确保能迅速解决投产后出现的各种各样的版本问题。投产一个月后，项目结束，项目组对项目和版本做出总结，然后解散。项目在这之后出现的问题，会转向正常的运维管理流程。

在项目投产一段时间后，通常可以选择一年后，要对创新性项目进行后评估，以检验可行性分析里的项目效益预估，进一步提高科技发展决策的科学性，提高科技效益。

最后，项目关闭。

36.3 各研发阶段的时间及人力资源投入

不同的研发团队、不同的研发文化、不同的项目，其研发周期和人力资源的投入是不完全一样的，但基本符合一个大概的规律。例如，我们可以把整个研发流程的各阶段归为三大阶段：前期、中期、后期。前期主要是需求分析，中期包括各种设计与编码、单体测试、集成测试，后期包括系统测试、版本集成测试、适应性测试、验收测试。根据实践统计，整个研发周期的时间分布和人力资源投入分布大概如图 36-3 所示。

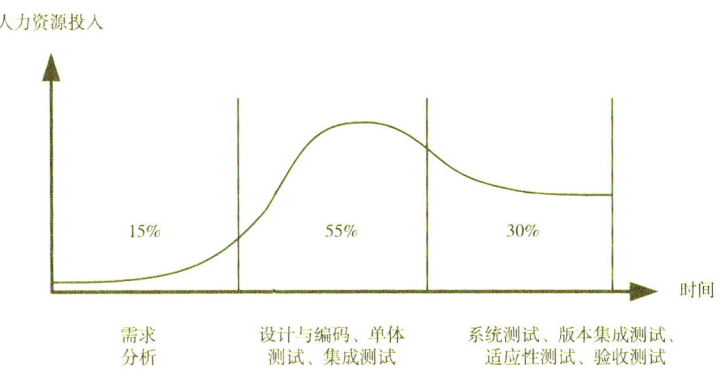

图 36-3　各阶段的时间分布和人力资源投入分布

首先，我们发现，3个阶段的周期大概相同，各自约占整个研发周期的1/3。

另外，从工作强度来看，前期相对轻，1/3的工期仅使用了15%的人力资源。其原因是该阶段的主要工作是需求确认、细化，落实项目总体方案，制订项目计划等，工作没有全面铺开，直接参与的人员比较少。中期的压力最大，在1/3的工期内要投入55%的人力资源。因为此时研发人员已经拿到相对完整的软件需求、总体方案和计划，开始详细设计，然后编码、自测。特别在程序设计与编码，单体、集成测试阶段，工作可以以程序为单位全面展开，可以投入比较多的人力资源去并行工作。后期占用的时间和人力资源基本相当，大概都是1/3，可以按部就班地开展工作。

我们可以根据上述这3个阶段的划分，来进一步对项目组的不同岗位人员进行分工。例如，我们定义前期属于架构设计，中期属于开发，后期属于测试。如果不考虑实际上各阶段都需要不同岗位的人员参加，那么，架构人员、开发人员、测试人员的比例可以大概设计为15∶55∶30。这样，各类人员的工作压力将会是大致相等的。

这里要强调的是，实际上，3类人员的分工并不是以研发周期为界限的。3类人员的工作都应该出现在整个研发周期中，只不过不同周期主要的工作承担者和责任不一样。架构人员除了在前期承担主要的工作和负主要责任外，在中期要指导和关注开发人员对总体方案的理解和落实，还要通过中期和后期的参与，直接、及时发现架构的缺陷，以便即时或日后完善。开发人员要通过前期的积极参与，尽早了解项目需求，争取在落实项目方案中提出自己的想法，力争形成最佳方案；在后期也要及时配合和了解测试工作，及时解决测试中发现的问题，提高测试效率和质量。测试人员要在前期介入，了解项目情况，在中期做好测试设计和案例准备，以便后期接到程序能马上展开测试。

一个较大规模的研发部门在同一个时期内，会有十几个、几十个甚至上百个项目在并行开发。这些项目大小不一，起始时间和结束时间均不一样，并分属不同的版本发布投产。

在这种滚动与重叠的开发过程里，要使各研发阶段的安排相对合理，让各类研发人员能够相对平衡又紧凑地在各阶段展开工作，既不会出现等待阶段衔接的时间窗口，也不会由于时间太紧而超负荷工作。确定各研发阶段的时间分布和相应各类人力资源的分配是一件非常重要而又困难的事情。如果按上述模型进行分配，基本能达到目的。

图 36-4 所示是假设有 3 个项目滚动重叠开发。这 3 个项目的规模大致相同，开始周期相差一个阶段。从图 36-4 中可见，各类人员在各阶段能平稳衔接。如果这 3 个项目前、后的其他项目也都是这种情况，那么，各阶段基本能够把人员 100% 利用起来，施加给员工的工作压力也相对平稳。

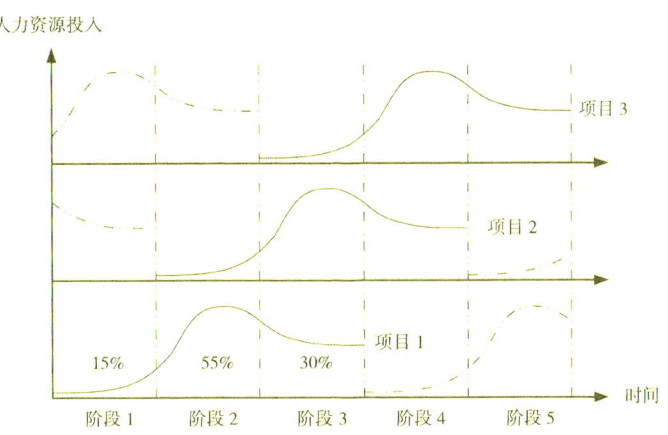

图 36-4　项目滚动重叠开发的时间和人力资源投入

当然，在实际工作中，项目的大小不可能一样，所以其研发周期也不一样。但研发部门的人力资源在一个相当长的周期里（如一年内）基本上是一个常数，其接受项目的能力也基本上是一个常量。只要我们能合理分割研发周期，合理配置各类研发人员，就基本可以保持平稳的工作节奏。

第 37 章　银行研发规划管理

在银行研发管理中，规划管理往往比较欠缺，特别是对生产指标、项目预算、版本与项目规划的管理。

37.1　生产指标

软件的生产指标通常指生产率与质量指标。

37.1.1　生产率

生产率是指某一个特定的团队，针对某类研发对象，每人在单位时间里可以生产的软件产品的数量。软件产品的数量度量有多种，例如代码行、"功能点"（关于"功能点"的概念，可参考软件行业相关论述。以下均用功能点对软件进行描述）。单位时间投入的工作量的单位通常是"人月"。如果用功能点对软件产品的数量进行度量，那么生产率具体描述为在一个人月单位中有多少功能点。

$$（软件）生产率 = \frac{功能点数}{人月数}$$

式中，生产率的单位为功能点/人月。

通常，对于不同的团队，不同的研发环境，不同的研发对象，其生产率大概为 10～25 功能点/人月。具体的生产率可以通过借鉴历史数据与当前具体情况来决定。

用功能点来展现软件的生产指标，则生产指标的取值与功能点的定义相关。这里采用业界对功能点的典型定义。如果某个银行对功能点的定义与此不同，那么其生产指标的取值就会不一样。

37.1.2 质量指标

通常，软件的质量指标有两个，分别是缺陷密度（有时也叫作缺陷率）和缺陷清除率。

1. 缺陷密度

缺陷密度是指版本在研发或生产中的一段时间内（如集成测试到版本投产后 5 周，又如版本交付后到投产后 5 周），单位规模的软件中发现缺陷的个数。如果软件规模用功能点来度量，缺陷密度的单位可以是每千功能点有多少个缺陷，也可以是每百功能点有多少个缺陷。

$$缺陷密度 = \frac{缺陷数}{千功能点（或百功能点）}$$

通常，一个质量比较好的软件版本，从集成测试一直到版本投产后 5 周，其每千功能点的缺陷应该少于 200 个。更关键的是，从版本交付后到投产后 5 周，其每千功能点的缺陷应该少于 6 个。

缺陷密度是软件质量指标中一个与软件规模相关的指标，其取值会随着软件规模定义的不同而不同。就算用功能点定义软件规模，具体如何定义功能点的单位，也会影响质量指标的取值。

2. 缺陷清除率

缺陷清除率，一般指版本交付前一段时间内（如版本集成测试到版本交付前的测试周期）发现的缺陷，与上述版本交付前时间段加上版本交付投产后一段时间内（例如投产后 5 周）一共发现的缺陷之比。

$$缺陷清除率 = \frac{版本集成测试到版本交付前之间发现的缺陷数}{版本集成测试到投产后 5 周之间发现的缺陷数} \times 100\%$$

缺陷清除率是软件质量指标中的一个相对指标，与软件规模无关，所以也与衡量软件规模的定义无关，即与功能点的定义无关，因而操作性好。所以，缺陷清除率在软件生产行业中作为评价软件质量的指标，被应用得更多。

以业界比较推崇的能力成熟度模型集成（Capability Maturity Model Integration, CMMI）模型来看，据相关统计，处于不同 CMMI 等级的软件企业所生产的项目的平均缺陷清除率如下：

- CMMI-Ⅲ 的缺陷清除率为 89%；

- CMMI-Ⅳ 的缺陷清除率为 94%；
- CMMI-Ⅴ 的缺陷清除率为 97%。

对于成熟的银行研发团队来说，应该追求缺陷清除率能够达到甚至高于 CMMI-Ⅴ 的清除水平。

37.1.3 团队的生产指标

根据上述两点，我们可以为某个研发团队确定其生产指标。

正确地确定一个研发团队的生产指标非常重要。它会告诉我们，该团队在某段时期里能够承担多少工作。它还会告诉我们，该团队完成的工作质量如何。

例如，某银行的开发中心，根据产品线划分成核心、渠道、内管、信息分析 4 个开发部门。各个开发部门的人数分别为 100、50、80、70 人。根据历史数据，它们各自的生产率为 30、35、40、36 功能点 / 人月，各自的缺陷率为 20%、20%、16%、18% 缺陷数 / 百功能点，投产后缺陷率为 0.6%、0.6%、0.4%、0.5% 缺陷数 / 百功能点。

如果完全参照历史数据，4 个开发部门的年生产指标如表 37-1 所示。

表 37-1　4 个开发部门的年生产指标

开发部门	人员/人	生产率/（功能点/人月）	缺陷率/（缺陷数/百功能点）	投产后缺陷率/（缺陷数/百功能点）	生产力/（功能点/年）	总缺陷/（缺陷数/年）	投产后总缺陷/（缺陷数/年）
核心	100	30	20%	0.6%	36000	7200	216
渠道	50	35	20%	0.6%	21000	4200	126
内管	80	40	16%	0.4%	38400	6144	154
信息分析	70	36	18%	0.5%	30240	5443	151
合计	300	34.9①	18.3%②	0.51%③	125640	22987	647

注：生产率、缺陷率和投产后缺陷率的合计为加权平均值。
① $125640 \div 12 \div 300 = 34.9$。
② $22987 \div 125640 \times 100\% \approx 18.3\%$。
③ $647 \div 125640 \times 100\% \approx 0.51\%$。

从表 37-1 可知，该银行开发中心的开发部门一共有 300 人，一年能承担约 12.6 万功能点的开发任务。总体缺陷率为 18.3%，一年大概会有 647 个投产后缺陷。开发部门的平均生产率约为 35 功能点 / 人月。

但是，上述生产率只是开发中心开发部门的生产率。对于整个银行的开发中心而言，除了开发部门外，通常还有其他配合的部门。假设，该开发中心还有专职测试团队200人，架构规划与设计人员25人，专职项目管理人员20人，系统、网络、环境技术支持人员20人，各种行政管理人员5人。那么，该开发中心除了开发部门外，还有270人。加上开发部门，该开发中心一共有570人。按一年完成的功能点折算，整个开发中心的平均生产率约为18功能点/人月。

37.2 项目预算

研发项目预算主要包括项目规模评估、项目效率评估、效率悖论、项目工作量评估、项目工期评估、解决人月神话问题、项目质量评估等。

37.2.1 项目规模评估

项目规模评估就是对即将研发的软件规模进行评估。而软件规模度量一直是软件行业的一个老大难问题，使用比较广泛的方法有以下两个。

1. 专家评估法

专家评估法也称群体决策法、德尔菲法（Delphi Method）。该评估方法是组织一个有评估经验的专家组，向他们提出所要评估的问题及有关要求，并附上有关这个问题的所有背景材料，让专家组对评估结果逐步取得共识的估计方法。这种方法可以用在各种各样的评估上。

软件规模的专家评估法直接评估生产软件所需要的投入，具体的流程如下。

- 挑选几个在规模评估上有经验的专家作为评估人员。
- 将有关资料，如业务需求书、宏观设计方案等分发给他们，并进行必要的讲解和讨论，使参评者了解业务特点和方案特点。
- 按一定规则，让各参评者独立地直接对工作量进行估算。
- 把所有专家的评估依据和结果进行整理、综合，匿名反馈回各专家，让各专家参考他人的意见，对自己的意见进行修改。将这个过程重复几次，直到所有专家均认为自己的意见已经是最后的意见为止。

- 根据一定的算法，对各专家的意见进行综合，得出最终结果。

2. 功能点评估法

功能点评估法（Function Point Analysis，FPA）是在需求分析阶段，基于需求对软件产品明确定义的、软件要提供给用户的功能，对软件产品的规模加以度量的评估方法。功能点评估法是目前 IT 行业普遍认同的一种软件规模评估方法。其详细方法可参照行业相关的专门论述。

37.2.2 项目效率评估

如果是用功能点评估法对软件规模进行评估，为了把功能点转为工作量，还要估算面对该项目的工作效率，简称为项目效率。

$$项目效率 = \frac{研发完成的软件规模}{单位时间投入的工作量}$$

式中，软件规模的单位通常是功能点。

银行科技的项目研发效率与许多因素有关，这些因素有主观因素与客观因素之分。主观因素包括人员的素质、人员的精神面貌、银行科技与项目组的管理水平等。客观因素包括需求的质量、研发环境与条件（如使用的软、硬件平台，开发语言和工具，功能实现的复杂度等）、需求变更次数、项目规模等。

在一些主观因素和客观因素相同的情况下，一个规模大小合适的项目，研发团队单位工作量（如人月）完成的软件规模（如功能点）最高，即其效率最高。当项目规模太大时，由于涉及的各种因素增多，项目复杂性提高，沟通协调成本增加，其效率会随着规模的增大而急剧下降，如图 37-1 所示。

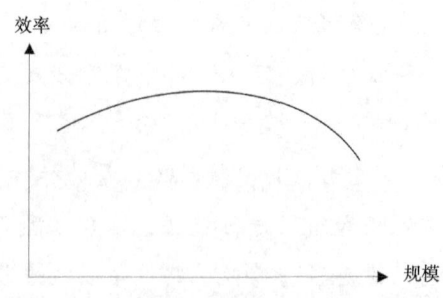

图 37-1 项目规模与效率的关系

37.2.3 效率悖论

在说到银行研发团队的效率时，人们往往会发现，大型研发团队的生产效率似乎不高，离人们的期望有一定距离。过去，在银行研发没有大集中前，各种研发活动都在省分行或者市分行一级。那时候，开发一个项目，几周时间、最多 3 个月时间就能完成。而研发大集中后，项目周期动辄就要好几个月。这是为什么呢？其原因主要有以下 4 个。

1. 系统的复杂性

大集中以后，研发团队面对的系统与当初分散在各分行的系统相比，其系统规模完全不能同日而语。系统规模越大，其内部相关性越复杂，新增加的功能或修改一些功能所需的工作量相对于小系统当然要大。

2. 项目规模

大集中以后，研发团队面对的需求增加，其项目规模通常比分行的项目要大。当规模大到一定程度时，如前所述，其研发效率就会下降。

3. 项目的要求

大集中以后，项目都是要在整个银行范围内实现的，在通用性、适应性等非功能要求上，比分行项目要高得多。这时需要广泛使用参数配置，因此也需要投入更多的工作量。

4. 项目的质量

对于大型的银行研发团队而言，保证项目的质量是重中之重。由于其研发产品的应用是企业级的应用，因此对产品的质量、产品的可靠性要求高，对产品缺陷的容忍度低。这就要求研发团队不但要确保产品的平均质量比较高，还要确保产品质量的偏差能在一个可以接受的范围之内。这就对研发团队提出了比较高的要求。

质量与投入的关系如图 37-2 所示。

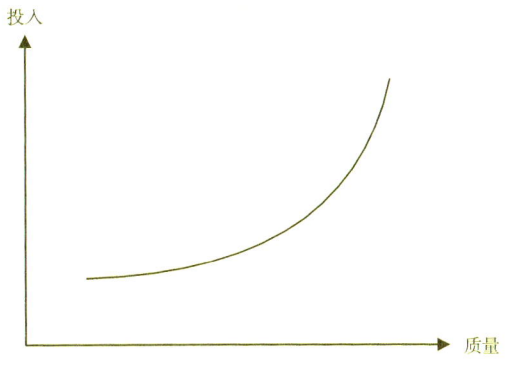

图 37-2 质量与投入的关系

从图 37-2 可见，当质量到达了某个点后，要再往上提升，付出的代价就会急剧增加。例如，当某个项目的质量要求为 CMMI-Ⅳ 的水平时，项目研发需要投入 n 人月；但如果我们要把该项目的质量提升到 CMMI-V 的水平，那么，项目研发的投入可能要翻倍到将近 $4n$ 人月，即人力资源与研发周期的投入都翻倍。而随着银行应用使用范围的扩大，无论银行本身、用户还是监管当局，对银行产品质量的期望值都越来越高，对产品缺陷的容忍度都越来越低。

为了满足各方对产品质量的要求，研发团队需要用企业级的思维进行企业级的管理，要制定相对严格的流程和规范，大力强化过程管理。这样才能保证银行科技面对不同的客户、不同的需求、不同的应用环境、不同的开发团队时，能在一个统一的架构上生产出质量可控的产品。这恰恰需要付出比较大的代价。通过牺牲效率来换真正的高质量与平稳的质量，这是任何大企业都存在的必须正视的问题。

可见，对软件研发效率最大的影响是对质量的不同要求。

历数世界级的软件公司，其新软件发布计划几乎从来都是一拖再拖，没有一次是按期发布的。究其原因，不是这些公司的水平低，而是软件生产有其特殊性。为了确保最终用户的利益和质量，大软件公司宁愿牺牲效率。

37.2.4　项目工作量评估

项目工作量评估是项目预算最核心的部分，因为工作量（人力资源投入）的大小是软件生产成本最重要的因素。

如果用专家评估法进行项目规模评估，评估的结果就是工作量。如果用功能点评估法对项目规模进行评估，项目工作量与项目规模的大小和项目效率相关。

从项目规模与工作量的相关曲线（见图 37-3）可以看出，项目规模与工作量不是线性相关的。规模太小的项目，因为一些必需的工作量并不能省略，所以只要纳入项目管理，再小的项目都需要一些基本的工作量。而规模太大的项目，项目涉及的功能多，为实现项目目标的系统庞大，内部复杂度迅速提高；为了顺利和正确实现外部功能而产生的内部功能增多；参加研发的人员多，沟通成本增加。所有这些，都会增加额外的工作量。当项目规模大到一定程度时，其工作量会随着规模的增大而急剧增加。

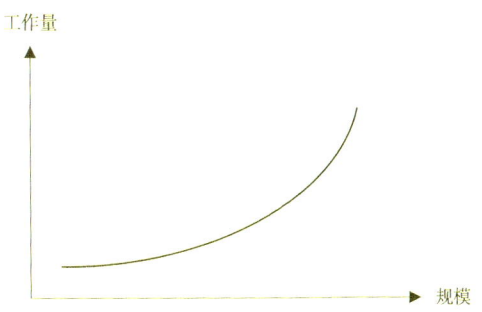

图 37-3 项目规模与工作量的关系

$$工作量_{人月} = \frac{项目规模}{项目效率} = \frac{项目功能点数}{每人月能完成的功能点数}$$

通常,参照历史数据,我们对某个具体的项目可以按每人月完成 10 ~ 25 功能点来计算。

37.2.5 项目工期评估

软件的研发周期与软件的工作量相关,但软件研发周期与工作量也不是线性相关的。工作量太小的项目,一些必需的工作流程不能省略;工作量比较大的项目,在人力资源充足的情况下,可以通过研发并行来缩短相对工期。一般来说,在一定规模内,工作量越大,单位时间(如月)完成的规模(如功能点)可以越多,必需的研发周期不会线性增加。

在保障人力资源充足的条件下,工作量与工期的具体参考模型(见图37-4)举例如下。

$$工期_{月} = 3 \times (\log_{30} 工作量_{人月}) + (工作量_{人月})^{0.35}$$

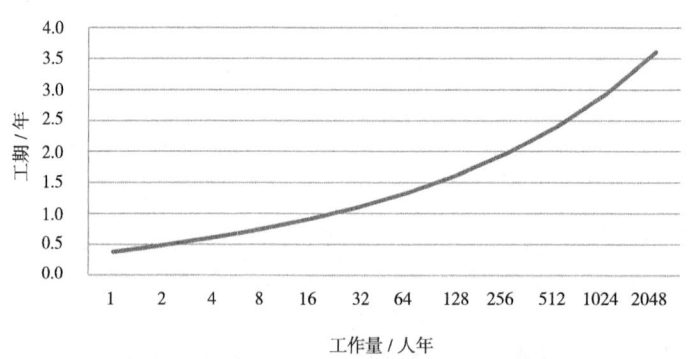

图 37-4　工作量与工期关系举例

图 37-4 所示的工作量与工期的单位中的"年",指的是日历年,一年有 12 个月。在每周工作 5 天的情况下,再加上假日,一个日历月通常可按 21 个工作日来计算。

37.2.6　解决人月神话问题

合理地进行项目工期评估是为了解决人月神话问题。

表面上,工作量是以人月来计算的,从数学角度来看,在图 37-5 所示的人月线上,任何一点的人月数都是相同的。那么,人月能否互换,即能否通过增加单位时间的人员投入来换取工期的缩短呢?

这就是人月神话。其答案是否定的,因为最合适的点只有一个。如果认为人月点可以随意移动,特别是想通过加大单位时间人员的投入来缩短工期,肯定会引起软件的质量问题。

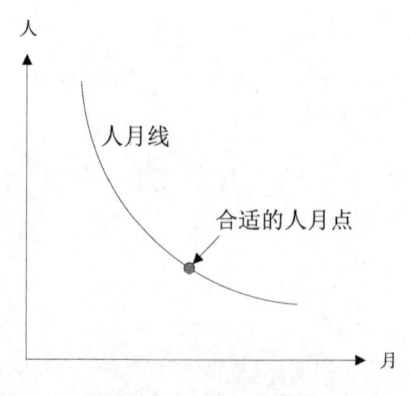

图 37-5　人月线

其道理是很显然的。如前所述，一个完整的研发周期一般有需求分析，系统设计，应用设计，程序设计与编码，测试阶段，项目投产、结束、后评估与关闭等阶段。不管投入多少人员，要做好每个环节，都需要一定的时间。并且，把一个任务分解为多个子任务同时进行，虽然是一个缩短工期的办法，但这只能在一定程度上进行任务分解和并行。随着并行度提高，子任务相互之间的沟通成本会呈指数上升，很快会高于并行带来的好处。（请参照美国小弗雷德里克·布鲁克斯的《人月神话》。）

37.2.7 项目质量评估

在项目规模、项目工作量、项目工期评估的基础上，我们可以根据实际情况对项目进行质量评估。

对于某个项目，如果研发周期、研发人力资源、研发团队素质、研发环境等各种正常研发资源都能得到满足，人们可以期望该项目取得与该研发团队历史上研发正常项目大致相同的研发质量。但对于某个具体项目，其往往存在各种各样的问题，使研发结果得不到期望的质量。

项目质量评估中，影响质量的内容比较多，本书后面会结合质量管理一起论述。

37.3 版本与项目规划

目前，银行科技大多是以项目的形式接受研发任务，以典型的软件项目管理方式管理研发项目，并根据项目需要的研发周期决定某个项目的研发完成时间的。不过，在大部分银行里，除非是特别紧急的项目，否则完成研发的某个单独的项目通常不会单独交付投产。因为项目投产是生产系统的重大变更，而生产系统变更是对系统安全稳定运行造成冲击的最主要的因素。为了银行生产系统的相对稳定，需要减少生产系统的投产次数，通常是把一批在一个时间段里完成研发的项目组成一个项目的集合同时交付，然后同时投产。在本书中，我们把这种同时交付、同时投产的项目集合称为版本。

实际上，每个版本通常由多个项目组成。由于项目提交时间有先后，项目的规模有大小,项目需要的研发周期有长短,所以每个版本的大小通常不会一样。在合理规划版本与项目时,主要涉及以下 5 个方面的问题。

37.3.1 项目与版本的关系

项目与版本的关系如图 37-6 所示。

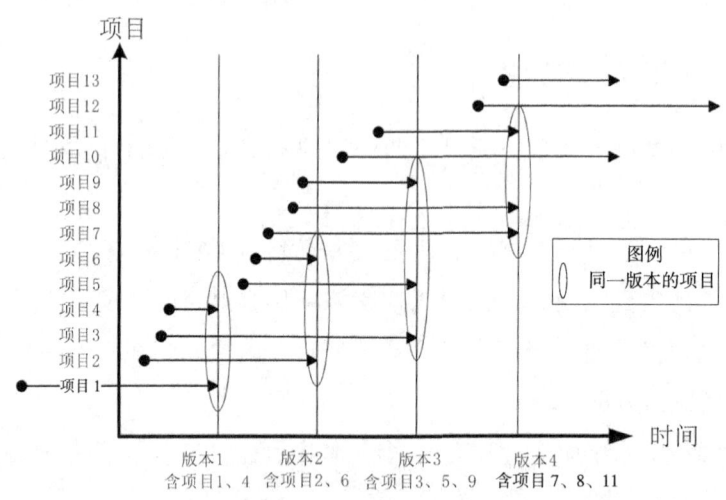

图 37-6 项目与版本的关系

从图 37-6 可见,由于项目的规模不一样,同一个时期接收的项目不一定在同一个版本中交付,不同时期接收的项目可能在同一个版本中交付。版本是项目的集合。

事实上,对于银行科技来说,每个投产版本的生产本身是一个大的项目,一个版本里的各个项目可以认为是版本这个大项目里的多个子项目。所以,在银行科技研发中,完善的项目管理不光需要有每个项目的项目经理,还要有每个版本的版本经理。版本经理要关注版本的规划及内容范围、版本的假定和约束条件、版本的交付时间、版本内每个项目的耦合程度及各自的进度、整个版本集成测试的进度及质量等。

37.3.2 版本投产的频率

从运行安全的角度来考虑，版本投产的频率越低越好。但从适应市场竞争、快速进行产品创新的角度出发，版本投产的频率又不能太低。为了平衡两者，大多数银行对生产系统的应用系统版本投产都做了相应的规定。投产频率比较高的是每周一次；投产频率比较低的可能是两个月一次，甚至每季度一次。由于存在投产周期，也就是存在版本交付的周期，同时也意味着存在项目交付的周期。

对于一个类似银行开发中心的研发团队而言，在某一个时期内，其人员与人员素质相对固定，面临的研发环境与研发对象也不会有太大的改变。所以，在一定的质量要求下，它的生产能力也是相对稳定的。在比较理想的情况下，最好能面对平稳的业务需求，然后平稳地根据需求产出一个个应用版本。

在如前所述的例子中，某开发中心有570人，平均生产率约为18功能点/人月。如果该银行的信息系统每月推出一个版本，理论上，每月能产出1万多功能点的版本。以此类推，一年产出12个版本，共10多万功能点。

37.3.3 版本投产规划

从前面的论述可以看出，如何合理规划版本计划涉及方方面面的因素。

理想的情况是在每年年底规划好第二年的版本的具体投产时间。这是第二年项目版本规划的基础。如前面的例子，如果某银行规定每月投产一个版本，那么，该银行应该在年底规划好每个月的版本投产时间。

版本投产的理想时间应该考虑如下因素。

- 月初或月底的非业务繁忙时段。
- 周六或节假日第一天晚上。这样做一方面可以避开业务高峰，减少投产对正常业务的影响；另一方面由于第二天还是假日，可以让新版本有一个比较宽松的适应期。
- 避开一些特殊日期，如国庆、春节等重要节日，以免投产不顺利造成不良影响。

投产日期一旦规划好，就要规划版本交付时间。通常，研发部门进行版本交付后，生产运行部门还要组织相关的适应性测试与版本安装、投产测试等。所以，视具体安排,研发部门的版本交付日期要比版本投产日提早几周。对于研发部门而言,某版本内各个项目的完成日期可能会不一样,但任何一个项目的最终研发结束日期最晚也不能晚于版本交付日期。

假设每月投产一个版本,每年的版本规划表举例如表37-2所示。

表37-2 版本规划表

版本名称	交付日期	投产日期	版本规模
1月版本			
2月版本			
3月版本			
4月版本			
5月版本			
6月版本			
7月版本			
8月版本			
9月版本			
10月版本			
11月版本			
12月版本			

37.3.4 项目的版本安排

业务需求会持续产生,项目也会接踵而来,但研发团队的生产能力相对固定。所以,研发部门要与需求方一起,先根据项目的规模估算出项目的合理工期,然后根据项目的优先顺序与研发部门的人力资源状况,确认某个新规划的项目应该归入哪一个版本投产,从而确定该项目是基于哪个版本环境来开发的。

新接受的项目要安排在哪个版本交付有以下4种情况。

1. 安排在最近的版本

根据研发团队当前的生产能力,可以按该新项目的正常研发周期马上安排该项目进入研发。那么,新项目可以安排在正常研发周期结束后最近的版本中。

2. 安排在以后的版本

如果研发团队当前的研发能力已经饱和，或者虽然没有完全饱和，但不能完全按该新项目正常的研发周期投入足够的资源进行研发，那么该项目只能根据研发能力或延后启动研发，或虽然马上启动但拖长研发周期。这样，新项目可以根据实际开始研发的时间与实际的研发周期，安排在研发周期结束后的版本中。

3. 调整原来版本的项目

尽管当前研发团队的研发能力已经比较紧张，但该新项目对应的需求比较紧急，业务部门希望项目能马上启动研发，并希望能在项目正常的研发周期内投入足够的研发资源，以保证项目能在正常的研发周期内完成研发、尽快投产。这样，研发团队只能与业务部门协商，调整一些相对不紧急的项目的研发状态，放缓研发或暂停研发，以便能腾出必要的资源去保证开展新的研发项目。这样，被放缓研发或暂停研发的项目由于研发周期的改变，可能赶不上原来规划的版本投产，而不得不改变其所属的投产版本。这时，整个原来规划的版本基础可能会发生改变，从而也许会增加相关项目的修改与测试的工作量。所以，这种调整版本计划的做法是有一定代价的。

4. 理想的项目版本规划

从上述描述可见，项目的版本规划涉及多种因素。其中包括项目的接收时间、项目的规模、项目的紧迫程度、研发团队的研发能力等。所以，项目的版本规划通常会受到各种干扰，不得不经常修改，这给项目管理与研发质量带来了冲击。

比较理想的情况是，需求都能尽早提出来。最理想的情况是，首先，每年年底前能提出下一年的所有研发需求，并且每个需求都给出一个紧迫系数。这样，研发部门就可以根据研发能力与项目的轻重缓急及版本的交付计划，在留有余地的情况下制订项目的版本计划，并与业务部门达成共识。其次，计划一旦敲定，尽量不要修改。最后，由于制订计划时留有余地，当碰到临时的紧急项目时，只要项目规模不会太大，也有资源可以应付。

项目版本计划表的举例如表 37-3 所示。

表 37-3　项目版本计划表

1月版本		2月版本		3月版本		……		12月版本	
项目名称	规模	项目名称	规模	项目名称	规模	项目名称	规模	项目名称	规模
合计		合计		合计		合计		合计	

37.3.5　研发部门的项目规划

通常，一个研发项目会涉及研发中心里的多个研发团队，版本计划与项目计划的最终落实和各研发团队的研发能力都有关。所以，我们还要根据版本计划与项目计划，将任务分解到每一个研发团队。各研发团队的项目研发工作规划举例如表 37-4 所示。

表 37-4　各研发团队的项目研发工作规划

n月份版本							
核心研发		渠道研发		内管研发		信息挖掘	
项目名称	规模	项目名称	规模	项目名称	规模	项目名称	规模
合计		合计		合计		合计	

表 37-4 中有些项目可能会涉及所有的研发团队，也有些项目可能会涉及某些研发团队，还有些项目可能仅涉及一个研发团队。所以，相同的项目名称会重复出现在不同的研发团队列表里，它们的规模相加就等于项目的总规模。

第 38 章 软件履历管理与配置管理

软件履历管理与配置管理通常简称配置管理。其内涵是通过对信息系统软件的履历管理，确保构成信息系统各个时段运行环境的软件资源匹配与兼容。

38.1 配置管理的必要性

一个在运行环境里运行的信息系统，通常都是由各种各样不同性质的软件资源组合起来的。这些软件资源至少包含操作系统、应用平台、数据库管理系统和数据库、各种应用程序。上述各种软件资源在信息系统的运行生命周期里，出于各种原因，会分别不断地进行修改、升级、完善、优化。推动这些软件修改的原因有发现 Bug、有新的需求、出现新的技术等。每一次的软件修改并非涉及所有的软件，这些修改通常也未必是同步的。一般的情况是，这一次是操作系统 A 程序需要修改，下一次是数据库管理系统 B 程序需要修改，再下一次是某个应用系统的 C 程序需要修改。当然，有些程序的修改也会涉及其他程序，使其他对应程序也要做出相应的修改。

我们把某个软件的某次修改结果称为该软件的某一个版本（Version，下同）。同样，对于某个信息系统的某一次修改所形成的新的运行环境，我们也把修改后所有组成信息系统的软件资源称为该信息系统的某个版本。正因为各软件修改的不同步，信息系统的配置管理成为一项非常重要的工作。配置管理的最终目标是，不管在运行的信息系统的哪一个部分进行了修改，配置管理都要保证当前运行系统里的各程序是相互匹配的，不会由于修改了信息系统中的某些程序而导致内部程序版本不匹配，使信息系统出现生产问题。另外，配置管理还有一个目标是，我们可以随时还原历史上曾经运行过的各阶段的版本，以适应某些历史查询的需要。（当然，保留历史版本会带来资源开销，实际上要保留多长的历史版本，就要平衡相应的资源开销与实际的需要。）

银行信息系统的规模都比较大，通常包含各种各样的软件资源。在产品研发与生产运行中，由于配置管理不善、用错版本或版本不兼容而产生生产问题的情况屡见不鲜。从这一方面也可以看出配置管理的重要性。

38.2 配置管理的内容

软件履历管理是配置管理的基础。根据上述配置管理的目标，配置管理主要涉及以下 3 项内容。

38.2.1 软件履历管理

对于某个软件资源，如程序，出于种种原因，它会不断地被更新。每更新一次，就会产生一个与原来不一样的程序版本。软件履历管理就是要区分与保留同一个程序各时段的不同版本。为此，我们会赋予每一个程序的各版本一个唯一的标识，称为软件的版本号。可见，软件的配置管理与软件的版本号管理有非常密切的关系。

1. 版本号

不同的厂家、不同的产品，软件资源版本号的形式会不一样。版本号通常可以进行多段管理。如比较流行的三段式版本号，其格式为主版本号 + 次版本号 + 修改号。通常，主版本号与次版本号会用 1 ~ 2 位数字表示，修改号会用多位数字表示。如版本 1.3.12，表示主版本号为 1，次版本号为 3，修改号为 12。通常，主版本号只有当系统在结构或功能上有重大突破或改进后才发生变化；次版本号可以在发布重要版本时变化，也可以定期（如每季度、每年）变化。在主版本号与次版本号不变的周期里，所有的程序修改体现在版本号的修改号的变化上。

2. 版本号的使用

对于整个信息系统的某个运行版本，我们可以赋予其一个版本号。同时，信息系统由各种各样的软件资源组成，我们也会给这些软件资源的每一个运行版本赋予版本号。软件资源中，一些是由厂家提供的，如操作系统、数据库管理系统、一些系统工具等。对于这些软件资源，厂家可能会有它们自己的版本管理体系，通过自己的版本号进行管理。所以,这些软件资源的版本号与其变化未必能由用户来控制。

另外,有部分软件资源由合作方提供。这些软件资源的版本如何管理,视用户与合作方的关系而定。如果软件资源的产权归用户,其维护由用户主导,那么,这部分软件资源的版本管理可以完全纳入用户的软件配置管理中。反之,如果这部分软件资源的产权归合作方,其维护由合作方主导,那么,这部分软件资源的版本管理与厂家提供的软件版本管理一样。

信息系统的大部分应用程序,其履历管理应该完全纳入用户的配置管理范畴。对于这些程序,用户可以根据自己对程序的分层管理进行分层的版本管理。如果我们把整个应用系统的程序分为3层进行管理,即整个信息系统、子系统、程序,那么,对应这3层分别都应该赋予它们各自的版本号。可见,信息系统的任何一代运行版本,均唯一对应一组不同版本的软件的组合。我们把体现这种组合的描述称为版本树。例如,对于统一使用三段式版本号的信息系统,其版本树形式举例如图38-1所示。

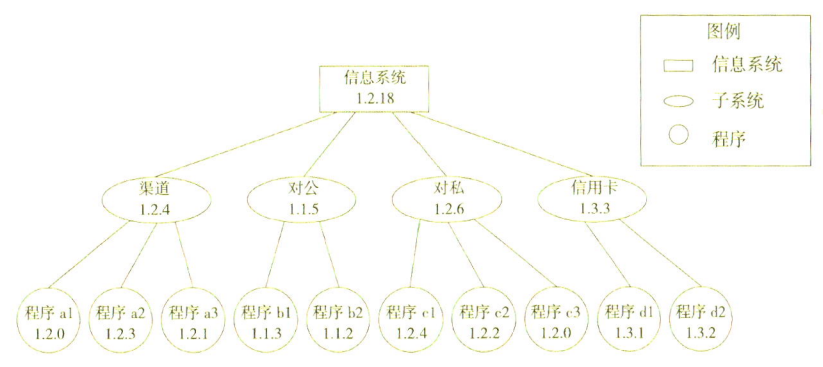

图38-1 版本树形式举例

图38-1所展示的是某一时刻某一信息系统的运行版本对应的各层级子系统与程序的版本现状,信息系统的版本号为1.2.18。该版本号唯一标识该时刻整个信息系统的版本现状。而信息系统下面的各子系统,由于版本更新的频率不一样,可以有不同的版本号。例如对私子系统,它的版本号为1.2.6。该版本号也唯一标识该时刻对私子系统运行版本的各程序版本现状,也就是标识了图38-1中对私子系统的版本现状。

版本树除了要把用户自己管理的软件资源纳入其中,也要把所有与该运行版本有关的其他软件资源版本纳入。例如，其应该包括操作系统、数据库管理系统等软件资源。

3. 版本号的更新

版本号的更新控制以全部使用三段式版本号为例。

当信息系统首次上线时，我们可以把信息系统、子系统、程序的所有版本号先设定为 1.0.0。

（1）修改号的更新。

当信息系统的某个程序需要修改时，例如对私子系统的程序 c1，那么该程序版本号的修改号加 1。同时，为了唯一标识修改后对私子系统的版本现状与整个信息系统的版本现状，对私子系统与信息系统的版本号的修改号也需要加 1。此时，信息系统的版本号为 1.0.1。它唯一标识整个信息系统的版本状况：除了程序 c1 与对私子系统的版本号为 1.0.1 外，所有其他子系统与程序的版本号都是 1.0.0。而对私子系统的版本号为 1.0.1，它唯一标识了对私子系统里除了程序 c1 的版本号为 1.0.1 外，所有其他程序的版本号都是 1.0.0，如图 38-2 所示。

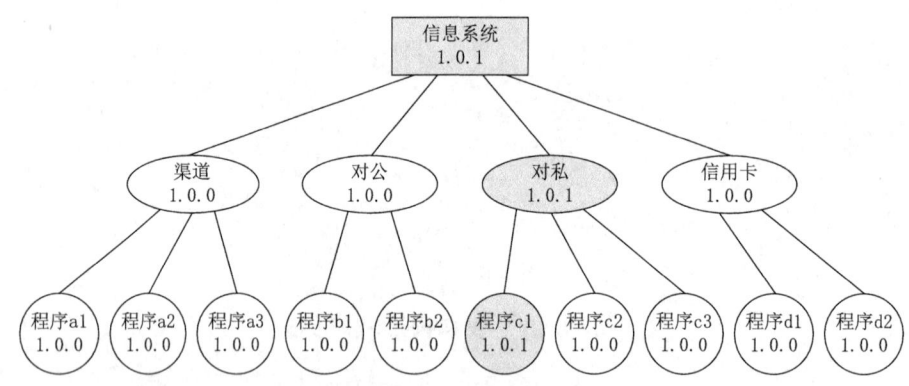

图 38-2　信息系统首次投产后仅修改了一个程序的版本树

可见，在信息系统的实际运行版本里，只要运行版本对比此前的版本有了变化，哪怕该变化非常小，甚至只有一个程序修改了，但为了唯一标识该运行版本，信息系统版本号的修改号都要加 1。

同理，对于每一个子系统，只要该子系统的运行版本对比此前的版本有了变化，哪怕该变化非常小,甚至只有一个程序修改了,但为了唯一标识该子系统的运行版本,子系统版本号的修改号也要加1。

由于一个子系统里有多个程序,一个信息系统里有多个子系统,所以,修改号变化频率的规律是,子系统的频率要比程序高,信息系统的频率要比子系统高。

(2)主版本号的更新。

日常的程序修改与维护通常不会涉及系统、子系统、程序主版本号的改变,仅当整个信息系统在结构或功能上有重大突破或改进时,可以通过更新主版本号来标识该重大突破或改进。此时,信息系统版本号的主版本号加1,而次版本号、修改号全归零。

通常,许多信息系统会规定,当信息系统的主版本号更新时,信息系统里所有在该次结构或功能重大变化中有所更新的程序、子系统的主版本号要同步更新。假设信息系统原来的主版本号是1,那么在信息系统主版本号加1后,整个信息系统里涉及本次更新的程序、子系统的版本号均更新为2.0.0。

(3)次版本号的更新。

对于次版本号,一般会在软件的重要版本发布时进行更新。对于次版本号更新的同步机制,不同的信息系统会采取不同的策略。例如可以采取在子系统内同步的方式,或者采取信息系统、子系统、程序各自更新的方式。

通常,当软件的次版本号加1后,修改号也重新归零。

4. 版本号的规划和管理

信息系统的版本变化是由一个个信息系统的维护或新研发项目引起的。所以,在面对信息系统的维护与研发项目时,我们除了要做好项目规划外,还要做好版本规划。其中的一项工作就是版本号的规划和管理。

面对构成一个新版本的各个项目,我们要仔细分析这些项目会涉及哪些子系统、哪些程序的修改,要事前做好需要修改的子系统、程序版本更新的规划。这种规划涉及程序版本号的变化和由此而来的子系统、系统版本号的变化。通常,程序、子系统、系统版本号的变化仅涉及修改号的变化。但当程序变化的数量与规模比较大时,我们还要考虑是否需要改变版本号的次版本号,甚至要修改主版本号。

所有上述版本号的更新规划都应该在项目规划、版本规划阶段完成,要形成新一代信息系统的运行版本树,并作为项目设计文档的一部分提交给相应的开发人员,让其执行。

38.2.2 版本树管理

从上文可以看出,信息系统的任何一代运行版本均唯一对应一组不同版本的软件组合。版本树是体现这种组合的描述形式,它完全描述了构成某一个运行版本的子系统版本及所有子系统的内部程序版本。所以,配置管理的一个重要内容是保留历史的版本树与各研发阶段的版本树,以便正确地建立各个不同时期的运行版本。

另外要注意的是,一个可以运行的信息系统环境是由多种软件资源组成的,如操作系统、数据库管理系统、应用程序等。从另外一个维度来看,软件资源包含信息系统的内部资源和环境资源。内部资源主要有逻辑资源与数据资源。逻辑资源除了各种各样的程序外,还包括诸如存储过程、函数、触发器、作业流控制语言等。数据资源包含各种数据库、文件的定义及实体,各种数据交换的接口、报文、文本的定义及实体。环境资源包括各种系统定义、平台定义、应用参数定义等。只有所有这些资源都配备得当,信息系统才能正常运行。可见,所有这些资源都应该纳入配置管理的范畴,包括它们都应该被赋予版本号,都应该在版本树上有自己的定位。

构成信息系统的各种软件资源如图38-3所示。

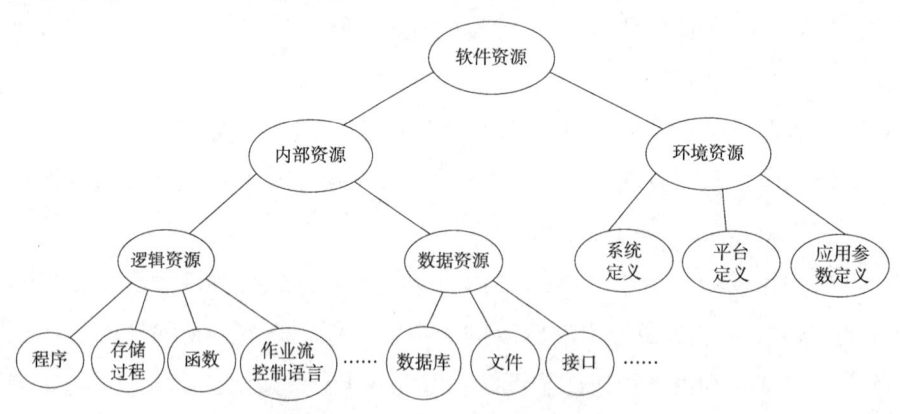

图 38-3　各种软件资源

38.2.3 软件资源归档

大多信息系统都采取滚动发展的模式，银行的信息系统尤其如此。所以，为了满足运行与不断研发的需要，在同一时点里需要保留多个信息系统版本。以最长的研发项目需要一年为例，信息系统需要保有当前运行的系统版本、准备投产的系统版本以及在一年的研发周期中已经开始的、将要在未来各不同阶段投产的各系统版本。

上述版本指的是现在与将来的版本。考虑到还会需要保留一些历史版本以备查询，比如要保留过去3代、4代的历史版本，一个系统大概要同时保留超过10代的版本。

这10代的版本由各软件资源的不同版本进行组合，对于某个资源来说，未必有10个版本。为了满足不断研发与历史查询的需要，信息系统要把所有组成过去3代和4代、与组成当前及将来的6代和7代运行版本的各种各样的软件资源集中归档管理，也把对应阶段的版本树归档管理。这就是配置管理系统需要存储的所有软件资源。这样，我们就可以根据各代版本树随时按需重建某个阶段的信息系统运行环境。例如，我们用信息系统版本号1.0.1，就可以重建图38-2的系统版本；如果我们用信息系统版本号1.2.18，就可以重建图38-1的系统版本。

38.3 备注与内嵌版本号

对软件资源赋予版本号有两种方法：备注和内嵌版本号。

38.3.1 备注

在编写源代码时，大部分的软件资源都允许在源代码上编写需要的备注。有的软件资源的备注里本身就包含资源的版本号或履历号。

对于那些没有明确规定要在源代码上标注版本号的场合，我们也可以利用编码规则，人为编制我们需要的版本号。

对于源代码上的备注，一些软件资源在生成目标码时会把备注也生成到目标码里。但对于程序类的软件资源，目标码通常不包含备注。也就是说，就算我们在源代码里加上了版本号，但在目标码里也不会存在版本号。

38.3.2 内嵌版本号

对于程序，最好的版本管理方法是在程序的目标码里内嵌版本号。

通常，所有程序都可以在程序内部定义一些常数。我们可以通过定义一些特殊的特别容易识别的常数，把版本号内嵌在该常数里。

假如，我们规定程序名为 8 位字符 XXXXXXXX，版本号也是 8 位字符 B.BB.BBB。那么，我们可以在程序里定义类似这样的常数：

#$*#$*XXXXXXXX–B.BB.BBB#$*#$*

这种定义的特点是，在程序名和版本号的前后使用一些不常用的字符串，把程序名与版本号包围起来。这样，我们可以容易地把对应程序的版本号从编译后的目标码程序里扫描出来，而不会与其他数据混淆。

程序内嵌版本号的好处是，不管是对源代码或者是目标码，我们都可以通过配置管理工具，通过对程序进行扫描的方式对程序版本进行硬控制。特别是在构建信息系统的运行版本时，我们可以根据版本树对所有组成运行版本的软件资源目标码进行扫描甄别，直接从版本库里把对应的所有软件资源筛选出来，从而降低版本制作时人工操作失误的可能性。

38.4 版本的兼容

在信息系统的实际运行中，我们发现，在一些场合里，信息系统需要同时兼容某些子系统、程序的不同版本。或者说，在同一个运行版本里，要允许某些程序有多个版本，程序之间的交互需要同时支持多个版本。

例如，为了系统运行的安全，在新版本投产初期，我们需要把一些系统的新修改、新功能限制在局部范围内先试点实现，也就是通常说的灰度发布。这些局部的范围可能是地域范围、时间范围、客户群范围等。这样，万一这些新功能出现了什么问题，其影响也限制在局部范围之内。待这些新修改、新功能基本运行稳定后，才在整个系统里全面展开。这种做法会极大地减少新版本投产带来的风险。不过，这种做法使信息系统会在同一时点上面临新旧功能的两个版本，系统需要智能地判断仅在限制的范围内使用新版本,否则使用原来的版本。

又如,某些外围设备的差异会导致需要版本兼容。比如自助存折打印机,有的有自动翻页的功能,有的需要人工翻页。假设某银行同时使用这两种存折打印机,应用系统不能向不能自动翻页的打印机发出自动翻页的指令,那么该银行的信息系统必须拥有能同时兼容这两种打印机的不同程序版本的能力。

总之,系统能同时兼容不同的程序版本,在一些场合会让系统更安全、灵活;在另外一些场合,这种能力则是必需的,否则系统根本没有生存能力。

要做到这种兼容,最好的方法就是通过区分程序的版本号而做出不同的响应。系统是如何看到程序的版本号的呢?

我们知道,程序与程序之间的交互是通过程序与程序之间的调用与被调用的功能来实现的。其中,程序调用与被调用的服务要求与响应是通过它们之间的信息交换进行传递的。我们把两个程序之间要交流的信息称为两个程序之间的接口。在成熟的信息系统里,程序间的接口是一些预先规划好的标准接口。

有关什么是标准接口,请参照本书前面的内容,这里就不再详细论述了。要指出的是,既然是标准接口,该接口就会有许多程序都在使用。那么,被调用的程序如何能识别是谁在调用它呢?我们可以在标准接口里设立一项信息,也就是程序调用者的身份。调用程序只要把内嵌在自己内部的程序名和程序版本号填入该接口中的调用者身份信息里,被调用者就能知道是谁在调用它,还知道调用它的程序是一个什么时候的版本,从而能根据不同的调用者、不同的版本做出适当的响应。

38.5 履历管理的修改内容

软件配置管理除了资源匹配管理外,还需要对每个软件资源的变化履历做好管理。我们要为每一个软件资源建立履历台账。履历台账要记录与保留软件资源每一次修改的时间、内容、原因、授权人、修改人、新版本生效时间、旧版本失效时间等。

另外,有一个好的做法是,在软件资源的源代码上,通过备注行尽可能把每次修改的痕迹保留下来。这些痕迹包括修改了什么地方、什么时候修改的,以及修改前的状态、修改后的状态。在源代码上有了这些修改痕迹,将对软件的维护、找错带来极大的方便。

38.6 配置管理工具

为了更好地做好软件资源的版本管理，有一个能满足上述软件资源配置管理需求的配置管理工具必不可少。但目前的情况是，特别是对于大规模的研发团队而言，完全满足上述功能需求，并在容量上、性能上也满足要求的工具不多。通常，我们只能首先从容量、性能方面来考虑，选择一个最接近需求目标的工具。至于部分不能满足的功能，可以通过自主开发、外挂或内嵌的方式实现。

第 39 章 项目进度管理

本章所说的项目进度管理是指研发项目的进度管理。其主要内容包含 4 层意思：一是在启动项目时，要在确定项目的研发周期后，制订出合理的各研发阶段的进度计划；二是在项目进行中，要经常检查项目的实际进度是否按计划和要求进行；三是若发现在计划执行中出现偏差，要及时找出原因，采取必要的补救措施；四是当发现无论如何努力，均不可能按原进度计划完成项目时，只能通过某种流程调整、修改原计划，直至项目完成。

进度管理的目标是，保证项目能在满足其时间与投入的约束条件下，实现项目的总体目标。

39.1 制订项目进度计划

对于一般的软件研发项目，制订项目进度计划包括制订时间进度计划、人力资源使用计划、各阶段交付物的数量与质量的计划。

39.1.1 时间进度计划

制订项目时间进度计划包括确定整个项目的研发周期，确定研发周期里面项目各阶段的时间占比。

1. 项目研发周期

要确定整个项目的合理研发周期，需要综合考虑项目的规模、同类项目的历史研发效率、项目的质量要求等。

例如，某个项目经过认真的需求分析，计算出项目规模为 5400 功能点。参照历史数据，如果该项目的质量要达到 CMMI-V 的缺陷清除率，与该项目相似的项目研发效率大概为 20 功能点/人月。那么，可以得出该项目大概需要投入的人力资源为 270

人月。参照此前举例的工期模型，得出 270 人月的项目合理工期为 12 个月，也就是 1 年。按 1 年扣除节假日后有 250 个工作日、一周 5 个工作日来计算，250 个工作日折算为 50 个工作周。

2. 项目各阶段的时间占比

对于项目的各研发阶段，如果我们参照此前所述的研发阶段来划分，整个研发阶段可分为需求分析与确认、制定总体方案、项目定义、系统设计、程序设计、编码与单体测试、集成测试、系统测试、版本集成测试、验收测试等各个阶段，然后再进行版本交付。那么，各阶段合理的时间占比应该是多少呢？

下面给出了一个各阶段时间占比的参考模型，如表 39-1 所示。

表 39-1 研发各阶段时间占比的参考模型

阶段	规划				开发			测试			合计
	需求分析与确认	制定总体方案	项目定义	系统设计	程序设计	编码与单体自测	集成测试	系统测试	版本集成测试	验收测试	
时间占比/%	34				32			34			100
	16	8	4	6	6	16	10	10	10	14	100

从表 39-1 来看，我们把整个研发周期分为三大部分，分别为项目的规划、开发、测试。这三大部分的工作通常由架构设计、开发、专职测试团队分别牵头主持。每个部分大约占整个研发周期的 1/3。

39.1.2 人力资源使用计划

人力资源使用计划包含两个方面的内容：一是在总体人力资源投入规划的前提下，规划在研发的各个阶段我们应该投入多少人力资源；二是参加项目研发的人员里，有需求方人员和研发人员，研发人员里又主要包含设计人员、开发人员、测试人员、其他管理与支持人员，因此在每个阶段人员投入规划的前提下，我们也需要规划好各类人员的投入占比。

1. 各阶段的人员投入

结合各研发阶段的划分，下面给出各阶段的人力资源投入参考模型。本模型不含需求方人员，如表 39-2 所示。

表 39-2 人力资源投入参考模型

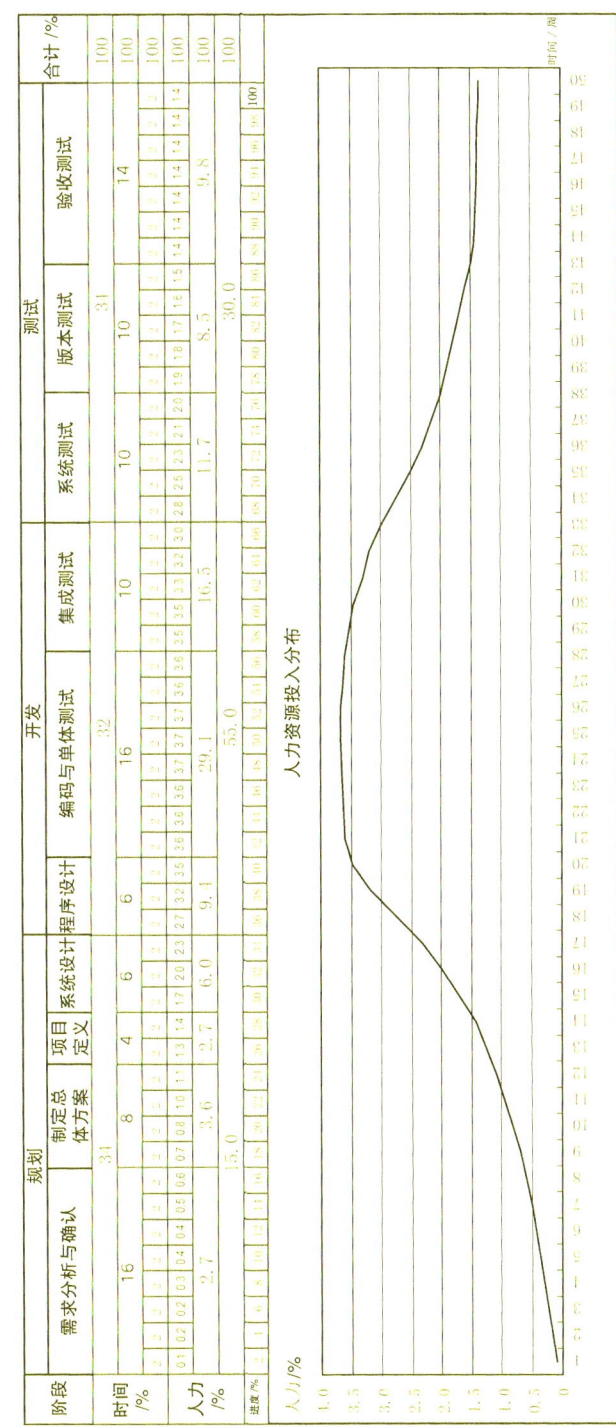

注：由于版面限制，表中数据仅展现了保留一位小数的效果，实际数据的小数位数多于一位，因此导致合计列的数据求和结果与表中显示的数据求和结果略有差异。

表39-2中除了把整个研发周期划分为规划、开发、测试三大部分，每个部分包括几个具体的研发阶段外，我们还把整个研发周期再进一步平均细分为50段，每段为1周，各占整个研发周期的2%，作为研发周期管理的最小粒度。对于人力资源投入，我们也把整个项目的总人力资源投入进行细分，在每个阶段（包括三大阶段、具体阶段与每周）给出了该阶段的人力资源投入建议。

从表39-2中可以看出：

- 人力资源投入曲线是开始低，中间高，然后又逐步下降；
- 项目规划阶段占整个研发周期的34%，但仅投入15%的人力；
- 项目开发阶段占整个研发周期的32%，投入人力55%，人力资源投入高峰在编码与单体测试、集成测试阶段；
- 项目测试阶段占整个研发周期的34%，投入人力30%，基本是按项目的平均值投入人力资源的。

2. 各类人员的投入分布

参与项目研发的人员，通常有架构规划与系统设计、开发、测试、项目管理、质量管理、环境支持等人员。其中，最主要的是前三类人员。另外，项目需求方也应该派人全程参与项目的研发，以便尽早发现需求问题，细化与完善需求。

通常，一个成熟的研发团队分工如下：

- 架构规划与系统设计人员的职能主要是确定需求，落实项目的架构与系统设计。其人员可占整个研发团队的5%～10%；
- 开发人员的职能主要是程序设计、编码与单体测试，其人员可占整个研发团队的50%左右；
- 专职测试人员的职能是集成测试、系统测试、版本集成测试，并参与或组织验收测试，其人员可占整个研发团队30%～40%；
- 其他还有项目管理、质量管理、环境支持等人员，其人员约占整个研发团队的5%～10%。

在不同的阶段，不同研发人员的投入占比是不一样的。

在规划阶段，主要由架构规划与系统设计人员组成与牵头，开发、测试的骨干人员参与。当然，需要需求方人员的重点参与。

在开发阶段，系统设计还是由设计人员牵头、开发人员参与，以保证系统设计体现总体方案的思路与规划。测试人员也要参与，以便规划与落实测试方案。在程序设计、编码与单体测试阶段，主要由开发人员主导，但设计人员也要参与，以保证系统设计与程序设计的连续性，并与开发人员一起完善全部设计方案。此阶段，测试人员在了解程序设计的同时要进行测试案例的设计与编制。

在测试阶段，由专职测试人员牵头主导，开发人员要全力配合解决测试中出现的缺陷问题。设计人员的参与主要是为了解决测试中出现的涉及设计方案的问题。此时，项目已经能初步看到成果，需求方人员在本阶段也应该重点参与，以便及早发现需求的缺陷或项目阶段成果与需求的偏离。

研发管理与支持人员在整个项目过程中基本都要参加。

在前面各阶段的人员投入的基础上，各研发阶段各类研发人员的投入分布举例如表 39-3 所示。

表 39-3 各研发阶段各类研发人员的投入分布举例

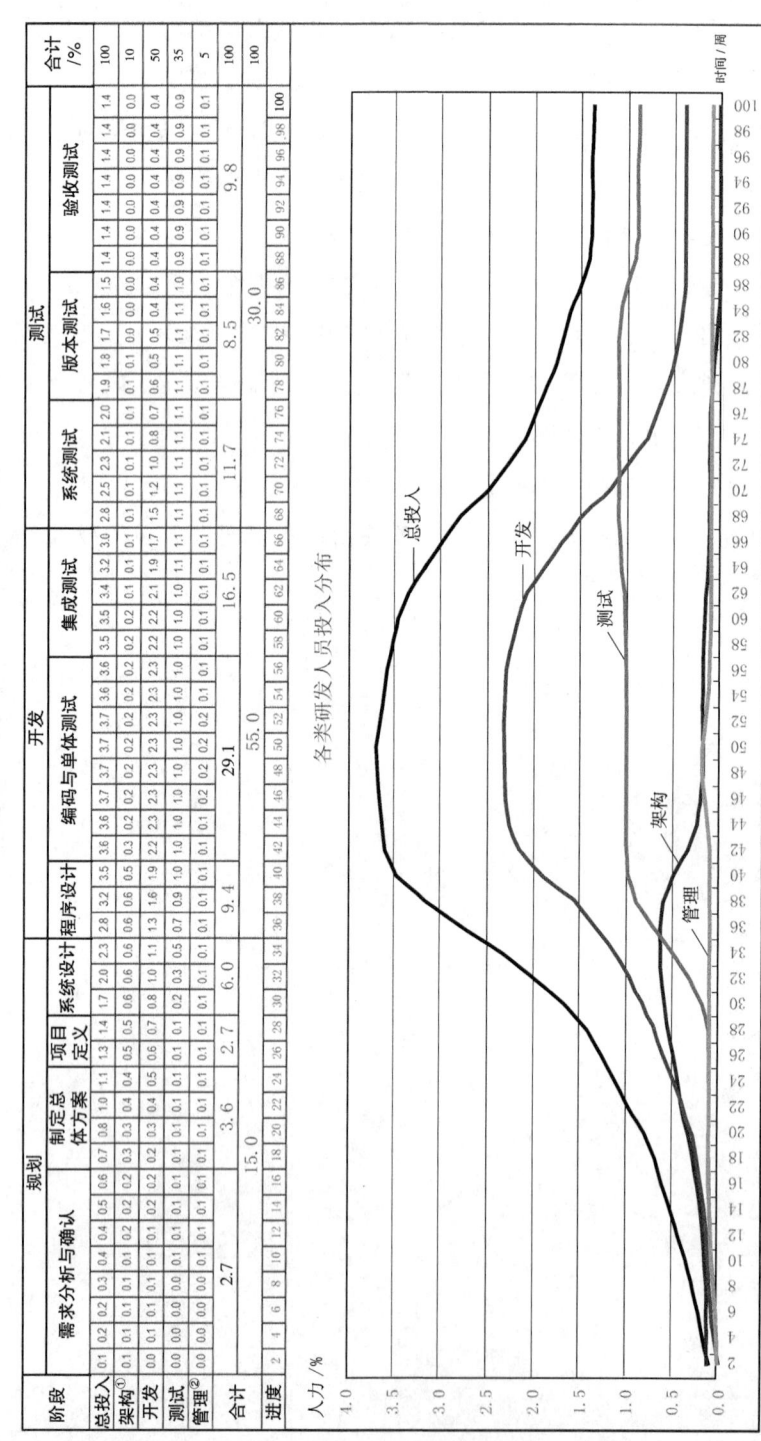

注：
① 由于版面限制，表中数据仅展现了保留一位小数的效果，实际数据的小数位数多于一位，因此导致合计列的结果四舍五入后与表中显示的数据规划和结果略有差异。
② 架构指指架构规划与系统设计，管理指指研发管理与支持。

从表 39-3 可以看出，在构成研发团队的主要成员里，架构规划与系统设计、开发、测试、研发管理与支持这 4 部分人员的比例为 10∶50∶35∶5。

另外，有 5 点需要特别提出。

- 无论如何，要想有可执行的定量过程管理，就必须有详细的过程进度计划。不然，进度管理无据可依。
- 上述的时间进度计划或者是人力资源投入计划，均仅是一个推荐的参考模型。在实际研发中，不同的团队由于内部结构不一样、人员分工不一样、面对不同的研发课题，其参考的计划模型可能不完全一样。但是，任何一个成熟的研发团队都应该制定自己的参考模型。在具体到某个项目时，也应该根据自己的情况制订自己的具体进度计划。
- 在某种特殊情况里，例如在研发资源不充分的时候，当前研发部门的人力资源未能完全满足某项目正常展开的要求，只能延长研发周期；或者反过来，某个项目的研发周期有特殊要求，会在正常的研发周期的基础上大为缩短。此时，时间进度与人力资源投入进度会与上述模型有很大的差别。
- 计划一旦制订并且得到各有关方面的认可，进度就必须努力按计划执行。当出现不可预料的情况而不得不修改计划时，必须依据一定的流程，并且要取得相关方面的再确认。
- 人力资源投入计划指的是逻辑人而不是物理人。例如，如果有两个人，每个人在项目上投入了半个月，我们就可以认为这两个人在项目上投入了一个人月。

39.1.3　各阶段交付物的数量与质量的计划

在进度管理中，要确认是否完成了一个阶段的工作，要看该阶段应该提交的交付物是否已经提交并符合数量与质量的要求。

假如我们把整个研发阶段按上述的例子进行划分，那么，其各研发阶段交付物可参照表 39-4。

表 39-4　各研发阶段的交付物

研发阶段	交付物
需求分析与确认	软件需求书
制定总体方案	总体方案、版本功能说明书、非功能性需求
项目定义	项目目标定义书
系统设计	系统规格书
程序设计	程序规格书
编码与单体测试	源程序、测试案例、单体测试报告、单体测试准出标准检查单
集成测试	测试案例、集成测试报告、集成测试准出标准检查单
系统测试	测试案例、系统测试报告、系统测试准出标准检查单
版本集成测试	测试案例、版本集成测试报告、版本集成测试准出标准检查单
验收测试	测试案例、验收测试报告、验收测试准出标准检查单、投产方案

39.1.4　具体项目举例

还是按照上述例子，某项目规模为 5400 功能点，该项目的研发效率为 20 功能点 / 人月，共需要投入 270 人月。合理工期为 1 年，共 50 个工作周。那么，参照上述各研发周期的模型，该项目各阶段所需的工作周如表 39-5 所示。

表 39-5　某项目各阶段所需的工作周

阶段	规划				开发			测试			合计
	需求分析与确认	制定总体方案	项目定义	系统设计	程序设计	编码与单体测试	集成测试	系统测试	版本集成测试	验收测试	
时间/周	17				16			17			50
	8	4	2	3	3	8	5	5	5	7	50

按照上述人力资源投入模型，如果进度计划按周划分，270 人月的人力资源投入折合为 22.5 人年，再折合为 1125 人周。可以得出按周划分的各阶段与各种人力资源投入的预算规划，如表 39-6 所示。

表 39-6　人力资源投入人为 1125 人周的项目每周各种人力资源投入预算规划

阶段	规划		开发					测试			合计/人周
	需求分析与确认	制定总体方案	项目定义	系统设计	程序设计	编码与单体测试	集成测试	系统测试	版本测试	验收测试	
总投入	…	…	…	…	…	…	…	…	…	…	1125
架构	…	…	…	…	…	…	…	…	…	…	113
开发	…	…	…	…	…	…	…	…	…	…	563
测试	…	…	…	…	…	…	…	…	…	…	394
其他	…	…	…	…	…	…	…	…	…	…	55
总计/人周	168.8		30.1	67.4	105.7	327.8	185.6	131.6	95.7	110	1125
各周	30.1	10.3				618.8		337.5			1125

注：由于版面限制，表中数据仅展现了保留一位小数的效果，实际数据的小数位数多于一位，因此导致合计列的结果四舍五入后与表中显示的数据求和结果略有差异。

从表 39-6 可以看出，对于一个人力资源投入为 270 人月（折合为 1125 人周）的项目来说，在整个 50 工作周的研发周期中，在需求分析与确认阶段，人力资源投入最少，每天投入 1~7 人。在编码与单体测试阶段，投入的人力资源最多，每天投入超过 40 人。

另外，按架构规划与系统设计、开发、测试、研发管理与支持的人力资源投入比例为 10∶50∶35∶5 规划，4 类人员在该项目中一共分别投入 113、563、394、55 人周，即约 27、135、94.5、13.5 人月[①]。

39.2 项目进度量化管理

有了项目时间进度计划，了解了各阶段应提交的交付物，在项目研发期间，我们就可以进行具体的项目进度量化管理。

39.2.1 项目进度一览表

我们要对所有在建的项目，根据其实际的进展情况，参照其交付物的数量与质量，判断项目所处的实际进度，然后与计划进度比较，定期（如每周）发布项目进度一览表。举例如表 39-7 所示。

表 39-7　项目进度一览表

阶段	规划				开发			测试		
项目	需求分析与确认	制定总体方案	项目定义	系统设计	程序设计	编码与单体测试	集成测试	系统测试	版本集成测试	验收测试
项目 1										
项目 2										
项目 3										
项目 4										
项目 5										
……										
项目 n										

应完成　　正常　　有风险　　延误　　严重延迟

---

①　人月 = 人周 ÷ 50 × 12。

从表 39-7 可见，在纳入进度管理的项目里，有以下 4 种情况。

- 正常：项目 1、4、5 进度正常，完成了应完成的工作；项目 5 的进度甚至比计划的还要快一点。
- 有风险：项目 2 的进度本该完成项目定义，但它还没有完成，已经产生了进度风险。
- 延误：项目 n 本该马上要完成程序设计，但才刚进入系统设计阶段。
- 严重延迟：特别值得关注的是项目 3，它延误了约两个阶段，项目进度面临严重延迟问题。

39.2.2 延迟项目一览表

表 39-7 所示是一个综合的项目进度一览表。对于进度有所延迟的项目，还应该有更详细的量化管理信息，举例如表 39-8 所示。

表 39-8 延迟项目一览表

项目名	项目经理	项目规模/功能点	延迟等级	时间延迟率	工作量延迟率	工作延迟/功能点	原因	对策	前瞻
项目 3	张三	800	严重延迟	22.0%	36.4%	291			
……			……						
项目 n	李四	3500	延迟	8.0%	10.2%	357			
……			……						
项目 2	王五	2000	有风险	2.0%	1.5%	30			
……			……						
合计		6300			10.8%	678			

注：工作量延迟率 = 工作延迟 ÷ 项目规模 × 100%。

对于进度延迟的项目，表 39-8 中给出了项目经理的名字，他们要为项目的延迟负责。

表 39-8 所示的比较重要的信息是延迟的量化数据，包括时间延迟率与工作量延迟率。这两个数据可以从当前的进度与计划进度对比得出。例如，项目 3 延迟了编码与单体测试的大部分，还延迟了集成测试和系统测试。参考表 39-1 的研发各阶段时间占比，从表 39-7 中我们可以查到，从时间进度来看，编码与单体测试部分时间延迟占整

个项目周期的 8%，而集成测试与系统测试的延迟时间占比合计为 14%，时间进度合计一共延迟了 22%。同理，参考表 39-2 人力资源投入分布，对于工作量的延迟，3 段分别占总体工作量的 14.6%、16.5%、5.3%，工作量合计延迟了 36.4%。

表 39-8 还列出了各延迟项目的项目规模。通过项目规模与工作量延迟率，可以得出项目延迟所造成的加权损害。对于小的项目，即使延迟得比较多，由于其占所有项目工作量的权重较小，造成的实际损害比较小。但对于大的项目，即使延迟不多，由于其权重大，造成的损害会比较大。从表 39-8 中可以看出，尽管项目 3 工作量延迟了约 36.4%，但由于其规模较小，其造成的实际工作延迟只有 291 功能点。反之，项目 n 由于规模较大，尽管其工作量延迟率只有 10.2%，但造成的实际工作延迟却是 357 功能点。假设表 39-8 已经列出了所有的延迟项目，那么，用上述的同样方法，从表 39-8 中还可以看出，所有延迟项目的工作量总体延迟率为 10.8%；工作一共延迟了 678 功能点。

表 39-8 所示的后 3 列是项目延迟的原因、今后的对策、对项目前景的预测。这些都要认真分析与决策，以便解决问题，尽量保证项目能按原计划按质完成。

39.2.3　研发团队项目进度一览表

前面的项目进度管理是面向项目的。此外，我们可以面向研发团队，对团队的研发生产进度进行管理。

这里还是延续前面的例子，并对当前的项目管理背景进行假设。

- 前面公布的项目管理表是一季度末的情况。
- 列表里列出的所有延迟项目，均是此前某银行开发中心核心开发部的项目，且延迟的原因全是在一季度形成的，工作量一共延迟了 678 功能点。核心开发部的所有其他项目都正常，项目 5 还超前完成了 60 功能点。
- 开发中心的另外 3 个开发部门的汇总情况是，渠道开发部工作量延迟了 200 功能点，内管开发部进度基本正常，信息开发部工作量比应该完成的超额完成了 150 功能点。

那么，我们可以得出整个开发中心的生产进度情况，如表 39-9 所示。

表 39-9 研发中心项目进度一览表

开发部门	人员/人	生产率/(功能点/人月)	生产力/(功能点/年)	当前应完成/功能点	进度偏差/(+、-功能点)	完成率
核心	100	30	36000	9000	-618	93.1%
渠道	50	35	21000	5250	-200	96.2%
内管	80	40	38400	9600	0	100.0%
信息	70	36	30240	7560	150	102.0%
合计	300	34.9	125640	31410	-668	97.9%

注：完成率 =（当前应完成 + 进度偏差）÷ 当前应完成 × 100%。

从表 39-9 可以看出，该开发中心全年的生产力为 125640 功能点，一季度的生产能力为 31410 功能点。其中，4 个开发部门分别应该完成 9000、5250、9600、7560 功能点。而一季度末的实际情况是，核心开发部门有 3 个项目延迟，合计少完成 618 功能点，任务完成率为 93.1%；其他 3 个部门的任务完成率分别为 96.2%、100.0%、102.0%。全开发中心整体任务完成率为 97.9%，情况不尽如人意。

39.3　项目人力资源投入管理

软件生产的主要成本由研发环境与人力资源投入组成，其中最大的成本是人力资源投入。人力资源能否按计划投入，是项目能否按计划完成的一个最重要的因素。所以，软件生产的进度管理，除了要管理项目的时间进度，另一个重要的内容就是人力资源投入的管理。没有正常的人力资源投入，就没有正常的项目进度。

39.3.1　各项目的人力资源投入情况

对照人力资源投入计划，我们可以按项目统计出每个项目的人力资源投入的实际情况，并定期（如每周）公布。延续前面的例子，一季度最后一周人力资源投入管理举例如表 39-10 所示。

表 39-10　各项目人力资源投入情况

项目名称	每周人力资源投入/人周					人力资源累计投入/人月						原因	对策
	按原计划本周应投入	按实际进度本周应投入	本周计划投入	本周实际投入	实际/计划	项目总投入预算	按原计划当前应已投入	按实际进度当前应投入	实际投入	实际/原计划应投入	实际/实际进度应投入		
项目 1	20	20	20	21	105.0%	100	31.6	31.6	33.0	104.4%	104.4%		
项目 2	8	7	8	9	112.5%	100	9.0	7.6	9.0	100.0%	118.4%		
项目 3	7	11	6	7	116.7%	40	30.1	15.6	20.0	66.4%	128.5%		
项目 4	21	21	20	21	105.0%	200	30.0	30.0	31.0	103.3%	103.3%		
项目 5	16	17	16	17	106.3%	300	22.8	27.0	28.0	122.8%	103.7%		
……													
项目 n	26	14	16	18	112.5%	175	36.6	18.7	22.0	60.2%	117.5%		
合计	97	89	86	93	108.1%	915	160.1	130.5	143	89.3%	109.6%		

表 39-10 有两大部分，一部分是每个项目在某周人力资源投入的情况。其中：

・第一列代表按原计划，每个项目在该周应投入的人力资源；

・第二列代表按实际进度，每个项目在该周应投入的人力资源；

・第三列代表根据当前具体的人力资源情况，每个项目组计划在该周投入的人力资源；

・第四列代表每个项目在该周实际投入的人力资源；

・第五列代表实际投入的人力资源与原计划投入的人力资源之比。

表 39-10 所示的另一部分是每个项目从开始以来的人力资源投入累计情况。其中：

・第一列代表每个项目的总人力资源投入预算；

・第二列代表按原计划，到目前为止，每个项目应已投入的人力资源；

・第三列代表按实际进度，到目前为止，每个项目应已投入的人力资源；

・第四列代表到目前为止，每个项目实际已投入的人力资源；

・第五列代表实际投入的人力资源与原计划应投入的人力资源之比；

・第六列代表实际投入的人力资源与实际进度应投入的人力资源之比。

下面来详细解读表 39-10。

1. 基本正常的项目

从表39-10中可以看出,项目1、4、5正如我们此前表述的,进度正常。同时我们也可以看出,项目5的人力资源投入高于原计划一点,所以,项目5的实际进度也比原计划稍快一点。

2. 进度有问题的项目

从按实际进度应投入看,我们此前已经知道,项目2、项目n、项目3的项目进度等级分别是有风险、延迟、严重延迟。项目延迟的原因从人力资源投入上可见一斑。

- 从项目3的人力资源投入的情况来看,实际投入比计划投入略多,但与进度应该投入有较大差距。其原因通常是负责项目3的核心研发部门出于某种原因造成人力资源不足,所以不能按需要投入人力资源,而项目进度延迟的原因显然主要是人力资源投入的不足。所以,如果要让项目3的进度赶上来,比较关键的对策应该是核心研发部门加大对项目3的人力资源投入。
- 项目n的情况值得重视。尽管其人力资源没能按原计划投入那么多,但投入量远高于项目进度应该的投入。也就是说,其投入产出不成比例。我们应该找出原因,并在表39-10中的注2里加以说明。
- 项目2尽管按原计划投入了应该投入的人力资源,但进度还是出现了风险,也存在投入产出不成比例的情况。我们应该找出原因,并在表39-10中的注1里加以说明。

3. 投入产出分析

类似项目n、项目2这种人力资源投入与产出差距较大的项目,在项目研发中具有普遍性。其原因无非有以下3种。

- 项目用户需求的质量与需求分析不足,在项目进行中不断地对需求进行修改与完善,影响进度与投入。
- 项目的可行性分析不足,项目的实际规模与复杂度远高于原来的想象。
- 高估了项目组的能力,所以高估了项目组的生产效率。

4. 部分项目投入不足的分析

从表39-10中可以看出,项目3、项目n的人力资源,每周的实际投入或总体累计实际投入都远低于应该的投入。这种情况在项目研发中也经常会出现,其主要原因如下。

- 在制订计划并启动项目后，出现了一些原计划外的紧急项目，人力资源被这些计划外的项目挤占。
- 人力资源情况发生了变化，包括原有人员的流动，计划新增人员没能按时、按量到位等。

5. 整体投入超计划的分析

从表39-10所示的本周实际投入与本周计划投入的比较，或者按项目实际进度总体应该投入与实际投入的比较可以看出，所有的项目实际投入均高于实际的计划或进度。这种情况出现的原因与投入产出分析基本一样，是前期需求质量、需求分析不足等造成的。更值得注意的是，这种情况在所有项目研发中几乎无一例外都存在。这造成整个研发队伍的研发负荷大大高于他们的正常负荷。所以，几乎所有的研发队伍，都不得不通过加班加点来应付这些超额的投入。

6. 对策

对于所有在人力资源投入方面存在问题的项目，我们应该落实解决办法，包括加大人力资源投入、限制需求变更等，以保障项目能尽量按计划完成；否则，要考虑项目延期的可能性与可行性。

39.3.2 研发团队的人力资源投入

除了按项目统计人力资源投入情况外，我们还应该按部门统计每个开发部门的人力资源投入的实际情况，并定期（如每周）公布。延续前面的例子，如表39-11所示。

表39-11 各开发部门人力资源投入情况

开发部门	每周人力资源投入／人周						人员／人	总体人力资源投入／人月			
	本周应该投入	本周计划投入	本周实际投入	实际/应该	下周计划投入	下下周计划投入		全年人力资源	当前应投入	实际完成	完成率
核心	100	105	109	109.0%	105	105	100	1200	300	330	110.0%
渠道	50	54	57	114.0%	55	54	50	600	150	170	113.3%
内管	80	83	87	108.8%	84	85	80	960	240	250	104.2%
信息	70	72	76	108.6%	73	72	70	840	210	240	114.3%
合计	300	314	329	109.7%	317	316	300	3600	900	990	110.0%

表 39-11 中的内容同样有两大部分：一部分是近期各开发部门的每周人力资源投入计划以及实际情况；另一部分是每个开发部门的总体人力资源投入情况。下面详细解读表 39-11。

1. 每周人力资源投入情况

从表 39-11 可以看出，由于研发压力大于开发部门的正常能力，所以，所有的开发部门在制订周计划的时候，已经自觉自我加压，安排的投入大于正常的投入。

尽管计划已经加码，但实际的投入还是高于计划。其结果是，整个开发部门的人力资源投入比正常投入高约 10%。这种总是超负荷的人力资源投入情况，说明了为什么大多数银行的研发人员需要长期加班加点工作。

2. 总体人力资源投入情况

由于每周的投入几乎都高于正常情况，最终的总体投入自然也高于正常投入的 10%。

39.3.3 问题反思

人力资源投入管理中最突出的问题有两个：一是研发团队的实际付出通常都远高于他们的正常付出；二是其结果却往往不尽如人意，不是项目进度延迟，就是项目质量没达到要求。项目没有达到原来的期望，会造成客户满意度的降低，因此出现的问题值得我们反思。

要避免此类问题，一要充分利用积累的历史数据，正确认识自己的能力与水平，确定团队的研发效率与质量；二要有高质量的需求；三要对需求有充分的分析，要充分估计项目的规模与复杂性，制订合理的项目工期、项目质量、项目人力资源投入计划；四要在制订计划上留有余地，一方面可以应付临时的插队项目，另一方面可以应付人力资源本身的变化；五要在研发过程中做好人力资源投入管理，以保证能按项目进度的需要投入合适的资源。

39.3.4 人力资源管理工具

要管理好研发过程的人力资源投入，就要有一个好的人力资源管理平台。该平台应该能提供以下功能：

· 能按整个研发部门、下属各个部门、各个项目、个人，按日、按周、按月、按年分别进行人力资源投入管理；

· 能进行各层级的任务分解，能进行各层级的人力资源投入计划分派；

· 支持让所有的研发人员并发查询自己的任务分派，并能每天正确地登记自己的工作与投入；

· 能存储所有人力资源历史数据，能及时按各种维度编制出各种人力资源投入统计报表，并让相关管理人员查阅。

39.4　生产（项目）例会

对于银行的研发部门而言，通常都有许多的项目处在等待开发中，只要研发部门能从原来的研发中稍微释放出研发能力，新的项目会马上投入研发。所以，银行的研发部门通常是多个项目同时进行的，不同的研发项目一直在滚动前进。生产例会对于管理这种持续滚动的研发活动是不可或缺的。

这里的生产例会是指整个研发部门的生产例会，区别于每一个项目内部的项目例会。

本书前面已经简单介绍了生产例会的概念。下面对生产例会中有关项目管理方面的重点问题进行展开说明。

· 在生产例会上，首先应该由生产管理部门做生产管理报告。该报告应该是生产管理部门根据自己在日常生产管理与监控中了解和收集到的情况综合而成的。

· 不要把生产例会变成一个项目进度报告会。不能光说某个项目做了什么、还要做什么，而要把所有纳入管理的项目进度与原计划进行比较，分别列出每个项目的实际进度是比计划快了还是慢了，差距是多少。

· 除了关心项目进度外，我们还需要关心项目的质量与项目的风险，要说明项目当前的质量表现与风险状况是否也在计划与掌控中。

· 项目管理如果主要采取量化管理方式，所有进度、质量、风险的报告描述必须有量化指标，如功能点的完成情况、缺陷率情况、风险的个数与程度等，而不是使用一些定性的术语，如基本符合进度、好、比较好、风险可控等。

·生产报告除了报告现状外，还要对现状进行分析、点评，表扬好项目、批评差项目。对于不理想的状况，要详细分析差距是多少，存在什么问题，提出解决问题的要求。

·对于项目进度、风险和质量控制不理想的相关部门，要在会上分析现状与计划出现差距的原因，并制定追赶进度、风险与质量控制的整改措施，承诺消除差距的时间。

·最后要根据总体生产计划落实下一个生产周期的生产计划。

第 40 章 质量管理

广义的软件研发质量管理的内容为质量指标管理、风险管理、变更管理等。下面逐一进行阐述。

40.1 质量管理相关因素

前文已介绍过，软件的质量标准有两个，分别是缺陷密度（有时也叫作缺陷率）和缺陷清除率。以业界应用较多的 CMMI 模型为例，据相关统计，CMMI-Ⅲ的缺陷清除率为 89%，CMMI-Ⅳ的缺陷清除率为 94%，CMMI-Ⅴ的缺陷清除率为 97%。成熟的银行研发团队，其缺陷清除率应该能够达到甚至高于 CMMI-Ⅴ的缺陷清除率。

与软件的质量相关的因素有很多，一般可分为主观因素与客观因素。主观因素包括人员素质、人员积极性、管理水平等，客观因素包括研发工期、人力资源投入、需求、变更、研发和运行的条件、环境等。

40.1.1 研发工期、人力资源投入对质量的影响

为了保证信息系统的运行安全，我们首先要保证信息系统产品的质量。但对于任何产品生产，我们几乎不可能获得完全无缺陷的产品，一是因为几乎不可能，二是因为需要极大的投入。质量与投入的关系请参考本书 37.2.3 节的图 37-2。

质量与投入不是线性关系。如果把完全无缺陷的目标定为 100 分，要取得合格的成绩 60～70 分，那么我们也许只需付出 50% 的努力；但如果要取得良好的成绩 80～90 分，我们就得付出 90% 的努力；如果要取得优秀成绩 95 分，我们可能要付出 120% 的努力；如果要进一步取得接近完美的 99 分，我们可能要付出 200% 的努力。

总之，越接近终极目标，我们需要付出的投入就越会成倍增加。

对于某个特定的研发团队而言，其人员素质、人员积极性、管理水平等主观因素与研发、运行条件等客观因素在一段时间内基本上不会有很大的变化。当具体面对某个研发项目时，最大的变化因素是项目投入多少人力资源和时间资源，即人力资源和时间资源的投入是对项目质量影响最大的两个客观因素。通常，这两项资源投入越大，项目质量会越好，但我们也不能为了获得完全无缺陷的软件而投入无限的资源。

一个既定的研发团队要完成一定规模的任务，其人力和时间的研发资源投入与缺陷密度是负相关的。投入越大，一般缺陷密度会越低。但很明显，两者的变化遵循边际效应递减的规律。当缺陷密度低到某一程度后，加大投入带来的边际效果会越来越小。所以，从研发资源利用最大化的角度出发，我们应该把投入控制在整体质量可以接受的范围内，而不是追求完全无缺。

也因此，我们应该针对不同的应用，与需求部门商定一个可以接受的质量要求，投入相应合理的资源。

而另一种情况是，如果我们的资源投入不足，也会严重影响项目的质量。实际中的情况几乎都是研发资源满足不了业务的需求。面对业务部门的紧迫需求，在研发团队资源相对不足的情况下，往往只能压缩人力与时间资源。表面看来，研发团队的生产效率像海绵，水分很大。研发资源中的人员投入，特别是工期，均可以压缩，版本也可以按压缩后的工期来投产。但其实这样的高效是以牺牲项目质量作为代价的。资源压缩与质量不呈线性关系，但二者的影响是明显的，特别是上述两项资源同时被压缩的情况下，影响就更为明显。资源减少的变化对质量的影响的保守估算如图40-1所示。

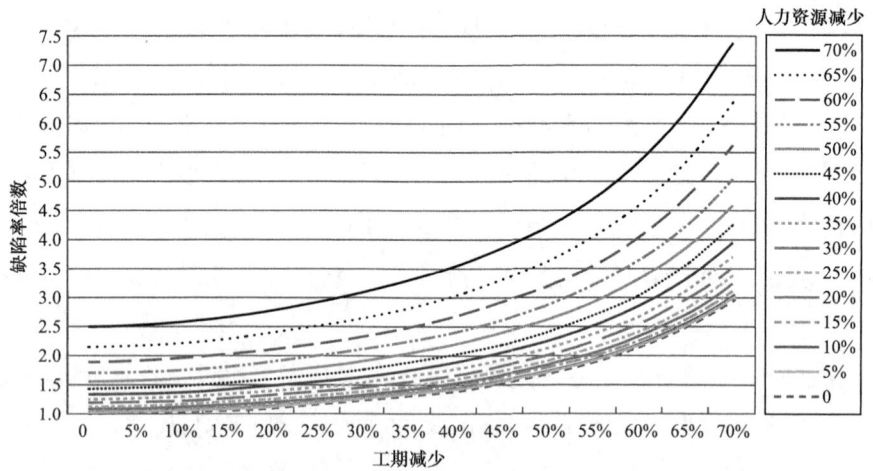

图 40-1　研发工期、人力资源投入与质量的关系

假设在合理的资源投入下，可以接受的投产后缺陷为 1，通过分析图 40-1 可知，如果工期压缩 20%，缺陷密度会上升 10%，这好像不是很严重。但当工期压缩 50% 时，缺陷密度会增加 60%，此时问题已经很严重。同样，如果人力资源压缩 20%，缺陷密度会上升不到 10%；但当人力资源压缩 50% 时，缺陷密度会增加 50%。特别严重的是，如果两项资源都同时压缩 50%，则缺陷密度会上升到原来的 2.5 倍。

也就是说，如果我们原来要求项目质量应该达到 CMMI-Ⅴ 的水平，投产后的缺陷密度为 3%；当我们的工期与人力资源均压缩 50% 时，按上述模型，我们的项目投产后的缺陷密度约为 8%，只能达到比 CMMI-Ⅲ 好一点的水平。反过来说，如果原来研发的质量在 CMMI-Ⅲ 的水平，如果我们想把质量提升到 CMMI-Ⅴ 的水平，在其他因素不变的情况下，研发需要投入的时间资源与人力资源都要翻倍。

40.1.2　质量悖论

对于单个项目，有关工期和人力资源压缩对于质量的影响，其表现未必完全如图 40-1 的模型所示，但这绝对不能否定上述模型的普遍性和科学性。影响单个项目的质量因素有多种。一般来说，工期和人力资源被大比例压缩的项目均是一些比较受关注的项目。在资源压缩且被关注的前提下，研发团队会采取各种非常规措施去保证这些项目的进度和质量，如调派高素质的项目成员、高强度的管理、加班加点等。这些都是以牺牲正常的工作流程和节奏，牺牲其他项目的进度和质量为前提的。如果不是这样，即在资源压缩后所有项目依然能保持正常的进度与质量，那么说明原来研发团队的效率模型存在水分。在这种情况下，我们应该修改效率模型，按比例压缩资源，从而提高整个研发团队的效率。

40.1.3　银行信息系统大集中对质量的影响

随着银行电子化的深入，国内所有银行应用系统都在走大集中的道路，包括研发集中、运行集中。

大集中的好处有很多。但是，随着信息系统的集中，系统运行风险也集中了，这导致任何微小的质量问题都可能酿成严重的生产问题。运行风险主要包括基础设施故障、运行管理和操作失误、版本质量问题。

1. 运行风险的表现

・大集中前无论出了什么故障，影响只会局限在一个局部的范围内。但系统大集中后，影响会扩展到整个银行。

・风险集中不单反映在影响范围上，还反映在单位故障时间的影响程度上。例如，某银行系统大集中后，联机每秒完成交易4000笔。无论出现何种故障，如果该故障的影响覆盖整个联机，则每秒将影响4000笔交易，1分钟将影响24万笔交易。如果故障延续30分钟，那一共将影响720万笔交易。

・风险集中还反映在系统出错的程度和该错误所造成的损失不对称上。如某磁盘光纤的接触不良、某个操作的应答不准确或程序中某个判断的不严密，都可能会造成灾难性的业务后果。影响的账户可能有几万户到几百万户，影响的金额可能有几百万到几十亿元。而设备的维护人员、操作人员、编程人员都是普通的从业人员，很可能会有出错的可能性。一旦出现了问题，无论对涉事人员及对这些人的负责人如何处理、惩罚，都不足以抵偿所造成损失的万分之一。

随着银行信息系统对银行经营管理深入、全面地覆盖，银行本身、银行客户、监管当局对信息系统出错的容忍度都越来越低，也就对研发项目质量的要求越来越高。这样，对于相同的项目，集中系统要有更大的投入，以确保可以达到需要的质量。

2. 问题的解决

面对系统集中带来的质量问题，最好的解决方案是对所有项目投产采取先试点后推广的策略，也就是所谓的"灰度发布"。新项目存在的软件缺陷，90%以上会在投产后5周内因产生生产问题而被发现，尤其是那些涉及大量交易、账户与核算的问题。如果我们能够把投产试点范围限制在某一个范围内，例如部分地域、部分客户，那么，由版本质量问题带来的生产问题也能控制在大集中前的范围甚至更小的范围内。这是唯一能彻底解决大集中给项目带来的质量问题的方式。但项目灰度发布需要一定的条件，本书将在后面对此议题做进一步的论述。

其他解决问题的措施是要加强各方面的管理。大集中要求银行有比以前更严格、更规范的管理制度、流程和手段。面对风险集中的表现点，要采取下面各种有针对性的技术措施。

（1）提升基础设施的可靠性。

可采取多种高可靠性的措施，如多点接入、负载均衡、软硬件在线热冗余等。

（2）减少操作风险。

强化运行制度和流程管理，强化无人值守的运行操作自动化控制，减少人工介入；从系统层面加强操作硬控制。

（3）提高版本质量。

运行风险集中是一个最难也最重要的风险点。为此要求严格控制版本质量，除了加强项目管理、加强过程控制外，最重要的是要做到以下3个方面。

· 尊重科学，在没有充分理由的情况下，不能随便压缩项目的合理工期与人力资源投入。

· 必须对版本进行充分的测试，不但要彻底做好项目的测试，还要彻底做好版本集成测试和产品的回归测试。

· 严守项目和版本的出口条件，对于没有达到出口条件的项目，坚决不能"带病投产"。

40.1.4 不同产品的效率与质量的平衡关系

针对一定规模的任务投入对应的资源，忽略其他因素，整个版本的质量基本能控制在一定范围内。但研发资源本身是有限的，从成本的角度来考虑，也不可能无限地投入，所以如何合理安排资源，平衡一个版本内各个项目的质量，从而在一定资源投入的情况下得到整个版本最理想的质量分布，是一个非常值得研究的问题。

理论上，如果我们把研发资源（时间资源和人力资源）按项目资源需求的大小平均配置在各个项目上，忽略主观因素，每个项目的质量应该差不多，从而整个版本的质量也应该能控制在一个既定的水平上。

但在现实中，项目的质量表现与我们的预期大相径庭。一些我们原来非常希望其质量有良好表现的项目往往问题不断，而另外一些我们认为相对不重要的项目的质量表现却不错。而整个版本的质量表现遵循木桶原理，那些质量表现不好的重要项目就像是木桶的短板，使得整个版本的质量表现不好。那么，问题到底出在哪里呢？

问题恰恰出在我们平均配置研发资源上。

软件的质量与质量的表现不是相同的概念。如果两个规模差不多的软件里各自随机散列地隐含了数量相同的缺陷，我们可以认为这两个软件的质量是差不多的。研发资源的平均配置，可以使软件隐含的缺陷趋于一致。但是，软件面对不同的应用环境，其质量表现会非常不一样。下面的因素会影响投产后应用的质量表现。

1. 应用被使用的频率

假设有 A、B 两个应用，其规模和内部构造大致一样。根据各自不同的应用场景，二者均有 1000 种内部逻辑路径的组合，并且其中两个应用场景对应的内部逻辑有缺陷。这两个应用投产后，假设各个应用场景平均分布，出现问题的概率是 0.2%。也就是说，平均每运行 1000 次，这两个应用均会出现 1 次问题。

但是，A 应用每天会被使用 100 万次，B 应用每天只被使用 100 次。这样，A 应用平均每天会产生 2000 个生产问题，而 B 应用平均 5 天才会产生 1 个生产问题。二者的缺陷密度与质量表现比较，有天壤之别。

当然，上述分析是一种机械的分析。实际上，缺陷不会平均分布，应用场景也不会平均分布。

2. 生产类应用还是管理类应用

通常，生产类应用的缺陷会直接影响银行对外的经营服务，而管理类的应用通常不会影响或者只间接影响银行对外的经营服务。所以，对于同样的缺陷密度，生产类应用比起管理类应用，前者的影响显得更严重。

3. 应用是否涉及计算机信息的变更

计算机的信息处理动作，大概可以归纳为增、删、改、查4类。其中，前3类动作会引起计算机信息的变化，而最后一类动作不会改变计算机的信息。

对于不同的应用，如果其处理涉及计算机信息的变更，特别是涉及计算机重要信息的变更，例如涉及客户资料重要信息的变更，涉及客户资产、负债资料的变更，甚至是涉及大额的资产负债信息的变更，其缺陷引起的生产问题会非常严重。有些信息的破坏甚至是不可逆的。

而如果应用对应的计算机处理仅仅是信息查询，由于不会破坏计算机的固有信息，其缺陷引起的生产问题的严重性会相对轻。

4. 应用涉及的当事人

此前说过，银行计算机应用系统的当事人包括银行的客户、银行内部人员，还包括第三方机构、监管机构。

如果应用是内部应用，仅涉及银行内部相关人员，其缺陷产生的生产问题的影响范围一般只在银行内部。银行内部当事人对应用缺陷的容忍度通常比银行外部的当事人要高。如果应用是外部应用，涉及的当事人还包括银行客户，其缺陷的影响会涉及银行和银行客户双方。如果应用还涉及第三方机构或监管机构，那么，其影响除了银行客户外，还会涉及第三方。大的生产问题还会产生社会问题，给银行信誉造成很大损害。

可见，对于银行来说，不同的应用由于其应用环境和处理的内容不一样，应该有不同的质量要求。比如该应用（项目）的交易量比较大，应用会引起计算机重要的资料变化，甚至是大额的资产负债资料的变化，应用涉及的交易是外部客户使用的，甚至还涉及第三方，那么对其质量的要求应该最高。反过来，如果该应用（项目）涉及的交易量很小，仅供内部员工使用，不涉及银行客户，更不涉及第三方的资料变化，那么对其质量的要求可以降至最低。

根据不同的质量要求合理分配资源投入，这样才能有较好的投入产出。研发团队不单要关注产品的质量，更应该关注产品的质量表现。只有重要的产品有较好的质量表现，应用系统才能取得较好的整体质量。这就是平常所说的好钢要用在刀刃上。

现实中，研发团队研发的应用种类繁多。一般来说，由于不同的应用采取的软、硬件技术平台不同，工具不同，语言不同，所以会有不同的生产效率。加上运行环境不一样，即使去掉主观因素，应用也会有不同的质量表现。根据上述对不同应用场景的分析，我们可以对不同质量要求的应用进行分类，例如分成 A～E 共 5 类，并按从高到低排序。A 类质量要求最高，E 类质量要求最低。

通过对银行实际生产问题的进一步分析，我们发现，出问题最多、最严重的恰恰是 A 类应用，出问题最少、最不严重的通常是 E 类应用。这就验证了前面所说的：越是我们希望其质量高的应用，其质量表现往往不佳；而我们可以稍微容忍其质量差一点的应用，其质量表现往往比较好。

其原因是很明显的，恰恰与我们对不同类应用的定义有关。

例如 E 类应用，首先，它的交易量小，出问题的概率本来就很低；其次，它是内部管理类应用，就算有缺陷，通常不会直接影响银行对外服务；最后，由于它不涉及客户相关资料的变更，所以不可能犯这方面的错误，当然也不会犯涉及第三方的错误。而 A 类应用，由于其交易量大，犯错误的机会就多；同时，其错误会涉及资金的差错和损失，涉及客户和相关合作方，因而犯错误带来的社会影响也较大。

根据历史数据的分析，忽略其他原因，如果对不同的应用投入一样的资源（例如，每百功能点的研发规模投入相同的人力资源和时间），在缺陷表现统计上，应用产生的生产问题中，A 类应用会比 E 类应用高出二三倍。这里只考虑了生产问题的数量，还没有考虑生产问题的严重程度。

上述结果有两个值得我们注意的地方：第一，其前提是我们对不同类的应用的投入是一样的；第二，这个结果并非我们希望的结果。

如何解决这个问题呢？我们可以通过人为的研发资源调节来解决问题。

从研发团队的资源配置来说，对于高质量要求的项目，我们应该配以比平均资源更多的资源，以保证其能有更高的质量。当然，对该项目的研发效率要求就要低一点。反过来，对于低质量要求的项目，研发团队要求其有比平均效率更高的效率。也就是说，分配较少的资源给它时，它的质量当然会相对差一点。

让我们重新回顾一下质量与投入的关系，具体请参照图 40-1 所示的研发工期、人力资源投入与质量的关系图。举例说明如下。

由于 A 类应用的交易量比 E 类应用高一倍，假设在资源平均分配时，A 类应用缺陷表现出来的生产问题数比 E 类应用高一倍。从关系图中可见，在时间资源和人力资源分别压缩 35%、50% 的情况下，缺陷密度大概会增加一倍多。如果我们以 A 类应用作为标杆，要让 A 类应用与 E 类应用的缺陷表现（生产问题）相当，在项目资源分配上，E 类应用应该比 A 类应用压缩 35% 的时间资源和 50% 的人力资源。如果我们以 E 类应用作为标杆，要让 A 类应用与 E 类应用的缺陷表现相当，在项目资源分配上，A 类应用应该比 E 类应用多分配 50% 的时间资源和 100% 的人力资源。通过这种资源调节的方法，理论上，在实际运行中，我们可以使两类应用在质量上表现一致。

但这还没有达到我们理想的目标。除了考虑缺陷的数量，我们还要考虑缺陷带来的影响程度的严重性差异。由于 A 类应用的缺陷带来的影响远大于 E 类，所以，我们还是希望 A 类应用在实际运行中的表现要好于 E 类应用。例如，A 类应用的缺陷表现要比 E 类应用低 20%。

再看一下投入与质量关系图（见图 40-1）：如果资源分配各减少 20%，缺陷密度大概也增加 20%；反过来说，如果资源各增加 30%，缺陷密度大概减少 20%（考虑边际效应的下降）。这样，我们可以在原来的基础上进行最终的资源分配。在人力资源上，让 A 类应用获得比原来平均资源多 30% 的资源，让 E 类应用在原来平均资源分配的基础上压缩 50%。以原来各自的人力资源分配系数为 1，资源调整后，A 类应用的人力资源分配系数变为 1.3，E 类应用的人力资源分配系数变为 0.5。两种应用人力资源分配的权重比为 1.3∶0.5，也就是 2.6∶1。在时间资源上，让 A 类应用获得比原来平均资源多 30% 的资源，让 E 类应用在原来平均资源分配的基础上压缩 35%。以原来各自的时间资源分配系数为 1，资源调整后，A 类应用的时间资源分配系数变为 1.3，E 类应用的时间资源分配系数变为 0.65。两种应用资源分配的权重比为 1.3∶0.65，也就是 2∶1。这个结论好像比较出乎我们的意料，并且前提是当资源平均分配时，原来的 E 类应用与 A 类应用相比，其缺陷密度表现为 1∶2。如果原来的差别更大，那么结论就会更惊人。

想要知道这种方法的操作性究竟如何，实际效果如何，我们可以来算一下。为了简单起见，我们假设应用只有 A 类和 E 类。另外，出于安全考虑，我们对整个应用系统的质量要求比较高。所以在定义上，A 类应用在数量上比 E 类应用多。假设比例为

6：4（也就是说，我们希望整个应用系统的应用中，有60%是以高等级质量要求的），它们的研发资源投入也是6：4。

我们先看人力资源分配的情况，如表40-1所示。

表40-1 人力资源分配比较

资源分配方案	应用类	资源数量	资源权重	分配资源量	总资源
原	A	60	1	60	100
	E	40	1	40	
后	A	60	1.3	78	98
	E	40	0.5	20	

从表40-1可见，人力资源分配的前后方案中的总资源基本一样。也就是说，我们把E类应用压缩出来的资源基本上都分配给了A类应用使用。

再看质量表现，如表40-2所示。

表40-2 质量表现

资源分配方案	应用类	资源数量	缺陷表现权重	缺陷表现数	影响权重	影响	总体影响
原	A	60	1	60	3	180	200
	E	40	0.5	20	1	20	
后	A	60	0.8	48	3	144	184
	E	40	1	40	1	40	

我们假设A类应用缺陷的影响是E类的3倍（实际上远远不止），从表40-2中可见，通过资源分配的优化，A类应用和E类应用的实际表现已经符合我们希望的情况，整体版本质量表现得到提升。

当然，实际情况要复杂得多，上述仅是一种方法论。

从上述分析中我们还得出一个结论：如果银行研发团队的内部部门分工刚好是某个部门A负责A类应用，某个部门B负责E类应用，那么在制定生产指标时，部门A的人力资源投入应该是部门B的2.6倍，部门B的研发周期要比部门A缩短一半。也就是说，部门B的生产率要比部门A的生产率高5.2倍。

40.2 风险管理

软件工程管理的一个重要理念是强调过程管理。只有每一个过程达到目标，才能保证软件工程达到最终目标。为了保证项目的进度和质量，过程风险管理非常重要。

传统的风险管理包括风险识别、制定风险化解措施、风险监控等内容。结合银行科技研发，风险管理展开后可以细分为依赖管理、风险管理、问题管理、风险升级。

40.2.1 依赖管理

要顺利完成一个项目，需要具备各种条件，如需求、人力资源、时间、研发环境、测试环境等。当研发团队正式接收研发项目时，上述条件有些已经具备，有些已经确认可以具备，但总还是有些条件是有不确定性的。这些未能确定的条件，不利于项目的顺利完成。这里把这些未能确定的条件称为依赖。

依赖管理其实是风险的早期识别管理。我们除了应该能够把所有未能确定的前提条件识别出来，更关键的是制定落实这些条件的措施，并监控这些措施的执行。

如果我们能够把所有未确定的条件都识别出来，能够制定并且落实所有的应对措施且这些应对措施都有效，那么，项目必需的前提条件都可以具备。理论上，项目的后续过程应该再没有什么客观条件风险可言，项目如果还不能顺利完成，可以说是研发团队的主观努力不够。

根据统计，一个规模合适的项目，每千功能点的项目依赖条件一般有 5～10 个（项目越大，尽管依赖的绝对数会增加，但该指标的相对值会减少）。如果少于 5 个，说明风险前期识别可能不足；如果多于 10 个，说明完成项目所需具备的条件可能不足。

40.2.2 风险管理

如果我们事先没能识别所有的依赖，或者我们制定和落实的依赖应对措施无效，项目需要具备的条件在接近临界点时还未能具备，又或者在项目进行的过程中出现了某种不可预料的可能影响项目进度或质量的事件，就会形成风险。

所谓风险，就是存在将会影响项目进度或质量的事件。如果这些事件在预定的时间内还不能解决，就会直接影响项目的进度或质量。

项目风险分为可预见风险和不可预见风险。可预见风险就是前面所说的依赖。项目组要对所有可预见风险事先有对策和措施，项目管理的要点是对策和措施的落实。对于不可预见风险，项目组一方面要汲取教训和积累经验，在今后的项目管理中尽量避免出现不可预见风险；另一方面，要马上采取措施，化解风险。

项目风险还分为内部风险和外部风险。内部风险是由研发团队内部的客观或主观原因造成的。客观原因有研发团队内部研发环境或测试环境不完备，研发团队内部人力资源不足，结构性不平衡等。主观原因有研发团队的管理水平不足，研发人员的素质不达标等。这些风险可以通过加强内部管理、内部协调沟通得到解决，相对可控。外部风险主要涉及一些外部原因，如需求问题，必需的软、硬件采购问题，外部研发环境、测试环境等。这些风险相对不可控。如果研发团队无法解决这些问题，就要把问题汇总，同相关部门沟通解决。

我们希望所有的风险均在前期依赖管理中被识别出来，不要出现无依赖识别的风险。通常，成熟的研发团队可以把风险控制在每千功能点不超过两个，无依赖风险控制在总风险的 5% ~ 10%。如果上述两个指标超标，则均说明项目管理前期的依赖管理可能存在问题。

40.2.3 问题管理

当风险未能在约定的时间内化解时，就会转化为问题。此时，项目已经受到实质性的损害。

对于问题的管理，也是有多种策略的，具体如下。

- 维持项目需求基本功能目标不变，继续努力解决问题。此时最好的情况是问题能在项目发布前得到解决，项目按期发布。但由于问题的存在，项目的正常进程受损，项目虽然能如期发布，但项目质量不可避免地会受到影响。
- 维持项目需求基本功能目标不变，继续努力解决问题。根据问题解决的时间，顺延项目发布周期以保证项目质量。
- 估计问题难以短期解决，评估问题造成的损害程度和影响点，修改或减少项目需求目标，以规避风险。

・暂停项目，视日后情况而定。对于这种情况，应该认为在项目立项的初始阶段对项目的可行性分析不足，或者项目依赖条件有了很大变化。

对于每千功能点的项目，成熟的研发团队可以把问题数控制在远低于一个。超过此数量，整个项目的可行性分析和风险管理就存在问题。

40.2.4 风险升级

当感觉到某个风险已经不能在原来的范围内控制并化解时，应该把风险控制升级。研发团队不能想当然地认为，自己解决不了的问题，自己的上级、自己上级的上级也一样解决不了。

越高的层级，掌握的资源通常越多，协调能力通常越强。因此，当已尽了最大努力而效果不理想时，应及时将风险升级，这是一种负责任的表现，通常也是风险化解最有力的保障。

40.3 变更管理

在研发团队软件研发项目管理中，有许多因素会影响项目的质量与进度。但在某一段特定的时间内，一些因素相对固定且不容易简单改变（如研发团队的管理水平，研发人员的素质，研发的软、硬件基础设施环境等）。排除上述因素，有三大因素会对项目质量造成影响：一是项目人力资源投入不足，二是研发周期不合理，三是需求变更不在可控范围内。

需求变更有多种原因。从软件生产的特点来分析，需求变更是不可避免的。问题的关键在于变更的数量、变更涉及的规模、变更的阶段。通常，变更越多、规模越大、时间越靠后，变更带来的预算外工作量越大，给项目造成的损害越大。特别是需求变更提出的时间越靠后，代价越大，如图40-2所示。

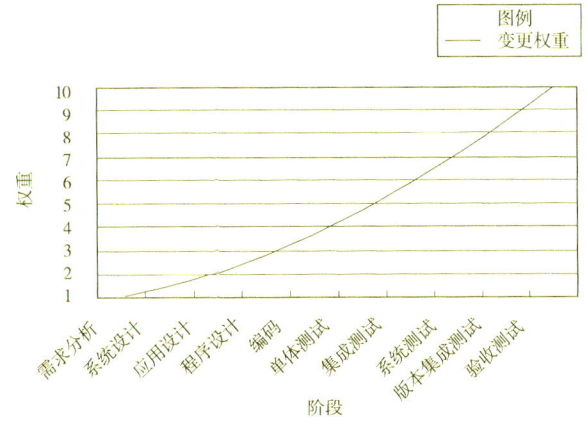

图 40-2 不同阶段需求变更的影响

从图 40-2 所示的参考模型可以看出,相同的功能需求在需求分析阶段前提出,其权重为 1;如果到应用设计阶段提出变更,要完成该变更功能的工作量将比该需求在一开始就提出来大一倍;如果在集成测试阶段提出来,工作量将约是原来的 6 倍;如果到验收测试阶段才提出来,工作量将约是原来的 10 倍。通常,把项目周期内各阶段接收到并同意纳入当期项目实现的变更对应所需的工作量加权合计,称为综合变更工作量。其对项目的影响称为综合影响。

令人特别沮丧的是,变更恰恰一般都在比较靠后的阶段才提出来,因为越是靠后的阶段越能看到项目的成果,就越能发现原来需求的不足。越是具有完美主义的人,越会有变更的冲动。

据统计,在整个研发周期里,变更数量如图 40-3 所示,越靠后变更越多。

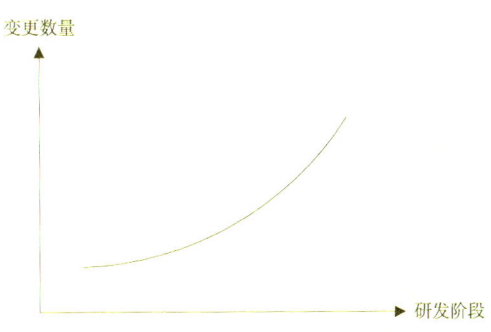

图 40-3 研发阶段的变更数量变化

下面举例来说明。如果一个项目经过评估，发现其功能点为1000。在应用设计阶段提出一个变更，其功能点为20；在集成测试阶段提出一个变更，其功能点为50。那么，其相关计算如下：

$$综合变更工作量 = 20 \times 2 + 50 \times 6 = 340（功能点）$$

$$综合影响 = 340 \div 1000 \times 100\% = 34\%$$

结论是，7%的需求变更会造成34%的影响。

众所周知，如果一个项目从提交研发到投产只有7%的变更，这已经算是一个变更不多的项目。但变更的时机常常出现在研发后期，这导致变更对项目的影响十分大。由于研发项目的成本基本源于人力资源的投入，变更使项目的成本比预算多34%。如果项目变更又多又更靠后，那么，变更将给整个项目带来灾难性的影响。

变更管理的主要措施如下。

1. 事前充分考虑变更

由于变更是不可避免的，所以，在编造项目计划时，一定要把可能的变更开销考虑在内，特别是对于需求质量不高的项目，通常可以把变更的综合影响预计为10%以内。如果最终综合影响超过预计的数量，肯定会对项目的进度或质量造成影响。因此，我们有理由推断项目前期的需求和需求分析有问题。

2. 科技研发团队加大项目前期的投入

为了尽量减少变更及其带来的影响，科技研发人员一定要尽量加大项目前期对需求分析的投入，与业务部门在需求的可行性、前瞻性方面展开深入讨论，并尽量落实到需求的每一个环节。

3. 业务需求部门积极参与整个研发过程

软件工程与其他任何工程一样，随着工程的深入和具体细节的落实，需求的完善不可避免。为了能及时发现和提出问题并对其进行及时修改，我们需要尽量把变更提前。这就要求需求部门应该在整个科技研发过程中积极参与、加大投入，并了解各研发过程的成果。

4. 严格限制后期变更

对于比较靠后的变更需求，要严格限制，最好能将其作为下一个项目的新需求。如果一定要在当前项目中实现，就必须充分分析其对项目造成的影响或损害；要考虑是否可以把损害控制在能够接受的范围之内,否则就只能将项目交付的时间延后。

5. 采取敏捷开发方式

与需求部门达成共识,采取敏捷开发方式。首先,要求需求部门对研发的参与要贯穿项目的整个研发周期。其次,要立足开发迭代进行,承认每个阶段的成果并非完善,先开发原型,投产后分期完善,而不是通过无休止的变更企图毕其功于一役,最终导致项目交付不断延期,上线无期。

第 41 章 软件测试管理

关于软件测试的论著非常多,本书侧重探讨银行科技研发项目测试中一些比较突出的问题。

41.1 测试目标

软件测试的目标是通过各种手段,检验被测试软件是否满足功能性与非功能性的需求。如果在测试中发现问题,则应确定问题所在并进行修改,以确保软件能尽量符合需求,保障软件的质量。

另外,还有一个比较经典的说法是,软件是不可能 100% 没有错的。所以,软件测试的目标不是证明软件没有错误,而是发现软件的错误。通常认为,被发现的错误越多,软件仍然潜在的错误就越少,质量就越向好的方向发展。所以,好的测试方案能帮助发现还未发现的错误,而成功的测试能发现尚未发现的错误。

测试对软件质量的保障作用毋庸置疑,没有经过严格和充分的测试,就几乎不可能有好的软件质量。

软件质量体现在以下 6 个方面,测试的具体目标也应该针对这 6 个方面。

1. 功能

已经承诺满足用户要求的功能,软件已能全部实现。

2. 性能

性能指的是软件为实现某种功能所需占用计算机资源的程度及其表现的速度。占用的资源包括处理器、内存、外存、通道、总线、网络等,速度包括服务响应时间、处理器响应时间等。它们体现了实现某种功能的效率。要实现类似的功能,越能使用较少的资源并且有较快的速度,软件的性能越高。

3. 操作性

软件应该面向服务，设计友善的用户界面，易于用户理解和学习，方便用户操作，让用户有较好的体验。同时，操作流程要智能化，尽量减少操作人员的介入与输入。

4. 可靠性

软件的可靠性是指软件产品在规定的条件下和规定的时间内完成规定功能的能力。所谓规定的条件，是指直接与软件运行相关的计算机系统的状态和数据的输入。上述可靠性的概念包含了两层意思：一是只要软件的运行环境和数据输入在规定的范围内，软件就应该能在规定的时间里正确实现规定的功能；二是软件对规定的运行环境与输入有一定的容忍度与适应能力，该适应能力的大小反映了软件的健壮性。一方面，软件在一定的运行环境变化与波动范围内，在非恶意的错误输入下，应该能维持其正常的功能。另一方面，当出现某种影响实现全部功能的情况时，软件能隔离受影响的非关键性功能，使系统能退缩并继续提供不受影响的其他基本功能。另外，软件的可靠性还包含软件的安全性：软件应该能识别所有的错误输入并将错误拒之门外，抵抗所有的恶意攻击。

5. 可维护性

软件的维护包括改良性维护与纠错性维护。可维护性反映了对软件系统进行这两项工作的难易程度。一个易于维护的软件系统通常是一个松耦合、易理解、易修改、易测试的软件。另外，软件系统应该有完善的故障对策。当软件系统出现了某种故障或错误时，要有简易可行的措施进行纠错与恢复。

6. 重用性

软件重用性是指软件从一个运行环境转移到另一个运行环境的难易程度。提高软件重用性会极大地提高软件的研发效率与软件的质量。

从上述软件质量的论述可以看出，在体现软件质量的6个方面，后5个属于非功能性的质量要求。通常，所有的研发团队对功能性的测试都会非常重视，但个别研发团队对非功能性测试的重视相对不够，甚至忽视排在后面的几项非功能性要求。

测试是软件能够有高质量的必要条件，但并不是充分条件。比起功能性要求，非功能性要求更难期望通过测试去实现和满足。测试是一种改善软件各项指标的后期措施。但越是在后面发现问题，问题的修改成本就越高；越是把努力与资源放在前面，获得高质量软件的成本就越低。所以通俗地说,软件质量不是靠测试得来的,靠的是高质量的需求与设计、执行标准与规范、严格的过程管理。

41.2 测试阶段与测试内容

软件测试是软件项目整个研发流程中的一部分。根据软件规模的大小,一个完整的软件研发流程可以划分为不同的阶段。

1. 一般研发流程

通常,研发团队直接负责的研发流程分为需求分析、系统设计、程序设计、各阶段测试等。各阶段的产出物(文档)与测试阶段的对应关系请参照本书 36.1 节的相关论述。

2. 银行研发流程

大型银行应用系统研发的项目并行度高、规模大,投产以版本为单位。所以,为了保证投产版本的质量,其研发流程比一般的研发流程要分得更细,其测试阶段通常包含单体测试、集成测试、系统测试、版本集成测试、适应性测试、验收测试等阶段。

(1)单体测试。

单体测试的对象是单个源程序,测试的依据是程序规格书。测试者通常是程序编码员本人,使用的是白盒测试方法。测试目标是实现所有要求的程序功能。

由于是单体测试,程序的外部运行条件如输入、数据库、输出等一般需要使用模拟环境。模拟环境通常需要由人工建立,也可以由模拟器产生。

(2)集成测试。

集成测试主要针对一组相关联的程序进行接口及组合功能测试。

这些相关联的程序一般存在流程上的上下游关系:调用和被调用的关系,数据使用的上下游关系,上游的输出是下游的输入等。与在单体测试阶段不一样,在集成测试阶段,对于某个程序而言,该程序的输入通常由调用程序提供;该程序需要处理的数据库通常是已经处在某个生命周期下接近真实环境的数据库;该程序的输出,通常是输出到下游程序。这样,通过前后、上下联动,既可以检查程序之间接口的正确性,又可以进一步检查上游程序处理的正确性和程序的组合功能。

集成测试的主要依据是应用规格书。如果关联程序跨应用，则还要参考系统规格书。测试者不一定或不仅是程序编码员本人，还可以是项目组其他兼职或专职的测试人员。测试过程主要使用白盒测试方法。

由于程序的调用与被调用关系往往是多对多的，即某个程序会调用多个程序，而某个程序会被多个程序调用，所以，理论上集成测试需要测试所有的调用组合，至少要测试主要的组合。

（3）系统测试。

系统测试是以项目为对象进行的测试。如果项目跨系统（应用组），其测试范围不但会跨应用，也会跨系统。此时，测试的依据是系统规格书。测试的组织和团队一般不是开发团队，而是产品线专业的系统测试团队。测试过程既使用白盒测试，也使用黑盒测试。测试的目标是在整个应用系统内验证项目的所有功能。

除非数据来源涉及银行外部系统而外部系统又难以配合，否则在应用系统内从人机接口开始，应尽量使用真实的上下游数据而非使用模拟器产生的数据去证实系统间的接口和系统组合功能的实现。

在系统测试阶段，除了要对项目进行测试，还要对产品线进行主流回归测试，以验证产品的整体功能，并确认经过本项目后，产品得到完善和提高，且质量没有受项目的影响。

（4）版本集成测试。

银行的软件研发项目通常并非完成了一个项目的研发就投产一个项目，相反，是按规划好的版本计划，在一个周期里一次集中投产若干个已完成的、相互之间可能没有关系的多个项目。版本集成测试是对整个要交付投产的版本进行集成测试。

测试的对象是整个将要投产的版本，测试的依据是版本功能说明书。测试者是研发部门组织的版本集成测试队伍。测试方法基本是黑盒测试。测试的目标有两个：一是在所有项目整合成投产版本后，项目之间没有不良影响，整个版本的新功能可以正常实现；二是保证整个版本在增加了新功能的修改后，原来的功能没有受到影响，整个版本的质量没有受到影响。

所以，版本集成测试不光要对项目的相关功能进行测试，还要对项目所涉及的所有系统的所有主要功能的主要流程进行回归测试，以保证整个版本的质量。

大量的回归测试最好能使用测试工具、测试脚本进行自动化测试。

（5）适应性测试。

适应性测试的重点是对整个版本进行非功能性测试，依据的是非功能性需求书。测试者可以是研发部门的适应性测试团队，这个团队可以与版本集成测试团队是同一团队，也可能是其他专门的测试团队与部门。

适应性测试针对的是各种性能要求和可靠性、可用性、可维护性等方面的要求。一方面要对版本的新功能进行适应性测试，另一方面也要对整个版本进行适应性测试，以保证投产的版本没有因为增加新功能而降低了各种性能。在性能测试方面，一般需要使用一些压力测试工具；在其他方面，测试可能也需要一些特殊的测试方法和用例。

适应性测试应该尽量模拟真实的生产环境，以保证适应性测试的效果，包括使用类似生产环境的软、硬件环境，使用类似生产环境的数据及使用类似生产环境的外部接口。要模拟最后一种环境是最困难的，因为可能会涉及外部资源和外部配合。所以，研发部门可能不具备进行适应性测试的条件。如果有条件，最好是能建立一套基本独立的、可以作为适应性测试的环境。如果没有条件，也可以利用生产环境的备份环境或灾备环境来进行测试。

由于适应性测试使用的数据来源于生产数据，为了安全，要对某些敏感数据进行脱密处理。

（6）验收测试。

测试阶段的最后一个环节是验收测试。

验收测试的对象是各个项目，依据是软件需求书。测试者通常是需求提出方，或者需求提出方至少要参与测试。验收测试使用的是黑盒测试方法。验收测试的目的主要是检验版本中包含的所有项目的功能是否达到用户的期望。

验收测试使用的环境可以与适应性测试的相同。

版本投产前，还应该进行投产测试。投产测试通常由运行部门实施，所以，投产测试通常归类到运维管理中。

6个测试阶段的测试内容如表41-1所示。

表 41-1 6 个测试阶段的测试内容

测试阶段	测试对象	测试依据	测试主体	测试性质	测试方法	测试侧重
验收测试	应用系统	软件需求书	业务部门	功能测试	黑盒	项目
适应性测试	交付版本	非功能性需求书	版本集成测试队伍	性能测试	特殊工具	项目、产品
版本集成测试		版本功能说明书		功能测试	黑盒	
系统测试	相关应用	系统规格书	系统测试人员		白盒、黑盒	
集成测试	相关模块	应用规格书	应用测试人员		白盒	项目
单体测试	单个模块	程序规格书	程序员		白盒	项目

41.3 测试工作

测试工作的内容有很多，按照测试流程顺序，主要包括以下几个方面。

41.3.1 制订测试计划与方案

在研发周期的第一个阶段，即规划阶段，测试团队的骨干人员就要加入项目。他们在参与需求分析、了解总体方案的同时，要进行测试计划与方案的制订，包括确定测试的范围与内容。在确定整个项目的规模、研发周期、人力资源投入的前提下，结合本项目的具体情况，参照历史数据，确定测试周期与各阶段的划分；确定各研发阶段测试人员的人力资源配置；确定测试质量目标；确定测试用例数；最后，确定各测试阶段的缺陷清除率与缺陷清除进度。

1. 测试资源规划

测试资源除了测试需要的硬、软件环境外，其他最主要的资源包括测试时间和测试的人力资源。那么，在整个项目的研发周期里，测试时间应该占的比例及人力资源应该占的比例各是多少才科学与合理呢？

其实，面对不同的研发队伍、不同的内部分工、不同的研发文化、不同的项目，测试资源规划可能都会不一样。

假设我们面对的是一个比较大的银行应用研发项目，我们有充足的研发时间与人力资源，希望该研发项目有比较好的质量（如能达到 CMMI-V 的缺陷清除率）。

再假设我们按前面论述的，把整个项目的周期定义为从接收需求进行需求分析开始，到验收测试完成结束，把整个测试周期划分为 5 个阶段：单体测试、集成测试、系统测试、版本集成测试、验收测试（含适应性测试）。通常，在这 5 个测试阶段中，单体测试是一种白盒测试，由程序员自己进行。所以，计算测试阶段与人员投入一般不包含这一阶段。另外 4 个阶段，从集成测试到版本集成测试，通常都由专门的测试人员进行；验收测试还有业务人员的参与。我们所说的测试投入，主要指的是这 4 个阶段。

在上面的一些假设前提下，根据此前提供的研发进度参考模型，我们得出以下数据，以供读者参考。

（1）时间。

从集成测试开始到验收测试结束，这 4 个测试阶段所需要的时间大概可占整个研发周期的 44%。其中可以再细分为集成测试占 10%，系统测试占 10%，版本集成测试占 10%，验收测试占 14%。

（2）人力资源。

一个成熟的研发团队里有负责不同职能的各种各样的人员。其中有管理与保障人员，如团队管理、研发管理、研发支持、生产支持人员；还有直接参与研发生产的人员，主要有设计人员、开发人员、测试人员。在上述 4 类研发人员中，根据不同团队的不同分工，管理与保障人员占比为 5%～10%，设计人员为 5%～10%，开发人员占 50% 左右，测试人员占 30%～40%。

如果我们把整个研发阶段分为规划、开发、测试三大阶段，且把集成测试划归在开发阶段内，则这三大阶段大约各占整个研发周期的 1/3。测试人员在这三大阶段的投入约占测试人员总投入的 6%、45%、49%。

2. 制订质量目标

软件的质量指标主要是指缺陷率、缺陷清除率。缺陷率和缺陷清除率的具体内容在本书的 37.1.2 节已有介绍，此处不再赘述。

对于某个具体的项目，我们应该根据项目的规模，比较项目工期模型的理想工期与实际允许的工期，比较项目人力资源投入模型的理想投入与实际允许投入，还要比较历史与当前的研发环境与研发条件；综合分析上述因素的实际与理想值的差异，最终得出项目质量（上述两项指标）的预估值。

3. 测试用例规划

（1）测试用例的定义。

测试用例也叫作测试案例。对于联机交易处理系统，测试用例针对软件在实际应用交易中的每一个应用场景设计出输入信息，预期测试对象根据输入信息的相应处理内容与处理结果，根据处理结果输出的信息。输入信息的设计中应该包含4类信息——通常场景的信息，小于、等于、大于边界条件的信息，错误的信息，破坏性的信息，以检查测试对象的正常处理功能与抵御非正常情况的健壮性。

测试就是通过运行测试用例发现非期待的结果，找出软件缺陷的过程。这个过程也叫作用例消化过程。

（2）对测试用例的要求。

测试用例的设计与编写质量非常重要，用例的质量直接影响测试的效果。总体要求是，能用最少的时间与人力投入，用最少的用例发现测试对象的尽可能多的缺陷，以保障测试对象的质量。用例质量具体表现在以下5个方面。

- 针对性：每一组用例都针对特定的应用场景，对缺陷能准确定位。
- 覆盖度：能覆盖需要测试范围的测试广度与深度，对主要应用场景要100%直接覆盖。
- 覆盖率：用例间的覆盖既能够无缝，又只有最少的重叠。
- 效率：能用最少的用例发现最多的缺陷。
- 操作性：用例不能太复杂，不能对测试环境有过于苛刻的要求以致测试成本太高；但也不能太简单，否则达不到检出缺陷的目的。

（3）测试用例的数量。

一个研发项目究竟应该规划多少测试用例，才能保证项目的质量呢？

首先，对于什么是一个用例，业界并没有一个权威的标准。也就是说，不同的团队、不同的人员、不同的项目，对于用例的粒度、大小可能有不同的理解。假设我们接受前面对用例的定义，即一个用例包含对一个应用场景的各种输入信息和期待的相应结果，这里可以给出如下建议。

- 对于比较成熟的测试队伍，其用例设计水平相对比较高，能保证用例的广度与深度覆盖，在对测试对象没有特别的质量要求的情况下，相对软件规模而言，1功能点起码要对应1个测试用例。也就是说，一个有1000功能点的项目，至少应该使用1000个不同的用例进行测试。

· 对于一般的研发团队以及银行的应用，为了保证软件质量，通常需要1功能点对应1~2个测试用例。

· 对于银行的关键应用，特别是涉及大交易量、客户资产负债变化的应用，1功能点应该对应2~3个测试用例。

（4）用例库。

任何研发团队都应该建立用例库。特别是银行，其应用大部分是相对成熟与稳定的，建立用例库有利于用例的重用、维护与发展，有利于推行自动化测试与回归测试。

4. 测试进度规划

测试进度主要体现在用例的消化与缺陷的清除上。

（1）用例消化进度。

为了能保证测试进度，最重要的是要制订测试用例的消化进度。也就是说，我们应该在已经确定测试的周期、人力资源的投入、需要消化的用例数的前提下，制订用例消化进度计划，使测试人员能按进度在规定的时间内消化所有用例。

我们还是用此前的例子来看如何制订用例消化进度。

一个有5400功能点的研发项目，其研发周期为1年（50个工作周）。以研发进度模型来看，从集成测试开始到验收测试结束（不包括单体测试），这一周期占了整个研发周期的44%，共22个工作周、110个工作日。

按研发效率以20功能点/人月计算，该项目一共需要投入270人月。在此前的人力资源投入模型里，测试人员占比为35%，在整个研发周期中一共要投入测试人员约94.5人月、394人周，而在测试周期一共要投入252人周、1260人天。

按每功能点配备2个用例进行测试来计算，5400功能点一共需要10800个用例。如果整个测试周期的缺陷率为20%，缺陷修改后要回归测试，且每个缺陷也是用2个用例进行验证。那么，验证需要的用例为2160个，一共需要消化的用例为12960个。

12960个案例用1260人天去消化，可知每人每天需要消化的用例为10个多一点。

所以，不考虑其他不可预见的因素，基于上述计算，测试人员的用例消化指标应该设定为平均每人每天10个以上。

有了这个指标,就可以按照各测试阶段测试人员的人力资源投入计划,安排用例消化计划,如表41-2所示。

表41-2　各测试阶段测试人员投入及需要消化的用例数

测试阶段	集成测试	系统测试	版本集成测试	验收测试	合计
测试人员投入／人周	58.5	61.9	60.8	70.9	252.1
平均用例消化数／个	3009	3182	3124	3645	12960
用时／周	5	5	5	7	22
第几周	29～33	34～38	39～43	44～50	

表41-2体现的是一种从宏观上计算用例消化进度的方法论。实际上,考虑到整个测试周期,由于环境等各种准备工作与测试条件的完备情况,在刚开始的时候,用例消化进度会比平均值低。对于一些较大的项目,在整个测试周期中,不同测试阶段还会被划分成若干个不同的测试环境,由不同的测试人员去实施。这样,在每转换到一个新的测试环境时,用例消化进度也会比平均值低。

(2)缺陷清除进度。

软件测试的目标就是要找出软件的缺陷。而测试完成的通常标志之一,是测试过程中发现的缺陷数呈收敛状态,如图41-1所示。也就是说,如果投入同样的时间、人力,消化同样的测试用例,但找到的缺陷数却越来越少。当发现的缺陷数低于某种程度时,我们就可以认为测试已经达成目标。

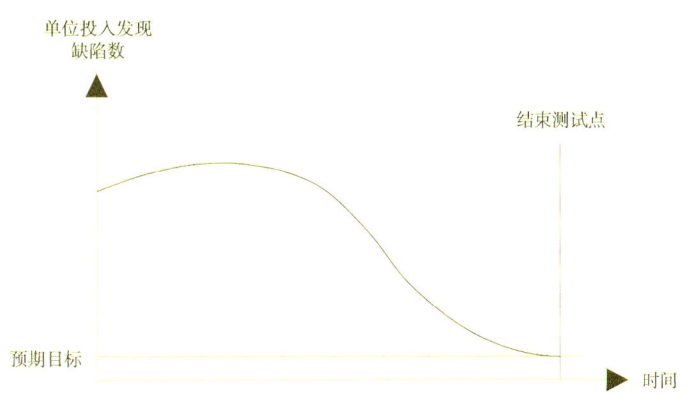

图41-1　发现的缺陷数变化趋势

测试完成的另一个标志是，测试过程中累计发现的缺陷数越来越多，并且已达到某一个预计值，如图41-2所示。

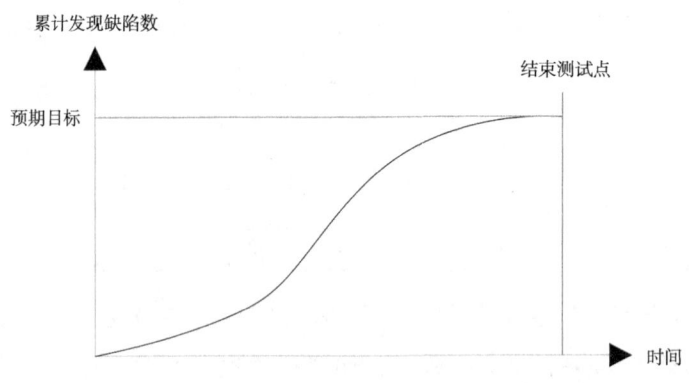

图41-2　累计发现的缺陷数变化趋势

从图41-1和图41-2中我们可以看到，在一个测试周期里，在既定的单位投入里，缺陷发现率呈两头低、中间高的状态。在测试周期初段，由于环境等各种准备工作，测试工作的进展可能不会很顺畅，用例消化进度稍慢，发现的缺陷数会比较少。到了测试周期中段，工作得以逐步顺利开展，发现的缺陷数逐步增加，达到最高。到测试周期末段，由于缺陷已经在前面被大量发现，缺陷发现率呈收敛状态，逐步降低。

当然，上述情况仅仅是一个定性的分析。对于一个比较大的项目，整个测试周期往往还会被分割为不同的测试阶段，可能会在不同的测试环境下由不同的人员去实施。这样，当测试从一个环境转到另外一个环境时，都会出现上述缺陷发现率两头低、中间高的状态。

为了能在测试过程中对缺陷的发现进度进行管理，我们还需要制订缺陷发现进度计划。计划可以包括两个部分：一是预计各测试阶段的缺陷清除率与清除数，二是每个阶段的具体进度。

通常，一个较大规模的软件，其研发的测试阶段可以分为几段。按上述例子，我们把整个测试（不含单体测试）分为4个阶段，并按照CMMI-V的质量要求，再参考历史数据，规划各测试阶段的千功能点缺陷清除数与清除率，如表41-3和图41-3所示。

表 41-3 各测试阶段的缺陷清除数与清除率

阶段	集成测试	系统测试	版本集成测试	验收测试	投产5周
千功能点缺陷清除数/个	72	68	46	10	4
缺陷清除率	36%	34%	23%	5%	2%
累计缺陷清除数/个	72	140	186	196	200
累计缺陷清除率	36%	70%	93%	98%	100%

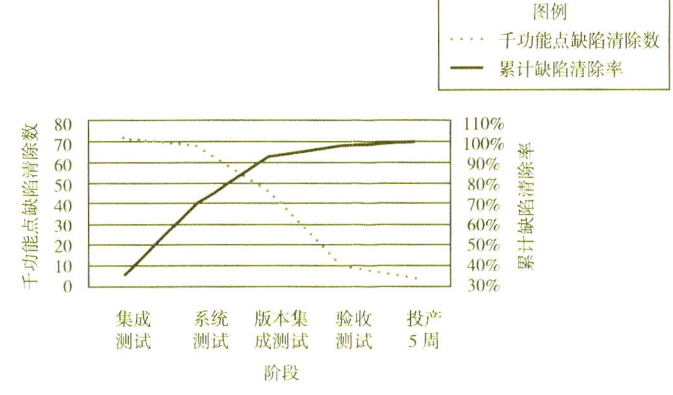

图 41-3 各测试阶段的缺陷清除数与清除率

从图 41-3 宏观来看，在 4 个阶段的测试中，每个阶段的千功能点缺陷清除数比起上阶段均在下降，总体呈现收敛状态；并预计版本交付时累计缺陷清除率为 98%，投产 5 周内缺陷清除率为 2%，好于 CMMI-V 97% 的缺陷清除率。另外，通过 4 个测试阶段，每千功能点的累计缺陷清除数已到 196 个，预计投产 5 周内的千功能点缺陷清除数为 4 个。

下面我们进一步具体规划每个测试阶段的缺陷清除进度。这里还是用上述例子来举例。

一个有 5400 功能点的软件研发项目，把该项目的各种情况与历史数据进行对比，估计该项目的缺陷密度为每百功能点 20 个，即一共会有 1080 个缺陷。然后根据历史经验，决定该项目要经历的 4 个测试阶段。鉴于集成测试属于白盒测试，由开发团队的测试人员在开发环境下组织与实施的效率会比较高。另外，本项目规模偏大，但不属于巨大，所以，计划系统测试与版本测试在同一个专用的测试环境下由相同的测试人员组织与实施。根据前面的总体规划，系统测试与版本测试的缺陷清除率分别是34%、23%，合计为57%，即一共需要清除616个缺陷。那么，结合前面的一些数据，参考历史数据，这两个测试阶段的用例消化进度与缺陷清除进度如表41-4所示。

表41-4 两个测试阶段的用例消化进度与缺陷清除进度

测试阶段	系统测试					版本测试					合计
测试人员投入/人周	12.4	12.4	12.4	12.4	12.4	12.4	12.4	12.4	12.2	11.5	122.9
平均每周消化用例数	636	636	636	636	636	636	636	636	625	590	6303
环境权重	0.65	0.80	0.91	1.00	1.04	1.08	1.11	1.12	1.12	1.20	1.00
计划每周消化用例数	414	509	579	635	664	687	703	710	697	708	6306
每周缺陷清除数	68	73	75	76	75	72	63	50	37	27	616
用例/缺陷	6.1	7.0	7.7	8.4	8.9	9.5	11.2	14.2	18.8	26.2	10.2
累计缺陷清除数	68	141	216	292	367	439	502	552	589	616	616
第几周	1	2	3	4	5	6	7	8	9	10	10

我们来解读一下表41-4的数据。

· 第一行是每周测试人员投入的计划。在这10周里，基本上每周投入12.4人，最后两周投入稍低。

· 第二行表示，假设用例消化与人员投入完全成比例，平均每周消化的用例数。

· 第三行表示，考虑到测试环境的不断完善与测试人员逐步进入测试状态，在本阶段一开始，测试进度不可能达到理想的速度，要打折扣。之后，进度会逐渐加快。

· 第四行表示，考虑了第三行的环境因素后，计划每周实际上可以消化的用例数。

· 第五行是计划每周的缺陷清除数。

· 第六行表示，各周每发现一个缺陷，需要消化多少个用例。从第五行和第六行可见，随着测试进度的深入，消化相同的用例，发现的缺陷越来越少，这表明程序潜在的缺陷越来越少，发现的缺陷数呈收敛状态。

· 第七行表示经过各周的测试，累计发现的缺陷数。

整体缺陷清除进度趋势如图41-4所示。

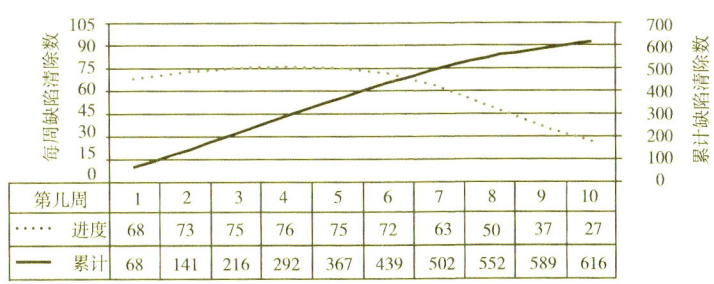

图 41-4　两个测试阶段的缺陷清除进度趋势

从表 41-4 和图 41-4 可以看出，计划在这两个测试周期里，一共需要 10 周的时间，投入测试人员 122.9 人周，平均每天约 12 人。计划每周用例消化进度考虑了环境等因素的权重，一共消化用例 6303 个，清除缺陷数 616 个，平均每个缺陷需要消耗 10.2 个用例。在这两个测试阶段接近结束时，缺陷发现率呈收敛状态。

41.3.2　测试用例设计与编写

在进入整个研发周期的开发阶段，测试人员应该加大投入并逐步达到投入高峰。在开发人员进行程序设计、编码、单体测试阶段，测试人员要完成测试用例的设计与编写工作。测试用例除了包括手工测试用例外，如果采用了相关自动化测试工具，还包括自动化测试工具对应的相关测试脚本。

41.3.3　测试与回归测试

进入系统测试阶段，测试的人力资源投入开始进入高峰。此阶段的工作就是实施测试。当测试发现的缺陷修改后，要实施回归测试，直到达到测试目标。

41.3.4　编写与提交测试总结和测试报告

每个测试阶段结束后，都要编写并提交测试总结和测试报告。测试总结和测试报告除了描述测试的内容、过程、结果外，关键是要对测试数据进行分析。分析时不仅要将测试数据与计划数据、历史数据进行比较，还要对该阶段的测试做出评价，如是否达到预定的出口条件与目标；要对被测试的项目与版本做出评价，如版本质量是否有保障。最后要列出遗留问题与存在的风险，并提出后续解决问题的建议和措施。

41.4 测试的进度管理

系统测试的进度管理包括人力资源进度管理、用例消化进度管理、缺陷清除进度管理和问题管理。下面逐一进行阐述。

41.4.1 人力资源进度管理

前面测试阶段的人力资源投入进度计划，是对测试的人力资源投入进行管理的依据。其关键就是保证每阶段、每周、每天的人力资源按计划投入。在实施用例消化阶段，软件测试按计划投入人力资源是用例能按计划消化的最大保障。

41.4.2 用例消化进度管理

在整个测试阶段，我们要严密监控用例消化进度，以保证整个测试能按计划完成。但是，在按计划投入人力资源的情况下，往往用例消化进度还是不理想，其原因通常有以下两点。

1. 测试环境问题

测试环境存在各种问题，使测试工作不能按进度展开，这通常是测试阶段初期用例消化进度不理想的最主要原因。为此，我们应该在即将进入测试阶段时加大对测试环境建设的投入，以保证测试工作能尽快顺利展开。另外，我们也应该在事前制订用例消化进度计划时，参照历史情况，充分考虑测试环境等准备工作的因素，制订合理的进度计划。

2. 测试对象的质量比较差

这也是比较主要的原因。由于软件质量太差，用例的运行每前进一步都会碰到缺陷，需要反复修改程序、反复测试用例才能最终通过，使回归测试率大大高于20%。这其实是研发前期开发阶段的质量管理不到位所致。

无论如何，如果出现了用例消化滞后的情况，要么加大测试的人力资源投入（加人或者加班），要么就是认为原来的计划考虑不周，修改进度计划。但修改前期的计划进度必然要加快后续测试的用例消化进度，这会给后面的工作带来额外的压力。

41.4.3　缺陷清除进度管理

测试的目的就是找出软件存在的缺陷，为了保证软件质量，缺陷清除进度管理是整个测试阶段的关键工作。在实际测试过程中，我们要随时对缺陷的实际清除进度进行监控与管理。在某一时刻，监控结果无非有 3 种：一是缺陷清除进度基本与计划一致，二是缺陷清除进度慢于计划，三是缺陷清除进度快于计划。下面继续用前面的例子，参照图 41-5，对缺陷清除进度与计划有明显差距的情况进行分析。

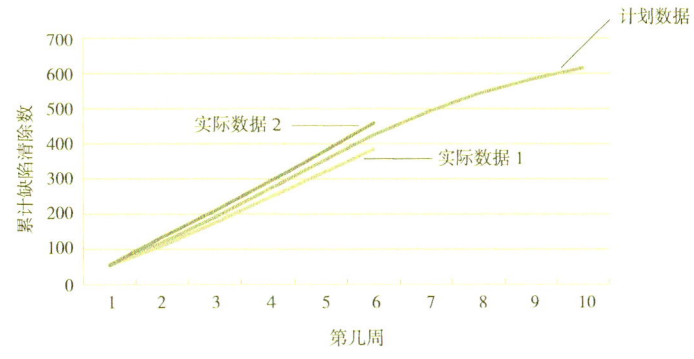

图 41-5　某测试阶段第 6 周的缺陷清除情况

在图 41-5 中，计划数据曲线表示计划的缺陷清除进度。该进度是我们根据历史数据，结合本项目的具体情况而得出的。

1. 进度滞后

缺陷清除进度滞后于计划的情况，如图 41-5 中的实际数据 1 曲线所示。

缺陷清除进度滞后于计划的情况，会出现在大多数研发项目的测试中。进度滞后的原因有许多，其中最理想的情况是被测试对象的质量比较好，缺陷密度远低于历史水平。但笔者认为，从历史经验来看，能遇到这种情况的概率实在微乎其微。进度滞后的原因绝大多数是存在问题，我们还是应该更多从不好的方向来思考，挖掘问题所在。这些问题可能有如下 3 种。

・测试初期环境准备不完善，测试无法迅速顺利地开展。

・在本阶段测试中，由于测试人力资源投入不足，用例消化滞后于计划，相应缺陷发现率低。

・用例质量有问题，针对性不强，覆盖面不好。

我们要认真分析进度滞后的原因，针对找到的原因制定措施、解决问题，让测试后期的缺陷清除进度能追上计划。

2. 进度超前

缺陷清除进度超前于计划的情况，如图 41-5 中的实际数据 2 曲线所示。

在一些项目的测试中，有时也会出现缺陷清除进度超前于计划的情况。进度超前的原因有许多，其中最理想的情况是测试环境良好，测试工作开展顺利，测试人力资源充足，测试用例针对性强，缺陷发现率高。

如果确实是上述原因，那再好不过了。问题是，从历史经验来看，遇到这种情况的概率并不大。从谨慎的观点出发，我们还是应该更多从不好的方向来思考，挖掘问题所在。这些问题可能有如下两种。

・缺陷清除进度计划不尽合理，对进度的预测太悲观。

・被测对象的质量太差，用例每前进一步都会发现问题。这是最可能的原因。

进度超前如果与计划有关，那么，我们应该根据实际情况修改计划，让计划更能反映实际进度的情况。

更大的可能性是，被测试对象的质量太差。如果是这样，我们将面临比较严重的问题。我们应该有思想准备，如果要保证项目的功能与质量，我们可能要增加测试的投入或延长测试周期。但如果版本计划不能轻易改变，那么，在不延长测试周期的情况下，我们只能增加测试人力资源的投入，通过增加测试用例和加大测试强度来保证项目的质量。如果测试周期不能延长，测试人员也无法增加，那么最后的解决方法是削减项目功能。通过放弃一些次要功能，测试好重点功能，以保证一个减少了功能的项目能够按时按质投产。

41.4.4 问题管理

在测试过程中，测试人员发现任何测试问题，都应该马上把问题提交给开发人员，并标出该问题对测试进度影响的严重程度，例如严重影响测试进度，或者是影响测试进度等。开发人员应该马上对问题进行分析、定位，落实解决问题的方法。

通常，测试中发现的问题有一部分是属于测试环境的问题，对于这部分问题，相关人员要通过完善测试环境来解决。

测试中发现的大多数问题会被确认是程序的问题，这就是通常所说的缺陷。针对缺陷，开发人员要对程序进行修改，然后择机重建新的测试版本，让测试人员再测试，以确认缺陷已经被清除。

无论是完善测试环境还是修改程序，当测试发现的问题得以最终解决时，我们要把原来由测试人员提出的问题关闭。这一整个解决问题的流程与管理，通常称为问题管理。当前，一般的研发团队多使用专门的问题管理工具（系统）对上述问题进行管理、跟踪、分析、统计。

问题管理的关键点在于问题的处理时效管理。处理时效指的是，从测试人员把发现的问题提交到问题管理系统，到开发人员确定问题所在并已经落实修改措施且已经重建测试版本、测试人员可以再次测试，这中间经历的时间。该时间段越短，问题处理效率越高；反之，该时间段越长，问题处理效率越低。问题处理效率的高低会直接影响测试工作是否能顺利进行。

具体时间要求可以从以下 3 个方面来考虑设定。

· 对于那些被标识为严重影响测试进度的问题，处理时效应该在 3 天之内。对于那些被标识为影响测试进度的问题，处理时效应该在 4 ~ 5 天。

· 如果项目规模比较大，且在一个相同的测试环境里的测试周期超过 10 周，那么 85% 的问题处理时效应该在 1 周之内。个别特别复杂、涉及修改量比较大的问题，最长处理时间不应该超过 10 天。

大规模软件测试问题处理时效分布如图 41-6 所示。

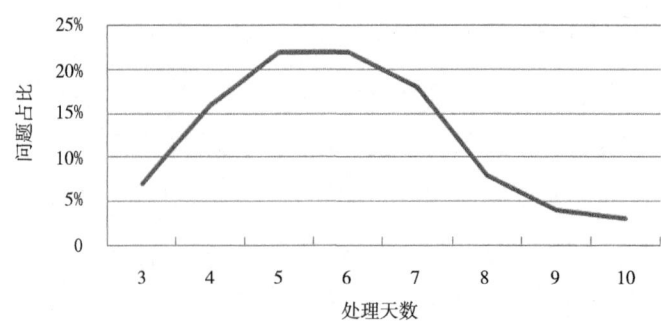

图 41-6　大规模软件测试问题处理时效

- 如果项目规模相对比较小，或者在一个测试环境里的一个测试阶段少于 10 周，那么 85% 的问题处理时效应该在一个测试周期的 1/10 之内。个别特别复杂、涉及修改量比较大的问题，最长处理时间不应该超过一个测试周期的 1/7。

小规模软件测试问题处理时效分布如图 41-7 所示。

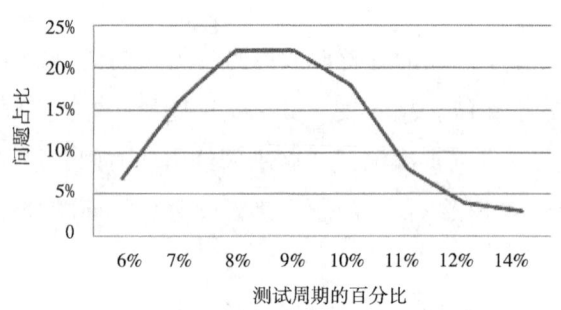

图 41-7　小规模软件测试问题处理时效

问题处理时间太长，未处理的问题往往会成为测试的瓶颈，从而影响整个测试的进度。

41.5　非功能性测试

在软件测试中，非功能性测试的重要性并不比功能测试的重要性低，那些调用频率高、执行关键功能的软件更是如此。为此，在软件需求中除了要列出功能性需求外，通常还应该有针对性地列出非功能性需求。在非功能性测试阶段，我们应该对照非功能性需求进行逐一测试。

非功能性测试包括如下 4 个方面。

1. 性能

性能测试大多要依靠测试工具：通过模拟瞬间大并发量的服务要求，对各种计算机资源进行压力测试；再通过各种系统性能分析工具对测试结果进行分析，以确定在要求的最大压力下，各种计算机资源是否能满足各方面性能的要求。

2. 操作性

操作性测试主要指测试人员本身在测试过程中，作为应用系统用户感受系统的用户体验。这里要注意的是，应用系统的用户与银行的用户其实是两个不同的概念。应用系统的用户除了银行用户外，还包含银行所有使用应用系统的员工以及应用系统运行的操作维护人员。所以，操作性测试应该包含这 3 方面人员的操作感受。

3. 可靠性

软件的可靠性测试可通过人为制造某种不良的系统运行环境、非期待的输入数据来进行，以考验系统的健壮性。特别是要重点测试网络安全，可以对系统进行人为的恶意攻击，以测试系统的抵御能力。

要测试系统的各种开关功能是否有效，包括流量控制开关、负载控制开关、各种定时开关、功能开关等，以测试系统的自我控制与退缩能力。

4. 可维护性

要对系统的所有故障对策进行逐一测试，一方面考验故障对策是否可行、有效；另一方面要详细检查故障对策是否已经完备，并足以应付绝大多数可能出现的系统问题。

41.6 自动化测试

随着各种软件的迅速发展，软件测试的工作量越来越大，对于研发机构来说，巨大的测试投入令其苦不堪言。特别是对软件性能的压力测试，动辄需要成千上万的并发量，这是人工测试难以胜任的。如何更多、更好地用自动化测试替代人工测试，是每一个研发机构都面临的迫切需要解决的问题。

所谓软件的自动化测试，就是把以人为驱动的测试行为转化为机器执行。一般是指在预设条件下运行预先准备好的测试程序或测试脚本，并通过程序对运行结果与预想结果进行比较、评估。通过自动化测试，可以节省人力、时间或硬件资源，提高测试效率。

自动化测试的使用与整个软件测试的比例，是衡量一个测试团队的水平与成熟度的重要标志。

要推广自动化测试，应注意适应范围、测试工具、测试脚本与用例库、测试背景4个方面。

41.6.1 适应范围

自动化测试适用于测试对象相对稳定的测试和人工难以实现的测试。

1. 测试对象相对稳定的测试

所谓测试对象相对稳定，指的是测试对象的数据架构与功能不会经常变化，因此，其测试要点也相对稳定，已经做好的测试程序、测试脚本就不需要经常变化，测试环境与测试数据的准备工作也不需要经常改变。否则，维护测试环境、数据、测试程序与脚本的工作量也许会大大高于使用自动化测试所节省的工作量。

从这点来说，回归测试是最适合用自动化测试的。

回归测试是软件研发与维护过程中一个重要的测试环节。软件维护主要有两类：一是改良性与纠错性维护，这类维护通常不会增加新的程序；二是增加新的功能，这类维护通常要增加新的功能模块。但无论是修改程序还是新增模块，都要确保软件的维护对原来不需要修改的程序没有引入新的错误，要保证原来的模块与功能不受影响。回归测试就是为了满足上述条件而引入的测试。计算机应用发展到今天，软件维护的成本已经是整个计算机应用的最主要、占比最大的成本。在整个软件生命周期里，回归测试作为整个软件测试的一个组成部分，占有很大的工作量比例。软件研发与维护的各个阶段都会进行多次回归测试。在渐进和快速迭代开发中，新版本的连续发布使回归测试更加频繁；而在极端编程方法中，更是要求每天都进行若干次回归测试。回归测试的自动化将极大地提高测试的效率，大幅降低系统测试和维护升级的成本。

2. 人工难以实现的测试

一些测试光凭人工难以实现，如各种各样的压力测试。自动化测试工具能模拟数万台客户终端，同时发起成千上万的并发服务要求，以满足压力测试的要求。

41.6.2　测试工具

要实施自动化测试，拥有满足要求的自动化测试工具至关重要。而随着自动化测试的广泛应用，根据不同的需要，社会上已有各种各样的工具。我们要根据自己的研发环境与研发对象，选择一些合适的自动化测试工具。

41.6.3　测试脚本与用例库

自动化测试工具为我们实施自动化测试提供了一个可行的平台。但要真正实施自动化测试，关键还是要创建针对不同测试目标的各种测试程序、测试脚本，并将其存放起来，形成自动化测试用例库，以被重用与维护。

软件在其生命周期中会被频繁地修改，并被不断地推出新的版本，修改版本或新版本会让软件产生某些功能变化或者添加一些新的功能，软件的应用接口以及软件的实现也会发生改变。测试用例库中的一些测试用例可能会失去针对性和有效性，而另一些测试用例可能会变得过时，还有一些测试用例将完全不能运行。为了保证测试用例库中测试用例的有效性，必须对测试用例库进行维护。同时，被修改的或新增添的软件功能，仅仅靠重新运行以前的测试用例可能并不足以保障其测试效果，因而有必要追加新的测试用例来测试这些新的功能。因此，测试用例库的维护工作还应包括开发新测试用例。测试用例的维护是一个不间断的过程，测试用例的针对性、有效性、覆盖面是自动化测试的效率与效果的保证。

41.6.4　测试背景

自动化测试能否实现、能在多大的范围内使用，其中最大的难点不在测试工具或测试用例上，而在测试软件环境与测试数据的准备上。

自动化测试的引入是为了提高测试效率，而提高测试效率的关键在于自动化测试用例的稳定性与重用度。用例的稳定性与重用度的关键是测试背景的稳定性。测试背景包括软件环境与数据。

所以，为了能得到基本相同的测试环境，以便基本重用在用例库里的测试用例，我们需要用手段去重现某种软件环境与数据的测试背景。我们可以通过建立软件背景环境库与背景数据库重现测试背景，也可以通过软件环境生成程序与背景数据生成程序重现测试背景。在某种情况下，我们也可以将两种方法混合使用。

实际上，正因为被测试的对象已经被修改，我们才需要重新进行测试。所以，要测试背景保持不变只是一种美好的愿望，高效地维护测试背景也是自动化测试的一个重要的课题。

最后还要再强调的是，自动化测试是一个美好的愿景。但是，实现自动化测试和推广自动化测试需要面对许多问题。当前，随着计算机、互联网技术的发展，整个社会的活动节奏越来越快。所有产品，包括软件产品的生命周期越来越短。这种快速变化的节奏对软件生产使用自动化测试不是一个利好因素，因为现实环境的快速变化，会使维护自动化测试的生产环境成本高于人工测试的成本。但反过来，软件生产的节奏要跟上社会变化的节奏，又迫切要求软件生产能推广自动化测试，以提高软件生产的效率。这就是开展自动化测试要面对的尴尬局面。想要打破这个局面，我们可以寄希望于不断发展的自动化测试技术和拥有一个好的自动化测试工具。

第42章 银行科技的效益分析

据了解，目前国内银行科技人员的数量与质量，特别是在产品研发人员与全行人员的占比方面，与境外银行相比有较大的差距。这使得相对业务需求来说，科技资源成为一种稀缺资源。

尽管大家都已经认识到科技是银行最重要的生产力，科技能力是银行的核心竞争力，科技资源是银行最宝贵的战略资源，但令人忧虑的是，这种相对稀缺的资源没有得到很好的利用，有相当大的一部分被用在效益并不是很明显的产品开发上。有的产品开发出来要反复修改，有的产品投产后业务很少，有的甚至最终没有投产，这使紧缺的科技资源更加紧缺。

本章将通过两个具体例子（参见42.1节和42.2节）对科技效益进行探讨。

42.1 联机交易使用情况

多年前，某行对该行当年头4个月的联机交易使用情况进行了统计分析。该行当时的营业网点有近2万个，使用的联机交易有1200多个。其分析方法是先把每个交易按每天的平均交易量进行分类，然后统计每类交易一天中的交易量合计，得出的统计数据如表42-1和图42-1所示。

表 42-1　交易统计表

单个交易日均交易量	该类交易个数	该类交易每天总交易量	平均日交易量	交易数占比	交易量占比	交易数占比	交易量占比	交易数占比	交易量占比
>500000	7	7791833	1113119	0.55%	37.90%	3.72%	73.78%	12.67%	95.51%
100000~499999	40	7377494	184437	3.17%	35.88%				
10000~99999	113	4468417	39544	8.95%	21.73%	8.95%	21.73%		
1000~9999	228	811351	3559	18.05%	3.95%	18.05%	3.95%	18.05%	3.95%
100~999	259	101809	393	20.51%	0.50%	20.51%	0.50%	69.28%	0.54%
10~99	231	8975	39	18.29%	0.0437%	48.77%	0.05%		
1~9	178	772	4	14.09%	0.0038%				
<1	207	40	0.19	16.39%	0.0002%				
合计	1263	20560691	16279	100.0%	100.0%	100.0%	100.0%	100.0%	100.0%

注：合计行的值为四舍五入后的结果。

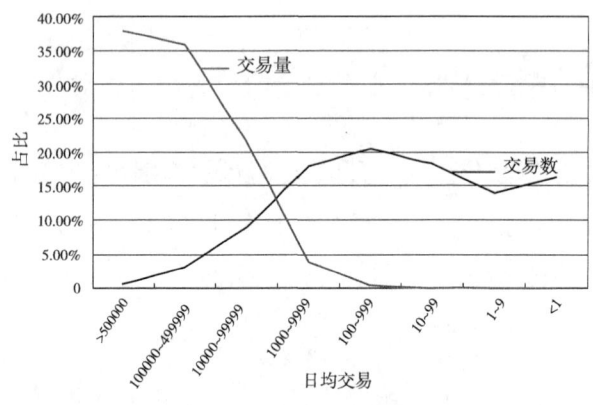

图 42-1　交易数与交易量的占比

在表 42-1 中，左边的 4 列是统计数据，右边的 6 列是分析数据。分析的焦点主要是看不同类交易的个数占所有交易个数的比例，再看这类交易承担的交易量占一天总交易量的比例，得到的结论非常值得我们思考。

42.1.1 交易量最多和最少的交易分析

尽管交易量最多和最少的交易在表 42-1 中没有展现，但从实际统计数据中得知，在所有交易里，最大交易量的一个交易平均每天的交易量有 260 多万笔。

在统计周期中，完全没有发生业务的交易有 94 个，占总交易数的 7.4%。

可见，不同的交易，其利用率的差别是巨大的。

42.1.2 按"二八定律"的交易分析

每天平均交易量超过 50 万笔的交易有 7 个，占总交易数的 0.55%，合计日均交易量近 800 万笔，占总交易量的 37.9%。

每天交易量 10 万笔以上的交易有 47 个，占总交易数的 3.72%，合计日均交易量 1500 多万笔，占总交易量的 73.78%。

每天交易量 1 万笔以上的交易有 160 个，占总交易数的 12.67%，合计日均交易量近 2000 万笔，占总交易量的 95.51%。

如果按一般的"二八定律"来推论，这应该是 20% 的交易承担了总交易量的 80%。但事实上，上述分析更接近"一九定律"，也就是说，10% 的交易承担了 90% 的交易量。

42.1.3 少交易量的交易分析

表 42-1 中还对每天交易量不足 1 万笔的交易进行了分析。这里应该强调：该银行有近 2 万个网点，如果 1 天的平均交易量不足 1 万笔，意味着平均每个网点 1 天的交易量不足 1 笔。

每天交易量不足 100 笔的交易有 616 个，占总交易数的 48.77%，合计日均交易量不到 1 万笔，占总交易量的 0.05%。也就是说，占总交易数近一半的交易，平均每个网点每天只有不到 1 笔的交易量，且仅承担总交易量的万分之五的交易量。

每天交易量不足 1 笔的交易有 207 个，占总交易数的 16.39%。207 个交易合起来日均交易量为 40 笔，占总交易量百万分之二。其中，4 个月里完全没有发生业务的交易有 94 个。

当然，这并不是说，交易量少的交易都是多余的交易。一些纠错类的交易，如冲正、调账、修改等交易，尽管使用得不多，但其功能仍然还是需要的。但我们或许可以通过对类似的功能、相似的交易进行交易整合，以达到减少该类交易的数量、提高该类交易的使用率的目的。

除了那些必需的交易外，还有许多交易值得我们去考虑其是否是必需的。这里主要有以下两类交易。

1. 交易对应某种产品

由于该产品一直少有人问津，所以该类交易的交易量较少。对于这类交易，其问题可能出在产品创新时可行性分析不足，使产品的投入产出不理想上。这类交易除了会浪费研发资源外，还会带来后期维护和各类资源开销的成本。

2. 某些辅助功能

例如，一些较复杂的或比较生僻的查找功能。由于这些功能本来使用的机会不多，操作员可能并不熟悉如何使用它们，所以，这些功能可以通过其他几个较普通、较简单的交易组合来实现。

42.2 报表使用情况

为了反映和监控日常的生产情况，每个企业都需要将不同的报表交给不同的人员查看，银行也一样。下面是某银行在几年前对其近3000张管理报表的统计分析。其分析方法是先把每张报表按全年的点击量进行分类，然后统计每类报表的数量和点击量，得出的统计数据如表42-2和图42-2所示。

表 42-2 报表点击统计

单张报表日均点击量	该类报表数	该类报表日均总点击量	报表数占比	点击量占比	报表数占比	点击量占比
>100000	3	442538	0.10%	41.25%	13.11%	97.05%
10000～99999	17	342504	0.57%	31.93%		
1000～9999	75	167315	2.50%	15.60%		
100～999	298	88678	9.94%	8.27%		
10～99	835	28369	27.86%	2.64%	86.89%②	2.95%
1～9	877	3355	29.26%	0.31%		
0	892	0	29.76%	0.00%		
合计	2997	1072759	100.00%①	100.00%	100.00%	100.00%

注：①和②为四舍五入的结果。

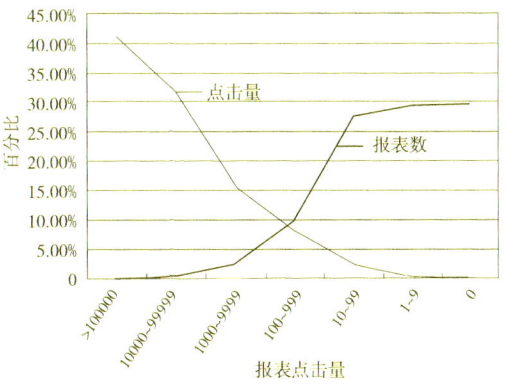

图 42-2 报表数与点击量占比

由表 42-2 和图 42-2，我们可以得出以下结论。

（1）尽管点击量最高的报表在表 42-2 中没有展现，但从实际统计数据中得知，点击量最高的报表全年全行点击 18 多万次，工作日日均点击 700 多次。

在统计周期内，全年全行完全没有被点击的报表有近 900 张，占全部报表的近 30%。可见，不同的报表，其利用率的差别是非常大的。

（2）点击量最高的 3 张报表占总报表数的 0.10%，但却占总点击量的 41.25%。点击量排在前 4 类的报表一共有近 400 张，占总报表数的 13.11%，但占总点击量的 97.05%。如果按一般的"二八定律"来推论，应该是 20% 的报表承担了 80% 的总点击量。但事实上，上述分析更接近"一九定律"，也就是说，10% 的报表承担了 90% 的总点击量。这与对交易的分析非常相似。

看来，报表利用率的差别比交易使用率的差别更大。

上面我们对银行科技的主要产出物进行了效益分析。无论是什么交易和报表，不管其在实际生产中有没有被使用，其开发成本基本上是一样的，要经过同样的需求分析、设计、编码、各测试阶段；其运行和维护成本也基本一样，要进行各种定义，运行要占用处理器时间和存储空间，要进行数据库的维护。通过上述的分析可以看出，大量的研发产品只有投入、没有产出，或者仅有非常低的产出。

据了解，以上情况在中国所有的银行中普遍存在，上述例子仅是科技产品效益的某些案例。在其他方面，这种情况也普遍存在。这使得原来就紧缺的科技资源没能发挥更好的效益，使紧缺资源显得更紧缺。

42.3 提高银行科技效益的方法

如果我们能更好地进行科技效益管理，就能使相对稀缺的科技资源产生更高的效益。

42.3.1 资源合理分配

在当前中国的银行业中，银行科技大多是总行的一个内设机构，科技研发团队相当于一个成本中心。其各种费用通过总行的预算划拨。科技对银行内各条线大多提供免费服务。这与国外许多企业严格实行内部计价、内部成本核算、成本转移的内部服务管理方式有比较大的差别。

正是由于内部服务是无偿服务，各部门、各产品线出于自身的利益，总是希望得到银行科技更多的服务，都在尽量争抢研发资源，却很少会珍惜这种资源。银行科技在哪方面应该投入多少资源，哪个需求、哪个项目是否投入资源，要么取决于谁能争取到更多的额外支持，谁就能得到研发资源；要么设立一个仲裁机构，每个个案经由开会协调、仲裁。上述情况既不科学，也未必合理。

许多银行都有"科技兴行""科技是第一生产力"的提法。因此，科技资源显然是银行的战略资源。对于战略资源的配置，首先应该由银行的战略管理层——董事会研究决定：一是决定该战略资源的配备，即如何根据银行的战略要求、科技资源（人力、资金）总体情况进行配备，以及如何在条件允许的情况下充分配备；二是决定该战略资源的配置，即科技资源应该如何分配，以实现资源利用效益的最大化。

资源分配的方法有许多种，比较简单的是直接根据部门、产品线决定一年分配多少研发人力资源。在分配的范围内，各部门、各产品线自己"看菜吃饭、量体裁衣"，最大限度地用好自己的资源。这种方法可以使每一个分配到资源的部门自己衡量如何使资源利用效益最大化，这样做通常可以减少资源的浪费。但这种资源配置方法的科学性比较难得到保证，因为其关键在于是否能合理地把资源分配到每一个部门。

另外一种资源分配方法就是内部成本核算。当然，内部成本核算要有一个基础，即银行内部已经能对各部门、各产品线进行较完善的成本效益分析和绩效评价，并且能把绩效结果与部门人员的绩效挂钩。出于节省资源成本的目的，各部门、各产品线也会自觉地珍惜资源。但这种资源配置方法的合理性，在于资源的合理定价和对部门进行合理的效益考核。

42.3.2 产品效益分析与跟踪

除了上述说的要对整体的科技资源进行科学的配备与配置外，还应该对每一个研发项目进行事前的科学预测与事后的科学评估。

1. 产品效益的科学预测

通常，业务部门在提出需求时，都会强调该需求的重要性以及能产生多大的效益，但这些表述大多数是定性而不是定量的。我们应该要求业务部门在需求的可行性分析里增加关于需求可量化的效益分析预测。例如，产品投产一段时间（如半年、一年）后，能销售给多少客户，能产生多少业务量，能有多少资金流，能沉淀多少负债或资产等。如果业务部门表示在预测上有困难，这恰恰说明了我们在对业务需求的必要性和可行性进行分析时，使用的是感性而非理性分析。事前没有对需求进行科学的效益分析，就轻率地投入科技资源，是对科技资源的不珍惜，也是对科技人员劳动的不珍惜。

2. 落实后评估机制

银监会在《中国银行业信息科技"十二五"发展规划监管指导意见之大型商业银行和股份制商业银行篇》中强调，要"建立软件产品后评估机制，加强产品成本效益分析，强化成本意识，促进软件产品投入产出水平的持续提升"。

如果我们所有的产品研发都既能在事前进行详细的量化效益分析，以便更有效地进行投入决策，又能在事后进行严肃的后评估，进行"秋后算账"，并按当初提出的量化效益逐一对照，检查是否达到预期，那么，这一方面会让大家在进行产品可行性分析时更严肃、认真、科学，即使后来发现决策有偏差，也能知道偏差有多少，以总结经验、落实问责，不断提高我们对市场的科学预测能力。另一方面，这会加大业务需求方对新产品的推广、营销压力，让新产品的投产能真正达到预期的效果，最终起到提高科技效益的作用。

第6篇

金融科技时代

第43章 金融科技
第44章 银行数字化转型
第45章 提高信息系统的研发效率
第46章 信息系统自主、安全、可控
第47章 金融科技新形势下的银行与科技

第 43 章　金融科技

中国金融科技的环境在这几年发生了巨大的变化。金融科技这一名词在近几年突然火爆起来。那么，什么是金融科技呢？

顾名思义，从字面上来讲，金融科技就是专门用在金融交易或金融服务上的科技技术或科技产品。从这个角度看，金融科技并不是什么新的概念。在中国乃至全世界金融服务的发展历史中，特别在近几十年的金融电子化进程中，金融行业一直在使用各种各样的科技技术与科技产品，包括使用计算机，使用各种终端设备，以及使用连接服务器、连接各种外围设备的网络等。

那么，为什么金融科技这一概念在近几年突然火起来了呢？实际上，这个概念的意义已经不能被字面上的内容所覆盖，而是有了新的特定内涵，我们可以把它称为"新金融科技"。当然，为了方便，本章后续有些地方还是会将其简称为"金融科技"，但此科技并非彼科技。下面所有涉及金融科技的论述，如果没有特别说明，指的均是新金融科技。

43.1　金融科技的内涵

目前，尽管在全球范围内对金融科技概念的准确定义还没有取得完全的共识，但笔者认为，金融科技的概念中包含了以下 3 个方面的内容。

1. 新的金融科技技术与新产品

金融科技的概念特指为提升金融服务的效率与客户体验而产生的新的科技技术与科技产品，而不是传统的科技技术与科技产品。

2. 金融科技产业

金融科技的另一个含义是，推出这些技术与产品或大力推广这些技术与产品的应用场景的产业。对此，维基百科的定义是，一群通过科技让金融服务更高效的企业所构成的一个经济产业。金融科技（Fintech）公司通常是那些尝试绕过现存金融体系而直接触达用户的新兴企业，它们挑战着那些较少依赖于科技的传统金融机构。

宾夕法尼亚大学沃顿商学院对金融科技的定义是，用技术改进金融体系效率的经济行业。

3. 新的金融服务与服务模式

上述两点是金融科技的内涵。如果把金融科技的概念外延一下，广义的金融科技还包含在新技术与产品的支撑下，金融行业与金融科技公司用新的商业模式与新的盈利模式推出的新金融服务。2016年，全球金融治理核心机构金融稳定理事会（Financial Stability Board，FSB）首次发布了关于金融科技的专题报告，并对金融科技进行了初步定义，即金融科技是指技术带来的金融创新，它能创造新的业务模式、应用、流程或产品，从而对金融市场、金融机构或金融服务的提供方式造成重大影响。

43.1.1 金融科技的新技术与产品

通常认为，新金融科技来自新的科技技术与科技产品，具体包括以下5个方面的内容。

1. 大数据

①大数据的概念。

·大量的、多样化的、真实的、有价值的数据，其中特别值得关注的主要是客户的各种属性、行为数据。

·上述海量数据的收集与存储。

·对这些数据进行加工，从而得到对企业有价值的各种分析结果。

②与大数据概念对应的科技技术与科技产品。

·各种全方位、无孔不入的数据收集技术。

·能够海量存储结构化、半结构化与非结构化数据的分布式数据库。

·分布式的快速数据挖掘技术和不断完善的数据分析模型。

③大数据应用。

充分利用大数据技术，通过对客户的属性、消费行为、社交行为、出行行为、阅读消遣行为等各种数据的分析，建立各种客户画像与标签，可以为金融企业在获客、征信与风控、营销3个方面带来价值。

·获客。

通过大数据识别不同客户,为客户提供最合适的服务,增加老客户的黏度,挖掘潜在客户。

·征信与风控。

事前,通过大数据掌握客户信用信息,有利于在为客户提供风险服务时掌握尺度。事中,当客户有异常行为时,可以及时采取防范措施。事后,可以通过交易关联找出风险点。

·营销。

通过分析找出客户偏好,再根据客户的实际情况做出精准营销。

2. 人工智能

人工智能技术包括语言识别、图像识别、自然语言处理、机器人和专家系统等。当前,人工智能在金融行业中主要应用于以下5个方面。

①智能客服。

通过实时语音、文字识别进行实时语义理解,掌握客户需求,实现与客户实时交流,自动推送客户所需解决方案。

②语音数据挖掘。

基于语音和语义识别技术,可自动将各种海量通话(如客服中心的通话)内容结构化,形成数据,为服务与营销等提供数据与决策支持。

③智能投顾。

结合客户的风险偏好和理财目标,利用人工智能算法和互联网技术为客户提供资产管理和在线投资建议服务,实现个人客户的批量投资顾问服务。

④智能图像识别。

当前,视频监控已经成为各种风险、安全防范的重要手段。但是,如何实时跟踪与分析摄像头捕获的海量视频信息还是一个难题。智能图像识别可以有效地实时、半实时、事后对视频信息进行分析,辨别出可疑人、可疑动作,使之成为对内、对外安全防范的得力助手。

⑤线上贷款。

与大数据技术结合,在识别客户、风险的基础上实现线上贷款。

3. 生物识别

生物识别技术主要是指通过人类生物特征进行身份认证的一种技术。人类的许多生物特征通常具有唯一性、遗传性、终生不变、可测量等特点，加上生物特征一般不会丢失、无须记忆、无须特别携带，因此生物识别认证技术较传统认证技术存在较大的优势。比较常用的生物识别认证技术包括：

- 指纹识别；
- 人脸识别；
- 声纹识别；
- 虹膜识别。

通过生物认证，我们在确保身份的基础上，可以实现所谓的刷脸取款、刷脸支付、刷脸消费、刷脸通行等功能。

4. 云平台

随着科技的发展，分布式数据库、分布式计算越来越成熟，催生了大量的云平台。云平台按客户来分，有公有云、行业云和私有云等类型；按服务来分，有基础设施即服务"IaaS"、平台即服务"PaaS"和软件即服务"SaaS"等类型。云平台的优点如下。

①低成本。

由于规模效应，其成本通常会比自建平台低。

②高质量。

由于由专门的平台供应商提供，专业公司做专业的事，所以质量较高。

③快速创新。

由于云平台通常都提供了底层的技术服务，在平台已有的各种框架下，用户只需要把关注重点放在应用本身，因此可以快速创新与部署应用。

④按需提供服务。

云服务基本都实现了按需提供服务。也就是说，当客户服务需求的种类或数量增加时，仅需要增加服务费用就可以实现按需扩容、实时扩容，而不需要考虑其他的问题，如购买设备、购买软件许可等。

5. 区块链

谈到新金融科技，就不得不说区块链。这是当前最火的话题之一，可能也是很多人搞不清的话题。

原生态的区块链，是一种按照时间顺序将某时间段内的新交易数据按某种格式组成一大块，再通过共识机制，用非对称加密方式对块内相关信息进行加密，保证数据不可篡改和不可伪造，然后以顺序链接的方式把所有数据块组合起来的一种链式数据结构。这些交易的记账由分布在不同地方的多个节点共同完成，而且每一个节点记录的都是完整的账目，形成分布式的账本。基于这些可信的不可篡改的数据，可以利用智能合约，自动地执行一些预先定义好的规则和条款。

为什么区块链概念如此热门呢？这是由区块链的特点所决定的。

①去中心化。

由于使用分布式计算和存储，不存在中心化的硬件或管理机构，任意节点的权利和义务都是均等的，系统中的数据块由整个系统中具有维护功能的所有节点来共同维护。

②开放性。

系统是开放的，除了交易各方的私有信息被加密外，区块链的数据对所有节点公开，任何节点都可以通过公开的接口查询区块链数据和开发相关应用，因此整个系统信息高度透明。

③匿名性。

区块链采用基于协商一致的规范和协议，使得对"人"的信任变成了对机器的信任，因此交易对手无须通过公开身份的方式让对方对自己产生信任，整个系统中的所有节点能够在去信任的环境下自由、安全地交换数据。

④安全性。

一旦信息经过共识机制验证并添加至区块链，就会被永久地存储起来，除非能够同时控制住系统中超过51%的节点，否则单个节点上对数据库的修改是无效的，因此区块链的数据稳定性和可靠性极高。

另外，每一个节点都拥有一个完整的账簿。除非所有节点的数据都被破坏，否则数据不会消失。比起所谓的两地三中心，其安全性高了不知多少倍。

基于区块链的上述特点，特别是它在比特币应用上的成功，不少人对它有非常高的期待，希望区块链能在金融服务上大放异彩。

关于金融行业应该如何正确认识区块链，本书将在后面做进一步的探讨。

43.1.2 金融科技公司

新金融科技的迅猛发展得益于一批新兴的金融科技公司。它们凭着某方面的优势，如资金优势、入口优势、客户行为数据优势等，大规模进入原来属于传统金融行业的领域，如第三方支付、移动支付、结算、理财、财富管理、消费贷款、保险、融资、投资等，并且在短时间内取得了骄人的成绩。

根据毕马威[①]2016年9月对中国50家领先金融科技公司涉及的金融服务的统计（见图43-1），在50家企业中，大数据类公司的数量较多，综合金融服务公司紧随其后。在金融科技领域，数据技术是金融行业未来发展的核心方向之一，因此，大数据类公司在领先数据技术的应用和研发方面较为突出。

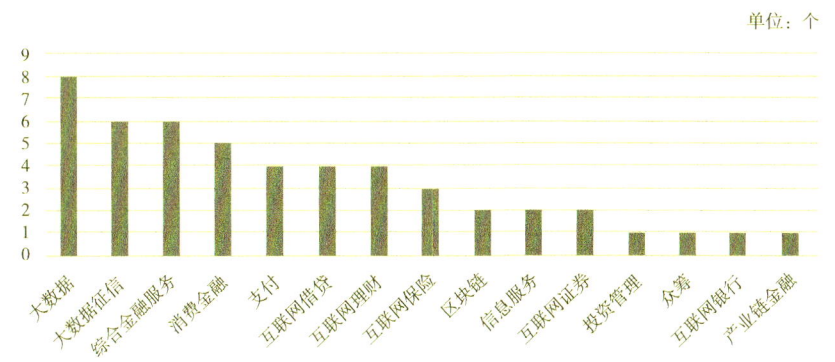

图 43-1　50家领先金融科技公司涉及的金融服务分布

另外，与传统金融行业最大的区别是，由于金融科技公司的产品开发和应用创新是其核心竞争力，因此其技术团队（含设计、模型、研发和运维相关的技术人员）在公司占有核心地位，是最精锐、前沿的中坚力量。而且大部分金融科技公司致力于通过移动互联网和社交网络等新的方式和场景推广产品和服务，因此，在其所有的团队中，市场和营销人员占比较为有限，技术人员占比最高。毕马威统计如图43-2所示。

---

① 毕马威是一个由独立的专业成员所组成的全球性组织，提供审计、税务和咨询等专业服务。

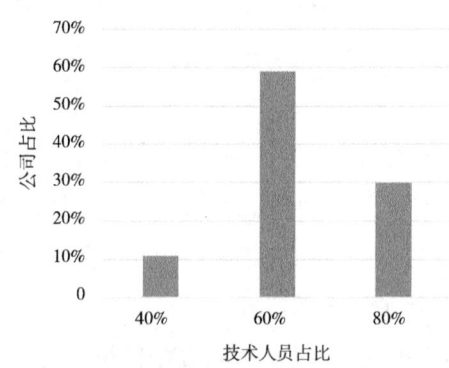

图 43-2　金融科技公司技术人员占比

从图 43-2 可见，金融科技公司的技术人员占了非常高的比例。在这些公司中，30% 的公司的技术人员占比竟高达 80%，59% 的公司的技术人员占比为 60%，只有 11% 的公司的技术人员占比相对低一点，但也有 40%。

大家比较熟悉的金融科技公司有蚂蚁金服、财付通、微众银行、百度金融等。

1. 蚂蚁金服

蚂蚁金服旗下有支付宝、余额宝、招财宝、蚂蚁聚宝、网商银行、蚂蚁花呗、芝麻信用、蚂蚁达客、蚂蚁金融云等业务板块，提供支付、理财、银行、消费信贷、征信、股权众筹、金融云等服务。其技术人员占比为 60%。

2. 财付通

腾讯名下的财付通提供快捷支付、财付通余额支付、分期支付、委托代扣、EPOS 支付、微支付等多种支付产品。其技术人员占比为 40%。

3. 微众银行

微众银行有微粒贷、微车贷、微众银行 App 等产品，形成以个人贷款和大众理财为主的普惠金融产品服务体系，并将人脸识别、声纹识别、机器人客服等创新技术运用于实际业务场景。其技术人员占比为 60%。

4. 百度金融

百度金融旗下有百度钱包、百度有钱花、百度理财等产品，提供支付、消费信贷、理财等服务。其技术人员占比为 60%。

5. 京东金融

京东金融旗下有京保贝、白条、产品众筹、金条、小白理财等产品，提供供应链金融、消费金融、众筹、财富管理、支付、保险和证券等多种服务。其技术人员占比为60%。

6. 陆金所

陆金所（全称是上海陆金所信息科技股份有限公司）是中国平安集团旗下的一家互联网财富管理平台，为机构、企业与合格投资者等提供综合性金融资产交易信息及咨询相关服务。其技术人员占比为60%。

7. 众安保险

众安保险是一家互联网保险公司。其总部在上海，不设分支机构，把移动互联网、云计算、大数据等新技术运用于产品设计、自动理赔、市场定位、风险控制、后端理赔服务等全流程，为用户出行、购物、医疗、投资理财等过程中的不同金融需求提供保障。其技术人员占比为60%。

43.1.3 新金融服务与服务模式

在新金融科技时代，基于上文所说的新技术、新产品和新金融科技公司，产生了一系列新的金融服务与服务模式。

1. 移动金融

首先是服务的新形态——移动金融服务。移动金融服务是新金融科技最主要的亮点。当前，在所有金融交易中，离柜业务占比已超过80%，而离柜业务增长最快的是移动业务。移动金融服务的出现，完全打破了地域与时间的限制，使金融服务变成随地、随时，甚至在碎片时间都可以享受的服务。

移动金融服务的技术、产品基础是移动终端，包括已为大量人群接受并拥有的平板电脑、智能手机等，再加上人们在移动端开发的无数金融服务应用。

此前，根据银监会的统计数据，在"十二五"期间，中国手机银行发展迅速，在5年内，电子交易中手机银行的交易占比增长了近43倍，交易金融增长了100多倍。

"十二五"及其后几年，中国手机银行交易的增长统计[①]如图43-3所示。

---

① 数据来自中投顾问《2016—2020年中国手机银行深度调研及投资前景预测报告》。

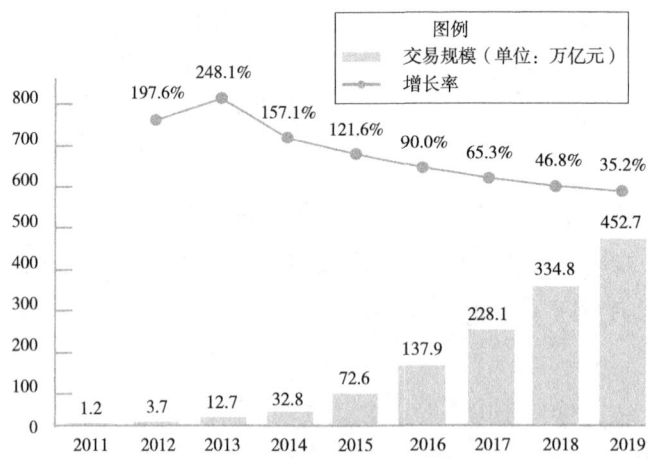

图 43-3 2011—2019 年中国手机银行交易的增长统计

据智研咨询统计，2020 年，中国银行业金融机构离柜交易量达 3708.72 亿笔，其中手机银行交易量为 1919.46 亿笔（见图 43-4），6 年交易量翻了近 20 倍，约占银行业金融机构离柜交易量的 51.76%。

2020 年，手机银行交易总额达 439.24 万亿元，较 2014 年的 31.74 万亿元，增长了约 1284%；手机银行的用户数，同期也增加了 77%。①

图 43-4 2014—2020 年中国手机银行交易量

---

① 数据来自智研咨询《2020 年中国手机银行发展现状及未来发展战略分析》。

移动金融服务中发展最快的是移动支付。在 2020 年时，中国的移动支付规模就约占全球的一半。

2. 云服务

云服务指的是通过网络以按需、易扩展的方式获得所需的处理能力与数据存储服务，它是互联网服务的一种增值形式。金融科技的发展为各种金融服务提供了云计算、云存储技术平台，产生了各种各样的云服务模式，包括 IaaS、PaaS、SaaS 及这些服务的组合服务等。

3. 业务支撑

新的金融科技为金融服务提供了新的业务支撑。如大数据技术，其为金融企业的营销与内部管理，包括精准营销、获客、征信、风控等，提供了强有力的支撑。

又如上述提到的生物识别技术，其为各种刷脸服务提供了可能性。

4. 新客户 – 长尾客户

金融科技极大地降低了金融服务的成本。通过金融科技的大数据技术对客户行为进行挖掘分析，通过人工智能标准化自动化流程，金融企业不再纠结于"二八定律"，可以低成本地为大量的小客户及无信用记录或少信用记录的客户提供更多的金融服务，使金融机构得以扩大服务市场，挖掘新的利润增长点。

5. 新的金融服务

当前，移动金融服务几乎已覆盖了非现金的所有传统服务，包括支付、结算、投资、理财、融资及各种金融代理服务。

另外，金融领域还产生了许多新服务，如众筹、线上实时贷款、智能投顾等，并且这些业务还在不断快速发展。

43.2 新金融科技给传统银行带来的挑战

新金融科技给传统银行带来的挑战主要体现在金融科技公司与银行争夺业务入口、抢占市场、分流客户等方面。

43.2.1 新金融科技对银行传统业务及客户金融服务的挑战

1. 金融脱媒

以前所说的金融脱媒,主要指的是企业可以绕过银行,通过直接融资取得维持生产或赖以发展的资金。但在金融科技高度发达的今天,借用金融脱媒概念,该现象已经出现在方方面面,波及银行所有的企业客户与个人客户,冲击了银行几乎所有的金融服务。

2. 负债端

由于金融科技公司的兴起,银行的传统资金来源被大量分流。人民银行发布的2017年7月人民币信贷收支表显示,2017年上半年,中国个人活期存款和流通中货币(现金)合计大幅减少3万多亿元(见表43-1);而2016年上半年,这一数值只减少了1500亿元,这意味着2017年同一时期流失的资金,是2016年的20.8倍!

表43-1 2017年上半年个人活期存款与现金情况

单位:万亿元人民币

统计时间	个人活期	现金	合计
2017年1月	24.98	8.66	33.64
2017年7月	23.81	6.71	30.52
环比增减	-1.17	-1.95	-3.12

据分析,流失资金的流向有两个。一个是,同期的个人定期存款比1月的37.93万亿元增加了1.22万亿元。这可以解释为部分个人客户的现金或活期存款变为了银行定期存款。

另一个是,同期的非银行金融机构的存款大幅增加。2017年1月,非银行金融机构存款规模为12.83万亿元,6月增长到13.76万亿元。2017年7月的数据显示,非银行金融机构存款规模达14.5万亿元,环比1月大幅增加1.67万亿元,增幅约13%。

另据报道,余额宝于2017年6月底规模已达到1.43万亿元,超过了招商银行2016年年底的个人活期和定期存款总额,并直追2016年中国银行的个人活期存款平均余额1.63万亿元。

可见,银行存款资金大量流向非银行金融机构。

3. 资产端

传统银行的资产业务也受到金融科技公司的分流。

微众银行是一个很典型的例子。2014年创立的微众银行没有一家线下门店，但依托微信和手机QQ，凭借2015年上线的面向个人用户的小额信用贷款业务"微粒贷"，微众银行的业务增长势如破竹。截至2017年年末，微众银行覆盖567个城市，注册用户超过6000万，授信客户3400万人；累计向1200万人发放贷款8700亿元，不良率为0.64%，拨备覆盖率为912.74%；营收达67.5亿元，同比增长近2.75倍，是2015年的30倍；净利润从2016年转亏为盈，2017年为14.48亿元，其市场估值为1200亿元，超过老牌的华夏银行、宁波银行、南京银行。据2020年报披露：该行当年总资产达3464亿元、净利润为49.57亿元，个人客户资产超2.7亿元、企业客户资产超56.7万元。

通过微众银行的案例，我们可以看到金融科技生态的威力：只要是符合用户需求的产品和服务，进入这个生态以后就很可能得到爆发式的增长。

另外，大量众筹业务的兴起，对传统银行资产业务的潜在发展前景也有所冲击。

消费信贷业务也是受金融科技冲击最大的业务之一。据人民银行的统计数据，到2017年6月，各金融机构累计发行信用卡约4.7亿张，但其中的活跃用户数量不知有多少。而同期，微信活跃用户为9.3亿。相比信用卡，微信支付占了入口的优势。一方面，支付宝、微信支付的崛起极大地冲击了银行卡支付业务；另一方面，金融科技的"百度有钱花""蚂蚁花呗""京东白条"等消费贷款，使传统银行的消费信贷收入大为减少。

4. 中间业务

（1）支付。

支付的类型与模式有多种，如消费支付、第三方支付等，而当前小额支付模式中最流行的是移动支付。

① 消费支付。

随着金融电子化的发展，原有的现金支付手段更多地转变为数字支付。而随着金融科技公司的崛起，银行卡消费支付被各种金融科技消费支付，如支付宝、微信支付等大量蚕食，特别是在餐饮、外卖、零售、娱乐等场所产生的消费支付。

例如，背靠财付通和腾讯的社交网络——微信支付和QQ钱包发展迅猛，尤其是微信支付，其支付场景广泛。2016年12月，腾讯微信支付和QQ钱包的日均支付交易数超过6亿笔，接入线下门店超过百万家。①

据美国市场研究和调研机构Forrester统计，2016年，美国移动支付规模为1120亿美元，不足同期中国的1/100。2017年，中国全年移动支付规模高达203万亿元人民币。②

②第三方移动支付。

据智研咨询报道，2019年，我国第三方移动支付市场交易总额达226.1万亿元，其中支付宝和腾讯移动支付在第三方支付市场中分别占有54.4%和39.4%的市场份额，两家共占有93.8%的市场份额，第三方移动支付的双寡头局面已经形成。也就是说，第三方移动支付里已经没有传统银行的位置了。

（2）结算。

尽管传统银行还是占了结算业务里绝大部分的结算金额，但从总体来说，最经常使用电子银行进行转账汇款的用户份额在下降。第三方移动支付在用户办理转账汇款业务时具有明显优势，64%的用户常用支付宝办理转账汇款，常用微信转账的用户为43%。③

（3）理财、资管。

金融科技公司发行的各种理财、资管（资产管理）产品，包括众筹、各种"宝宝"类现金理财产品等，也给银行的理财、投资产品带来了冲击。如余额宝旗下的天弘基金管理有限公司，至2017年6月30日，其资产管理规模为15186亿元，规模排名蝉联行业第一，是国内首家公募规模突破万亿元的基金公司。当年，公司的用户数超过3亿，是国内用户数最多的基金公司。余额宝改变了整个基金行业的业态。

面对活期存款的大量流失，各银行曾经不得不纷纷推出自己的"宝宝"类现金理财产品。其结果也是分流了活期存款，提高了银行的资金成本。

5. 客户金融服务

金融科技的崛起改变了银行客户享受金融服务的习惯，同时也提高了银行客户对金融服务体验的要求。银行客户期望银行能够随时随地提供个性的、专属的、高收益的金融服

---

① 数据来自格上财富的《腾讯的未来》。
② 数据来自中国人民银行发布的《2017年支付体系运行总体情况》。
③ 数据来自人民智库2018年12月28日。

务和产品，希望金融服务能深入其衣、食、住、行等场景。

43.2.2 新金融科技对银行金融科技的挑战

1. 资金投入

要发展金融科技，首先要有投入。中国银行业在金融科技的设备、研发上的投入与国外银行相比，有较大差距。从银行的成本收入比（参见本书 6.1.3 节介绍）来看，这种差距可见一斑。国外经营状况比较好的银行，其资产回报率、净资产收益率与中国对标银行相比，大概在一个水平上。可见，中国银行的盈利能力很大程度上是靠"省钱"省出来的，而国外银行是靠"赚钱"赚出来的。如何充分发挥金融科技新技术与产品的作用，实现高投入高回报，是对银行不断成本控制的新挑战。

2. 人才资源

要发展金融科技，除了要投入资金，还有一个最重要的因素，即要有相应的人才。金融科技所涉及的新技术包括大数据、人工智能、生物认证、云应用等，无一不是当代最前沿的科技技术。

福布斯整理了 20 位中国人工智能革命领导者，其中有超过一半的科学家正在或者曾经在百度任职。如百度前首席科学家吴恩达，他是国际上人工智能和机器学习领域最权威的学者之一。

再如阿里云首席科学家周靖人，他是哥伦比亚大学计算机博士，是当代云计算、大数据、数据库领域的国际权威学者。

人才的挖掘、培养不是一朝一夕能做成的，但如果做不到只争朝夕，不去积累，那么几年后就不可能有可用之才。

3. 风险控制

金融科技的崛起也给金融服务的安全性带来了新挑战。

金融科技创新的金融服务几乎都是通过互联网实现的，甚至服务对象的识别也是通过生物认证和人工智能技术实现的。另外，金融科技巨头们通过对业务入口的垄断，获得了大量的客户信息与客户行为信息，这样就加大了信息隐私泄露等风险。而如何对金融科技进行合理的监管，对各方面监管人员来说还是一个比较新的课题。

43.3 新金融科技给银行带来的机遇

应该澄清的一点是，新金融科技对传统银行的冲击不应被过分夸大，其对银行传统业务的影响到今天为止，还不是致命的。例如，金融科技公司目前覆盖的客户范围往往是传统金融业覆盖不到的长尾客户。它们占优势的金融服务，更多是新兴的金融服务。但是，如果传统银行不把握住金融科技的机遇，很可能就会丧失发展的前景，逐渐被边缘化。

那么，金融科技会给银行带来什么机遇呢？

1. 延伸服务空间

金融科技的发展，特别是移动金融服务的出现，使地域与时间的限制得以解除。如果银行能把握机遇、顺流而上，就能让客户随时随地获得金融服务。

2. 增加服务入口

现在，各银行都在考虑如何与金融科技公司进行深层次的战略合作，如工商银行签约京东、建设银行签约阿里巴巴、农业银行签约百度、中国银行签约腾讯。四大行与四大科技公司结盟，一可以增加入口，二可以加强技术合作，三可以在新金融与传统金融之间结成纽带，争取共赢。

其他银行也可以看清形势、把握时机，与金融科技公司合作扩展市场，加快创新的步伐。

3. 拓展客户群

充分利用大数据技术积累个人征信信息，把为长尾客户服务作为业务增长点与利润增长点，不让金融科技公司专美。

4. 加大营销与风控力度

充分利用大数据技术，分析与掌握客户行为，做到精准营销与事前、事中、事后的风险控制。

5. 降低成本、提高效率

充分利用人工智能，大力发展智能网点，发展离柜业务、线上智能服务，减少对网点、对手工的依赖，降低成本、提高效率。

第 44 章　银行数字化转型

当前，银行信息化的发展要向数字化转型是最时髦的说法。但是，对于什么是数字化银行，目前业界并没有获得共识。实际上，许多人对此也没有一个清晰的概念。

如果连什么是数字化银行都没有弄清楚，那么如何做银行的数字化转型呢？更别提确定转型的方向和转型的目标。因此，在探讨银行数字化转型之前，我们先来明确什么是数字化银行。

44.1　什么是数字化银行

目前，业界关于数字化银行的定义有如下几种主流说法。

·数字化银行强调为客户提供产品与服务的不再是人，而是变为数字化的机器设备。随着数字化程度的提高，越来越多的银行将服务搬到机器设备上，使得越来越多的银行服务不依赖于时间、地点、柜员、客户经理、风控人员等。银行可以更透彻地了解客户需求，完成合理风控，从而不断促进业务的调优。

·数字化银行意味着银行经营、管理活动的全面数字化。它不仅是客户感知到的数字化服务和产品（前端），还涉及数字化流程（后端），以及将这些前后端与所有相关方进行数字化的连接。数字化银行意味着银行经营管理每一步的自动化，它是在线银行或移动银行的再升华。

·数字化银行充分利用最新的科技技术，包括移动通信、大数据、人工智能、生物识别、区块链等，使业务流程自动化、专业工作智能化，让服务不受时间与空间的限制，能够极大地提高工作效率，优化服务质量，实现降本增效的目标。

笔者认为，上述关于数字化银行的定义，虽是从不同的角度进行表述，但仅体现了数字化银行的"术"，没有说出数字化银行的"道"；只是聚焦数字化银行的运营手段，而没有突出数字化银行最核心的内涵。

银行运营管理手段的数字化进程，也就是业界一直以来所说的银行信息化进程。业界所有银行，尽管其进度有快有慢、程度有深有浅，都毫无例外地经历了这个进程。那么，为什么会在最近突出"数字"概念，认为银行信息化进程应该向数字化转型呢？

银行数字化与此前的信息化、电子化相比，最大的区别在于，信息化和电子化只是改变了银行经营管理的手段，降低了银行经营管理的成本，提高了银行经营管理的效率；而数字化不是电子化的简单延伸，而是在电子化基础上的一个飞跃，是银行信息化的更高阶段。

银行数字化的核心内涵是，在运营管理手段电子化的基础上，银行充分利用最新科技，通过对内部积累的经营管理数据和从外部合作方获得的数据进行挖掘分析，得到对银行经营管理有价值的信息，并利用这些有价值的信息开拓新市场、拓展新客户、创新商业模式、研发新产品、进行科学定价、开展精准营销、严格控制风险，以及在为客户提供更贴心更优质的服务、为客户创造价值的同时，使银行获得新的利润增长点。

把上段文字的内容精简一下就是，银行通过挖掘所有能得到的数据的内在价值，创新商业模式与产品，从而获取利润。

一句话概括就是，向数据要利润。

这就是银行为什么要实现数字化！

综上所述，数字化银行的定义应包括以下4个要点。

·运营手段需要数字化，但这只是银行数字化的基础。对于大多数银行而言，运营手段数字化已在进行中或已经基本完成。所以，运营手段的数字化并不是银行数字化转型的精髓。

·银行数字化的关键是银行能拥有所希望拥有的数据，从中获取有价值的信息。

·银行本身并不完全拥有所需要的有价值的数据，对于银行本身不能掌握的数据，要通过与第三方企业合作来获得。

·获得数据并挖掘出有价值的信息后，银行要能把这些信息用在经营管理上，在给客户创造他们需要的价值的同时，银行要获得新的利润。

44.2 向数字化转型

在明确了什么是数字化银行后,银行应该明确如何向数字化转型。

当前,关于银行数字化转型的论述有很多,其中不乏各大咨询公司、著名的顾问公司、各行业专家的文章。读者可以在各种媒体上找到他们的观点。总结来说,无非就是银行从战略、业务、组织上如何转型,再就是产品、流程、渠道如何跟进,还有就是如何把最新的金融科技用在各种场景、产品、服务上。

所有这些关于数字化转型的论述,都值得我们参考。但笔者更愿意针对上述数字化转型就是向数据要利润这一关键观点,对具体如何转型进行补充探讨。

1. 正确认知数字化银行的概念

前面提到,对于什么是数字化银行,业界没有形成共识。由于不同的银行有不同的定义,这就导致银行的数字化转型会有不同的战略方向,会产生不同的效果。所以,要向数字化转型,银行首先要正确认知自己需要实现什么样的数字化,从而确定转型的目标。

2. 资源准备

无论对数字化的认知如何,银行要转型,就要为转型做资源准备。其中,转型所需的人才资源是最重要的资源之一。如果明确要转型为向数据要利润,那么大数据人才、数据挖掘与分析人才、人工智能人才不可或缺,要尽早挖掘与积累。

3. 拥有大数据与数据挖掘分析能力

如果认可数字化转型就是转向向数据要利润,那么银行在配备人才资源的基础上,要拥有大数据与数据挖掘分析能力。

(1)拥有大数据。

这包括社会数据与客户数据、内部数据与外部数据。

对于银行,特别是大量的中小银行,自身拥有的与能收集到的数据实际上只能算是"小数据"。银行要与各种第三方合作,使得需要时能获得自己想获取的足够的数据。这些第三方包括政府、各监管部门、各持牌征信企业、各种社会平台、各种社交平台、第三方企业等。

(2)建立银行自身的大数据池。

针对上述积累与收集到的社会数据、客户数据建立科学的数据模型,选择合适的大数据平台进行科学的分类存储，建立大数据池。

（3）数据挖掘与分析。

使用各种科学的数学模型、算法、规则，对上述大数据进行数据挖掘与分析，产生对银行经营管理有价值的各种标签数据，并在实践中通过人工智能、机器学习不断优化与完善模型与规则，提高数据利用的精准度与价值。

4．把数据价值转化为经营利润

银行的经营价值链涵盖市场、客户、商业模式、产品、定价、销售、售后服务、风险控制等。银行数字化转型最关键的是，银行如何通过数据挖掘，把有价值的信息用在银行的经营管理决策中，从而提升经营价值链各环节的价值，获得新的经营利润。

是否能真正做到这点，是银行数字化转型是否成功的标准。

第45章　提高信息系统的研发效率

银行科技发展到今天，所有银行的科技部门、科技研发部门都会面临一个问题：尽管科技队伍在不断地扩大，但好像永远赶不上业务需求的增长。业务部门的人员总是在抱怨他们的需求实现得太慢，影响了银行的市场竞争力。就算在科技部门内部，大家也在思考：在银行信息化的初期阶段，研发效率还挺高的，为什么科技能力越提升，研发效率好像越低了？如何提高研发效率，也就成为所有科技部门面临的一个大问题。

要提高研发效率，首先要分析影响研发效率的因素有哪些，哪些是主要的因素，然后采取相应的措施。

45.1　影响研发效率的因素

实际上，影响研发效率的因素有很多。许多人把提高研发效率寄希望于提升研发技巧，例如如何实施"敏捷开发"等，一些主要的因素，如质量因素、应用范围、研发体系、研发架构、系统架构等，反倒容易被人们所忽略。下面对一些影响信息系统研发效率的重要因素进行逐一分析。

45.1.1　质量因素

在所有影响研发效率的因素中，对质量的要求是影响研发效率的最主要的因素。而质量与投入的关系如图45-1所示。

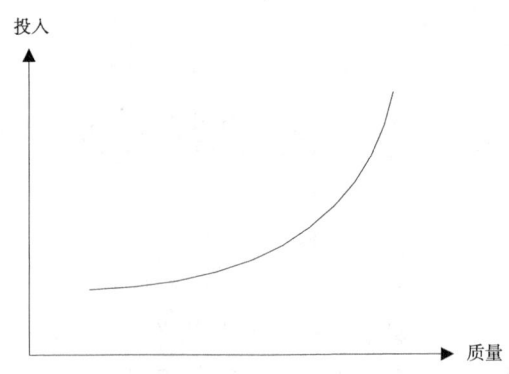

图 45-1　质量与投入的关系

在图 45-1 中，横坐标表示质量，纵坐标表示投入。投入包括人力资源的投入与时间的投入，单位可以是"人月"或"人天"。通过图 45-1，我们可以得出结论：对于相同的研发项目，质量要求越高，研发的投入也越多，研发效率就越低。

这里所做的只是定性分析，我们可以再通过定量分析来看一下研发的质量要求对研发效率的影响情况。

软件研发质量的定量指标有多种，其中广为接受与较容易计量的是缺陷清除率。缺陷清除率越大，表示软件存在的缺陷在版本交付前被发现得越多，投产后出现的缺陷会越少，也就是质量越高。反之，缺陷清除率越小，表示软件存在的缺陷在版本交付前被发现得越少，投产后出现的缺陷会越多，也就是质量越低。

国际上的很多软件生产企业会努力通过 CMMI 认证，以提升自身的软件能力成熟度。据统计，能通过 CMMI-V 认证的软件生产企业，其软件生产的平均缺陷清除率能达到 97% 或以上。也就是说，这些企业生产的软件，初始上线后（5 周内）发现的缺陷与整个测试周期（不含单体测试）加上线后发现的所有缺陷相比，等于或少于 3%。

图 45-2 所示是笔者在研发管理中，通过多年的实践数据积累、统计，得出的研发资源投入（包括研发工期与资源）与项目质量关系的量化模型图，供读者参考。

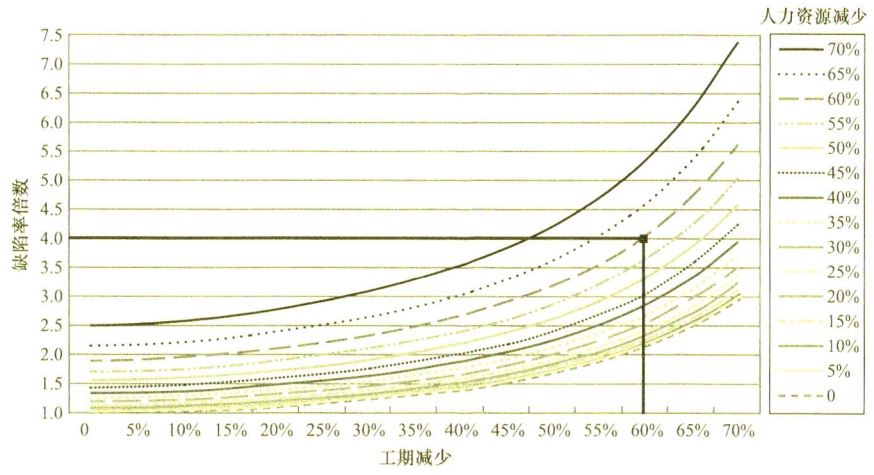

图 45-2　研发资源投入与项目质量关系的量化模型图

通过该模型图，我们可以定量分析项目资源投入对质量的影响，或者反过来分析项目质量对项目资源投入（效率）的影响。

图 45-2 中左下角的坐标原点代表在正常情况下，我们按需求的要求投入理想的资源，取得理想的质量。例如，我们设想项目研发质量可以达到 CMMI-V 的统计水平。也就是说，缺陷清除率要等于或高于 97%，即上线后缺陷率要低于全部缺陷的 3%。

当我们出于某种原因，无论是需求方的要求、监管要求，还是为了节省投入、提高效率，而要减少时间投入、减少人力资源投入或两者都要同时减少时，会给项目质量带来多少影响呢？

纵轴展现了研发投入减少而引起投产后缺陷增加的比例，横轴展现了减少研发时间投入的比例，纵向的不同序号的线条展现了减少研发人力资源投入的各种比例。从某一根线条的某一点往左对应纵轴，就可以看到研发资源减少到某种程度时，引起的投产后缺陷增加的比例。

例如，从图 45-2 上找一个点来分析（见图 45-2 中的黑点）。该点表示，假设我们为了提高效率，把人力资源投入减少 60%，同时时间投入也减少 60%，在其他因素不变的情况下，上线后缺陷率会增加到原来的 4 倍，即缺陷率由原来的 3% 以下增加到 12%，缺陷清除率变为 88%。这个质量水平大约是 CMMI-Ⅲ 的平均统计水平。

也就是说，如果要达到 CMMI-Ⅴ，即缺陷清除率为 97% 的质量，我们要投入 100% 的时间与人力资源。在所有因素不变的情况下，我们把对质量的要求降低一些，例如只需要达到缺陷清除率为 88% 的质量（接近 CMMI-Ⅲ 的平均统计值），那么，只需要投入原来 40% 的时间与人力资源，研发效率就会得到极大的提高：研发资源投入为原来的 16%（40%×40%），效率是原来的 6.25 倍（100%÷16%）。

按此推算，如果我们原来的研发成果的质量要求是达到接近 CMMI-Ⅲ 的水平，但出于某种原因，我们希望研发成果的质量要达到 CMMI-Ⅴ 的水平，在其他因素不变的情况下，我们通常需要把研发投入增加到原来的 6 倍多，将研发效率下降为原来的 16%。

业界都清楚，能通过 CMMI-Ⅲ 认证的研发团队，其质量控制水平并不算很低。并且，当前可能大部分银行的研发团队的软件能力成熟度未必能达到 CMMI-Ⅲ 的水平。

可见，低质量要求的项目通常比高质量要求的项目的研发效率更高。那么，为了提高研发效率，我们是否可以通过牺牲质量来换取效率呢？这个问题涉及与软件生产效率相关的另一个重要因素——软件的应用范围。

45.1.2 应用范围

20 世纪八九十年代，一些全国性银行在一个省就有好几个独立运行的系统。如工行广东省分行的光大机系统就分布在广州、深圳、佛山、汕头、珠海、番禺、花都等多个城市，其他小型机系统就更多了。一个计算机系统的应用范围通常是一个地级市。那时候，银行整体的软件能力成熟度水平并不是很高，如果一定要对当时的银行研发产品进行质量度量，估计都达不到 CMMI-Ⅲ 的水平。尽管如此，由于这些系统的应用范围较小，就算因软件质量不高而产生了一些生产问题，其影响范围也有限，大家对这些生产问题还是能够容忍的。

到 20 世纪初，各银行基本完成了银行信息系统的大集中。计算机系统应用范围从面向地级市扩大到面向全国，其应用范围扩大了上百倍。

随着银行信息系统应用范围的扩大，银行信息系统应用的深度也在增加。银行信息系统运行事故带来的影响和损失与未大集中前相比不能同日而语。其道理显而易见：由于应用范围大了，原来一个运行事故只影响一个局部的地方，现在会影响全国；由于使用的人多了，单位时间的交易量是原来的几十倍到几百倍，一些银行的联机交易一秒钟就有几千笔；原来一个故障在单位时间里产生的差错数量也猛增了几十倍到几百倍。面对大集中应用，银行、客户、监管等各方面对银行信息系统的质量要求越来越高，对信息系统生产故障的容忍度越来越低。因此，对系统质量的要求近乎苛刻就是必然的了。

可见，对软件质量的要求不是谁一拍脑袋就能决定的事，而是由软件的应用范围决定的。

随着对银行软件研发质量的要求越来越高，银行软件研发团队的规模日益增长，软件能力成熟度也在不断提升。银行不得不在软件研发上投入更多的资源，以保障软件有更高的质量。例如工行，到 21 世纪头 10 年的后几年，其软件研发的平均质量，即缺陷清除率已经达到 98%。相应地，它们也付出了效率的代价。从 45.1.1 节中关于质量与效率关系的分析中可以看到，当缺陷清除率从 88% 提升到 97%，投入是原来的 6.25 倍，效率大幅下降。

在 20 世纪，估计没有哪个银行对其软件研发进行了准确的质量度量，但其缺陷清除率估计不会高于 CMMI-Ⅲ 的平均水平。大集中后，所有银行都在提升软件研发的质量，一些大银行的软件研发质量已经高于 CMMI-Ⅴ。也就是说，投产后的缺陷数少于大集中前的 1/4，质量的量化度量提升了 4 倍。即使这样，银行的软件质量就满足银行当前的运行要求了吗？答案显然是否定的。

通过简单的算术计算，我们就可以知道，如果应用范围扩大了 10 倍，而投产后的缺陷只降为原来的 1/4，那么缺陷带来的影响与损失还是大了 2.5 倍。更不要说一些全国性的大银行，在大集中后，其应用范围扩大了几十倍到上百倍。质量提升的效果，在应用范围大为增加的情况下完全被淹没了。

更为残酷的事实是，软件质量与软件研发投入的关系是非线性的，质量在提升到某一高度后，要再往上提升，其代价会越来越大。从上述模型可以算出，如果我们要让缺陷清除率从 97% 再提升到 99%，我们投入的时间资源与人力资源可能至少要再多 2 倍。也就是说，我们的研发投入要比原来增加 10 多倍，研发效率下降为原来的百分之几。但如果应用范围相比以前的扩大程度高于10倍,尽管软件质量已经很高,软件的表现即缺陷带来的影响与损失也不会好于以前,更不要说应用范围扩大几十倍的情况了。

一些小银行的科技人员只有几十人到100多人,它们的应用系统是"麻雀虽小,五脏俱全",也能勉强应付业务需求;而大银行的科技人员动辄几千人,却疲于奔命。这是因为它们对信息系统的质量要求不一样。

另一个问题是,既然软件研发的投入是以人月计算,那么是否可以通过加大人力资源的投入而缩短研发周期呢?答案是否定的。请参照本书37.2.6小节中关于人月神话的论述。

45.1.3 研发体系与研发架构

研发体系、研发架构与研发效率也有很大的关系。

在国内,银行产品的创新和研发模式,一般都是由业务部门提出业务需求,科技部门按需求进行科技开发,然后投产、推广的。产品研发架构与流程举例如图45-3所示。

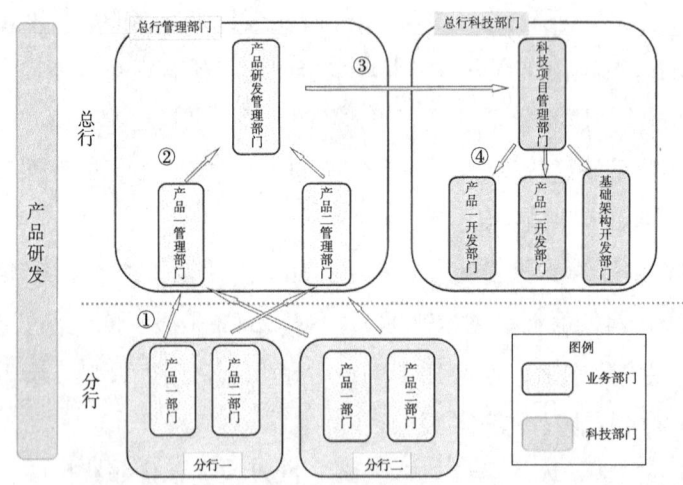

图45-3 通常的产品研发架构与流程举例

①分行产品部门向总行产品管理部门提交需求申请。

②经研究与完善，总行产品管理部门向总行产品研发管理部门提交需求申请。

③经审查整理，总行产品研发管理部门向总行科技项目管理部门提交需求立项。

④经沟通评审，总行科技项目管理部门根据项目情况，向研发部门内的相关开发部门下任务书。

尽管各银行的产品创新研发体制、流程不完全相同，但宏观上，上述流程与大多数银行实际采用的流程大同小异。

随着金融市场的快速发展和变化，金融产品的创新速度也不断加快，银行科技研发团队日益发展，计算机应用系统越来越庞大，科技人员的分工越来越细，这种瀑布式的研发模式越来越不适应当前的需求。

从以上流程可见，这样的架构和流程存在以下问题。

· 整个研发链条比较长，环节多。真正的需求部门是分行的产品部门，它们离真正的开发部门太远了。

· 一般来说，编写需求的人员大多是一些业务骨干而不是专业的科技研发人员，他们的资质一般并不能满足编写高质量需求的要求；反过来说，科技研发人员缺乏业务知识，只能通过需求书来了解业务做法，一般较少从面向计算机应用上提出优化的业务实现建议。一些具体细致的处理方法往往用想当然的办法去实现，但这恰好未必是业务真正需要的方法。

· 当前许多新的金融产品来自金融创新，业务本身没有形成一个定型的、成熟的做法和流程，即使编写出一个需求，也很可能不是一个稳定的、长远不变的需求。

· 出于上述原因，在项目的开发过程中，随着产品雏形的不断展现，业务人员会不断提出完善需求的变更。并且，在项目越接近完成的时候，业务人员才越来越清楚他们真正的需求，并且越清楚地看出他们所期望的东西与研发现实的差距。这种情况使得项目越接近研发后期，需求变更越多，甚至会出现具有颠覆性的变更要求。

· 按需求研发产品的做法，本身要求有高质量的、稳定的需求，当需求不完善、理解不透彻、过程沟通不足、后期变更频繁时，研发的质量和效率就会大打折扣。

· 需求部门对研发资源与研发成本不负责任，它们不关心投入，只关心产出。所以除了个别做得好的项目，大多数项目在研发工期、研发人员投入、研发质量、产品功能上，往往都不容易达到需求部门的理想要求。具体的传统研发流程如图45-4所示。

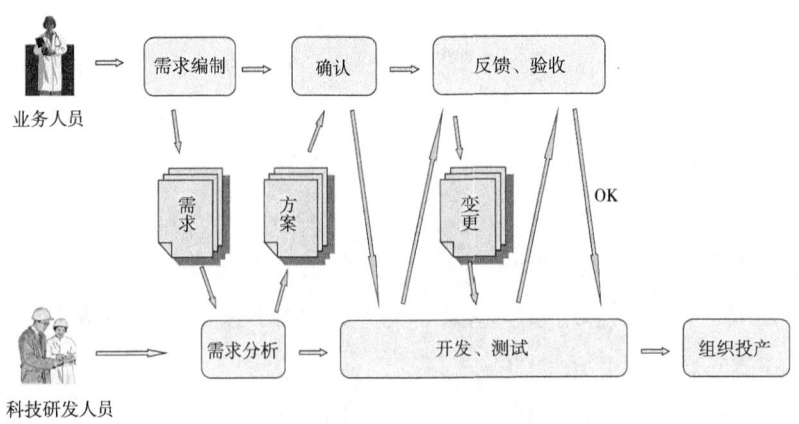

图 45-4　传统研发流程

可见，传统的研发体系与架构会影响研发效率的提高。

45.1.4　系统架构

随着银行业务的发展，银行对外服务的广度和深度不断增加，银行的信息系统越来越庞大、越来越复杂。一些大银行，其信息系统中会包含几千台各种各样的服务器，几万个数据库、表、文件，几十万个程序，上万个接口，上万种交易，每天为几亿客户处理以亿计的业务。

在信息系统规模比较小的时候，应用系统研发团队的新产品研发效率比较高。但随着信息系统里各种各样的应用系统越来越多，各应用系统的功能越来越多，信息系统规模不断增长，应用之间、程序之间的关系越来越复杂，新产品的研发涉及原来已存在程序的情况也越来越多。为了开发新产品，很多时候研发人员还得修改许多老程序。这样，工作没少做，但大量精力花在对老程序的维护上，研发团队研发新产品的效率明显下降了。系统规模与研发效率的关系如图45-5所示。

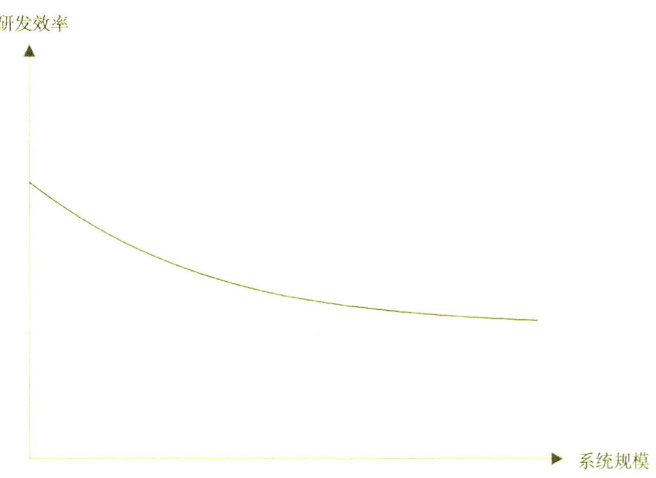

图 45-5　系统规模与研发效率的关系

不仅是效率问题，系统的可靠性也随着系统规模的膨胀而下降，系统维护成本却不断上升。人们把上述情况称为软件危机。究其根本原因，是系统的程序、数据越来越多，而我们没有理顺各种程序、数据之间的关系，使得它们之间的关系越来越复杂且越来越紧耦合。

45.1.5　其他因素

除了上述因素之外，与研发效率相关的其他因素还包括研发团队的素质、研发工具、研发模式、测试模式等。由于这些因素都是大家比较熟悉的，故这里不再展开介绍。

45.2　如何提高研发效率

下面针对影响研发效率的各种因素，逐一探讨解决方案。

45.2.1　应用范围

要解决应用范围扩大导致的研发质量要求高、研发效率低的问题，最有效的办法是尽量降低研发产品由于应用范围大、投产后存在缺陷所带来的影响。

1. 试点投产

所谓试点投产，就是在项目上线时，先限制其投产范围，也就是通常所说的灰度发布策略，然后视其投产后的运行情况逐步扩大投产范围，直到全面投产。

新投产版本由于软件缺陷的存在，90%以上的生产问题会在投产后5周内被发现，尤其是那些涉及大量交易、账户和金额的生产问题。所以，为了减少新版本缺陷带来的影响，我们必须采取试点分步投产的策略，也就是所谓的灰度发布策略。这是唯一能彻底降低由于版本质量问题而带来大生产问题的风险的方法。如果我们能够把投产试点范围限制在某一个范围内，例如部分地域、部分客户、部分时段，甚至是将这几个限制要素叠加，以把投产限制在更小的范围内，那么，项目缺陷引起的生产问题所造成的影响，就可以缩小到我们能够承受的范围之内。

还是用上述的例子，假设原来我们上线项目的缺陷清除率为97%，投产后其3%的缺陷可能会带来的各种生产问题的影响我们能容忍。那么，我们把投产范围缩小到原来的10%时，对于同样的项目质量，缺陷可能引起的生产问题带来的影响理论上也会缩小到10%。

这样，我们就有了大幅度提高研发效率的空间。我们可以采取项目灰度发布的策略，就算我们压缩了项目研发的84%的投入，使项目研发效率提升了6.25倍，在其他因素不变的前提下，项目的缺陷清除率会从97%下降到88%，项目质量有所下降，投产后存在12%的缺陷率，但是，我们的应用范围缩小了90%。理论上，生产问题带来的影响是原来的1/10，也就是说，相当于投产后的缺陷率为1.2%。这样，缺陷带来的影响缩小为高质量项目全面投产的40%。

之后，通过实际运行的考验，随着缺陷逐渐暴露，隐含的缺陷越来越少，我们可以在问题可控的情况下逐步扩大投产范围，直到全面投产。

当然，项目缺陷引起的生产问题所产生的影响涉及多种因素，灰度发布带来的效果未必完全等同于上述通过简单的算术计算所得出的结果。另外，也并不是说灰度发布的项目就可以不需要保证质量。但软件研发的客观规律是，缺陷不可能绝对清除；且缺陷清除率越高，付出的代价越大，投入与缺陷清除率的关系是非线性的。项目灰度发布对于减少项目缺陷引起的生产问题所带来的影响，确实可以说是最有效的方法，从而能大幅度提高研发效率。

2. 快速回退

当新版本投产后出现生产问题时，如果我们判断该问题可能会产生比较严重的后果，且不能够快速定位并通过补丁加以纠正，那么我们应该有能力马上快速回退，让系统回到投产前状态，以防止生产问题造成的不良影响进一步蔓延。这也是避免由于项目质量不高而可能给生产带来严重后果的最有力的保障措施。

当然，能否做到试点投产与快速回退和项目设计有关，和系统的架构是否松耦合也有密切关系。本书后面将会进一步探讨此问题。

45.2.2 系统架构

使银行信息系统应用之间松耦合，是当前摆在所有银行信息科技部门面前的最需要解决的问题，也是提高研发效率的重要措施。但相对于项目投产策略的改进，实现信息系统架构应用松耦合是更难的一件事。但如果任由信息系统自由地野蛮生长，信息系统将会越来越臃肿，最终自我窒息，更遑论可持续发展。

信息系统松耦合的唯一出路是建立 SOA。至于什么是 SOA，如何建立 SOA，本书前面已有论述。建立 SOA 的信息系统对于提高研发效率有 4 个好处。

1. 研发项目拆分

研发项目可以按服务拆分。这样，项目规模小了，研发周期自然也就短了。

2. 项目松耦合

由于服务的松耦合，项目之间也会松耦合。一个项目只需要考虑项目本身，不需要过多考虑其是否会影响其他方面；其他方面也不需要由于该项目而进行不必要的修改和维护，整体效率将大大提高。

3. 有利于项目灰度发布

如果在 SOA 里，服务的划分本身有地域的划分或客户的划分，那将会给项目灰度发布带来极大的方便。我们可以按照架构里服务的地域或客户的划分进行灰度发布。这种灰度发布几乎就是顺其自然、无成本的举措，从而为提高研发效率打下了极好的基础。

4. 服务组件的划分

当前，中国银行业的信息系统面临的最大问题是系统越来越庞大、内部结构越来越复杂，所以，信息系统内部架构能否实现松耦合，是衡量一个信息系统好坏的重要标志。

在银行信息系统的交易系统里，核心银行系统无疑是整个信息系统里最大的一个应用系统。尽管业界对核心银行业务没有一个公认的、准确的定义，但笔者认为，所有业务只要其核心处理会引起客户在银行的资产、负债或其他权益发生变化，都应该算是核心银行业务。可见，核心银行系统有任何问题，对银行来说，其影响都是全面的、致命的。

在银行信息系统解耦的进程中，比较容易解决的是一些外围系统。但所有的外围系统与核心银行系统相比，其体量往往不是一个数量级的。为了给核心银行系统"瘦身"，许多银行的科技人员做了大量工作，已经把一些非核心银行的处理剥离到核心银行外，实现了核心银行应用与非核心银行应用相对松耦合。

尽管如此，对于许多银行而言，瘦身后的核心银行系统还是太大了。因此，对核心银行系统进行进一步的分割、解耦，让其成为相互之间松耦合的几个部分，使其中某部分出现的问题不要影响全局，是核心银行架构要解决但相当多银行的信息系统没有很好解决的问题。

据了解，一些用户数上亿的金融科技公司，其应用系统的核心应用架构划分的其中一个维度，就是对不同的用户进行划分。这种划分可以动态地根据业务发展、技术进步，按需要划分到任何粒度，例如几个、几十个、几百个。

对于一些大银行，特别是那些全国性的大银行而言，在信息系统大集中前，曾经都是每个省有一个独立的系统；再往前，可能是每个地级市有一个独立的系统。以行政机构为基础进行服务划分，刚好能实现按地域、按客户进行服务划分的要求。例如，现在我们按省把用户进行服务组件划分（体量较小的省可以合并为一个服务），一个组件的应用范围就比全国集中至少降低了一个数量级；如果还是觉得组件太大，还可以进一步把客户按地级市进行服务划分（体量较小的地级市可以合并为一个服务），这样比全国集中的应用范围下降了至少两个数量级。

信息系统进行服务组件划分，看似是对信息系统大集中的一个否定。实际上，与任何事物的发展一样，这是一种否定之否定，是符合事物发展规律的。从分散到集中，统一的应用关系更紧密，应用交互更容易，系统管理更简单，运行更可靠。

从集中再到分散,是为了解决大规模系统应用过度耦合,解决可持续发展的瓶颈问题。否定之否定不是简单地回到从前,而是螺旋向上。从分散到集中,是应用的统一与集中;从集中到分散,是服务的分散。信息系统走向 SOA,可以说是未来发展的方向。

信息系统按用户维度进行服务组件的划分,为前面所说的版本按用户维度进行灰度发布带来了极大的方便,且发布粒度可以非常小,使得新项目投产可能带来的生产问题的影响面被控制在非常小的范围内。

> **案例**
>
> 架构服务化,按用户划分服务,使得项目实现松耦合、小型化,可以极大地加快项目研发与等待投产的过程。据了解,某金融科技公司的应用系统有 3000 多个应用,其研发效率很高:从业务需求分拆为各应用的研发分支子项目开始,到测试结束正式发布,项目平均研发周期为 5.8 天;它们的应用系统平均每天上线项目 200 多个,项目基本上都是单独发布的,一旦出现问题马上回退。如果它们的应用系统没有实现服务化,服务没有按用户划分,没有实现服务间松耦合、项目间松耦合,项目能分拆得那么细吗?项目能独立投产吗?它们能有这样的研发效率吗?答案是否定的。

45.2.3 研发体系与架构

如何改进研发体系与架构以提高研发效率,这不仅是国内银行业,也是所有计算机应用行业都要面对和解决的问题。所以,业界质疑原来的开发模式(瀑布法),并提出了"原型法"和"敏捷法"。

关于什么是"原型法"和"敏捷法",这里不做描述,读者可以参考有关方面的资料。对于银行而言,我们要着重分析这两种新方法与传统方法的主要不同之处。

· 新方法强调业务人员与科技人员在整个研发过程中的紧密结合,甚至朝夕相处,强调随时面对面沟通,让业务人员能随时看到产品的过程成果,随时提建设性的意见。双方人员共同完成整个研发阶段的各项工作,共同对研发过程的资源调配、进度、质量及研发成果负责。

而传统方法由业务人员编制需求、验收完成的项目，由科技人员完成研发。业务人员与科技人员之间基本通过文档来沟通。科技部门只对经确认的需求书负责，不对研发产品的实际使用效果负责。

- 新方法尽量把用户的需求分解成基本功能和增值功能，尽快先做出一个能运行的拥有基本功能的原型产品以反馈给用户，让用户能感知真实产品的内外特性，以便更好地提出下一步的发展与完善的设想，不断迭代推出新版本。

传统方法希望，已经确认的需求和方案是一个完善的、静态的方案，相当于需求方与研发方的一个合约，不希望在研发过程中，特别是在后期出现变更。实在需要变更的，最好能在另外一个需求里提出，通过另外的项目实现。

- 新方法的需求以基于场景的方法展现，把需求内容分解为一个个用户场景，具体展现每一个用户场景的I-P-O，即输入（界面和内容）、处理（流程和内容）、输出（界面和内容），以及描述每个用户场景的前提和限制。

而传统方法的需求一般通过文字来描述，往往不够规范、具体、详细。

新的产品研发流程举例如图45-6所示。

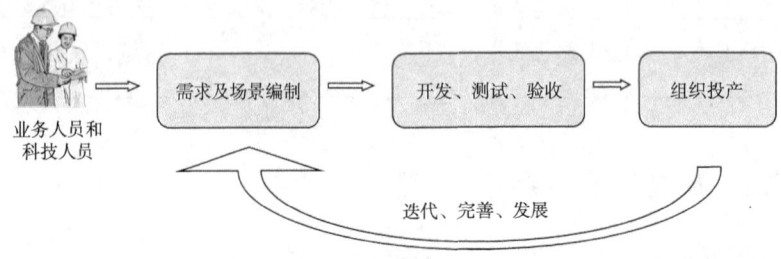

图45-6 新的产品研发流程举例

在上述3点里，最重要的是强调业务人员与科技人员的紧密结合。

参照国外银行的案例，在研发架构上，大多数采用业务人员与科技人员紧耦合的模式。这种模式也与现代的敏捷开发模式相适应。理想的研发架构举例如图45-7所示。

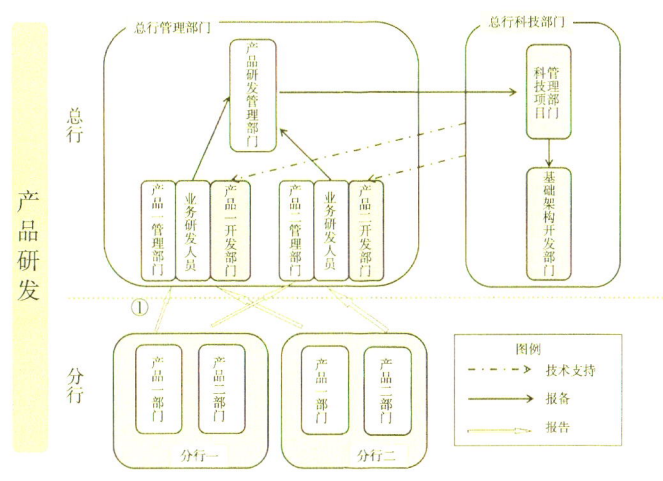

图 45-7 理想的研发架构举例

这种架构的优点如下。

- 对科技部门的研发架构和业务部门的产品研发架构做了相应整合,其他部门架构基本不变,这样对现有体制的冲击不大。
- 相比传统的研发架构,银行产品研发的链条大幅减少,由原来的 4 步减少到 1 步。
- 科技的产品研发(包括银行产品与银行管理产品)部门,按现在时髦的说法是 SaaS 研发部门,由交予业务的产品管理部门管理,甚至可以再进一步,科技的产品研发人员从组织上也完全划归业务部门。科技产品研发人员在技术上接受科技部门的指导,按应用系统规范与标准接口进行产品开发。

业务产品研发与科技产品研发从原来的甲、乙方关系变为一体,完全实现了敏捷开发的核心要求:需求人员与研发人员的紧密结合;二者共同处在研发链条的前端,能对一线的需求做出快速响应;二者面对面的沟通代替了文档的交接;业务与科技共同承担产品开发的责任及其成败。

- 科技部门内原来的职能部门(架构设计、项目管理、推广支持等)与基础架构开发部门,如渠道及整合、服务交付与流程控制、业务支撑、技术支撑等(按现在时髦的说法是 IaaS、PaaS 研发部门),仍然由科技部门统一管理,可以保证整个系统应用架构的完整性和各种标准、规范的统一性。

- 银行产品研发的科技投入在业务部门内完全透明化，业务部门对产品研发的成本与效益负更大的责任。这有利于更充分地使用相对稀缺的科技研发资源。当科技研发资源真正不足时，业务部门会直接向行里要求增加资源，从而有利于产品研发团队的成长和发展。

- 银行产品研发的进度、质量、成败，已基本上由业务部门承担，科技仅处于技术指导与支持的定位，消除了绝大部分业务部门对科技部门的抱怨点。这是提升银行科技部门客户满意度的最有效的措施。

除了上述提高研发效率的方法外，还有一些其他的方法。例如，提升研发人员素质；采用适合本企业具体情况的研发模式，如采取敏捷开发模式；选择合适的研发管理平台；加大自动化测试的覆盖范围；等等。关于这些方法，业界有大量论述，所有银行也都在关注，这里就不再详细探讨了。

小结

本章最主要的观点如下。

- 研发效率的最大影响因素是，由于系统应用范围扩大而带来的对质量苛刻的要求。为此，我们可以通过项目灰度发布、有问题快速回退等方法进行解决。

- 为了能实现项目灰度发布与快速回退，我们需要把信息系统架构建成松耦合的 SOA，SOA 会为提高研发效率与研发质量带来极大的好处。

- 核心银行系统最理想的解耦方法是按用户维度划分服务组件。

- 我们应该改革研发体系，把纯银行业务的应用研发资源与责任交还给业务部门。这一方面会极大地提高研发效率，另一方面会极大地提高科技部门的客户满意度。

- 当然，我们还应该着力落实那些业界普遍熟知的可提高研发效率的各种措施。

第46章　信息系统自主、安全、可控

对于信息系统的自主、安全、可控，中国银行业前些年没有给予足够的重视。但随着国产技术的不断发展和成熟，在国家和银保监会的大力推动下，也基于自身业务发展和安全管理的需要，中国银行业在逐步实施持续、稳健的自主、安全、可控的信息系统建设。

46.1　产品与技术的自主、安全、可控

从宏观来说，银行信息系统的构成不仅包括基础设施、平台、各种应用，还包括银行信息系统运行环境的各种物理要求。

基础设施包括：

- 各种服务器、存储器、网络设备、外围设备等；
- 各种系统软件，包括操作系统、数据库等。

运行环境包括：

- 机房的空调，防火、供电、安防设施等。

中间件平台包括：

- 联机事务处理平台；
- 电子商务平台；
- 数据挖掘、分析平台；
- 办公平台；
- 各种商用的系统管理与应用管理、运维工具等。

要使信息系统自主、安全、可控，上述的各个方面都要可控。从信息系统的构成可知，信息系统的各种应用相对比较容易实现自主、可控，但对于其他方面的产品或技术，绝大部分银行通常都需要向外采购。对于任何企业而言，所有需要外购的东西

都存在是否可控的问题。银行尤其需要特别关注的是，外购的基础设施与中间件平台能否做到安全可控。外购产品与技术的安全可控包括以下几个方面。

1. 供应链的安全可靠

要选择安全可靠的供应链，应做到以下4点。

· 无论是采用国际采购还是代理商采购，如果产品涉及的知识产权或使用专利属于外国，那么该国家应该是与中国长期友好的国家。

· 购买相对成熟的产品时，应该购买业内主流产品。

· 购买创新产品时，应该认真考察产品厂商可持续发展的前景。

· 最理想的是购买产品知识产权与涉及专利均属于我国的产品。

2. 供应链多样化

每个银行都应该保证需要采购的产品的供应链多样化。理论上，任何企业需要对外采购的某种产品中，来自单一供应国、单一厂家的产品不应该超过该种产品总购入量的1/3。但对于某个银行来说，某种产品的供应商太多，会给银行的管理与维护增加成本与压力。所以，国家监管部门应该在银行关键设备与产品的采购监管上有所作为，可以允许某个银行的供应链单一，但要保证整个国家、整个行业的供应链多样化，绝不能允许出现整个行业供应链单一化的局面。

3. 产品售后维护

要确保产品供应厂商的售后维护能力，涉及因素包括厂商的可持续发展、产品的可持续发展、售后团队数量与素质、是否本地化等。

4. 外购产品知识转移

所有外购产品要做到使用、维护的技术、知识转移，使得自己在产品使用过程中能逐步自主掌控产品的运维工作。

5. 力争应用自主研发

对于信息系统的基础设施与中间件平台，无论是国家层面还是银行本身，都要支持国产产品，让国产产品能迅速缩短与国际领先产品的距离，走向完善；对于银行经营管理的各种应用，要尽量自主研发。这是实现自主可控的最好保证。

46.2　系统架构安全可控

随着银行信息化、数字化的快速发展，集中式应用系统的垂直扩充的能力已跟不上业务发展的步伐；加上集中式应用系统采购技术与产品面临的安全、可控问题，银行信息系统架构，包括基础设施、平台、应用等也处于转型的紧迫关头。

46.3　自主、安全、可控案例

对于自主、安全、可控的话题，如何选择分布式系统是一个很好的案例。

分布式系统的概念与实践的出现，特别是其在互联网企业的成功，让中国银行业在解决生存与发展的危机中看到了曙光。使用分布式系统，几乎可以同时解决"I-O-E"困境。分布式系统的进一步发展，也许也能解决原来集中式系统架构紧耦合的问题。所以，许多银行已经在尝试把自己的系统架构从原来的集中式逐步解耦为分布式。

在选择分布式技术时，一些银行会选择开源产品，另一些银行会选择某些厂商的打包开源（在开源产品上做一些外围包装）产品。问题是，使用开源产品或打包开源产品就安全了吗？银行就可以实现自主可控了吗？

要知道，绝大部分开源产品或其核心其实是有主人的，开源产品或其核心的主人对产品的发展方向及使用场景是有发言权的。如果某国家一定要打压我们，而我们选择的开源产品哪怕使用了该国的一点点技术，它就完全可以使出各种招数来让我们"难受"，甚至根本生存不下去。

所以，对照上述自主、安全、可控要素，如果可以选择，银行还是应该尽量选择中国拥有100%知识产权的、经过实际使用考验的产品。

第 47 章 金融科技新形势下的银行与科技

在金融科技的新形势下，在新产品、新服务的背景下，银行也会面对许多新问题。而如何正确应对这些问题，如何规范金融科技的发展，是当前银行金融科技发展过程中必须面对的挑战。

47.1 银行金融科技发展中面临的问题与挑战

银行金融科技发展过程中，主要面临如下 3 类问题与挑战。

47.1.1 银行业务架构与组织架构的设立无标准

面对金融科技，此前，许多银行在内部业务架构、组织架构上纷纷做了相应调整。例如，许多银行先后成立了电子银行部，后又纷纷将其改为网络金融部。

一个企业的内部机构划分，通常都会遵循某种原则。例如，有按产品划分的，如信用卡部、信贷部、国际业务部等；也有按客户划分的，如个人业务部、中小企业业务部、公司业务部等；还有些企业会按生产流程划分，如研发部、生产部、质检部、销售部等。销售部门会按产品的销售流程来划分，如售前（市场部）、销售（销售部）、售后（售后服务部）等。

但银行的电子银行部究竟是按什么原则设立的，好像谁也说不清、道不明。按产品？银行好像没有电子银行这种产品。按客户？好像也没有电子银行客户一说。有人说是按渠道，但银行面向客户的哪一流程不是经由电子渠道？电子银行部是产品部门、客户部门、市场部门还是销售部门，难以确定。由于定位不清，各银行电子银行部的职责确实不一样，且该部门的职责往往与其他部门有交叉、重合。

这个问题就算将电子银行部改名为网络金融部，也没有得到解决。

其实，如果真的要成立这样一个部门，银行就应该好好想一下该部门的职责。如果既不是产品部门，又不是客户部门，也不是市场部门与销售部门，那么，是否可以考虑将其定位为银行的金融科技发展研究部门，让其针对银行面对的金融科技发展形势进行调查研究，为银行决策提供支撑呢？另一个选择是，将其定义为银行所有对外服务电子渠道（含网点终端）的管理部门。

目前，一些银行成立的金融科技公司也存在部门定位不清晰的问题。

47.1.2　个人消费信贷业务受限

随着金融科技移动支付业务的快速发展，消费金融的场景与模式发生了翻天覆地的变化。与过去单一的凭卡消费相比，现在的消费呈现出多场景、多模式的局面。

用卡消费，本质是个人消费支付；而用信用卡消费，本质是消费信贷。银行卡只是一个识别消费者的载体，或是通常所说的介质。用卡消费只是众多消费支付或消费信贷的一种模式。所以，银行卡部今后也许应改名为消费信贷部。银行应该把注意力放在如何拓展其他各种各样的消费支付与消费信贷场景上，如拓展二维码支付等，并把消费信贷嵌入各种场景中，而不应该把消费业务局限在银行卡载体上。消费支付做得风生水起的支付宝、微信支付，消费信贷做得风生水起的蚂蚁"花呗""借呗"、腾讯"微粒贷"、京东"白条"、百度"有钱花"等，何时发过卡，又何时提过一个"卡"字！

47.1.3　各种新概念涌现

面对汹涌而来的金融科技浪潮，面对挑战与机遇，一些金融行业从业者难免感到压力颇大，唯恐落伍。这样，可能会产生恐慌性跟进的冲动。

现实中，我们需要既有激情，又有理智，既要密切跟踪金融技术的发展，又要认真思考分析什么才是银行真正的发展方向，什么才是适合自己的选择。争先恐后下海弄潮，难免呛水。对于诸多弄潮者，潮水过后，才能看到谁在裸泳。

金融科技发展的过程中虽然涌现出了一大堆新概念，但其中有些概念是值得推敲的。

1. 直销银行

据了解，直销银行诞生于 20 世纪 90 年代末北美洲及欧洲等经济发达地区，其业务拓展不以实体网点和物理柜台为基础，具有机构少、人员精、成本低等显著特点，能够为客户提供比传统银行更便捷、优惠的金融服务。在 20 多年的发展过程中，直销银行已积累了成熟的商业模式，成为金融市场的重要组成部分，在各国银行业的市场份额已有 9%～10%，且占比仍在不断扩大。

如果按上述定义，在中国，传统银行的网上银行、手机银行，新成立的微众银行、网商银行，就是所谓的直销银行。

但是，上述两种银行都没有宣传自己是直销银行。反倒是许多有实体网点的银行，在已经有网上银行或手机银行的情况下，又做出了另外一种网上银行或手机银行，并将其称为直销银行。

问题在于，该直销银行要解决什么问题，是渠道问题、客户问题、产品问题，还是商业模式问题？在原来的网上银行或手机银行里，就不能解决这些问题吗？反过来说，这些银行新做出的直销银行与原来的网上银行或手机银行相比，有什么本质的区别？与原来既存的所有银行资源，包括渠道、客户、产品等是什么关系？能共享这些资源吗？

另外，直销原来是相对分销而言的。但据了解，中国大部分所谓直销银行所提供的产品，相当一部分不是自营产品而是代理产品，如理财与投资产品等。而银行作为代理方，做的恰恰是分销而非直销。

2. 交易银行

什么是交易银行？据有关说法，交易银行是面向企业客户并针对企业日常生产经营过程中发生的采、购、销等交易行为而提供银行服务，满足企业客户流动资本管理、企业供应链关系管理以及跨国经营企业跨境资金管理需求的商业银行。

交易银行的定义，与当前绝大多数商业银行的对公业务及供应链金融服务没有本质的区别。关键的问题还是，首先，我们要明白这些银行的概念与传统的银行相比，是渠道不同、客户不同、产品不同，还是商业模式不同；然后，这些差异就不能在原有的基础上完善、外延，非得另起炉灶吗？

类似的概念还有社区银行。与大部分新概念类似，这只是一种时髦的包装，没有什么实质的新意。

据了解,针对诸多"××银行"的概念,一些银行的做法是,在原来的系统上打开银行大门、降低服务门槛、接纳各种客户、提升服务质量、创新商业模式,实现渠道、客户、产品共享。这才是正确的方向。

3. 双核心

面对来自金融科技公司的挑战,银行在反思业务模式之余,也在反思银行的信息系统,特别是信息系统的架构有什么需要完善或改变的。

由此,双核心概念应运而生。

那么什么是银行信息系统的核心?对此,业界没有一个公认的标准。通常认为,信息系统可靠性要求最高的数据应该是信息系统的核心,包括各种账户与客户资料。存放上述资料的系统就是核心银行系统。

双核心指的是银行信息系统里传统的"核心银行"已经不能适应金融科技的快速发展,银行针对金融科技应用应该另起炉灶、另立核心,让其与传统核心并存。特别是人民银行提出的个人存款账户分类管理的要求,更为双核心概念的支持者提供了充分的现实理由:第一类账户存放在传统核心,第二类、第三类账户存放在新核心。

中国银行业传统的核心银行系统太大,内部耦合度太高,确实不利于可持续发展。所以,业界都在探讨让核心银行系统"瘦身"的各种方案。但如果以个人活期存款账户种类进行分割,有以下4个问题需要思考。

(1)3类账户的差异。

按人民银行的规定,3类账户的根本差异在于客户实名认证的强度。由于实名认证的强度不一样,3类账户可以享受的服务等级不同。可见,这3类账户之间的差异,比起活期账户与其他账户,如定期账户的差异,或个人账户与其他账户,如企业账户的差异,要小得多。

另一个问题是,随着实名认证强度的提高,只要认证符合要求,第二类、第三类账户可以随时升级为第一类账户,并且客户可以随时指定把某个第一类账户变为第二类或第三类账户。当发生这种情况时,双核心系统就需要把账户从一个核心搬到另一个核心。

(2)资源共享。

实际上，3类账户可以共享渠道、产品等资源，并且必须共享客户、核算、清算等资源。在共享的资源里，如果出现两个核心，就要考虑两个核心如何共享这些资源。资源共享通常会引起信息冗余或交叉访问，这都会提高系统的复杂度，增加系统开销。

（3）以客户为中心。

属于同一个客户的账户之间通常会有比较密切的关系，如经常的资金相互调拨等。因此，将这类账户分到两个核心，对于客户理财和获取客户统一视图来说，会提高系统复杂度，增加系统开销。

（4）如何分割核心银行。

基于上述几点，笔者不主张以3类账户分割核心，但这并不是说原来的核心银行系统不应分割。例如，银行可以按客户进行分割。

另外，事实上，不少银行的传统核心确实存在各种各样的问题，可能确实不能适应金融科技的发展，改造的代价可能大于推倒重来。面对这种情况，银行就要考虑核心银行系统的更新换代。作为核心银行系统更新换代的策略，我们可以先建立另外一个新核心，先上线一些新产品，然后随着新系统的完善，逐步把应用从老核心往新核心迁移，最终使之完全替代老核心。那么，为了更换老核心，在过渡时期同时存在两个核心就有了合理性。但是，要注意建立新核心的目标是最终替代老核心，而不是作为一种前卫的概念让两个不同的核心系统长期同时存在。

4. 双模

与双核心概念同时应运而生的，还有双模概念。

所谓双模，指的是银行产品研发采取两种不同的模式。例如，传统产品采取传统模式（稳态），而金融科技类产品采取敏捷开发模式（敏态）。

银行产品研发为什么要采取双模形式？其主要的原因在于，当前许多银行的业务部门经常会觉得，在产品研发上，科技部门的研发效率越来越低，特别在新产品、新应用的创新上不能适应金融科技的挑战，并且研发质量也往往与业务部门的期望值有差距。这种对科技部门研发效果的评价，似乎成了业内共识。

实际上，本书前面也说过，科技研发效率低下的原因有多种，包括系统越来越大、越来越复杂；系统架构不合理；需求质量不高，科技人员对业务理解不到位；科技资源不足；等等。但是，如前所述，研发效率越来越低的最重要的原因是，应用范围的扩大引起对研发质量近乎苛刻的要求。这一点更为许多人所忽略。

为了解决研发效率与产品创新的矛盾，在业界，包括科技部门内部也在探讨：在上述条件不容易改变的前提下，是否可以通过改变研发模式，通过采取新产品敏捷开发模式来提高研发效率、化解矛盾？

关于什么是敏捷开发模式，本书前面已有论述。至于更详细的内容，读者可以找专门的论著去了解。

这里要说的是，敏捷开发的主要目标是软件开发人员要快速响应客户需求，在质量可控的前提下快速交付，但绝不能为了快速交付而牺牲产品质量。那么，如果采用某种方法，既能保证质量，又能快速交付，这样的好方法应该不仅适用于新金融科技产品研发，也应该适用于其他的银行产品研发。那么为什么大部分人会认为敏捷开发只能用在新金融科技产品上呢？

实际上，大部分人在潜意识里会认为，敏捷开发虽然效率提高了，但会对质量有影响。对于双模，大家也普遍认为敏捷开发只能用在相对不那么重要的应用上；至于重要的应用，还是应该用传统的方式保证其质量。

这里有两点需要指出。

（1）研发效率的最大影响因素是对质量的高要求。

本书前面已经论述过，研发效率的最大影响因素是对质量的高要求，而对产品质量高要求的原因是应用范围的扩大。所以，解决研发效率问题最有效的办法是明确如何缩小不成熟应用的应用范围，例如使用灰度发布投产方式。如果简单通过降低产品质量来提高研发效率，那会给信息系统安全运行带来严重的生产问题。

（2）银行产品的分类。

双模的实现，要将银行的所有应用分为两类。实际上，大部分银行会根据应用面向的客户群（外部客户还是内部客户）、应用涉及的操作类型（对客户数据做了增、删、改，还是仅查看）、应用的使用频率（单位时间内有多少交易）等，把应用分为4或5个等级，如 A～E 类。对不同类别的应用，银行会采用不同的安全质量等级要求。如此看来，银行的开发模式应该按照安全质量等级分为4或5种。套用稳态与敏态的说法，安全质量要求等级越高的应用类型，越应该使用稳态研发模式；安全质量要求等级越低的应用类型，越应该使用敏态研发模式。应用研发模式的分类不是根据金融科技类或传统类来进行的,研发模式也不是简单地分为敏态与稳态两种。

这里要重点说明以下内容。

·无论把银行产品分为多少个安全质量等级,无论对应各等级采取哪一等级的"稳"或哪一等级的"敏"的研发模式,敏捷开发方法论中所提倡的有利于提高研发效率的精髓都应该被采用。例如,目标迭代实现,需求方与研发人员加密结合,共同负责管理项目的进度、质量,对项目成败共同承担责任等。

·这里说的"稳"与"敏"的区别,仅在于开发单位规模软件投入资源(人力资源与时间)的多少。越是"稳",投入越多;越是"敏",投入越少。其实际得到的预期结果是,不同等级的应用会有不同的安全质量等级,研发效率总体得到了提高。

·为了保证信息系统生产安全和运行质量,产品的投产都应该采取灰度发布的策略,以减少软件缺陷带来的生产问题的影响。这是既能提高研发效率,又能降低生产问题的数量与程度的最有力措施。

5. 微服务

最近,微服务架构的概念突然在业界火了起来。那么,什么是微服务架构?什么又是微服务?

一种说法是,微服务架构把一个大系统分拆为多个可以独立开发、设计、运行和运维的小应用。每个小应用从前端到控制层、逻辑层、数据库访问都是完全独立的一套。这些小应用通过服务完成交互和集成。

较新的说法是,微服务架构是一项在云中部署应用和服务的新技术。通过将应用和服务分解成更小的、松散耦合的组件,它们可以更加容易维护与升级。微服务通过HTTP型API进行沟通,不需要像普通服务那样成为一种独立的功能或者独立的资源。

由于微服务这个概念才流行不久,所以,其概念一直众说纷纭,也一直在变,并且各种说法相互存在矛盾。

想要知道银行信息系统是否需要微服务架构,首先应该分析银行信息系统的最大痛点是什么,是否能够通过微服务架构或必须通过微服务来解决这些痛点。

银行信息系统架构当前最大的问题是系统庞大而复杂,系统之间的耦合度太高,造成系统维护成本高、创新效率低、产品质量差。其根本的出路是要解决系统紧耦合的问题。为此,业界提出了信息系统要实行SOA,以彻底解决信息系统内部紧耦合的问题。

要实行SOA，首先要定义什么是服务。通常，对信息系统而言，服务的概念有以下4个方面的内涵。

- 服务是可以独立封装、独立部署、独立运行、独立维护、与外部松耦合的一组功能。
- 服务需要的各种资源，如各种处理能力、各种数据等，由服务本身解决；被服务方仅需要提交服务要求与必要的标识数据（如账号、金额等）。
- 服务要与外部松耦合。只要服务的外特征没有改变，内部的任何完善、升级都不需要被服务方做任何修改；当服务的外特征部分变化时（例如可提供更多的服务），仅需要与变化相关的被服务方做相应修改，而其他与本次变化无关的被服务方不需要做任何修改。
- 为了实现与外部松耦合，服务与外部通过标准接口进行控制与信息的传递和交换。

从服务的定义可以看出：一方面，由于服务与外界是松耦合的，实现SOA确实是解决信息系统内部部件紧耦合的关键；另一方面，通过上述对服务的分析可知，服务要包含各种服务资源，要可以独立封装、独立运行、独立维护，与外部通过标准接口进行控制与信息的传递和交换。服务通常不可能太小，更不能微小。

前面提到的微服务的第一种说法，与服务相似。而后一种说法，更像以前的标准功能模块，仅在使用标准接口上与服务相似。由于它不是一种独立的功能或者独立的资源，所以它与外界不能松耦合，显然不能满足上述对服务的要求。

庞大的银行信息系统通常都会被划分为若干个子系统。不同的银行，对银行信息系统子系统划分的标准尽管不一样，但其子系统的数量却惊人地相似，通常都在200个左右。如果我们采用SOA把这些子系统分成10个板块，板块之间实现完全的服务化，整个信息系统形成10个服务，我们就可以把信息系统的耦合度下降1个数量级（原来的1/10）。如果200个子系统间都实现完全的服务化，整个信息系统形成200个服务，信息系统的耦合度就下降了2个以上的数量级（原来的1/100）。这是多么大的成效！

实现SOA本身是要付出代价的，代价包括资源占用与运行效率，而且服务粒度越小，代价越大。但代价与松耦合后得到的收益相比，不值一提。因此，面向服务是必走之路。至于服务的粒度应该多大，是否需要做到"微服务"，关键是要衡量实现的

"微服务"有多"微",实现的代价与收益相比是否合算。

6. 区块链

在诸多金融科技里,区块链算是一种深奥且时髦的东西。那么,什么是区块链?

从区块链的命名来看,区块是一种数据结构,把一组数据捆绑在一个物理块上进行存储;链是一种索引结构,把不同的物理块用某种链条串联起来。要找到某一特定的物理块,通常必须从链的尾部一个一个地往前找,直到找到想找的那一块。就算找到了相应的物理块,由于物理块里有一大堆数据,还要在物理块内找真正需要的那个数据。块数据架构与链索引结构是计算机应用早期的技术。

本书前面已经探讨过区块链的特点,如去中心化、开放、匿名、安全等。为了具备这些特点,区块链当前所采取的技术手段,包括链式数据块架构、加密方式、共识机制、多重账本等,都是大运算量、高开销、低效率的技术,代价巨大,资源消耗巨大。

原生态的区块链仅适合低频、少用户的交易。如果在块存储、链索引、共识机制等方面没有重大的技术突破或重大的技术变形,其完全不适用于银行信息系统的大客户量、高频的业务。但如果对区块链进行重大的技术变形,一方面,采用的技术可能既不"区块"也不"链"了;另一方面,区块链引以为傲的各种特点未必能同时具备。变形后的"区块链"还能叫区块链吗?

目前,区块链在国内其他金融行业的各种应用,大多是为了使用区块链而制造出来的应用,并且基本上都不是严格意义上的区块链项目。它们要么是有中心或多中心,未能实现严格意义上的去中心化要求,要么将公有链弱化为联盟链或私有链。这使得其在机制上无法真正实现不可篡改,所以不能实现有效的信任关系链。

当前的情况是,许多人也许并不是很了解区块链是什么东西,但一说到金融科技就会说区块链。可见区块链的泡沫似乎有点大呢!

当然,区块链的一些概念还是非常值得我们参考与借鉴的,如信任机制、分布式账本、电子合约等。

总之,面对金融科技,我们应该保有清醒的头脑,没有必要恐慌性跟进,以免产生"踩踏"事件。

47.2 正确面对金融科技

无论金融科技如何发展，归根结底，其还是在为金融服务。对于银行来说，做好金融服务才是银行所有工作的出发点。面对金融科技，要做好金融服务，银行要能够正确处理"术"与"道"的关系。

所谓"术"，就是技巧，有管理的技巧，研发的技巧，技术、产品、平台选择的技巧等。

金融科技向银行发出的挑战，特别是诸多新技术、新技巧，更多属于"术"的范畴。

所谓"道"，就是企业价值观，它是企业生存与发展的能力体现。其核心是如何培育企业的核心竞争力，使企业可持续发展。

银行的核心竞争力有多个维度。银行的科技能力显然是银行核心竞争力的重要组成部分。银行科技的核心竞争力主要体现在银行的科技架构、科技团队、银行信息系统、科技基础设施、科技企业文化这5个方面。

面对金融科技，银行除了要密切关注与跟踪金融科技的新发展，找到合适的技术与产品并加以研究与利用外，更需要关注"道"的问题，要练好"内功"，做好自己。银行具体可从以下4个方面着手。

1. 找准定位，坚持自我特色

面对金融科技，银行应该审慎地分析自身的经营状况，除了找出差距，还应该找准定位，坚持成功的自我特色。在这一方面，台州银行绝对是一个先进的实践案例。

台州银行是一个传统的中小城商行，连续5年获得"全国小企业金融服务先进单位"称号，连续4年获中国《银行家》杂志"资产规模1000亿～2000亿元城市商业银行综合竞争力评价"第一名。

该行没有盲目跟风追潮，而是找准定位，专注于小企业金融服务，为客户量身定做金融产品。它严格控制风险，增强盈利能力，为股东创造了卓越的价值。其资本回报率连续几年在24%左右，比中国整个银行业的平均水平高出1倍。

类似的银行还有泰隆银行（即浙江泰隆商业银行）。

2. 加大金融科技的投入

加大金融科技投入，包括资金与人力资源的投入，抓紧储备与培养人才。

3. 培育银行自身科技的核心竞争力

银行科技核心竞争力的具体内涵，请参考本书相关章节的内容。

4. 做好 IT 治理

IT 治理的内涵是什么，具体如何进行 IT 治理，请参考本书相关章节的内容。